Gewidmet

meinem Mentor Priv.-Dozent Dr. Bernd Blöbaum

und der faszinierendsten Frau der Welt,
die weiß, daß sie gemeint ist,
sich eine derart kitschige Würdigung aber verbitten würde.

Martin Liebig ist Dipl.-Journalist und lebt als freier Autor und Grafiker in Dortmund. Schwerpunkt seiner Arbeit ist die Konzeption und Gestaltung journalistischer Angebote in Printmedien und im Internet.

Martin Liebig

Die Infografik

Reihe Praktischer Journalismus
Band 39

Die Deutsche Bibliothek – CIP-Einheitsaufnahme

Liebig Martin:
Die Infografik / Martin Liebig. -
Konstanz : UVK Medien, 1999
    (Reihe praktischer Journalismus ; Bd. 39)
    ISBN 3-89669-251-8

ISSN 1433-7649
ISBN 3-89669-251-8

Druck: Legoprint, Lavis

UVK Medien Verlagsgesellschaft mbH
Schützenstr. 24 · D-78462 Konstanz
Tel.: (07531) 9053-0 · Fax: (07531) 9053-98
www.uvk.de

Inhalt

Vorwort

Die Steuererklärung steht an, und wie in jedem Jahr lauert schon auf dem Hauptvordruck die Zelle mit der ewigen Klippe: Ausgeübter Beruf? Nicht einfacher gestaltet sich die Rechenschaftsablegung auf Bogen GSE, der von Selbständigen auf Seite 2 die „genaue Berufsbezeichnung oder Tätigkeit" einfordert. Soll man hinschreiben „Infografiker"? Schließlich ist die Nachfrage programmiert, nicht nur von Seiten des Finanzbeamten: „Was ist das denn?"

Zu derlei Anlässen liegt es nahe, jene erläuternde Litanei zum Besten zu geben, die das Feld für Laien in der Regel ansatzweise erschließbar macht: Infografiken sind Karten und Balkendiagramme und so – halt Bilder in Zeitungen und Magazinen, die zum Beispiel zeigen, wo ein Flugzeug abgestürzt ist. Verstanden, nickt das Gegenüber in diesen Fällen meistens scheinkundig, Du bist Künstler. Naja, entgegnet man geschmeichelt, das nicht unbedingt, irgendwie auch Journalist, irgendwas dazwischen eben. Oder auch beides.

Der fiskalische Aspekt soll an dieser Stelle nicht weiter verfolgt werden, obwohl gerade für freie Journalisten durchaus andere und oft auch lukrativere steuerliche Modelle bereitstehen als für Grafiker. Tatsache ist aber: Die Infografik hängt zwischen allen Stühlen.

So ist immer wieder dem gestandenen Politik-Ressortchef das Ganze „Grafik-Gedöns" überhaupt zu bunt, zu comic-haft, hat mit Journalismus nichts zu tun, klaut nur Raum für Text, während Chefredakteure auf Tagungen gerne die wachsende Bedeutung der „Optik" beschwören, ohne die journalistischen Potentiale des Darstellungsmittels Infografik angemessen zu betonen. Genauso finden sich Infografiker, die ihren Job im schlichten und scheuklappenbewehrten „Schönmachen" angelieferter Inhalte sehen, ganz im Gegensatz zu

Kollegen, die ihre Arbeit von Ideenfindung über Recherche und Auswahl bis hin zur Umsetzung komplett selbst praktizieren und in vorderster Linie als journalistische Verrichtung verstehen.

Dieses Buch nähert sich deswegen der Infografik auf zwei Ebenen: der journalistischen und der gestalterischen. Infografik ist eben Information *und* Ästhetik, Nachricht *und* visuelles Element, Inhalt *und* Form. Schließlich macht genau das den Reiz, aber auch die Ambivalenz dieses Darstellungsmittels aus: Wo Inhalt fehlt, versagt auch die beste Aufbereitung; wo gut recherchiert wurde, kann ein unbeschlagener Illustrator alles verderben.

Dieses Buch bricht eine Lanze für das Darstellungsmittel Infografik. Eines sei aber gleich zu Beginn klargestellt: Tenor ist, anders als oft vernommen, nicht, daß die Infografik per se „besser", „schneller", „eingängiger", „direkter" sei als die klassischen Informationsvehikel Text und Foto. Sie hat allerdings in weiten Teilen der deutschsprachigen Presselandschaft noch lange nicht jenen Platz eingenommen, der ihr gebührt: den eines wirklich gleichberechtigt berücksichtigten Darstellungsmittels neben Wort und Ablichtung. Immer noch brechen täglich Dutzende von Artikeln unter der Last von Ziffern zusammen, werden unbekannte Straßennamen in rauher Menge getippt, ohnehin komplizierte Firmenverflechtungen textlich zur Unlesbarkeit verunstaltet, Maschinenverkleidungen fotografiert, anstatt die Funktionsstrukur im Schnittbild zu zeigen.

In vieler Hinsicht wagt dieses Buch einen Spagat. Nämlich den zwischen zusammenfassender Gesamtschau und subjektiver Empfehlung. Den Spagat zwischen journalistischem Vereinfachungs-Zwang, real existierender grafisch-ästhetischer Vielfalt, Wahrnehmungspsychologie, Bildpädagogik und vor allem akademischer Korrektheit. Denn gerade in dieser Hinsicht ist eine vorsorgliche, aber trotzdem nur bedingte Abbitte zu leisten an jene beflissenen und ob ihres Wissens verehrte Kollegen, die nicht in der journalistischen Welt der Infografik beheimatet sind, sondern jenen „Mutterdisziplinen", aus denen sich die Pressegrafik speist. Nicht erst wegen, aber vielleicht auch aufgrund dieses Buches werden viele Statistiker, Kartographen, Psychologen, Pädagogen und Grafiker aus unterschiedlichsten Gründen die Hände über dem Kopf zusammenschlagen. Sie tun es oft nicht ohne Grund: Denn die journalistische Infografik entfernt sich zuneh-

mend von ihren wissenschaftlichen Ursprüngen. Sie tut es oft zu unrecht, ja, manchmal kommen sogar haarsträubende Machwerke heraus, die weder korrekt informieren noch gestalterisch als gelungen
gelten dürfen – meistens aber geschehen „Regelverstöße" im Bewußtsein, daß Akademisches und publizistisch Richtiges gelegentlich
zwei Paar Schuhe sind, daß jede Grafik ihr eigenes Publikum sucht
und findet und den Erwartungen, dem Wissen und der Geduld dieses Publikums Tribut zu zollen hat. Wenn also in diesem Buch beispielsweise Karten-Typen definiert werden, die mit den Kategorien
der akademischen Kartographie wenig gemein haben, so geschieht
dies nicht aus der anmaßenden Versuchung heraus, eine neue Wissenschaft zu begründen – sondern Bewährtes journalistisch handhab-
bar zu machen. Daß Punktewolken im Statistik-Teil eine marginale
Rolle spielen, liegt nicht an ihrer Wertlosigkeit allgemein, sondern an
ihrem beschänkten Nutzwert in der Praxis der journalistischen Infografik.
Dieses Buch versteht sich nicht nur als Einführung, sondern auch als
Nachschlagewerk. Einige Empfehlungen, Prinzipien und Überlegungen finden sich daher mehrfach in diesem Werk – zusammengefaßt
und eingegliedert in übergeordnete Betrachtungen einerseits, in De-
tail-Abschnitten behandelt andererseits. Wiederholungen sind also
nicht Ausfluß fehlender Entschlossenheit, sondern Ergebnis der
Überlegung, daß auch die selektive Lektüre anhand des Glossars ausreichend Aufschluß geben sollte über die wichtigsten Prinzipien.
Nicht zuletzt soll dieses Buch auch als eine Art inspirierender Galerie
dienen. Ein visuelles Phänomen wie die Infografik ist naturgemäß
nur bedingt mit Worten zu fassen. Dieses Buch enthält deswegen
zahlreiche, stilistisch und inhaltlich unterschiedliche Grafik-Beispiele
aus deutschen und ausländischen Zeitungen und Zeitschriften. Eine
breite Palette von Exempeln aus verschiedensten Agenturen, Medien,
von privat vermarktenden Infografikern und dem Autor selbst sollen
nicht nur der Verdeutlichung textlicher Ausführungen dienen, sondern auch als Anregung und Demonstration dessen, was Infografiken
können und wie unterschiedlich und vielfältig die Aufbereitungstechniken ausfallen können. Sie sollen nicht nur Erläuterung sein,
sondern möglichst auch Ideenquelle für angehende und praktizieren-
de Infografiker. Von niemandem lernt man besser als von der kundi-

gen Kollegenschaft. Stilvielfalt ist in diesem Buch kein Indiz der Wankelmütigkeit, sondern Programm.

Der überwiegende Teil dieser Beispiele sind Grafiken, die mit Hilfe eines Computers erstellt wurden. In der Tat befaßt sich dieses Buch, in produktionstechnischer Hinsicht, vor allem mit der Erstellung von Infografiken am Rechner, und in diesem Feld vor allem mit den gängigen Zeichen- und Chartprogrammen, die Infografiker in ihrer thematischen und darstellungstechnischen Breite in der Regel verwenden. Die zeichnerisch-„analog" erstellte Infografik ist zur mehr als seltenen Ausnahme geworden in der Presselandschaft, und dieser Erkenntnis trägt dieses Buch Rechnung.

Experten der Kartenkunde vor allem werden die Beschränkung auf die gängige Zeichensoftware womöglich als mangelnde Sorgfalt auslegen – existieren doch nicht nur klassisch handwerkliche Prinzipien kartographischer Produktion, die sich mit Standard-Software oft kaum oder nur mühsam und fehleranfällig realisieren lassen, sondern inzwischen auch erlesene Computer-Programme, die aber eher der wissenschaftlichen Exaktheit ihre Referenz erweisen als dem journalistisch-infografischen Alltag. Dieses Buch ist versucht dennoch, die wichtigsten Standards auch in die Welt der Presse-Grafik einzubringen.

Worum geht es also auf den folgenden Seiten? Zur ersten Orientierung: Dieses Buch ist in insgesamt fünf Hauptabschnitte unterteilt.

• Der erste Teil handelt von den Grundlagen der Infografik. Begriffe werden geklärt, Grenzen gezogen, Kriterien zur Bezeichnung und Kategorisierung von Grafiken entwickelt. Auf dieser Grundlage werden schließend die zahlreichen journalistischen, aber auch illustrativen Potentiale des Darstellungsmittels behandelt, das Verhältnis der Grafik zu Text und Fotografie geklärt. Den Abschluß bildet ein historischer Abriß, der die wichtigsten Wurzeln der Infografik freilegt.

• der zweite Teil bespricht die Grundlagen der infografischen „Grammatik". Es geht um wesentliche Kompositionsregeln, um die Techniken der Farbgebung, Musterung und Typografie und die Möglichkeiten illustrativer Ausgestaltung von Infografiken.

• im dritten Teil werden die wichtigsten Themen von Infografiken vorgestellt und in ihrer spezifischen Ausgestaltung beleuchtet.

- im vierten Teil geht es ums Praktische: Wie entsteht eine Infografik, welche Recherche- und Erstellungsutensilien gehören in eine Grafik-Abteilung, wie sollte ein Archiv angelegt sein, und wo lauern juristische Klippen in der Alltagsproduktion? Schließlich werden noch die wichtigsten deutschsprachigen Grafik-Anbieter kurz porträtiert und die (leider immer noch dünn gesäten) Ausbildungsstätten und Fortbildungsangebote in Sachen Infografik vorgestellt.
- der Anhang bildet den fünften Teil. Ein Index erleichtert die gezielte Suche nach Themenbereichen im Buch, ein ausführliches Literaturverzeichnis gibt Tips, wie das weite Feld Informationsgrafik im Selbststudium vertieft werden kann.

Abschließend sei vor allem meinen fleißigen Korrekturleserinnen (und natürlich auch dem vereinzelten -leser) gedankt, die wirklich ganze Arbeit geleistet haben. Ein großes Dankeschön auch an sämtliche Agenturen und Pressehäuser, die mich im Verlaufe dieses Projekts durch gute Gespräche, hervorragende Tips und Anregungen und nicht zuletzt durch die Bereitstellung zahlloser Beispiel-Grafiken unterstützt haben.

Martin Liebig   Dortmund, im September 1999

ERSTER TEIL: Einführung

Die Szenen sind verbürgt. So hob einst, und nicht zum ersten Male, der Chefredakteur einer regionalen Tageszeitung an zur täglichen Blattkritik, hielt eine arg buchstabenlastige Seite mit gerade einem Briefmarkenfoto in die Runde und monierte: „Schlechte Grafik". Er meinte, wie sich nach kurzem Nachhaken ergab, das mißlungene Layout, vor allem die fehlenden Bilder auf der kritisierten Seite. Eine Infografik jedenfalls hatte er definitiv nicht zu beanstanden, denn es fand sich keine auf der Seite.

Szene Nummer zwei: Es rief der zuständige Redakteur beim Layouter einer Verlags-Sonderbeilage an und berichtete, das Titel-Foto sei geplatzt, stattdessen sei jetzt eine Grafik in Auftrag. Es war nicht etwa ein Balkendiagramm, das später die Seite eins zierte – wie der Layouter befürchtet hatte –, sondern eine vierfarbige Aquarellzeichnung.

Schließlich ist noch zu berichten von jenem Kollegen aus dem Sportressort, der nicht nur als guter Schreiber bekannt, sondern auch als Gelegenheitscholeriker berüchtigt war. Der wünschte nämlich einmal jene „Infografik" zur Wiedervorlage und -verwendung, die zum WM-Finale '94 im Blatt gewesen sei. Keiner der drei Hausgrafiker konnte sich an ein solches Dokument erinnern. Erst einen schweren Wutanfall des Redakteurs später, als das Archiv bemüht worden war, stellte sich heraus, daß der Kollege den stilisierten Fußball mit der integrierten „94" meinte, das winzige Logo also, das die Meisterschafts-Berichterstattung über vier Wochen begleitet hatte.

Es sei vorweg klargestellt: Grundfalsche Wortwahl ist keinem der drei hier bloßgestellten Kollegen anzulasten. Doch offenbaren die Anekdoten jenes Dilemma, in das die zunehmende Bedeutung der Optik das Pressegewerbe stürzt. Tatsächlich hat jede Zeitung, jede Zeitschrift allein durch Schriftwahl, Layout, Fotogrößen ein *grafisches* Erscheinungsbild, und gute Cartoons stammen meistens von gelernten *Grafik*-Designern, die sich aber womöglich auf Anfrage außerstande sehen, eine Computer-*Grafik* als WM-Logo zu basteln. Jenes Logo, das, wie der gebeutelte Sportchronist erfahren mußte, eben keine *Infografik* ist. Schlimmstenfalls trifft man zu allem Überfluß noch mittags in der Kantine jene Kollegin aus der Repro-Abteilung des angeschlossenen Druckhauses, die bekanntermaßen um ihre Stelle bangt und sich zu der Äußerung hinreißen läßt, mit dem *grafischen Gewerbe* gehe es mit wachsender Technisierung des Druckbetriebs „ganz schön den Bach runter". Wurden Grafiken denn nicht erst groß gerade mit der Einführung des Computers?, fragt man im Stillen und schweigt. Daß die Kollegin keineswegs Logos oder Karten meint, wenn sie vom aussterbenden Genre spricht, wird beim erst beim späteren hastigen Nachblättern im Lexikon ersichtlich – grafisches Gewerbe, heißt es dort, bezeichnet „veraltet" die Druckindustrie. Ist die Infografik am Ende uralt?

Die Infografik als Chimäre

An Schlagworten, Begriffen und Fachausdrücken mangelt es wahrlich nicht. Durch die Presselandschaft geistern zunehmend „Optik"-Vokabeln, es wird gesprochen von Visualisierung, optischem Journalismus, bildbezogener Berichterstattung, verstärktem Grafikeinsatz. Und eben von der allgegenwärtigen Infografik.

Tatsächlich: Wer ein modernes Blatt machen will, muß sie offenbar aufbieten. Wer im Trend liegt, spricht über sie. Wer Ahnung zu haben vorgibt (oder auch hat), beschwört in geradezu sakralen Termini die Dreieinigkeit von Text, Fotografie und Grafik. Jeder, der auch nur ein bißchen auf sich hält, führt den Begriff im Munde. Und natürlich hat jeder eine Meinung – zur Infografik.

Was aber nun eigentlich durchgeht als Infografik – und vor allem: was nicht –, ist nicht nur bei Laien immer noch Geschmackssache. Das beginnt bei der schieren Begrifflichkeit, setzt sich fort über die Orthographie derselben, geht weiter über Meinungsverschiedenheiten bezüglich der Geburtshelfer und -daten der Infografik und reicht bis zu einer inzwischen vorliegenden stattlichen Anzahl erstaunlich inkompatibler, wenn auch nur in Ausnahmefällen wissenschaftliche Kategorisierungen bezüglich der Funktion, der Inhalte, der Aufbereitungstechniken des Darstellungsmittels Infografik. Kurz: Wissenschaft und Praxis sind uneins, untereinander und jede Partei für sich selbst. Dieser erste Teil wird den Streit nicht lösen. Aber er definiert, immerhin, die Leitlinien dieses Buches.

1. Begriffe und Definitionen

Nicht einmal ein eindeutiger Name existiert. Bereits in den achtziger Jahren diskutierten vor allem US-amerikanische Praktiker und Theoretiker über „informational graphics", „information graphics", „infographics", „info graphics", „newspaper graphics", „news graphics" oder einfach „graphics". Geht es um grafisch aufbereitete statistische Daten, war und ist bis heute die Rede von „quantitative graphics", „newspaper graphs", „sidebar graphics" oder einfach „graphs". Debattiert wird gerne auch über „how graphics", „how to graphics", „narrative graphics", „flow graphics" und „explanatory graphics". In Deutschland und dem sprachverwandten Ausland ist es kaum einfacher. Wer sich umtut in modernen Pressehäusern, wird es in bester babylonischer Verwirrung entweder mit besagter amerikanischer Begrifflichkeit zu tun bekommen – oder hören und lesen von „Informationsgrafik", „Infografik", „Info-Grafik", „Zeitungsgrafik", „Nachrichtengrafik", „Illustrationsgrafik" und „Redaktionsgrafik", „Pressegrafik" und „Mediengrafik". Eine jede dieser Varianten ist wiederum erweiterbar um die eher anachronistische Schreibweise des Wortelements „Grafik" als „Graphik" – und das ist nur die Spitze jenes orthographischen (orthografischen?) Eisbergs, der seit einigen Jahren zur seltsamen „ph"- und „f"-Koexistenz von Fotografie und Photographie führte, von Grafik-Design und Kartographie, und auch zu jener Unentschiedenheit, die den Zeitungsdesigner Rolf Rehe 1982 über „Typographie" und 1985 über „Typografie und Design für Zeitungen" referieren ließ. Auch die jüngste Rechtschreibreform (nach deren Regeln dieses Buch noch nicht verfaßt wurde) löst das Problem nicht eindeutig: Beide Schreibweisen sind prinzipiell zulässig, die Nachrichtenagenturen zumindest sind auf praktisch durchgehende „f"-Schreibung umgeschwenkt, mancherorts wiederum wird fein differenziert zwischen wissenschaftlichen Ausdrücken („Photogrammetrie") und umgangssprachlichen Begriffen („Fotografie"). Was wiederum nahelegen würde, in akademischen Abhandlung über „Infographik" und im Tagesjournalismus über „Infografik" zu schreiben. Vielleicht sollte man einfach vom „Schaubild" sprechen? Damit wäre das orthographische Problem gelöst, die allgemeine Verwirrung im Sprachgebrauch freilich bliebe bestehen. Zumindest in diesem Buch ist daher durchgängig von „Grafik", „Infografik" oder „Informationsgrafik" die Rede, in diesen Schreibweisen, wo immer es geht, und die Begriffe werden als Synonyme benutzt. Ebenfalls synonym wird der Begriff „Schaubild" angewendet. In bezug auf die klassischen Disziplinen allerdings kapituliert dieses Buch vor den Reminiszenzen der Altväter: An der Schreibweise „Kartographie" wird festgehalten.

Was ist eine Infografik?

So ungeklärt die Begrifflichkeit, so unsicher ist, was überhaupt zu bezeichnen ist. Wie auch immer geschrieben, was ist eine „Infografik"? Oft scheint es bis heute, sie bilde die Restmüll-Kategorie journalistischer Darstellungsformen. Die Infografik wird in Aufsätzen, Seminaren, Gesprächen und Konferenzen explizit oder implizit hingestellt als Darstellungs-Variante, die sich entweder dadurch auszeichnet, daß sie nicht exklusiv aus Buchstaben besteht oder dadurch, daß sie ihre Existenz nicht ausschließlich der Druckausübung auf den Auslöser einer Kamera verdankt – Infografiken sind in diesem Sinne also alles, was im klassischen Verständnis nicht nur „Text" oder „Foto" ist. Dementsprechend wurden bereits mit dem Titel „Infografik" geadelt: politische Karikaturen und peppige Logos, schlichte Tabellen und elegante Piktogramme, Listen und Gerichtszeichnungen, bunte Aquarell-Illustrationen und einfache Kolumnen-Leisten genauso wie sechsspaltige Wettersymbolbilder und ganzseitige Text-Bild-Arrangements über das Wesen des Baseball-Spiels als solches. Ein erstaunlich bunter Reigen optischer Varianten, in dem manches so recht nicht zum anderen passen will – thematisch, gestalterisch, funktional. Tatsächlich handelt es sich bei allen Beispielen um Presse-Grafiken – aber nur zum Teil um Infografiken. Bevor allerdings diese beiden (und auch weitere) Vokabeln näher geklärt werden, empfiehlt es sich, in einem ganz kleinen Exkurs zumindest jenes Wortteil zu klären, das dieses Buch prägt und sich inzwischen durch nahezu jede Debatte rund um „zeitgemäßen" Journalismus schlängelt – und darüber in seiner ursprünglichen Bedeutung immer weiter verwässert: den Begriff der Grafik.

Der Begriff der Grafik

Ob Zeitung, Zeitschrift oder Kunstausstellung: Die Alltagserfahrung lehrt, daß keineswegs alles, was als „Grafik" durchzugehen beansprucht, im sprichwörtlichen Sinne „in Stein gemeißelt" und damit letztgültig ist. Dabei geht der Begriff „Grafik" auf das griechische Verb „gráphein" zurück, das eine Tätigkeit bezeichnet, deren Klänge heute fast nur noch im Umfeld von Friedhöfen vernehmbar sind: das Einritzen, über ein paar etymologische Ecken auch die „Gravur".

Tatsächlich zeichnen sich „klassische" Grafiken, zum Beispiel Radierungen, Kupferstiche oder Lithographien, dadurch aus, daß ihre Hersteller in handwerklicher Arbeit Erhebungen und Vertiefungen so auf einem Material anbrachten, daß ihre künstlerische Idee reproduzierbar, druckbar wurde, was sie oft ebenfalls selbst erledigten. Der traditionelle Grafiker war (und ist) also Künstler, Kunsthandwerker und Reproduzent in einem. Es war eben auch eine *grafische* Meisterleistung Gutenbergs, auf Kegeln buchstabengleiche spiegelverkehrte Erhebungen anzubringen,

Abbildung 1 – Klassische „Grafik": Ein Holzschnitt von Hans Holbein dem Jüngeren aus dem Jahre 1525.

die Typen „herauszumeißeln", diese Hügel dann in einem geschick-
ten Verfahren mit Druckerschwärze zu versehen und mit ihrer Hilfe
(biblische) Lettern zu Papier zu bringen (daß er das Werk nicht selbst
verfaßt hat, dürfte sich herumgesprochen haben). Die grafische Kunst
enthob viele menschliche Leistungen in gewissem Sinne also der Ein-
maligkeit, die mittelalterliche handschriftliche Kopien so wertvoll gemacht hatte (und bis heute macht). Ästhetik wurde multiplizierbar.
Im klassischen Verständnis erstellen Grafiker also Vorlagen mit ästhetischer Qualität. Menschen, die dies allein handwerklich beherrsch-
ten, waren noch vor wenigen Jahrzehnten dünn gesät. Grafik war
Kunst. Radierungen, Holzschnitte, Kupferstiche und Lithographien
von Meistern wie Martin Schongauer, Albrecht Dürer und Hans Holbein erzielen deswegen bis heute hohe Erlöse auf einschlägigen Auk-
tionen – so überhaupt noch Originale existieren.
Und in der Gegenwart? Visuelle Reproduktion ist heute ungleich einfacher. Die Technik ist fortgeschritten; weniger das Handwerk diktiert
die Möglichkeiten, sondern zunehmend die reine Kreativität.
Es stellt sich daher die Frage, ob in diesem strengen Sinne heute wirklich noch jeder ein Grafiker ist, der reproduktionsfähiges Material mit
halbwegs ästhetischer Überlegung herstellt. Ist die Glückwunschkar-
te für die Fernverwandte, entworfen am heimischen PC, geschmückt
mit einem raubkopierten Clip-Art und ausgedruckt am Vierfarb-Tin-
tenstrahldrucker, noch eine Grafik – soviel Anteilnahme und Herz-
blut auch darinstecken mag? Darf sich der Pauschalist in der Ein-
Mann-Redaktion, der zwei Wochen lang täglich anderthalb Lokalsei-
ten im überalterten Redaktionssystem einrichtet, mit dem Titel „Grafiker" schmücken? Ist er am Ende sogar ein Infografiker?
Wir leben in der Postmoderne, und die Herstellung von Druckwer-
ken ist keine Frage der technischen Fertigkeit des einzelnen mehr
und, mit Verlaub, auch keine der ästhetischen Befähigung – höchstens
eine der finanziellen Mittel. Das klassisch Handwerkliche hat mit der
Maschinisierung und vor allem mit der Digitalisierung der vergangenen zwanzig Jahre an Bedeutung verloren. Es kommt zunehmend auf
die Inhalte an. Wohl aus diesen Erkenntnissen heraus hat es sich inzwischen in der Fachwelt eingebürgert, auch Freihandzeichnungen
wie beispielsweise Karikaturen als „Grafiken" zu betrachten.
Je leichter es wurde, Visuelles zu reproduzieren, desto mehr wuchs

die Bedeutung der Gebrauchsgrafik – oder, vornehm und akademisch ausgedrückt, des „Grafik-Designs". Die Gebrauchsgrafik, die „Kurzzeit-Grafik", gewann an Wichtigkeit, die Grafik für den „schnellen" Gebrauch ohne vorrangig künstlerische Motivation. Die Gebrauchsgrafik hat im ausgehenden neunzehnten, vor allem aber im zwanzigsten Jahrhundert zunehmend an Bedeutung gewonnen, und wie es aussieht, wird ihr Einfluß noch einige Zeit weiter wachsen. Die Gebrauchsgrafik ist in erster Linie funktional. Sie ist, bei aller Ansehnlichkeit, rational, oder zumindest ursprünglich aus nüchterner ökonomischer Logik geboren. Grafik-Design, das ist im herrschenden Verständnis „Werbung". Tatsächlich entdeckte der Journalismus – immerhin auch ein Wirtschaftszweig – die Chancen der Grafik und des Designs erst wirklich für sich, als die werbende Industrie sie längst erschlossen hatte. Infografiken – die Gebrauchsgrafiken in der Presse – hatten ihren wirklichen Durchbruch erst, als sie erschwinglich, schnell herstellbar und leicht zugänglich wurden.

1.1 Die Presse-Grafik

Moderne Grafik ist, weil inzwischen nur noch finanziell beschränkt reprozierbar, massenhafter geworden, und billiger. Damit aber wurde sie erst interessant für die ökonomisch kalkulierende Pressebranche, die – zum Beispiel – nicht mehr Unsummen ausgeben muß für eine reingezeichnete Landkarte, auf die die Redaktion schlimmstenfalls auch noch anderthalb Tage warten muß, sondern sich zunehmend hauseigene Grafiker leisten kann.

So fand die Gattung der Presse-Grafik allmählich zu größerem Rang und Ansehen. Doch lange nicht jede Presse-Grafik ist gleich eine journalistische, eben eine Infografik. Infografiken sind nur eine von vier Gattungen der Presse-Grafik, und jede dieser vier Gattungen ist wiederum ausgestaltbar in drei wesentlichen Darstellungsvarianten. Nur Mut: So akademisch trocken, wie es vielleicht jetzt scheinen mag, wird die Kategorisierung auf den folgenden Seiten nicht ausfallen!

Was eine Presse-Grafik ausmacht

Unter Presse-Grafiken werden in diesem Buch in sich geschlossene visuelle Kollagen verstanden, oder – neudeutsch – „Composings", die in Print-Produkten jeder Art und Gattung veröffentlicht werden. Es sind Kombinationen aus optischen Versatzstücken, aus grafischen „Einzelteilen", die durch eine gezielte Zusammenstellung, durch einen konstruierten, dabei logischen optischen Bezug eine in sich geschlossene bildliche Aussage hervorbringen. Grafiker ordnen visuelle Einzel-Informationen, zeichnerische, typografische, fotografische, visuell an, setzen sie in zweidimensional-„räumlichen" Bezug. Im besten Falle erzeugt diese Zusammenstellung der Einzel-Informationen eine ganzheitliche Aussage. Eine Presse-Grafik eben.

Die grafischen Versatzstücke der Presse-Grafik

Die Versatzstücke, aus denen Presse-Grafiken entstehen, sind entweder zeichnerischer, typografischer oder fotografischer Natur.

In den meisten Grafiken handelt es sich bei den kollagierten „Einzelteilen" vor allem um zeichnerische Elemente, um Linien und Flächen in jeder erdenklichen Form, Größe oder Farbgebung, ausgestaltet zu optischen Figuren. Zeichnen ist der klassische Prozeß der visuellen Komposition, der Herstellung künstlicher optischer Gestalt: Porträtskizzen sind genauso Produkte einer Linien-Flächen-Komposition wie „Tortendiagramme" oder Karten.

Zusätzlich werden diese zeichnerischen Elemente, Linien und Flächen, in Grafiken oft als Zuordnungs- und Leitstützen eingesetzt, um Elemente innerhalb einer Grafik optisch zusammenzuführen und zu verknüpfen – oder sie zu trennen. In dieser Rolle sind sie nicht primäre, sondern sekundäre Informationselemente.

Fast ebenso häufig sind typografische Elemente in Grafiken: Buchstaben und Ziffern vor allem, einzelne Wörter – oft bilden auch ganze Sätze oder Satzsequenzen die grafische „Manövriermasse". Eingesetzt werden diese typografischen Elemente in Grafiken meistens zur Erläuterung, sie dienen der Verdeutlichung einzelner Teile der Grafik. Es existieren aber auch Grafiken, deren Aussage fast ausschließlich von typografischen Versatzstücken getragen ist: Tabellen, Listen und Flußdiagramme sind, obwohl oft sehr textlastig und damit scheinbar eher dem klassischen Fließtext verwandt, lupenreine Grafiken – denn in ihnen sind verbale und numerische Einzelinformationen in optischen Bezug gesetzt, visuell organisiert, indem die Ziffern, Wörter und Sätze inhaltlich gezielt nebeneinander, über- und untereinander angeordnet werden.

Eher selten, dabei aber prinzipiell keineswegs weniger verwendbar in Grafiken sind fotografische Elemente. Sie dienen in aller Regel als illustrierende Schmuckelemente, können aber durchaus auch zum Träger der zentralen Information werden.

Abbildung 2 vereinigt sämtliche der möglichen Kompositionselemente der Pressegrafik. Das Beispiel veranschaulicht, wie informativ eine gelungene Zusammenstellung von Typografie, Fotografie und Zeichnung geraten kann.

Abbildung 2 – Pressegrafiken sind bildliche Kompositionen aus typografischen, fotografischen und zeichnerischen Versatzstücken. Nicht immer freilich müssen – wie in dieser Grafik – alle Elemente zum Einsatz kommen.

Typen von Pressegrafiken

Wann wird eine Presse-Grafik zur Infografik? Welcher Typus Presse-Grafik im einzelnen vorliegt, hängt von zwei Kriterien ab.

- Das wichtigste Unterscheidungsmerkmal bildet die Funktion, die die Grafik vorrangig zu erfüllen hat – das Motiv, aus dem heraus sie ins Blatt gehoben wird.
- Zweites Abgrenzungsmerkmal ist die Darstellungstechnik der Grafik – die entscheidende Frage dabei ist, welche der grafischen Elemente Träger der eigentlichen Kernaussage sind: zeichnerische, textliche oder fotografische.

Abbildung 3 – Pressegrafiken sind unterscheidbar nach Funktion und Darstellungstechnik. Jeder der vier Funktionstypen ist in einer der drei Darstellungsvarianten aufbereitbar.

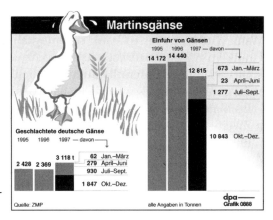

Abbildung 4 – Eine Infor-mationsgrafik.

Erstes Kriterium: Funktion im Blatt

Entscheidend ist die Funktion, die einer Grafik zugebilligt wird. Die Intention, aus der heraus sie ins Blatt gehoben wird. Ganz lupenscharf wird dies natürlich selten zu bestimmen sein: Kapitel 2 wird zeigen, daß Grafiken allgemein, Infografiken im besonderen ausgesprochen multifunktionelle Darstellungsvarianten sein können. Die vorrangige Funktion aber ist meistens recht eindeutig zu benennen. Entsprechend ist zu unterscheiden zwischen vier Funktionsgruppen:

• Infografiken, um die es in diesem Buch vornehmlich geht, sind Pressegrafiken, die einen relevanten natürlichen oder gesellschaftlichen Sachverhalt aufbereiten. Es sind Pressegrafiken mit originär journalistischem Zweck (vgl. Abbildung 4).

• Zuordnungsgrafiken sind Pressegrafiken, die Lesern die inhaltlich-gestalterische Struktur eines Mediums verdeutlichen sollen. Besser bekannt sind sie unter Begriffen wie Logo, Signet, Symbol oder Piktogramm (vgl. Abbildung 5 bis 7).

Abbildung 5 bis 7 – Drei Beispiele für Zuordnungsgrafiken.

- Kommentargrafiken sind Pressegrafiken, die für einen als bekannt vorausgesetzten Sachverhalt eine Wertung vorschlagen. Eingebürgerte Bezeichnung für Kommentargrafiken: politische Karikatur (vgl. Abbildung 8).
- Unterhaltungsgrafiken sind Pressegrafiken, die Lesende erheitern, ihnen einfach nur Spaß machen sollen – also die klassischen Comic-Strips und Witzzeichnungen (vgl. Abbildung 9).

Verpackungskünste

Abbildung 8 – Beispiel für eine Kommentargrafik.

Abbildung 9 – Ein Beispiel für eine Unterhaltungsgrafik.

Zweites Kriterium: Darstellungstechnik

Jeder dieser vier Funktionstypen ist darstellungstechnisch in drei Varianten ausgestaltbar. Entscheidend bei der Bestimmung ist, welches Darstellungselement Träger der zentralen grafischen Aussage ist.

- Ikonische Grafiken sind Grafiken, deren Aussage vornehmlich mit Hilfe hand- oder computererstellter Zeichnungen formuliert wird, seien sie alleinstehend oder durch typografische Elemente ergänzt; es sind Grafiken, in denen die Aussage vor allem von gezielt komponierten Flächen, Linien und Figuren getragen wird. Karten sind also ebenso ikonische Grafiken wie statistische Diagramme, Gerichtszeichnungen, Cartoons und politische Karikaturen.

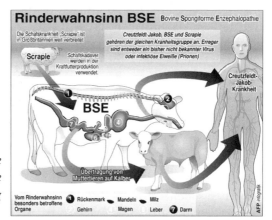

Abbildung 10 – Ikonische Grafiken formulieren eine Nachricht mit vorrangig zeichnerischen Mitteln.

- Textgrafiken sind grafisch organisiert angeordnete Ziffern, Sätze, Satzsequenzen – zu dieser Darstellungsgattung sind also Listen, Tabellen und textdominierte Flußdiagramme zu zählen (vgl. Abbildung 11).
- Fotografiken sind fotografische Abbildungen, in die nachträglich zeichnerische und/oder typografische Elemente, Pfeile, Linien oder Erläuterungskästen als ergänzende und erläuternde Bildbestandteile integriert sind (vgl. Abbildung 12).

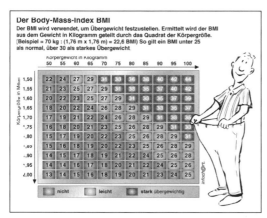

Abbildung 11 – Textgrafiken wie diese Tabelle folgen einem primär „textlichen" Ansatz: Die Informationen sind via Buchstabe und Ziffer vermittelt. Zeichnerische Elemente bilden hier nur Beiwerk, tragen aber nicht die eigentliche Nachricht.

Abbildung 12 – Beispiel für eine Fotografik: Fotografie und Erläuterung sind in einem Bild integriert.

1.2 Die Funktionstypen im einzelnen

Es existieren also vier Funktionstypen der Pressegrafik, und sie repräsentieren ein breites Spektrum in Inhalt und Eigenart: Infografik, Zuordnungsgrafik, Kommentargrafik und Unterhaltungsgrafik. Dieses Buch konzentriert sich auf die Infografik, die klassisch „nachrichtliche" Variante der vier.

Damit soll weder behauptet noch unterschwellig vermittelt werden, daß nicht auch die übrigen drei Typen, jeder für sich, eine interessante, ganz eigenständige Klasse bilden können – einige Literaturverweise im Anhang mögen jenen weiterhelfen, die sich auch für die Karikatur, für den Comic oder den Logo-Entwurf begeistern können. Hinzu kommt, daß – wie in Kapitel 2 gezeigt wird – auch vordergründig „nachrichtliche" Infografiken durchaus Charakteristika der übrigen drei Funktionstypen annehmen können. Einige gestalterische Kriterien, die an Infografiken anzulegen sind, gelten deswegen auch für Zuordnungs-, Kommentar- und Unterhaltungsgrafiken. Dennoch kommen diese drei Typen, nach einer knappen Beschreibung auf den folgenden Seiten, in diesem Buch nicht mehr explizit und isoliert zur Sprache.

Infografiken

Die klassisch journalistische, nachrichtliche Variante der Pressegrafik ist die Infografik. Sie ist damit das grafische Äquivalent zu Nachrichtentext und Pressefoto. Sie formuliert journalistisch relevante, nachrichtliche Sachverhalte als grafisches Argument. Das polizeiliche Phantombild geht also genauso als Infografik durch wie die schlichteste Bundesliga-Tabelle, das Balkendiagramm mit der Sonntagsfrage zählt nicht weniger dazu als die Bio-Wetterkarte, das Firmen-Organigramm gehört in diese Kategorie ebenso wie die Querschnittszeichnung des Castor-Behälters, die vogelperspektivische Aufsicht auf den Nürburgring, die Zehn-Punkte-Maßnahmenliste des kommunalen Dezernats oder die Architekturskizze des geplanten Einkaufstempels. Freilich bewegt manch moderne Grafik dazu, die Allgemeingültigkeit dieser Begriffsdefinition in Zweifel zu ziehen: Was als „journalistisch relevant" durchzugehen hat, darüber zerbrechen sich nicht umsonst bis heute ungezählte Medienforscher den Kopf. Und es ist sicherlich

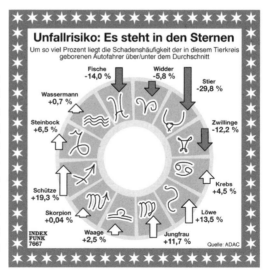

Abbildung 13 – Über den journalistischen Gehalt dieser Grafik läßt sich trefflich streiten, auch wenn die Quelle durchaus eine seriöse ist. Oder lauert hier ein neues Versicherungs-Einstufungskriterium für Kraftfahrzeug-Halter? Dann wäre die Grafik zweifellos auch journalistisch relevant ...

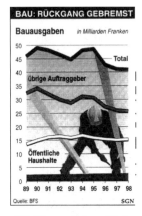

Abbildung 14 – Klein, relativ schlicht, und eindeutig eine Infografik.

zumindest eine kleine Diskussion wert, ob die Unfallhäufigkeit der Angehörigen verschiedener Sternzeichen (vgl. Abbildung 13) nun ein journalistisch relevantes Faktum bildet oder eher verzichtbares Astro-Amüsement.

Diese Diskussion wird in diesem Buch allerdings höchstens anhand von Einzelbeispielen geführt; ansonsten gilt allgemein: Was im klassisch redaktionellen Teil von Zeitungen oder Zeitschriften veröffentlicht wird, hat eine wie auch immer geartete Auswahlhürde genommen und gilt daher, zumindest in diesem Buch, eher unkritisch als „journalistisch".

Zuordnungsgrafiken

In Zeitschriften sind sie seit längerem gang und gebe, und auch in der Tagespresse setzen sie sich zunehmend durch: Grafiken, deren Funktion kaum über die der thematischen Zuordnung hinausreicht – Zuordnungsgrafiken. Piktogramme, Logos und illustrierte Rubrikenköpfe dienen dazu, Lesern die thematische und die gestalterische Struktur des Blattes optisch zu verdeutlichen, durchs Produkt zu führen, Schwerpunkte zu setzen, Orientierung zu geben, Kolumnen wiedererkennbar zu gestalten, Umläufe von Seite 1 auf den Innenteil zu bezeichnen – und natürlich fungieren sie meistens auch als „Hingucker", Heraussteller, illustratives Element. Da dient beispielsweise auf der lokalen Aufschlagseite die Strichskizze eines Buchs als Kopf der Glosse „Tagebuch", eines der klassischen Piktogramme der Olympischen Spiele '72 als Hinweis auf die in einem Beitrag behandelte Disziplin, ein verzierter Kasten mit dem

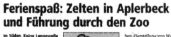

Abbildung 15 – Ein Logo verdeutlicht die Thematik des Artikels.

*Abbildung 16 – Ein bis heute ungeschlagener Klassiker unter den Zuord-
nungsgrafiken: die* SPIEGEL-*Titelgrafik. So wie im obigen Beispiel setzt das
Nachrichtenmagazin häufig ausgefeilte, thematisch gezielt komponierte Illustrationen auf der ersten Seite ein, um auf das Titel-Thema im Innern aufmerksam zu machen.*

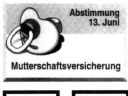

Abbildung 17 bis 20 –
Weitere vier Beispiele
für den Funktionstyp
Zuordnungsgrafik.

Schriftzug „Korrespondenten berichten" bezeichnet Auslandsbeiträge. Zuordnungsgrafiken sind also ganz überwiegend konsultativen Charakters. Ihre Informationsleistung ist produktimmanent; sie können nicht als eigenständige, unabhängige Informationsträger fungieren – sondern stehen immer in Zusammenhang mit einem oder mehreren journalistischen Beiträgen, als grafische „Ordnungsvehikel".

Ein besonderer Typus der Zuordnungsgrafik ist die Illustration. Denn es handelt sich bei Zuordnungsgrafiken zwar meist um eher schlichte, kleine knappe Logos – das muß aber nicht so sein. Auf bunteren Seiten, in „Lifestyle"-Magazinen oder im „Wochenend-Teil" kann es auch eine ausgefeilte Tusche-Zeichnung sein, die das Thema einordnet, ein geschmackvolles Computer-Bild oder eine Kohleskizze. Daß dies eher selten der Fall ist, dürfte vor allem daran liegen, daß die Kunst der Illustration tatsächlich eine sehr klassisch „künstlerische" ist, die herausstechendes Talent und meist auch fundierte zeichnerische Ausbildung voraussetzt. Illustrations-Könner, die sich mit den meist mageren Presse-Honoraren, dem journalistischen Zeitdruck und meist auch engen thematischen Vorgaben herumschlagen wollen, sind verständlicherweise eher die Ausnahme. Illustrationen von hohem qualitativen Niveau präsentiert der SPIEGEL regelmäßig auf seiner Titelseite (vgl. Abbildung 16).

Kommentargrafiken

Besser bekannt als Karikatur, haben Kommentargrafiken im allgemeinen ihren festen Platz auf klassischen „Meinungsseiten". Ihre Funktion besteht nicht – oder wenn, dann nur am Rande – darin, über einen Sachverhalt zu informieren, sondern darin, bereits bekannte Sachverhalte zu beurteilen. Kommentargrafiken schlagen Lesern die tendenziöse Wertung eines Sachverhalts vor, meist ironisch, im Strich

Abbildung 21 – Die Kari-
katuren von Luis Mur-
schetz sind seit Jahrzehn-
ten ein Markenzeichen
der Hamburger ZEIT.

überzeichnend oder verzerrend. Allerdings sind Kommentargrafiken
bis heute eine oft übersehene Stilform des Journalismus. Entsprechend wenige „Stars" kennt die Szene, sieht man einmal von Urge-
steinen wie Horst Haitzinger, Luis Murschetz oder Horst Hanel ab.
Auch in der journalistischen Ausbildung fristet die Karikatur eher
das Dasein des Mauerblümchens.

Abbildung 22 – Eine zeichnerisch sehr ausgefeilte Kommentargrafik.

Unterhaltungsgrafiken

Es darf zunehmend gelacht werden in der vormals doch eher ernst-
verknöcherten Zeitungs- und Zeitschriftenlandschaft. Unterhaltungsgrafiken – meistens ist eher die Rede von Cartoons, Comics oder Comic-Strips – bringen das „Bunte" ins Blatt, erzählen groteske, meistens fiktionale Geschichten. Eine echte Wertung, wie sie Kommentargrafiken immanent ist, unterbleibt, nicht Wissens- oder Meinungs-
vermittlung ist das Ziel, sondern eben Unterhaltung, Erheiterung.
Entsprechend finden sich Unterhaltungsgrafiken meistens auf jenen
Seiten, die gerne abfällig als „Kaffeklatsch-Kolumnen" oder „Tratsch-
Ecken" abqualifiziert werden, Seiten, die schwerpunktmäßig boulevardeskes Material versammeln unter Rubrikentiteln wie „Vermischtes", „Buntes", „Aus aller Welt" oder „Weltspiegel". Das eher laue
Image in der Kollegenschaft entspricht allerdings selten der Wertschätzung, die „bunte" Redaktionen in der Leserschaft genießen.

*Abbildung 23 – In Aus-
nahmefällen können sich
Unterhaltungsgrafiken
sogar auf ganz konkrete,
also nichtfiktionale Sachverhalte beziehen. Im ne-
benstehenden Falle aller-
dings entpuppte sich die
Meldung letztlich doch
als „Ente".*

Nicht wenige Leser beginnen, das zeigen Leserbriefe wie Umfragen und Copytests regelmäßig, die Lektüre auf eben diesen „seichten" Seiten. Es soll gar Abonnenten geben, für die die tägliche Unterhaltungsgrafik nicht weniger darstellt als ein gehegtes Sammelobjekt.

1.3 Die Darstellungstypen

Jeder der vier Funktionstypen der Pressegrafik formuliert Aussagen in einer eigenen darstellungstechnischen Form. Das heißt: Es gibt *ikonische* Zuordnungsgrafiken und *Text*-Infografiken genauso wie *ikonische* Infografiken und Unterhaltungs-*Foto*grafiken. Die Abbildungen 24 bis 26 etwa zeigen drei Unterhaltungsgrafiken, jede für sich umgesetzt in einem anderen Darstellungstypus: die beliebte „Gäste-Liste" des FOCUS sowie die beiden STERN-Klassiker „In den Mund geschoben" und „Til Mette".

Zur Bestimmung des Darstellungstyps spielt dabei eine untergeordnete Rolle, welche grafischen Elemente auf den ersten Blick die „visuelle Hauptrolle" innerhalb der Grafik spielen. Entscheidend ist, welche grafischen Versatzstücke – Zeichnung, Text oder Fotografie – Träger des zentralen Themas, der eigentlichen Aussage sind. In ikonischen Grafiken sind das die zeichnerischen Elemente: Der Grundansatz der ikonischen Grafik ist ein zeichnerischer, kein verbaler. Text, wiewohl meistens unverzichtbar, dient in ikonischen Grafiken nur der unterstützenden Begleitung. In Textgrafiken dagegen wird die Aussage vornehmlich über Buchstaben und Ziffern transportiert, während eventuelle zeichnerische oder fotografische Schmuckelemente hier nur Beiwerk bilden. In Fotografiken schließlich trägt die Fotografie die Kernaussage der Grafik, zeichnerische und verbale Angaben spielen die „dienende" Geige.

Nun ist nicht jede Grafik pauschal einem der Darstellungstypen zuzuordnen – es gibt Mischformen, Grafiken also, in denen manche Aspekte ikonisch, andere textlich aufbereitet und vielleicht sogar noch um ein dokumentarisches Foto ergänzt sind. Meistens aber do-

Abbildung 24 bis 26 – Drei Unter-
haltungsgrafiken, drei Darstellungs-
varianten: ikonisch (rechts unten),
als Fotografik (links unten), als
Textgrafik (rechts oben).

miniert einer der Darstellungstypen eindeutig. Und ikonische Grafiken sind dabei augenscheinlich die beliebteste, zumindest aber meistverwandte Variante.

Ikonische Grafiken – die Macht des Zeich(n)ens

Die allermeisten Infografiken, die uns in Presse-Produkten begegnen, sprechen eine ikonische, eine zeichnerische, eine konstruierte Bild-Sprache. Es ist eine Sprache, die sich Menschen im allgemeinen vor der Kulturtechnik des Lesens und Schreibens aneignen. Unbedingt „leichter" ist sie deshalb lange noch nicht, schon gar nicht, wenn sie professionell „gesprochen" werden soll. Eher im Gegenteil.

Ikonische Grafiken wie Geschriebenes bedienen sich eines semiotischen, eines Zeichensystems. Bestimmte Kombinationen von Zeichen wiederum ergeben dabei eine semantische, eine inhaltliche Bedeutung. Das Problem ist, daß die Bild-Sprache weder semiotisch noch semantisch eindeutig festgelegt ist. Jedes zeichnerisch konstruierte Bild entfaltet seine ganz eigene „Grammatik". Die zeichnerischen Variablen, aus denen ikonische Grafiken zu wesentlichem Anteil bestehen, sind größtenteils aus sich selbst heraus nicht eindeutig in ihrem Bedeutungsgehalt, geschweige denn weltweit anerkannt und meist nicht einmal regional oder kulturell exklusiv mit einer bestimmten Bedeutung belegt. Das ist der entscheidende Unterschied zur verbalen Semiotik. Der Buchstabe A zum Beispiel ist im System der deutschen Sprache als sogenanntes „Graphem" mit einem weitestgehend festen phonetischen Laut verbunden, genauso wie die Kombination der Grapheme B, R, O und T in genau dieser Reihenfolge. Auf der semantischen Ebene wiederum ist diese Zeichenkombination BROT mit einem ganz eindeutigen Bedeutungsgehalt belegt. Genauso monosemiotisch organisiert ist zum Beispiel auch das musikalische Notensystem: Eine Note repräsentiert einen weithin akzeptierten, abgegrenzten akustischen Frequenzbereich.

Wie schwer hat es dagegen der grafische Kommunikator: Eine zehn Zentimeter lange, horizontale schwarze Haarlinie ist prinzipiell nicht mit einem phonetischen Laut vernüpft und kann außerdem die verschiedensten Sachverhalte symbolisieren: einen Wert auf der Ordinate eines Koordinatensystems, einen schnurgeraden Kanal auf einer Karte, aber auch den Bügel einer Brille im zeichnerischen Porträt eines Politikers.

Die grafische „Grammatik" ist also weder in Laute zu übersetzen noch eindeutig in ihrem Inhalt. Es existiert kein universales grafisches Alphabet. Das ist erfreulich für den kreativ unausgelasteten Grafiker, denn

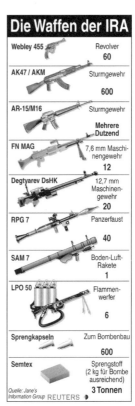

Abbildung 27 – Information als zeichnerisches Abbild. Über den nachrichtlichen Nährwert dieser Grafik ließe sich allerdings trefflich streiten: Wer benötigt derlei Information?

Die Standard-Extras
Womit die Deutschen ihre Neuwagen ab Werk aufwerten
Angaben in Prozent

Radio	88
Servolenkung	76
Zentralverriegelung	68
Schiebedach	62
ABS	58
elektr. Fensterheber	46
Klimaanlage	19
Automatik	11

infoch@rt.

Kaum ein Auto rollt nur in der Grundausstattung vom Band. Das Radio steht ganz oben auf dem Wunschzettel, wenn die Deutschen ihren Neuwagen ab Werk aufrüsten lassen – 88 Prozent aller Neuwagen waren damit ausgestattet. Ähnlich beliebt ist die Servolenkung und Zentralverriegelung.

Abbildung 28 – Die „Leseprinzipien" zumindest der einfacheren statistischen Grafiken müssen nicht mehr erklärt werden. Bilder wie das obige erschließen sich den allermeisten heute ohne Dechiffrierhilfe.

er schwebt weder in der Gefahr des eindeutig nachweisbaren „Rechtschreibfehlers", noch sind ihm eindeutige Stilvergehen anzulasten. Er bedient sich innerhalb einer Grafik der eher „vagen" zeichnerischen Sprache und legt gleichzeitig deren Grammatik fest. Die eigentliche Aussage ergibt sich erst aus der Bildkomposition und dem inhaltlichem Kontext.

Die grafische Sprache ist also wenig „notational", wie Wissenschaftler es nennen – einmal abgesehen von einigen wenigen „administrativen" grafischen Normvorschriften, die aber entweder regional begrenzt sind (deutsche Generalkarten werden nach relativ festen gestalterischen Prinzipien erstellt) oder ideologisch (Otto Neuraths „isotype", siehe auch die Seiten 91 und 337, ist monosemiotisch, wird aber wenig verwendet). Es gibt keinen völlig verläßlichen, festlegbaren weltweiten Schlüssel, mittels dessen ein Bild dechiffrierbar wäre.

Logische Konsequenz dieser Erkenntnis wäre, daß jedem grafischen Bild, jeder bildlichen Kodierung ein entsprechender Dechiffrier-Schlüssel beizufügen ist, beispielsweise eine Legende, wie man sie aus Schulatlanten kennt. Das aber ist meistens nicht oder nur in Maßen nötig. Denn es existiert zwar kein universales, normiertes System grafischer Entsprechungen – aber es gibt Gewohnheiten, Konventionen, kulturelle Erfahrungswerte, Gepflogenheiten der akademischen „Mutterdisziplinen" der Infografik wie vor allem Statistik und Kartographie, Quasi-Regeln und auch andere, ungeschriebene grafische Gesetze, die sicherstellen, daß bestimmte grafische Darstellungsvarianten von den meisten Leserinnen und Lesern auch ohne ausschweifende „Dechiffrierhilfe" verstanden werden.

Sind nicht-abstrakte Informationen darzustellen, Dinge also, die prinzipiell „sichtbar" sind, ist die Grammatik schlicht und einfach eine der visuellen Ähnlichkeit. Wer Gerichtszeichnungen herstellt, Schnittbilder oder Konstruktionsskizzen, „kopiert" Realität, indem ein eigener optischer Eindruck in äquivalente zeichnerische Flächen und Formen übersetzt wird. Ganz schlicht formuliert: Man „malt ab". Schwieriger ist zunächst das Zeichnen von Abstraktem, von Sachverhalten, die dem unmittelbar Sicht- und Beobachtbaren entzogen sind. Von quantitativen Daten, erdräumlichen Eindrücken, Organisationsstrukturen beispielsweise. Hier bedienen sich journalistische Infografiken verschiedener Techniken, die meistens in akademischen Lagern entwickelt wurden und von dort aus ihren Weg in die Lehranstalten, schließlich in die Presse antraten – Techniken, die in ihren Basisregeln (mehr als diese gibt es nämlich häufig nicht) zumindest Zentraleuropäern mit durchschnittlicher Schulbildung geläufig sein dürften. Eine Karte wird heute bereits anhand charakteristischer Merkmale, der Farbgebung oder der insgesamt ähnlichen Symbolik, als solche wahrgenommen. Es bedarf also keines prinzipiellen Hinweises mehr, daß hier ein „verkleinertes Abbild der Erdoberfläche" präsentiert wird. Ähnliches gilt für die Prinzipien, die einem Säulendiagramm zugrundeliegen: Daß dabei nämlich „die quantitativen Relationen von Merkmalen in Längenproportionen übersetzt" sind – diese Hilfestellung, die so oder so ähnlich noch vor zweihundert Jahren notwendig war, erübrigt sich heute. Abstraktes in Bildform wird, sofern nicht auf abenteuerlich experimentelle Weise konstruiert oder mit Insider-Techniken erstellt, aus Erfahrungswerten heraus erkannt.

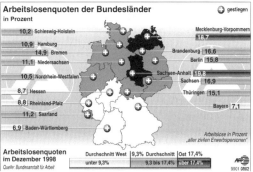

Abbildung 29 – Allein die optische Anmutung sorgt in der Regel dafür, daß Betrachter Karten als solche identifizieren.

Textgrafiken – die Macht der Kolumnisierung

Die Verwandtschaft zum klassischen Fließtext ist offensichtlich, die Grenze aber eindeutig. Genau wie in Meldungen, Berichten und Leitartikeln sind die relevanten Informationen in Textgrafiken chiffriert in Grapheme, also in Zeichen mit Lauteigenschaft, und Ziffern. Zur Grafik wird das Ganze, indem die textlich aufbereiteten Informationen *visuell* frei komponiert und – bestenfalls – dadurch organisiert werden.

Genau darin besteht der entscheidende Reiz von Textgrafiken: verbale oder quantitative Teilinformationen werden hier in kolumnisierter Form sortiert, einander zugeordnet und gegenübergestellt. Textgrafiken bringen Ordnung in auf den ersten Blick immer gleich erscheinden Wuste der Schriftzeichen, eine Ordnung, die der traditionelle Zeilenfall einer Nachricht nicht vermittelt.

Abbildung 30 – Zeichnerische Elemente dominieren diese Textgrafik zwar eindeutig; die journalistisch relevante Information aber ist ausschließlich verbal und mit Hilfe von Ziffern ausformuliert.

Relativ unerheblich ist dabei, wie illustrativ die Grafik insgesamt ausfällt. Bildliche Zusätze in Textgrafiken können zwar das Verständnis erleichtern, den thematischen Kontext unterstreichen, aber genausogut weggelassen werden, ohne daß die Kernaussage der Grafik Schaden nehmen würde.

Die drei wesentlichen Grundformen der Textgrafik sind Liste, Tabelle und Flußdiagramm. Prinzipiell sind Textgrafiken entweder eher qualitativer oder quantitativer Natur. Die einen, die qualitativen Textgrafiken, sind geprägt von mehreren, visuell angeordneten verbalisierten Informationen, die anderen, die quantitativen, sind dominiert durch statistisch erfaßte Ausprägungen von Sachverhalten.

Listen

Listen sind die schlichteste Variante der Textgrafik – man könnte auch sagen: die visuell ausgefeilteste Form der textlichen Aufzählung. Listen sind eindimensional und linear strukturiert, reihen also Aspekte, ohne sie mit einer weiteren expliziten Angabe zu versehen. Verschiedene Aspekte eines Problems werden dabei, anders als im traditionellen Textbericht üblich, nicht einfach aufgezählt und durch Kommata oder Punkt getrennt, sondern durch Linien, Freifläche, Punkte, Icons oder Kästen, Numerierungen, farbliche Unterlegungen oder auch nur durch einen Absatz voneinander separiert und damit in Reihe gebracht. Gelegentlich werden auch einzelne Aspekte visuell hervorgehoben durch Kästen, ausgestaltete Numerierungs-Punkte, Farbe oder Schriftgröße und -schnitt. Listen müssen auch nicht unbedingt in der gewohnten vertikalen Anordnung der Elemente organisiert sein, wie Abbildung 31 verdeutlicht.

Manche dieser Reihen sind offenkundig organisiert, die einzelnen Informationen nach einem nachvollziehbaren Prinzip sortiert – zum Beispiel also nach alphabetischen Kriterien oder auch quantitaiven Prinzipien (deren ausdrückliche Nennung allerdings die Liste zur Tabelle geraten läßt, weil hier eine zweite Kolumne hinzutritt). Etwas schwerer ergründbar sind häufig die Kriterien, die den Reihenfolgen in qualitativen Listen zugrundeliegen. Besonders, wenn es sich um dubiose Rankings handelt wie etwa die „In- und Out-Liste" oder die „Liste gefährlicher Sportarten".

Abbildung 31 – Eindimensional angelegte, grafisch organisierte Reihung von Fakten: eine Liste.

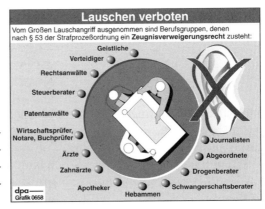

Tabellen

Im Gegensatz zu Listen, die grundsätzlich eindimensional strukturiert sind, treten bei Tabellen eine zweite oder noch mehr zusätzliche Kolumnen hinzu. Dadurch ergeben sich Verknüpfungen und Wechselbeziehungen, die durch die matrizenähnliche Struktur der Tabelle gezielt konsultierbar sind.

Je nach Inhalt ist dabei zu unterscheiden zwischen quantitativen und qualitativen Tabellen. Quantitative Tabellen bringen statistisch erfaßte Daten in kolumnisierte Form. Sie bieten sich vor allem dann an, wenn große Mengen von Ziffern platzsparend unterzubringen sind, die Datenmenge aber insgesamt zu groß ist, als daß eine übersichtliche ikonische Lösung (in Form eines Balken- oder Säulendiagramms beispielsweise), die prinzipiell vorzuziehen ist, daraus zu kreieren wäre – Diagramme kennen eben auch eine Obergrenze des Umsetzbaren. Quantitative Tabellen empfehlen sich darüberhinaus, wenn davon auszugehen ist, daß für die meisten Rezipienten nicht die Gesamtheit des Datensatzes von Interesse ist, sondern nur ein Aspekt oder ein paar einzelne Angaben. Solche Tabellen dienen weniger der umfassenden Information, sie sind Angebote zur gezielten Konsultation: Der Klassiker unter den quantitativen Tabellen ist nicht umsonst die börsentägliche Ma-

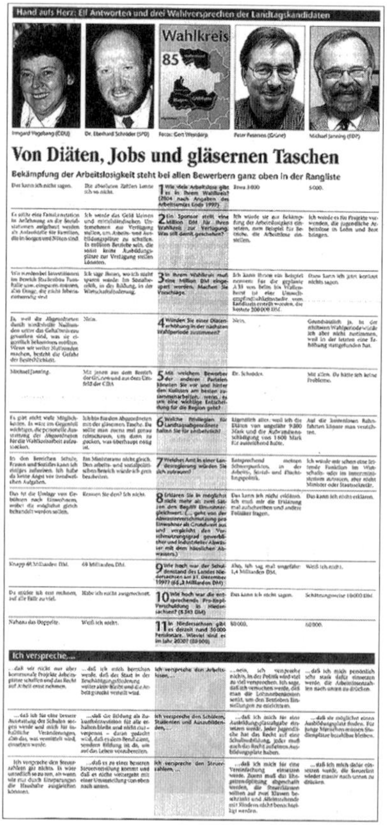

Hand aufs Herz: Elf Antworten und drei Wahlversprechen der Landtagskandidaten

Wahlkreis 85

Irmgard Vogelsang (CDU) · Dr. Eberhard Schröder (SPD) · Fotos: Gert Westdörp · Peter Petersen (Grüne) · Michael Janning (FDP)

Von Diäten, Jobs und gläsernen Taschen

Bekämpfung der Arbeitslosigkeit steht bei allen Bewerbern ganz oben in der Rangliste

Das kann ich nicht sagen.	Die absoluten Zahlen kenne ich so nicht.	1 Wie viele Arbeitslose gibt es in Ihrem Wahlkreis? (2804 nach Angaben des Arbeitsamtes Ende 1997)	Etwa 3000	5000.
Es sollte eine Familienstation in Anlehnung an die Sozialstationen aufgebaut werden als Anlaufstelle für Familien, die in Sorgen und Nöten sind.	Ich würde das Geld kleinen und mittelständischen Unternehmen zur Verfügung stellen, um Arbeits- und Ausbildungsplätze zu schaffen. Es müßten Betriebe sein, die sonst keine Ausbildungsplätze zur Verfügung stellen könnten.	2 Ein Sponsor stellt eine Million DM für Ihren Wahlkreis zur Verfügung. Was soll damit geschehen?	Ich würde sie zur Bekämpfung der Arbeitslosigkeit einsetzen, zum Beispiel für Betriebe, die Arbeitslose einstellen.	Ich würde es für Projekte verwenden, die jugendliche Arbeitslose in Lohn und Brot bringen.

Ich verspreche...

Abbildung 32 – Eine qualitative Tabelle: Die Kandidaten für das Direktmandat werden im Vorfeld der Wahl mit jeweils identischen Fragen zu verschiedenen Themenbereichen konfrontiert.

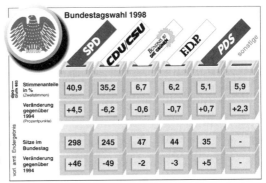

Bundestagswahl 1998

	SPD	CDU/CSU	Bündnis 90/DIE GRÜNEN	F.D.P.	PDS	sonstige
Stimmenanteile in % (Zweitstimmen)	40,9	35,2	6,7	6,2	5,1	5,9
Veränderung gegenüber 1994 (Prozentpunkte)	+4,5	-6,2	-0,6	-0,7	+0,7	+2,3
Sitze im Bundestag	298	245	47	44	35	-
Veränderung gegenüber 1994	+46	-49	-2	-3	+5	-

Abbildung 33 – Ein Beispiel für eine quantitative Tabelle.

trix der Parkett-Kurse, die sich in der überregionalen Presse gut und gerne über mehrere Seiten erstreckt – und die wahrscheinlich selbst der routinierteste „Börsenfuchs" nicht tagtäglich „durchliest".

In qualitativen Tabellen spielen Ziffern nur eine untergeordnete Rolle. Hier werden verbale Statements, Meinungen und Fakten optisch organisiert und in wechselseitigen Bezug gesetzt. Besonders geeignet sind qualitative Tabellen zur Gegenüberstellung konträrer Standpunkte – indem also beispielsweise vor der Landtagswahl die Aussagen von Direktkandidaten zu jeweils einem Themenfeld übersichtlich neben- oder übereinander positioniert und damit bequem und gezielt vergleichbar werden.

Die Zeitleiste

Eine ganz besondere Variante der Datensortierung liegt Zeitleisten zugrunde: Die textlichen Fakten werden dabei nach einem chronologischen Prinzip geordnet.

In mancher Hinsicht ist die Zeitleiste ein „Wechselbalg": In ihrer Grundanlage bewegt sie sich in einer merkwürdigen Grauzone zwischen Liste und Tabelle; und werden dann auch noch die zeitlichen Ausdehnungen in proportional unterschiedliche Strecken übersetzt, kommt sogar ein „ikonisches" Element ins Spiel – in diesem Falle tendiert die Zeitleiste bereits deutlich in die Richtung des statistischen Schaubilds.

Diese theoretischen Kategorisierungs-Probleme schmälern den journalistischen Nutzen der Zeitleiste allerdings keineswegs. Gerade dif-

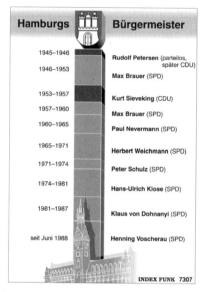

Abbildung 34 – Relativ schlichte, aber informative Zeitleiste.

ferenziertere historische Herleitungen erschließen sich aus Zeitleisten sehr unmittelbar. Wer könnte heute zum Beispiel noch die exakte Chronologie jener ereignisreichen „Wende-Zeiten" 1989 in den osteuropäischen Staaten rein textlich so nacherzählen, daß die vielen Gleichzeitigkeiten, Abfolgen, zusätzlich gar ursächliche Zusammenhänge verschiedener Ereignisse nicht in einem verwirrenden Buchstaben-Wust untergingen? Wer also beim chronologischen Schreiben an die Grenzen des Verständlichen stößt, ziehe die Erstellung einer Zeitleiste in Betracht.

Flußdiagramme

Während Zeitleisten konkrete, tatsächlich eingetretene Ereignisse chronologisch nachzeichnen, beziehen sich Flußdiagramme eher auf theoretisch konstruierte Abfolgen, auf typisierte Wenn-Dann-Beziehungen, ohne diese zeitlich eindeutig zuzuordnen. Flußdiagramme sind daher meist auch weniger nachrichtlich als schematisch-instruk-

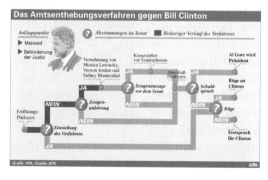

Abbildung 35 – Der US-Impeachment-Prozeß ist kompliziert und trifft immer wieder an Entscheidungs-„Gabeln". Dieses Flußdiagramm macht den konstruierten Ablauf des Verfahrens durchsichtig.

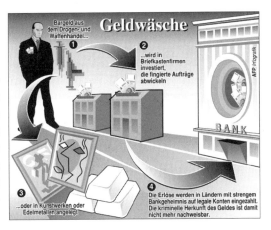

Abbildung 36 – Auch ohne die grafischen Elemente wäre diese Textgrafik noch verständlich. Dagegen würde sich das Prinzip der Geldwäsche allein durch die zeichnerischen Beigaben nicht erschließen.

tiv: Sie erklären Prinzipien, allgemeine Regelabfolgen und chronologische Schemata.

Fotografiken

Kein Foto ohne Bildzeile – das ist eines der ehernen Prinzipien der Blattgestaltung, das für Zeitung wie Zeitschrift gilt. Weitere Vorgabe: Die Bildzeile hat das Foto zu erläutern, in einen inhaltlichen Kontext zu stellen, womöglich auch ergänzende Fakten zu liefern, auf Besonderheiten hinzuweisen und, vor allem, nicht-visuelle Zusatzinformation zu liefern. Fotografiken sind beides: Bild und Bildzeile in einem. Sie sind integrierte Fotografie und Erläuterung.

In Fotografiken sind verbale Erläuterungen, Ergänzungen, Hinweise direkt ins Bild eingearbeitet, meist ergänzt durch stützende zeichnerische Elemente – Pfeile, einrahmende Kreise oder Kästen beispielsweise. Die räumliche Nähe des Erläuternden zum Erläuterten betont Zusammenhänge und

Abbildung 37 – Eine FOCUS-Fotografik.

zwingt nicht zum Sprung zwischen fotografischer und textlicher Information. Wichtige Aspekte sind in Fotografiken gezielt benennbar, damit direkter und unmißverständlich herausarbeitbar. In komplexeren Fotos kann eine geschickte Anordnung der erläuternden Elemente, oder auch ihre ausdrückliche Reihung durch Numerierung, die Blickabfolge steuern: Hier sollte die Betrachtung begonnen werden, dort enden.

Die Fotografik in Abbildung 37 belegt die Stärken dieses Darstellungstyps: Emotional-Eindringliches und Informatives verschmilzt.

1.4 Verwandte Darstellungstypen

Abschließend sei noch auf zwei Darstellungstypen verwiesen, die definitionsgemäß durchaus als Presse-Grafiken durchgehen, aber aus verschiedenen Gründen doch eine Sonderrolle einnehmen: Das fotografische Arrangement und die Fotomontage.

Das fotografische Arrangement

Der Siegeszug der digitalen, computergestützten Bildbearbeitung hat einem Bildtyp zu stetig wachsender Bedeutung verholfen, der in diesem Buch als „fotografisches Arrangement" bezeichnet wird. Dabei werden, meist am Rechner, Bilder hergestellt, die auf den ersten Blick aussehen wie eine klassische Fotografie. Tatsächlich jedoch bestehen sie – in variablen Anteilen – aus künstlich erzeugten, Realität täuschend echt imitierenden Bildanteilen. Beliebt und auch nützlich sind diese Arrangements heute vor allem, wenn einem breiteren Publikum Bauvorhaben präsentiert werden sollen. Die Auswirkungen auf das Stadtbild, die zu erwartende Gesamterscheinung wird so erzeugt, ohne daß das Bauwerk bereits steht.

Ganz neu ist diese Form der „Bildnachbereitung" nicht. Bereits die sowjetischen Machthaber der zwanziger, dreißiger und vierziger Jahre ließen Fotos manipulieren, damals noch im klassisch handwerlichen Verfahren; „Unpersonen" wie Leo Trotzki wurden nachträglich aus zeitgenössischen Aufnahmen retouchiert, auf denen sie mit dem Revolutionsvater Lenin zu sehen waren – übrig blieb nach der Korrektur in der Regel nur der Genosse Stalin. Unerwünschte und Angeklagte wurden damit, wenn auch oft stümperhaft-entlarvend, aus den Dokumenten und damit tendenziell auch aus der Geschichte getilgt. Die rechnergestützte Bildretouche hat diese Verfahren nicht nur vereinfacht, sondern qualitativ ungemein verbessert.

Prinzipiell ist die Nähe zur ikonischen Grafik unübersehbar: Mit originär künstlichen, zeichnerischen Mitteln wird eine bildliche Illusion erzeugt. Im journalistischen Alltag, dem der Tagespresse ohnehin, werden fotografische Arrangements aber wohl auf Dauer die Ausnahme bleiben. Sie sind zum einen ungemein zeitintensiv in der Herstellung und erfordern auf der anderen Seite eine Versiertheit in der Bildgestaltung, die – bei allem Respekt – die meisten „durchschnittlichen" Infografiker absehbar nicht erlangen werden. Es wird den großen Architekturbüros, den finanzstarken Privat-Unternehmen und Institutionen vorbehalten bleiben, solch ausgefeilte, meist zu Werbezwecken angefertigte Grafiken in Auftrag zu geben und zu veröffentlichen.

Das enthebt fotografische Arrangements natürlich keineswegs dem journalistischen Zugriff. Redaktionell hausintern erstellt werden sie – so die Prognose – aber auch in zehn oder zwanzig Jahren immer noch zu verschwindend geringen Prozentsätzen sein.

Abbildung 38 – Ein fotografisches Arrangement des „UFO", des geplanten Neubaus des Dortmunder Hauptbahnhofs. Die traditionelle Grenze zwischen Grafik und Fotografie scheint in Bildern dieser Art nahezu aufgehoben.

Fotomontagen

Einstmals Domäne des kreativen Fotoredakteurs, der seinen Werken höchstpersönlich mit Messer und Leim zu Leibe rückte, ist auch die Fotomontage inzwischen in die digitalen Mühlen geraten: Sie wird zunehmend am Recher erstellt, exakter im Schnitt, vielfältiger in ihren Möglichkeiten, Fehlerkorrektur per Tastendruck inklusive. Damit ist die Fotomontage aber auch zum potentiellen Betätigungsfeld für Infografiker geworden, deren Hauptwerkzeug nun einmal der Computer ist.

Viele Fotoredakteure dagegen tun sich immer noch schwer mit dem Rechner. Das ist in vieler Hinsicht nachvollziehbar: Beschnitt, Verfremdung und Freistellen von Fotos ist mit der digitalen Technik so einfach geworden, daß klassische Prinzipien der Fotogestaltung immer weniger gelten. Ein fotografisches Bild ist nicht mehr das nahezu unantastbare Dokument von einst, es degeneriert zunehmend zur bloßen Bearbeitungsvorlage. Die Klage eines befreundeten Fotoreporters mag stellvertretend sein für die Gemütslage vieler Kollegen: „Ich drücke auf die Linse und denk' mir was dabei", erklärte er einmal, „und dann säbeln die die Hälfe weg, legen Schatten drunter, Cyan drüber und Text drauf, und übrig bleibt ein Clip".

Abbildung 39 – Gerade der FOCUS setzt häufig auf das Element der ausgefeilten, thematisch veranschaulichenden Fotomontage.

Abbildung 40 – Oder auch so: In das Foto von der Bilanzpressekonferenz wird die „rote Zahl" eingearbeitet. Einer der Vorständler scheint sogar unmittelbar auf die hausgemachten „Miesen" zu blicken ...

Es hat weniger mit Sentimentalität zu tun als mit Respekt vor der Arbeit der Kollegen, Fotos nicht als bloßes Rohmaterial zu betrachten. Infografiker sollten in engem Kontakt stehen mit ihren Kollegen aus dem Labor, und sie bestenfalls ermuntern, wirklich einschneidende Veränderungen, Kombinationen, Kollagen selbst zu versuchen oder zumindest in der Produktion mitzuwirken – und sei es nur, indem der Kollege kontrollierend mit am Bildschirm sitzt.

Ohnehin schadet es auch Infografikern nicht, sich mit Grundlagen der Fotografie auseinanderzusetzen. Nicht nur in puncto Bildgestaltung ist in diesem Spezialgebiet einiges zu lernen – es lehrt auch Respekt. Respekt, der im Zweifel dazu bewegen sollte, das Erstellen von Fotomontagen und Kollagen lieber den Herstellern der Vorlagen selbst zu überlassen.

2. Die Stärken der Infografik

Zumindest in einer Hinsicht sind Infografiken konkurrenzlos: Sie sind multifunktional wie kein anderes Darstellungsmittel in Zeitung oder Zeitschrift. Infografiken können sogar, über die streng journalistische Funktion hinaus, Unterhaltungsgrafiken sein, Zuordnungsgrafiken und Kommentargrafiken – alles in einem. Eine versierte Komposition vorausgesetzt, läßt sich mit Infografiken potentiell sehr gezielt

• informieren
• das Blatt organisieren
• illustrieren
• Aufmerksamkeit erzeugen
• die Leserschaft motivieren
• schmücken
• ästhetisieren und
• Identität repräsentieren.

Die wichtigste Funktion: Informieren

Aus journalistischer Sicht ist dabei zunächst nur eine einzige potentielle Eigenschaft von Bedeutung: Die Infografik ist ein Vehikel, auf dem journalistische Information transportierbar ist, sie ist Trägerin von Sachverhalten, die von irgendeiner Instanz als „berichtenswert" erachtet wurden.

Das journalistische Informieren macht das Wesen der Infografik aus und unterscheidet sie von den anderen Arten von Pressegrafiken und von rein künstlerisch motivierten. Erst diese Eigenschaft, und nur diese, hebt die Infografik in den Rang eines gleichberechtigten publizistischen Darstellungsmittels neben reinem Text und „purer" Foto-

grafie. Daß die Infografik „nebenher" auch noch allerlei andere nütz-
liche Funktionen auf sich vereinen kann, ist, zumindest aus journalistischem Blickwinkel, zunächst weniger von Interesse.

Wie multifunktional darf's denn sein?

Das muß es freilich nicht bleiben: Es ist vor allem eine Frage redaktionellen Selbstverständnisses, wieviele der oben aufgeführten Funktionen eine Infografik im Blatt zusätzlich zur informativen auf sich
vereinen darf und soll. Funktions-Varianten und damit Fragen an das
Darstellungsmittel gibt es genug: Dürfen Infografiken beispielsweise
auch illustrativ, am Ende geradezu „künstlerisch" wirken? Sollen sie
gar als eigenständiger, seitentragender Blickfang fungieren können?
Darf eine Grafik am Ende herhalten als vornehmlich visueller
Lückenfüller für geplatzte Text-Beiträge oder im Labor verhunzte Fil-
me? Wird großer Wert gelegt auf ein eigenständiges optisches Profil,
das mittels Infografiken ausgezeichnet transportierbar ist? Dürfen Infografiken gar eine visuelle, am Ende sogar ironische Kommentie-
rung des dargestellten Sachverhalts mitliefern?
Jedes Pressehaus hat diese Fragen für sich selbst zu beantworten. Zu
heterogen ist die deutsche Presselandschaft, als daß hier letztgültige
Antworten und Richtlinien formulierbar wären, zu unterschiedlich
Bildungsstand der Leserschaft und politische Direktiven der Blätter,
zu differenziert die Wertschätzung optischer Details und ihres Einsatzes in den Verlagen. Und auch innerhalb jedes Pressehauses existieren
Ressorts mit gänzlich unterschiedlichen Darstellungsstilen: die „ernste" politische Abteilung, die feuilletonistisch-seriöse Kultur, der fa-
cettenreiche Sport, die plaudernde Sektion „Buntes". So unterschiedlich die Arbeitsweisen, die journalistischen Ziele, die Schreibstile der
Fachressorts, so variabel können auch die Infografiken im Aufbau innerhalb eines Blattes ausfallen.
Es gibt prinzipiell gute Argumente für alle der oben aufgeführten
Stärken des multifunktionalen Darstellungsmittels Infografik. Wohlgemerkt: Gute Argumente, aber kaum wissenschaftliche Beweise.
Denn der schlagende akademische Nachweis, daß Infografiken in der
modernen Presse ein Platz gebührt, daß sie gar die vielbeschworene
„bessere" Variante in Vergleich zu Text und Fotografie seien, steht bis
heute aus.

2.1 Infografik und Forschung

Wenn die bisherige publizistische Forschung in Sachen Infografik eines ergeben hat, dann nicht mehr als dies: Infografiken sind zwar ebenbürtige, aber nicht erwiesen bessere Informationsträger als Text und Foto, und am besten wirken sie in Kombination mit erläuterndem Text, am besten noch ergänzt durch ein dokumentarisches Foto. Infografiken entfalten offenbar die beste Wirkung, wenn sie textliche Information redundant, „wiederholend" visuell anbieten, eigenständig komplementäre Information beisteuern, bestenfalls noch ergänzt sind durch zusätzliche, meist eher abstrakte Fakten.

Allerdings sind diese – ohnehin spärlichen – wissenschaftlichen Erkenntnisse zur journalistischen Infografik wie zum Wissenserwerb mit Bildern allgemein mit Vorsicht zu genießen. Tatsache ist: Sie liegt bis heute nicht vor, die Studie, die die Einrichtung eines Grafik-Ressorts akademisch felsenfest erzwingen würde. Einige Hinweise und Anhaltspunkte gibt es dennoch.

Das Mißverständnis der „Visualisierung"

Zunächst allerdings ist ein geflügeltes Wort zu relativieren: Daß ein Bild mehr sagt als tausend Worte – sei es eine Grafik oder ein Foto –, ist nicht widerlegt, aber auch alles andere als bewiesen in dieser allgemeinen Endgültigkeit. Dasselbe gilt für das Zauberwort von der „Visualisierung", das gerne respektheischend in den Raum geworfen wird, dessen eigentlicher Gehalt aber in aller Regel im Dunkel bleibt. Meistens stützt sich die Lobpreisung auf die eher dünne Erkenntnis, daß Bilder insgesamt einen gewissen Aufmerksamkeitswert besitzen. Mehrere Blickaufzeichnungsstudien haben gezeigt, daß Lesende meistens über Bildelemente in die Lektüre einer Seite „einsteigen". Ein journalistischer Informationswert an sich aber ist aus diesem reinen Aufmerksamkeitswert kaum abzuleiten. Daß „der moderne Mensch", wer auch immer das sein mag, stärker von visuellen Eindrücken geprägt ist als jene Ahnen, die ohne Fotografie, Film und letztlich Fernsehen aufgewachsen sind, steht ebenfalls außer Frage. Technische Fortschritte in Druck und Übertragungstechnik haben Bilder massenhafter, genauer und eben bewegter gemacht. Daß Visuelles allgemein mit seiner Verbreitung aber auch effizienter ist als Text, kommt einer Gleichsetzung von Quantität mit Qualität gleich.

Man steht daher auf dünnem Eis, betont man schlicht und universell den Segensreichtum des Bild- beziehungsweise eben des Grafikeinsatzes. Ein Automatismus des Bildes, eine quasi originäre Überlegenheit bildlicher Informationsvermittlung gegenüber Text und Ziffer existiert in dieser Form wohl nicht – oder er ist schlicht noch nicht belegt.

Denn was im menschlichen Gehirn vor sich geht, wenn es bildliche Informationen verarbeitet, ist immer noch ein nahezu ungelüftetes Geheimnis. Noch vor wenigen Jahren faßte der Psychologe Bernd Weidenmann den Stand der Bildbetrachtungs-Forschung in ernüchternden Worten zusammen: „Zwar haben sich verschiedene Studien mit der kurzzeitigen Wahrnehmung und der Erfassung von Blickbewegungsmustern beschäftigt; der eigentliche kognitive Prozeß der Informationsverarbeitung von komplexen Bildern ist dagegen nahezu unerforscht. (...) Wir wissen nach wie vor kaum etwas darüber, worin sich gute und schlechte Bildverarbeiter unterscheiden, wie Bild- und Textinformation vom Rezipienten zu einer kohärenten Bildinformation verknüpft werden, wie die verschiedenen Bildertypen (...) verarbeitet werden, welche Strategien beim indikatorischen Bildverstehen eingesetzt werden, warum Betrachter den Kontakt mit dem Bild früh abbrechen."

Ohnehin ist Bild nicht gleich Bild, und Infografiken in ihrer thematischen und gestalterischen Fülle bieten zu allem Überfluß auch noch ein so breites Spektrum an Varianten, daß diese kaum auf einen wirklich erforschbaren Nenner zu bringen sein werden: Eine noch so farbenprächtig illustrierte Tabelle strahlt eine ganz andere Aura aus als eine Landkarte, ein noch so detailreiches Gruppenfoto kann wiederum weniger zur Betrachtung reizen als ein schlichtes, aber geschmackvoll abgestimmtes Diagramm.

Die Gehirnhälften und ihre Funktionen

Als weitgehend gesichert darf immerhin gelten, daß die beiden Gehirnhälften des Menschen unterschiedliche Aufgaben wahrnehmen. Bei Rechtshändern ist die linke Gehirnhälfte eher für abstrakte, „digitale" Leistungen zuständig, für die Entschlüsselung von Buchstaben also, mathematische Kalkulationen und andere theoretische Konstrukte, die rechte Gehirnhälfte dagegen für direkte, analog-visuelle Verarbeitungen und die emotionale Färbung von Begriffen. Beide Gehirnhälften interagieren und formen im Zusammenspiel einen Gesamteindruck. Insgesamt gilt als Faustregel, daß ein Lerneffekt umso höher ist, je mehr „Eingangskanäle" zum Gehirn bedient werden – in der Presse also empfiehlt sich auch aus dieser Erkenntnis heraus eben nicht Visualisierung um jeden Preis, sondern eine sinnvolle Mischung aus „digitalem" Text und „analogem" Bild.

Als relativ sicher gilt allerdings, daß ein Großteil der Menschen eher der „analogen" Betätigung zuneigt, der Bildbetrachtung, der Wirkung des direkten Eindrucks. Psychologen gehen davon aus, daß viele Menschen aus abstrakten Informationen „Kopf-Bilder" kreieren, digitale Eindrücke also in analog-bildliche umsetzen: Hört man beispielsweise das Wort „Katze", entsteht demnach das „Bild" eines Stubentigers im Gehirn. Wird man gefragt, wieviele Fenster unser Wohnhaus zur Vorderseite hin aufweist, „zählen" wir im allgemeinen anhand eines im Kopf erschaffenen Bildes. Einigermaßen unstreitig ist auch, daß analoge Informationen insgesamt besser zu erinnern sind, länger gespeichert werden und damit auch besser und längerfristig wiederabrufbar sind. Ungeklärt ist allerdings, ob beispielweise die gänzlich digitale Information „drei und sieben" im Kopf in eine Art „Gedanken-Diagramm" umgesetzt wird, und ob die bildliche Erinnerung an ein Säulendiagramm beispielweise einen ähnlich nachhaltigen Einruck hinterläßt wie die Erinnerung an, sagen wir, eine Katze.
Was bleibt also an Erkenntnis? Es spricht angesichts dieser „Hemisphären-Theorie" durchaus einiges dafür, Information in möglichst breitem Umfange zu visualisieren – weil diese Aufbereitungs-Variante offenbar viele Menschen prinzipiell eher anspricht als digitale Information, und weil sie nach heutigem Kenntnisstand die Information „direkter", damit leichter entschlüsselbar, aufnehmbar und vor allem erinnerbar anbietet. Allerdings ist eben noch nicht nachgewiesen, daß, wie gerne behauptet wird, visuelle Eindrücke prinzipiell besser im Gehirn gespeichert werden als abstrakt-digitale.
Fazit: Für Infografiken spricht einiges. Ihnen per se aber einen Nutzwert zuzubilligen, erscheint aufgrund der Forschungslage (leider) noch etwas vermessen.

Infografik-Experimente

Trotz – oder gerade wegen – all dieser Unwägbarkeiten versuchten sich in den vergangenen Jahren einige Forscher, vor allem in den Vereinigten Staaten, daran, Text und Infografik, teilweise auch Foto in simulierter Wettbewerbssituation gegeneinander antreten zu lassen. Die Versuchsanlagen dieser Experimente waren höchst unterschiedlich, aber meistens wurde so verfahren, daß Testpersonen jeweils zur Hälfte ein Text oder eine Grafik gleichen Inhalts vorgelegt und anschließend die erinnerten Informationen abgefragt wurden.

In diesen Versuchen erwiesen sich die Infografiken zwar meist als mindestens gleichwertiges, oft gar als „besseres" Informationsvehikel. Meistens bezog sich dieses „besser" allerdings nur auf die reine, kurzzeitige Erinnerung an Fakten in der Grafik, nicht auf die Rezeptionsgeschwindigkeit, den Rezeptionskomfort oder die Nachhaltigkeit der Information – wie lange also die dargestellten Fakten erinnert wurden.

Verallgemeinerungen scheinen aufgrund dieser wenigen Einzelfall-Studien jedenfalls recht gewagt. Zumindest wäre es vermessen, aus den Resulaten dieser Experimente eine geradezu zwingende, pauschale Notwendigkeit abzuleiten, Text durch Infografik zu ersetzen. Es gibt sie, wie gezeigt, eben nicht: „die" Infografik als solche. Es gibt Varianten in Darstellungstechnik und Funktion, inhaltlich wie gestalterisch existieren zahlreiche Formen und Varianten dessen, was wir unter dem Begriff Infografik subsumieren. Die engagierten Wirkungsforscher konnten pro Experiment höchstens eine Infografik-Variante testen. Hinzu tritt: Wie gut eine Infografik beim Leser ankommt, hängt von vielerlei Faktoren ab, die kein Experiment der Welt auszuschalten vermag. Vor allem vom Thema hängt's ab: Kein eingefleischter Börsenmuffel wird sich eine noch so gelungene Dax-Grafik vornehmen, kein Sportfeind die aktuelle Ligatabelle. Eine Rolle spielen aber auch das Vorwissen der Testpersonen, ihr Bildungsstand, ihre Lesegewohnheiten gerade in bezug auf Presse-Erzeugnisse, das Alter, womöglich auch die simple Empfänglichkeit des einzelnen für den allgemein „computerlastigen" Look der heute gängigen Infografiken. Einfluß auf die Ergebnisse der Tests nahm immer auch, wie lange die Testpersonen die Grafiken zu sehen bekamen, welche Wissensfragen im Anschluß gestellt wurden, und in welchem layouterischen

Umfeld sich die Grafiken befanden. Und es ist schwer zu klären, ob sich Personen unter „Laborbedingungen" einem Blatt genauso widmen, wie sie dies bei dampfendem Mokka und Drei-Minuten-Ei am Frühstückstisch tun würden. Schließlich ist zu kritisieren, daß sich viele Untersuchungen auf geradezu lächerlich wenige Testpersonen verließen (ein Experiment wurde mit 24 Probanden durchgeführt), und die Versuchsteilnehmer zudem häufig alles andere als repräsentativ waren für die gemeine Leserschaft einer Tageszeitung oder einer populären Zeitschrift – die beliebteste Testperson des US-amerikanischen Kommunikationswissenschaftlers scheint, betrachtet man die Experimente in ihrer Gesamtheit, der Studierende der Kommunikationswissenschaft zu sein.

Argumente statt akademischer Beweise

So bleiben aus dem Wissenschafts-Lager zwar einige gute Anregungen, Hinweise darauf, daß der Einsatz von Infografiken Sinn machen kann und Visualisierung allgemein modernen Lesegewohnheiten zumindest entgegenkommt. Auf einige dieser Erkenntnisse wird in diesem Buch, trotz gelegentlicher Mängel der Untersuchungen, vorsichtig zurückgegriffen werden.

Dennoch: Der schlagende wissenschaftliche Nachweis der Tauglichkeit fehlt, und so muß sich jede Fürsprache für die Infografik in der Presse auf argumentativem Felde bewegen. Unter diesem Vorbehalt müssen wohl oder übel auch die weiteren Ausführungen dieses Buches betrachtet werden: Es sind meistens bloße Argumente. Und in den seltensten Fällen akademisch felsenfest belegte Fakten.

Durch diese Argumentation zu überzeugen – nicht nur in diesem Buch, sondern viel mehr noch im redaktionellen Alltag – gilt es dabei vor allem jene, denen via Infografik potentiell Konkurrenz entsteht: den Kollegen Schreibern und Fotografen also. Viele werden sich zweifellos gerne überzeugen lassen – wenn man klarzumachen versteht, was selbstverständlich sein sollte: Die Infografik ist nicht Bedrohung, sondern Ergänzung und Bereicherung der Presselandschaft.

2.2 Das Nebeneinander von Text, Foto und Grafik

Wohlwollende erblicken im Nebeneinander von Text, Foto und Grafik sogar eine geradezu segensreiche „Dreieinigkeit" der informieren-
den Darstellungsmittel, und im Prinzip liegen sie auch richtig damit.
Nicht zu leugnen ist allerdings, daß viele gestandene Altgediente in
den Pressehäusern das ganz anders sehen. Daß sie Infografiken nicht
als Informations-Mittel akzeptieren wollen. Viele, gerade angehende
Infografiker berichten von anhaltenden Widerständen gerade aus den
Textressorts, von Pfründenkämpfen, eisiger Ablehnung des „Bilder-
malers" als journalistischem Kollegen, von Kirchturmdenken, das
sich bei den Schreibern aus der Furcht speist, der unkürzbare Text
könnte durch Platzhunger einer Infografik verstümmelt werden, bei
Fotografen bestärkt durch unbestimmte Panik vor den unbekannten
Bild-Konkurrenten.

Gedrucktes Fernsehen?
Gerade im Lager der Texter wird der Aufstieg des Darstellungsmittels
Infografik immer noch oft abschätzig hingestellt als plumpe „Gegen-
bewegung" und Reaktion auf den Siegeszug des Bildmediums Fernsehen – und als ungebührlicher Kniefall vor der visuell geprägten
„MTV-Generation". Infografiken als „gedrucktes Fernsehen", so hört
man immer noch gelegentlich, gäben die originäre Stärke der Presse
verloren, nämlich das Wort, und beförderten auf diese Weise einen
steigenden Analphabetismus in der Bevölkerung. Interessanterweise
vertrat ein Vertreter der Gannet-Zeitungsgruppe vor wenigen Jahren
genau die umgekehrte These: Infografiken seien ein gutes Mittel, ver-
kündete David Mazzarella damals, als Zeitung auf steigenden Analphabetismus zu reagieren.
Tatsache ist und bleibt dessen ungeachtet: Grabenkämpfe zwischen
den Darstellungsressorts helfen niemandem, schon gar nicht den Lesern, die zu recht ein Produkt erwarten: bestmögliche Information.
Selbst ein kollegiales Nebeneinander, eine desinteressiert-friedliche
Koexistenz der Text-, Foto- und Grafik-Ressorts hilft nicht weiter,
denn nur inhaltliche Zusammenarbeit führt zu brauchbaren Ergebnissen.

Zusammenarbeit statt Konkurrenz

Bei gekonnter Analyse nämlich führt jedes Thema, jeder Themen-
aspekt fast selbstverständlich auf die richtige Fährte und letztlich
zum angemessenen Mix der Darstellungsmittel. Text, Fotografie und
Infografik haben, jedes für sich, ihre eigenen Stärken, die es auszu-
spielen und vor allem zu kombinieren gilt. Das Ergebnis wird, mit ein
bißchen Routine, eine Berichterstattung sein, die effizient, genau und
auch platzökonomisch ist. Daß die Texter dabei werden zurück-
stecken müssen, ist kein Wunder: Die Buchstabendominanz in der
Presse der fünfziger Jahre ist schließlich kein Naturgesetz der guten
alten Zeit, sondern eine Übermacht, die vielleicht reprotechnisch zu
rechtfertigen war und möglicherweise auch durch eine gewisse intel-
lektuelle Überbewertung des Wortes in der westeuropäischen Kultur
– aber sicherlich nicht publizistisch.

Infografiken als Teil der Info-Portionierung

Jedem Darstellungsmittel seinen Raum – ganz neu ist diese These
nicht. Der Trend geht seit einigen Jahren schon weg von den „langen
Riemen". Die durchlaufende 150-Zeilen-Wüste dient zunehmend aus,
nicht zuletzt, weil Blickaufzeichnungen ergeben haben, daß viele Leser von textreichem Layout, von „Bleiwüsten", abgeschreckt werden
und kürzere Einheiten bevorzugen. Der analytische Epos macht dem
Prinzip der Informations-Portionierung Platz: Zunehmend werden
Themen „aufgeknackt", zerlegt in Info-Einheiten, die – je nach Aspekt
– unterschiedlich aufbereitet werden und zusammen ein thematisch
definiertes Paket bilden. Und Infografiken sind ein starkes Instrument dieser Segmentierung.

In der Tat spricht einiges für das Prinzip der Portionierung. Denn es
betont die traditionelle Stärke der Presse gegenüber den elektroni-
schen Medien Fernsehen und Radio. Zeitungen und Zeitschriften bieten ihrer Leserschaft die Gelegenheit zu gezieltem Informieren ohne
nennenswerten Streuverlust. Was nicht interessiert, kann und darf
ungelesen bleiben. Wo bei der *tagesschau* höchstens vorübergehendes
geistiges Abschalten möglich ist, kann beim Lesen jederzeit abgebro-
chen, unterbrochen und wiederaufgenommen werden. Zeitunglesen
ist vor allem Blättern, „Scannen" und Auswählen: Die Seiten werden
durchforstet nach Interessantem. Ziel jeder Print-Redaktion sollte

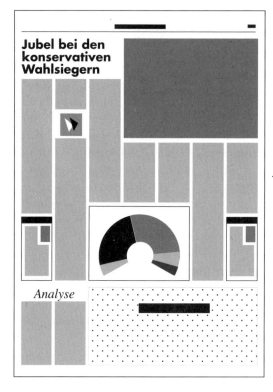

Jubel bei den konservativen Wahlsiegern

Analyse

Abbildung 41 – Portionierung nach einem Wahlabend: Ein berichtender Haupttext mit integriertem Logo faßt das Geschehene zusammen, ein atmosphärisches Foto stützt die Schlagzeile, Infokästen (beispielsweise „Der Sieger" und „Der Verlierer") mit je einem kleinem Foto porträtieren die Hauptpersonen des Abends, eine Kurzanalyse bietet erste Ausblicke an, eine ikonische Grafik faßt die nackten Ergebnisse zusammen, am Seitenfuß sind die wichtigsten Einzeldaten tabellarisch zusammengefaßt.

sein, diesen Such-Prozeß so effizient und erfolgreich wie möglich zu gestalten.

Das gilt vor allem für Produkte mit sehr heterogener Leserschaft. Gerade das Publikum der Regionalpresse ist diffus in Alter, Geschlecht und vor allem Bildungsstand – und damit in der Informationsnachfrage. Wo manchem Abonnenten der zehnzeilige Nachrichtenhappen genügt, hungern andere nach Hintergrundinformation, Analyse, Personalia. Ein „Menü" aus diversen Aspekten eines Themas bietet jedem die Möglichkeit, das Seine bequem herauszusuchen – ohne nach der Arbeit von 150 Zeilen feststellen zu müssen, daß nach dem Vorspann nur noch wenig kam, was interessierte. Daß die Lektüre also im persönlichen Empfinden vertane Zeit bildete.

Wenn also die Opposition die erste Haushaltslesung im Parlament zur Generalabrechnung nutzt: Nichts taugt besser als das geschriebene Wort, um die Sachargumente wiederzugeben, nichts geht über ein Foto vom geröteten Haupt des Minderheits-Fraktionschefs, um die aufgeheizte Stimmung zu dokumentieren – und ungeschlagen die Infografik zur Veranschaulichung, in welchem Verhältnis der Wehr- zum Bildungsetat steht, wo die Kürzung vorgenommen, wo aufgestockt wurde. Die Bildelemente eröffnen dabei vielleicht sogar mehr Textraum zur Beschreibung wirklich wichtiger Tatsachen, als zur Verfügung gestanden hätte, wenn alle trockenen Zahlen in den Bericht hätten eingeflochten werden müssen.

Training und Abstimmung

Es erfordert Training aller, vor allem gestandener Texter, schon am Ort der Chronierung in den Kategorien dieser „Dreifaltigkeit" zu denken. Mit sanfter Repression wurden da schon gute Erfahrungen gemacht: Wer beispielsweise seinen Textern eine konsequente Beschränkung auf 60 oder 70 Zeilen auferlegt, diese Restriktion aber gleichzeitig nur auf Einzel-Beiträge, nicht aber auf Themenkomplexe insgesamt bezieht, regt auf subtile Weise zur Portionierung an. Da sieht sich also der Schreiber in der ersten Text-Fassung einem „Riemen" von 120 Zeilen gegenüber, der in dieser Form – er weiß es – nicht ins Blatt darf. Bestenfalls fliegen dann im ersten Schritt die Zahlenkolonnen raus und werden als Grafik beigestellt, eine Box „Zur Person" wird konzipiert und entlastet den Haupttext weiter – und als der vorletzte Absatz in einen Einspalter „Service" verwandelt ist, ist auch der eigentliche Bericht auf angenehme 66 Zeilen gebracht. In derlei Fällen bewirkt Zeilenbeschränkung also keineswegs inhaltliche Ausdünnung. Sondern themenadäquate Aufbereitung.

Portionierung allerdings erfordert in ihrer Umsetzung in vielerlei Hinsicht Um- und Neudenken: Denn Infografiken enthalten in der Regel eben auch Text. Wenn also Text, Grafik und Foto einander ergänzen sollen, setzt dies voraus, daß Details geklärt werden, um eine harmonisch abgestimmte Berichterstattung zu gewährleisten. Es darf im Artikel nicht die Rede sein von „Beijing", wo in der Karte „Peking" ausgewiesen ist, und der Analyse des Dax-Einbruchs seit 1997 sollte keine Fieberkurve von 1992 bis heute zugeordnet sein – zumindest nicht ohne ausdrückliche Begründung.

Bei aller Fürsprache sei aber darauf verwiesen, daß sich die Vorteile

der Portionierung bei übertriebener Anwendung leicht in ihr Gegenteil verkehren können. Zunächst sollte auch unter den einzelnen Elementen eine optisch identifizierbare Hierarchie bestehen, um Lesenden einen unkomplizierten Einstieg zu gestatten. Auch sollten sich
Aufteilungen stets inhaltlich rechtfertigen und nicht zum Selbstzweck
verkümmern. Schließlich: Allzu viele Segmente ordnen nicht, sie ver-
wirren. Gerade die Ausgliederung einzelner Aspekte aus einem
mehrseitigen Text stellt Lesende Doppelseite für Doppelseite vor die
im schlimmsten Falle unlösbare Frage, ob sie nun umblättern oder
sich zunächst den „exportierten" Zusatzinfos widmen sollen.

Text und Infografik

Wann also sollte der Texter, am besten freiwillig und aus eigener Erkenntnis heraus, Terrain freimachen für den Infografiker? Wann sollte der Fotograf das Feld räumen? Am deutlichsten wird die wün-
schenswerte Kompetenzzuteilung zwischen Text, Fotografie und Infografik wohl im direkten Vergleich.
Es sei vorweg festgestellt: Das geschriebene Wort wird auch im Zeitalter der Infografik das wichtigste Darstellungsmittel in der Presse
bleiben. Worte sind nahezu unschlagbar in ihrer Verwendbarkeit.
Sehr vieles entzieht sich einer bildlichen Darstellung, verbal dagegen
ist prinzipiell fast alles darstellbar.
Praktisch unersetzbar ist und bleibt das Wort in der Wiedergabe von
Meinungen und Argumenten. Die sind formulierbar, Gedanken sind
beschreibbar, Gefühle und Stimmungen schilderbar. Hier liegt die
Domäne der Texter; das Kanzler-Dementi zu Rücktrittsgerüchten
bekäme, wenn überhaupt, wohl höchstens ein Genie vom Schlage da
Vincis in die nonverbale Sprache einer ikonischen Infografik übersetzt. Auch diese Meldungen entziehen sich weitgehend einer bildlichen Darstellung: „Edmund Stoiber zurückgetreten", „Bundespräsident fordert neuen Gründergeist" oder „Stadt Dortmund beschäftigt
2000 Aushilfskräfte". Auch Gefühle und Stimmungen wie Angst oder
Freude sind zwar bedingt in symbolische Sprache zu fassen – journalistische Klarheit aber erlangen derlei Bilder aber erst durch wiederum textliche Ergänzungen.
Dennoch beharren viele Texter bis heute übertrieben auf dem Primat
der Buchstaben und Ziffern. Übertrieben, weil viele Informationen

textlich zwar grundsätzlich darstellbar sind – *effizienter* aber ist oft ein Bild, ein Foto also oder eben eine Infografik, und zudem nicht selten auch deutlich weniger platzintensiv.

Das beginnt bei der Darstellung von real Beobachtbarem. Wer ein Gebäude textlich beschreibt oder das Aussehen eines Menschen, versucht nichts weiter, als im Kopf des Lesers einen Eindruck, ein Kopf-Bild von eben diesem Gebäude oder Menschen zu konstruieren – nämlich den visuellen Eindruck, den er selbst zuvor aufgenommen hat. Das aber ist Information über Umwege, Kommunikation mit Zwischenetappe, und die birgt nach dem Stille-Post-Prinzip Fehlerquellen. Warum mit Buchstaben ein virtuelles Bild herstellen, wenn ein konkreteres – Foto oder eben Grafik – diesen Eindruck viel unmittelbarer vermitteln kann? Warum den Reigen der vorzustellenden Architektenentwürfe mit Wortungetümen wie „konischer Rundbau" und „gestaffelte Stufenkonstruktion" bezeichnen, wenn – mit ein bißchen Engagement – auch Baupläne oder Modelle als Vorlage für eine Infografik organisierbar wären?

Einer der entscheidenden Vorzüge grafischer Aufbereitungen gegenüber textlichen Darstellungen besteht in der oft stringenteren Verknüpfung zusammenhängender Sachverhalte: in der Darstellung vielfältiger Aspekte in einem Bild, und damit auf einen Blick. Ein Vorteil, der gerade bei der Aufbereitung quantitativer Daten genutzt werden sollte.

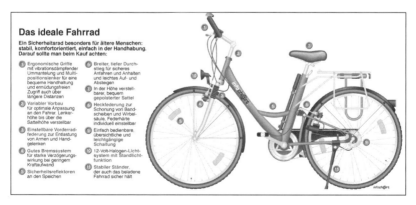

Abbildung 42 – Man versuche einmal, dieses Bild verbal zu beschreiben; und zwar so, daß exakt dieses Bild im Kopf des Lesenden entsteht.

Denn Text ist grundsätzlich linear aufgebaut. Ein Aspekt folgt dem nächsten, eine Zahl der anderen. Das heißt aber: Ist in einem Text die letzte von – beispielsweise – acht zusammenhängenden Ziffern gelesen, ist die erste bereits wieder ein gutes gedankliches Stück weg. Wer erste und achte Zahl vergleichen will, muß im Text springen, und, um die Werte vergleichen zu können, nach erfolgreicher Suche rechnen. In statistischen Grafiken dagegen, zum Beispiel Säulendiagrammen, sind die Daten optisch auf einer einzigen optischen und damit inhaltlichen Ebene vereint und organisiert. Sie präsentieren sich auf einen Blick, und werden damit zwar nicht mathematisch exakt, aber in ihrem groben wechselseitigen Ausprägungsverhältnis recht bequem vergleichbar, und zwar jede der acht Säulen mit jeder der sieben anderen. Würde dieser Vergleich zwischen acht Zahlenwerten innerhalb eines Fließtextes angestellt, wäre der Vergleich selbst wiederum nur Teil einer Wort- und Ziffer-Reihung, und er fiele langatmig und trocken aus.

Das Beispiel zeigt: Textliche Beschreibung und vor allem Abgleichung

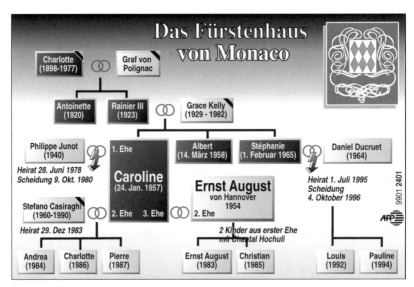

Abbildung 43 – Sämtliche Verknüpfungen dieses Bildes verbal auszuformulieren, würde viel Geduld erfordern und in aller Regel eine häßliche Wortkette hervorbringen.

ist in manchen Zusammenhängen weitaus umständlicher als eine Bildformulierung, schwieriger „lesbar" und oft wohl auch platzintensiver. Auch der nebenstehende Stammbaum der Fürstenfamilie Grimaldi verdeutlicht die Möglichkeiten platzsparender und klarer inhaltlicher Verknüpfungen, die grafische Darstellungen eröffnen können. Indem in diesem Familienbild nämlich symbolische „Knoten" geknüpft werden zwischen den einzelnen Personen im Bild, wird eine Vielzahl von wechselseitigen Verwandtschafts- und Verschwägerungsbeziehungen mit wenigen Strichen ausgedrückt. Wollte man dagegen allein die im Schaubild wiedergegebenen Verbindungen der Caroline verbal ausdrücken, käme man auf eine lange Wortkette: „Caroline ist verheiratet mit Ernst August. Caroline war verheiratet mit Philippe Junot. Caroline war verheiratet mit Stephane Casiraghi. Caroline ist die Tochter von Rainier und Gracia Patricia. Caroline ist die Mutter von Andrea. Caroline ist die Mutter von Charlotte. Caroline ist die Mutter von Pierre. Caroline ist die Enkelin von ..." – und so weiter. Eine ähnliche Kette läßt sich für jede der verzeichneten Personen im Stammbaum konstruieren. Und jede diese Ketten geriete wohl wiederum relativ langweilig und langatmig.

Ein letztes Argument gegen Text und für den Grafikeinsatz: Viele Sachverhalte sind zwar namentlich, verbal benennbar – die korrekteste Benennung aber garantiert noch lange nicht, daß damit die gewünschte Informationsleistung erbracht wird. Das gilt vor allem für geographische Aussagen: So ist die bestrecherchierte Ortsangabe –

Abbildung 44 – Die verbale Aussage „Duderstadt im südöstlichen Winkel von Niedersachsen" wäre wohl für viele Leser eine relativ unverwertbare Information. Auch wenn sie noch so zutreffend ist.

nach dem Prinzip: Unfall an der Herderstraße Ecke Finkenstraße –
nichts wert, solange nicht davon auszugehen ist, daß die meisten Lesenden diese Information auch mit dem beschriebenen Sachverhalt in
Verbindung bringen, in diesem Falle also mit der geographischen Angabe. Sofern also besagte Straßen eher im Vorortbereich liegen, ist davon auszugehen, daß die Straßennamen, so korrekt sie sind, bei den
meisten Lesenden keineswegs spontane richtige Assoziationen auslösen, sondern gar keine. Die klassisch journalistische W-Frage „Wo?"
bleibt im Grunde unbeantwortet, wenn sie bedient wird in Form einer verbalen Ortsangabe, die Leser entweder zum Blick in den Stadt-
plan nötigt – oder zum Abschalten. Eine Karte kann hier Abhilfe
schaffen.

Foto und Infografik

Ereignisse ins Bild setzen: Zumindest in der Presse ist das eine klassische Domäne der Fotografie – aber eben auch ein Potential der Infografik. Einen entscheidenden Unterschied gibt es allerdings zwischen
den beiden Bildvarianten: Fotos projizieren Realität, Infografiken kopieren, rekonstruieren sie nachträglich – oder im Vorgriff. Vor allem
deswegen wirken Fotos meistens unmittelbarer, sie vermitteln größe-

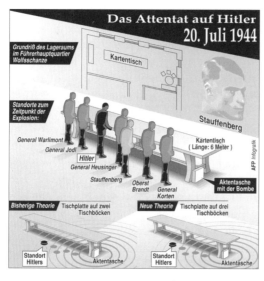

Abbildung 45 – Diese Szenerie läßt sich beim besten Willen nicht mehr fotografieren.

Castor-Transportbehälter

Die Behälter der CASTOR-Reihe sind für verschiedene Formen atomaren Abfalls konstruiert. Am deutlichsten unterscheiden sie sich durch den Aufbau der Tragkörbe im Inneren.

Querschnitte durch Tragkörbe:

CASTOR HAW 20/28 CG:
7 Kammern für insgesamt 28 Kokillen (Spezialbehälter für verglasten, hochradioaktiven Abfall

CASTOR V/19:
19 Kammern für abgebrannte Uranbrennelemente aus Druckwasserreaktoren

Tragkorb (für atomare Abfälle)

Der CASTOR HAW 20/28 CG:

Behälterkörper
Moderatorstäbe
Tragzapfen

Länge:	6,11 Meter
Außendurchmesser:	2,48 Meter
Gewicht:	
Behälter leer:	100 Tonnen
Behälter beladen:	112 Tonnen

Quelle: Gesellschaft für Nuklear-Behälter mbH   REUTERS

Abbildung 46 – Prinzipiell ließe sich der Behälter auch in der Realität aufschneiden und fotografieren. Prägnanter (und billiger) wird aber in der Regel eine Grafik sein.

re Nähe zum Ereignis, dokumentarische Tuchfühlung, damit oft auch eine emotionalere Dichte – sie heben Betrachter quasi in den Rang später Augenzeugen. Grundsätzlich also ist zunächst der Fotograf der bessere Bild-Berichterstatter.

Oft genug aber liegt kein Foto vor und ist auch nicht nachzureichen: weil das Ereignis bereits vorbei ist und kein Kollege mit Kamera vor Ort war – oder, weil der interessante Moment noch gar nicht eingetreten ist. Infografiken bieten die Chance, verflossene Ereignisse und Eindrücke nachzustellen und zukünftige ins dokumentarische Bild zu setzen. So wird ein Blick ins Führerhauptquartier kurz vor dem Anschlag des 20. Juli 1944 möglich, das Eisenbahnunglück kann in seinem Hergang nachgezeichnet, das gewagte architektonische Neubauprojekt im Stadtzentrum lange vor dem ersten Spatenstich zur Diskussion gestellt werden. Es gibt Experten, die behaupten, daß die Infografik ihren Siegeszug nur dank zweier Ereignisse hat antreten können: weil weder zur Tschernobyl-Katastrophe noch zum Golfkrieg 1990 Fotomaterial vorgelegen habe. Und die Redaktionen sich geradezu „genötigt" sahen, das neue Darstellungmittel zu erproben.

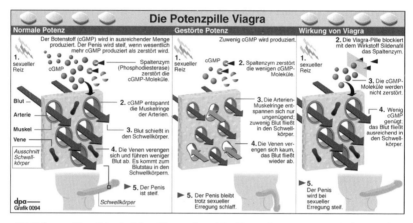

Abbildung 47 – Ein heikler Körperbereich; Fotos könnten zumindest auf einige Leser anstößig, wenn nicht obszön wirken.

Unter Umständen liegt sogar ein Foto vor vom Ereignis – allerdings ausgelöst aus einer Perspektive, die sich im Nachhinein als wenig glücklich erweist. In Infografiken kann mit vergleichsweise geringem Aufwand ein veränderter Ansichtswinkel hergestellt werden.

Vieles wiederum kann zwar theoretisch fotografiert werden – aber nur mit hohem technischen und finanziellen Aufwand. Natürlich ließe sich ein Castor-Transporter prinzipiell sauber vertikal aufsägen und knipsen; zeitsparender aber ist allemale, sich die Konstruktionspläne zu besorgen und daraus eine gutverständliche informative Grafik zu basteln.

Schließlich kann es auch von Vorteil sein, daß die Infografik „nur" eine Konstruktion ist und nicht ein fotografisch genaues Abbild. Denn genau dieses Konstruktionsprinzip eröffnet Freiheiten in der Bildgestaltung, die die Fotografie nur bedingt bietet – Freiheiten, die, sinnvoll genutzt, helfen können, mehr Prägnanz ins Bild zu bringen, eine sinnvolle Gewichtung von Details herzustellen und Übersichtlichkeit.

Ein offenes Knie auf dem OP-Tisch zum Beispiel kann fotografiert werden, um einen Bericht über die unter Profi-Fußballern zur Modekrankheit erwachsene Adduktorenverletzung zu illustrieren. In Grafiken aber kann das komplexe Ensemble aus Knochen, Sehnen und Knorpel visuell „entrümpelt", präzisiert werden. Wichtige Details sind mit Hilfe von Farben und Strichstärken prägnant herausstellbar, Nebensächliches kann weggelassen werden. Nicht zuletzt: Die grafische Umsetzung dürfte deutlich dezenter geraten als das Foto eines chirurgisch geöffneten Knies und Leser mit schwächerem Nervenkostüm weniger abschrecken.

2.2 Weitere Funktionen

Infografiken als Eye-Catcher

Selbst die schnörkelloseste Fieberkurve kann zur orientierenden visuellen Oase werden. Bilder – Fotos ohnehin, gut gestaltete Grafiken aber gleichermaßen – sind die „Hingucker" schlechthin in jedem Presse-Erzeugnis. Das ist offenbar sogar unabhängig davon, ob es sich um Farbdrucke handelt oder um Schwarzweiß-Abbildungen, und in Maßen ist die Feststellung wohl sogar unbeeinflußt von der Qualität der Abbildung. Mehrere Studien haben inzwischen übereinstimmend gezeigt: Je „flächiger" ein Layout-Element ist, desto früher wird es betrachtet; je kleinteiliger (also auch: buchstabenreicher) es ausfällt, desto später. Die Blicke der Leserschaft fallen fast immer zuerst auf Bilder, im Anschluß daran auf die Bildunterschriften, dann auf die Schlagzeilen und erst ganz zuletzt auf den „Brottext" – und hier wiederum zunächst auf die Kurzmeldungen, erst ganz zuletzt auf die „Riemen". Eine weitere wichtige Erkenntnis: Stellt man einem Artikel ein Bild zur Seite, wächst fast immer die Aufmerksamkeit für den Text, und zwar stetig zunehmend in dem Maße, in dem das Bild an Fläche gewinnt.

Eine Erkenntnis, die sich gewinnbringend einsetzen läßt im Tagesgeschäft. Mit Hilfe von Bildern läßt sich trefflich steuern, an welcher Stelle Lesende in die Seite einsteigen, welche Bereiche früh wahrgenommen und welche – schlimmstenfalls – völlig übersehen werden. Redaktionell als wichtig erkannte Beiträge können aus ihrem „Schattendasein" am Seitenfuß erlöst werden, wenn ihnen ein Bild zur Seite gestellt wird. Grafiken sind also in der Presse, gezielt eingesetzt,

wichtige Instrumente der Leserführung und damit guter Seitengestaltung insgesamt, indem sie ermöglichen, redaktionelle Gewich-
tungen in das Layout zu übersetzen.

Infografiken als Kolumne

Der Wiedererkennungswert von Printmedien kann gewinnen durch
regelmäßig wiederkehrende, möglichst durchgehend an ein und derselben Stelle postierte optische Elemente. Das kann eine Glosse sein
wie das berühmte *Streiflicht* der SÜDDEUTSCHEN ZEITUNG, ein individuell gestaltetes Inhaltsverzeichnis – aber auch Infografiken lassen sich
durchaus in den Rang eines Identifikationsmerkmals heben.

Als Vorreiter wie Vorbild darf hier – wie in vielen anderen Aspekten
auch – die amerikanische Tageszeitung USA TODAY gelten: Seit der
Gründung 1982 hat in der linken unteren Ecke der Titelseite ein zwei-
spaltiges Zahlenschaubild seinen festen täglichen Platz, als Fuß und
Abschluß des Inhaltsverzeichnisses *Newsline* und überschrieben mit
dem Kolumnentitel *USA Snapshots* (Untertitel: „A brief look at stati-
stics that shapes the nation", vgl. Abbildung 48). An derselben Stelle
finden sich auch auf den Aufschlagseiten der übrigen Bücher von
USA TODAY statistische Informationsgrafiken, zum Beispiel unterhalb
der *Moneyline* im Wirtschaftsteil oder der *Sportsline*.

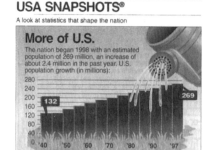

Abbildung 48 – Die Vorreiter in Sachen Infografik-Kolumne: USA TODAY mit dem tägliche Snapshot unten links auf Titel und Ressort-Aufschlagseiten.

Einige deutschsprachige Zeitungen sind inzwischen diesem Beispiel gefolgt, die Mainzer und Koblenzer RHEIN ZEITUNG etwa
oder, bereits seit längerem, die VORALBERGER NACHRICHTEN (vgl.
Abbildung 49). Auch Zeitschriften und Magazine richten in
wachsendem Maße „Infografik-Kolumnen" ein: So fehlt in keiner
FOCUS-Ausgabe die Grafik *Focussiert*, stets in visuell ähnlicher
Aufmachung und mit einem meist eher latent als brandaktu-
ellen statistischen Thema besetzt.

Allerdings sollte sich die Einrichtung einer Kolumne inhaltlich rechtfertigen und vor allem der Platz sinnvoll zu füllen sein. Allein die *Snapshots* in USA TODAY informieren an mancherlei Tagen eher über redaktionsinterne thematische Notstände als über Zustände in den Staaten; wer also beispielsweise festen Raum reserviert im Lokalteil, sollte beizeiten ausloten, ob die betreute Kommune überhaupt ausreichend grafikträchtige Themen führt.

Abbildung 49 – Täglich auf der „Eins": die „Grafik des Tages" in den VORALBERGER NACHRICHTEN.

Infografiken als eigenständiger Beitrag

Wer Infografiken in den Rang einer Kolumne hebt, etabliert sie als eigenständige, von Text unabhängige Beiträge. Das wiederspricht dem Verständnis des renommierten Grafikers Peter Sullivan, der Infografiken einmal die wesentliche Funktion zusprach, Informationen eines Textes visuell zu *ergänzen*.

Tatsächlich sperren sich bis heute viele Redaktionen gegen Infografiken als „Stand-Alone-Items". Sie setzen Schaubilder prinzipiell nur im Kontext verbaler Berichterstattung ein. Diese Strategie ist allerdings kaum nachvollziehbar: Wenn schon Texte mit der Schlagzeile „Studie: Jeder sechste hat Angst vor der Zukunft" für sich stehen dürfen – wie es in der Tagespresse oft der

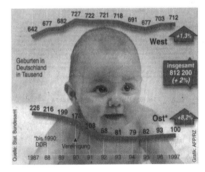

Abbildung 50 – Wahlweise eigene oder stilistisch an den Hausstil angeglichene Agentur-Grafiken kommen in der RHEIN-ZEITUNG *als „Grafik des Tages" zum Einsatz.*

Fall ist –, ist nicht einzusehen, warum eine statistische Grafik zur selben Erhebung unbedingt in Textzusammenhang zu setzen sein sollte.
Tatsächlich allerdings finden sich in der Presselandschaft bis heute
eher wenige „autonome" Infografiken. Die meisten wiederholen
wichtige Aspekte in Texten visuell, verdeutlichen also redundant,
oder sie liefern Zusatzinformation, fungieren komplementär.
Doch ob „autark" oder in einen Komplex eingebunden: Jede Infografik sollte aus sich selbst heraus verständlich, in sich selbst als geschlossener Beitrag stehen. Das heißt, daß jede Infografik eine Schlagzeile beinhaltet und, wenn nötig, einen kurzen Einführungstext, der
sich auch mit Passagen des geschriebenen Beitrags inhaltlich schneiden darf.

Infografiken als themenbezogene Illustration
So lassen sich zwei Fliegen mit einer Klappe schlagen. Betreibt man
etwas mehr Aufwand und baut in Infografiken themenverwandte,
prägnante Logos, Zeichnungen oder Fotos ein, übernehmen diese neben der bloßen Informationsüberbringung eine weitere Funktion
gleich mit: sie werden zur kombinierten Info- und Zuordnungsgrafik.
Zusätzlich verdeutlicht die Grafik dann thematische Kontexte und
wird zum thematischen Signet. Gerade wenn die Infografik nicht allein steht, sondern in ein Ensemble von Beiträgen eingebunden ist,

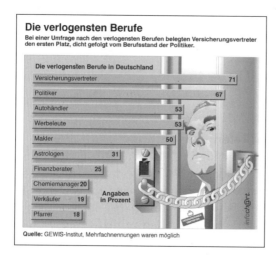

*Abbildung 51 – Der ge-
zeichnete Versicherungs-
vertreter illustriert die
Kernaussage der Grafik:
Vertreter dieser Zunft
gelten als die verlogen-
sten Berufsausübenden
überhaupt.*

kann die illustrierende Infografik sehr hilfreich sein. Vielleicht bewegt ein markantes Bild auch eilige Lesende, sich zunächst der Grafik und dann – im besten Falle – auch den zugehörigen Text-Beiträgen zu widmen, dessen Thema sie andernfalls übersehen hätten.

Infografiken als „Wachmacher"

Illustrierte Grafiken schaffen aber im besten Falle noch mehr. Denn ist die Illustrations-Idee nicht nur thematisch passend, sondern auch noch pfiffig, schlicht unorthodox oder gar eine Spur augenzwinkernd, kann sie nicht nur verdeutlichend, sondern sogar motivierend wirken. Möglicherweise schaut auch der Parkett-Muffel etwas genauer nach der Börsen-Grafik, wenn der DAX zum Dachs wird. Und ist es verwerflich, Abonnenten übers Schmnunzeln zur eingehenderen Beschäftigung mit einem Diagramm zu bewegen? – Ja, meinen durchaus einige gewichtige Vertreter des Fachs. Sie kommen in Teil zwei dieses Buches ausführlich zu Wort.

Abbildung 52 – Eine nicht einmal sonderlich ausgefeilte Grafik, die aber von ihrer überraschenden Illustrations-Idee lebt.

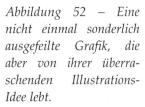

Infografiken als Schmuckelemente

Längst nicht jede Infografik genügt gehobenen ästhetischen Ansprüchen, doch gelegentlich finden sich – oft leider im Gegensatz zum Inhalt, den sie repräsentieren – richtige kleine Kunstwerke in Zeitungen wie Zeitschriften. Bestenfalls farbig und in Strich und Bildaufbau geschmackvoll abgestimmt, bilden manche Infografiken tatsächlich kleine „Perlen" in oft grauen Bleiwüsten.

Wasserverbrauch

Besonders großzügig gehen Norweger und Italiener mit dem kostbaren Rohstoff um. Im Vergleich zu den Belgiern verbrauchen sie mehr als doppelt soviel Wasser am Tag

Wasserverbrauch* je Einwohner und Tag in Liter

Norwegen	260
Italien	249
Schweiz	237
Schweden	191
Niederlande	175
Luxemburg	169
Österreich	162
Frankreich	156
Dänemark	145
Deutschland	128
Belgien	120

*Haushalte und Kleingewerbe
infoch@rt.
Quelle: GLO/IWSA/BGW

Abbildung 53 – Diese Infografik strahlt (zumindest nach Meinung des Autors) durch gezielten Einsatz der Gestaltungselemente eine hohe Ästhetik und Eleganz aus. Die Zeichnung ist sorgfältig, dabei nicht übertrieben detailreich, das Design wirkt weder trocken noch allzu verspielt, und – nicht zuletzt – die Daten erschließen sich problemlos.

Ansprechend gestaltete Grafiken sind geeignet, den visuellen Gesamt-Eindruck einer Seite erheblich aufzuwerten. Sie können Seiten eine insgesamt angenehme Atmosphäre verleihen, sie auflockern, die Lese-Arbeit in ein komfortables Umfeld betten.

Gerade die Bedeutung dieses infografischen Potentials ist umstritten. Einfach nur „schön" sein – ist das eine Eigenschaft, die im seriösen Journalismus von Belang ist? In einem Metier, das oft gerade von der schlechten, der tristen Nachricht lebt, das Unschönes kommuniziert? „Ästhetik ist Kommunikation", entgegnet der Leiter der Infografik-Abteilung der WOCHE, Reinhard Schulz-Schaeffer. Das formale Niveau einer Information sei von der Information selbst nicht zu trennen; die Ästhetik einer Grafik sei nicht nur Mittel, sondern selbst Aussage.

Zweifellos werden durch eine gehobene Blattoptik Rückschlüsse nahegelegt auf Macher und Philosophie des Produkts. Insofern kommunizieren ausgefeilte, geschmackvoll konstruierte Grafiken zweifellos auch Sinn für Sorgfalt, für das Detail, Wertschätzung für die Nachricht als solche. Ob Infografiken allerdings Werke sind, die im Sinne der Kunstwissenschaft nach klassisch formalästhetischen Kriterien zu bewerten sind, liegt wiederum in der Entscheidung jedes Pressehauses.

Bedeutung für das Prestige

Profil läßt sich auf vielerlei Art und Weise schnitzen. Natürlich sollten Zeitungen und Zeitschriften Ansehen und Individualität vor allem aus redaktioneller Leistung beziehen. Aber es ist alles andere als kontraproduktiv, publizistische Leistung und Eigenart auch visuell zu dokumentieren und zu untermauern. Zumal die Konkurrenz am Kiosk wächst – die optische Betonung der journalistischen Kompetenz und des individuellen Charakters wird damit immer wichtiger in der zahlreichen Beliebigkeit anderer Produkte. Auch Zeitungen und Zeitschriften kommen immer weniger umhin, sich selbst ein Corporate Design als visuelle „Visitenkarte" einzurichten, für sich selbst und um Kunden zu werben. Daß gestalterischer Schnickschnack in manchem Presse-Erzeugnis inzwischen zum Selbstzweck zu geraten droht, sei an dieser Stelle erwähnt, aber nicht tiefgreifender beklagt. Infografiken als bildliche Elemente entwickeln in mancher Hinsicht offenbar bereits fast aus sich selbst heraus eine potentiell prestigefördernde Wirkung. Sie sind und vor allem wirken modern. Meist am Computer erstellt, vermitteln sie auch visuell den Eindruck, das Blatt befinde sich auf der Höhe der Zeit und der technischen Entwicklung. In der Leserschaft treffen Infografiken, so zeigen Umfragen, allgemein auf eine recht große Beliebtheit (wobei die Akzeptanz unter männlichen Lesern offenkundig etwas ausgeprägter ist als unter Frauen). Leser, so scheint es, mögen das Schaubild und schätzen seinen Wert sogar in einem Maße, der kaum noch realistisch erscheint: Der Münchner Thomas Knieper fand 1992 in einer Befragung heraus, daß gut 85 Prozent Infografiken bescheinigten, sie könnten Sachverhalte „in mindestens der Hälfte aller Fälle besser erklären als Text". Auch sind Infografiken, zwar mit abnehmender Tendenz, aber immerhin, längst noch nicht selbstverständliche Bestandteile des deutschsprachigen Blätterwaldes. Sie zählen zu den rar gewordenen Stilmitteln heutiger Presseerzeugnisse, auf die noch nicht alle Häuser zurückgreifen wollen (oder können). Ein starkes Instrument zur Betonung redaktioneller Eigenständigkeit sind Infografiken vor allem, wenn sie hausintern erstellt und exklusiv verbreitet, also nicht extern als „Massenware" angekauft werden. Noch lassen sich also Infografiken durch ihren bloßen Einsatz auch nutzen zur Profilierung gegenüber der Konkurrenz.

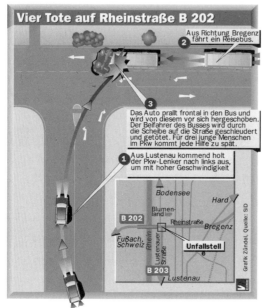

Abbildung 54 – Berühmt-berüchtigt und in der Häufigkeit ihres Einsatzes sicherlich einzigartig: die lokalen Unfall-Grafiken der VORALBERGER NACHRICHTEN.

Abbildung 55 – Die Gemeinde Hasbergen im Westfälischen bringt es auf gerade einmal 7000 Einwohner. Was durchaus nicht dagegen spricht, den Etat der Kommune infografisch aufzubereiten – wie es die NEUE OSNABRÜCKER ZEITUNG *in diesem Falle tat.*

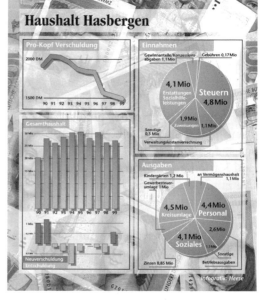

Abbildung 56 – Weiteres Beispiel einer lokalen Grafik, diesmal der DEI-STER- UND WESER-ZEI-TUNG *mit Sitz in Hameln entnommen.*

Infografiken im Lokalen

Das gilt auch und besonders fürs Lokale. Von ganz wenigen Ausnahmen abgesehen, fristet die Infografik in den kommunal berichtenden Redaktionsstuben bis heute ein Schattendasein. Das dürfte vor allem daran liegen, daß es bislang fast gänzlich an regional und lokal agierenden Grafik-Anbietern fehlt – die etablierten Agenturen bedienen nach wie vor staatsweite Märkte. Die Einrichtung einer eigenen lokalen Grafik-Abteilung aber, so einzigartig sie auch wäre, bedingt nicht nur höhere Personalkosten, sie ist auch darüberhinaus nicht ganz billig: Hard- und Software ist anzuschaffen und, wenn die Abteilung leistungsfähig sein soll, ein ganz neues Archiv aufzubauen, das „grafische" Eigenheiten der Region umfaßt – Wappen, Logos, Embleme und Kartengrundlagen.

Die Entscheidung für die lokale Grafik ist also – wie leider so vieles in der Presse – vor allem eine betriebswirtschaftliche Entscheidung. Eine Entscheidung freilich, die sich auf positive Beispiele stützen kann. Berühmt-berüchtigt sind vor allem die VORALBERGER NACHRICHTEN für ihre lokalen „Unfallgrafiken", die – nicht ausschließlich, aber doch zu hohem Anteil – dem Blatt zumindest unter Fachleuten einen ausgesprochen progressiven Ruf eingetragen haben.

Corporate Design

In Sachen Corporate Design sind Infografiken als Darstellungsmittel nahezu unschlagbar. Der visuelle Stil eines Blattes ist in Grafiken fast ohne Abstriche umsetzbar. Denn Grafiken sind durchweg künstliche Konstrukte, in denen visuell nahezu alles planbar, gezielt einrichtbar ist.

Optisches Profil gewinnen Presse-Produkte vor allem über die Auswahl markanter, dabei lesefreundlicher Schrifttypen, über charakteristische Rasterweiten und Umbruchtechniken, über eine feste Palette gezielt abgestimmter Farben, aber auch mit Hilfe individueller Rahmengebungen, Rubrizierungsleisten oder Schattenkonstruktionen. Das heißt übrigens nicht, daß ein größtmöglicher Satz an visuellen Elementen zwangsläufig mehr Eigenständigkeit suggeriert. Die FRANKFURTER ALLGEMEINE etwa unterstreicht ihr konservatives, intellektuell-seriöses Image gerade durch nahezu konsequenten Verzicht auf Schnörkel, Farb- und Schriftvariation – eben durch Textlastigkeit. Doch auch dieses „deutscheste" aller Corporate Designs ist ebenso in Informationsgrafiken umsetzbar wie buntere, verspieltere Design-Vorgaben.

2.3 Schwächen und Gefahren der Infografik

Die Redlichkeit gebietet, nicht nur die unbestreitbaren Stärken der Infografik zu diagnostizieren. Denn auch die Infografik hat ihre Kehrseiten. Die wichtigsten werden auf den folgenden Seiten kurz angesprochen; in anderen thematischen Zusammenhängen wird aber auch an anderen Stellen dieses Buches vor Mißverständnissen, Risiken und Manipulation gewarnt werden.

Die trügerische Exaktheit

Wie jedes journalistische Produkt sind Infografiken Umsetzungen gesammelter Daten. Zahlenwerte müssen erhoben werden, bevor sie in Diagrammform gießbar sind, geographische Daten sind korrekt zu

recherchieren, für Phantomzeichnungen benötigt man
zunächst Täterbeschreibungen.
Als Adaptionen seriöser Wissenschaften, vor allem der Kartographie und der Statistik, vermitteln
Infografiken aber – sicherlich
ausgeprägter als Texte – oft einen
Anschein akademischer Unumstößlichkeit, der mit der Präzisi-
on hektischer journalistischer
Recherche kaum in Einklang
steht.

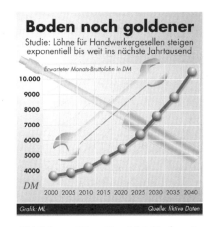

Vor allem die moderne Compu-
terzeichentechnik macht's möglich: Infografiken wirken oft so
edel, elaboriert, sauber, daß
gleich zweierlei Gefahren drohen. Zum einen, so steht zu be-

Abbildung 57 – Vorsicht Unfug: In der Umsetzung ist diese Infografik durchaus noch akzeptabel, inhaltlich aber ist sie ganz offensichtlich unhaltbar.

fürchten, kann die visuelle Perfektion eine inhaltliche Solidität suggerieren, die gar nicht gegeben ist. Gekonnte zeichnerische Aufmachung, geschmackvolle Farbwahl und punktgenaue Setzung von In-
formationssegmenten kann in ihrer Wirkung dazu führen, daß der eigentlich zu vermittelnde Inhalt nicht mehr hinterfragt wird. In diesen
Fällen kaschiert die optische Glätte eine mögliche substantielle Hol-
prigkeit der Daten – oder die Tatsache, daß die Fakten einfach nicht
stimmen.

Die trügerische Sauberkeit

Doch selbst wenn die Daten richtig sind – eine zweite Gefahr ist damit noch nicht gebannt. Viele Infografiken überziehen nämlich eine
oft schmutzige, womöglich blutige Realität mit einem sauberen
Schleier, verschweigen, bewußt oder unbewußt, menschliche Schick-
sale, schicken Tragisches durch den Filter klarer Linien, reiner Farben
und edler Schrifttypen.
Die von Toten gesäumten Flüchtlingswege in Bürgerkriegsregionen
geraten zum sauberen Pfeil, Aufsichten von Eisenbahnhavarien

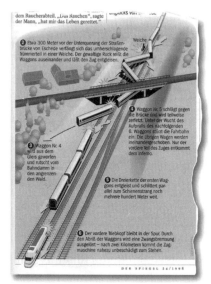

dem Raucherabteil. „Das Rauchen", sagte der Mann, „hat mir das Leben gerettet."

② Etwa 300 Meter vor der Unterquerung der Straßenbrücke von Eschede verfängt sich das umherschlagende Trümmerteil in einer Weiche. Der gewaltige Ruck reißt die Waggons auseinander und läßt den Zug entgleisen.

④ Waggon Nr. 5 schlägt gegen die Brücke und wird teilweise zerfetzt. Unter der Wucht des Aufpralls des nachfolgenden 6. Waggons stürzt die Fahrbahn ein. Die übrigen Wagen werden ineinandergeschoben. Nur der vordere Teil des Zuges entkommt dem Inferno.

③ Waggon Nr. 4 wird aus dem Gleis geworfen und rutscht vom Bahndamm in den angrenzenden Wald.

⑤ Die Dreierkette der ersten Waggons entgleist und schlittert parallel zum Schienenstrang noch mehrere hundert Meter weit.

⑥ Der vordere Triebkopf bleibt in der Spur. Durch den Abriß der Waggons wird eine Zwangsbremsung ausgelöst – nach zwei Kilometern kommt die Zugmaschine nahezu unbeschädigt zum Stehen.

DER SPIEGEL 24/1998

Abbildung 58 – Tote? Blut? Schmerz? Fehlanzeige – diese Grafik zum Eschede-Unglück wirkt aus sich selbst heraus trügerisch „sauber". Der SPIEGEL tat das einzig richtige und illustrierte zusätzlich mit eindringlichen Fotos.

zeichnen Hergang und desaströses Resultat des Unglücks nach, ohne die verzweifelten Überlebenden zu vermerken, das erschütternde Bild geborstener Waggons, überanstrengte Helfer, die verstümmelte Opfer bergen. Flugzeugabstürze in ihrer ganzen Tragik reduzieren sich zum schattierten Punkt der Stelle des Aufpralls. Es sind gerade Themen dieser Qualität, die den Mix der Darstellungsformen nicht nur nahelegen, sondern geradezu gebieten – ein eindringliches Foto nämlich kann die trügerische Sauberkeit einer durchaus informativen Grafik ins rechte Licht setzen, im besten Sinne also die Berichterstattung „abrunden".

Das „einfache" Bild

Lesen ist eine Kulturtechnik, die wir lernen und durch Praxis ein Leben lang verfeinern müssen. Mit Malen und Zeichnen, mit der Bildbetrachtung und -herstellung dagegen beginnt der Mensch in der Regel bereits in seinem ersten oder zweiten Lebensjahr. Vermeintlich primitive Kulturen bedienten und bedienen sich der Bildsprache, erst spät kam die hieroglyphisierte Kunst des Schreibens zur Welt.

All dies verführt oft zur Ansicht, Bildbetrachtung sei per se „leichter" als das Lesen. Nicht erwiesen, aber naheliegend ist deshalb die Befürchtung, daß Bildern, also auch Grafiken, oft nicht dieselbe Bereitschaft zur echten, aktiven Auseinandersetzung entgegengebracht wird wie Textbeiträgen. Die Beschäftigung könnte flüchtiger, oberflächlicher ausfallen. Gerade komplexere Grafiken aber erfordern oft eine etwas intensivere Auseinandersetzung, ein „Lesen".

Es empfiehlt sich daher, je nach Zielgruppe mehr oder minder ausgeprägt, in der Informationsgrafik weniger auf Experimente zu setzen
als auf Bekanntes. Im schlimmsten Falle ist davon auszugehen, daß
eine Grafik im Schnitt 10 bis 15 Sekunden betrachtet wird, im
schlimmsten Falle noch kürzer, und anschließend das ungeduldige
Auge weiterspringt zum nächsten Element. Damit aber kann potentiell auch Wichtiges übersehen, die Botschaft insgesamt unvollkommen
und im übelsten Falle falsch rüberkommen.

Die Grafik um der Grafik willen

Infografiken dürfen illustrativ ausfallen, sie dürfen als Blickfang eingesetzt werden und ihren Beitrag zur allgemeinen Blattästhetik leisten. Allerdings nur, wenn sie es ergänzend zur journalistischen Aufgabe leisten, die sie in erster Linie wahrzunehmen haben.

Bei der Planung einer Seite sollte also erst dann Raum für eine Grafik
bereitgestellt werden, wenn dies auch inhaltlich zu rechtfertigen ist –
wenn sich überhaupt eine Grafik zum Thema anbietet. Dieser Hinweis mag überflüssig erscheinen. Doch gerade aus den Layout-Stu-
ben größerer Magazine ist bekannt, daß oft „irgendeine Infografik"
in den Seitenaufriß aufgenommen wird, ohne daß die Stoßrichtung
des Beitrags insgesamt bereits feststünde. Hier wird, fälschlicherwei-
se, zum einen davon ausgegangen, daß Infografiken per se illustrativ
sind, zum anderen liegen der Entscheidung meist plumpe Rückschlüsse zugrunde von der Art: „Das ist doch'n Wirtschaftsthema, da
werden sich doch irgendwelche Zahlen auftreiben lassen". Oft zieht
das Ganze verhängnisvolle Resultate nach sich: Dann nämlich, wenn
die blind eingeplante Infografik zur Illustration mit einigen vermeintlich informativen, in Wahrheit dünnen und unpassenden Alibi-
Daten verkommt.

3. Die Geschichte der Infografik

Es glimmt ein kleiner Historikerstreit unter den Theoretikern der Infografik. Alter Hut oder blutjunges Novum: Die Meinungen unter den Schaubild-Archäologen gehen bisweilen krass auseinander. Hier wird der Homo Erectus zum ersten Schaubild-Ersteller der Welt gekürt, dort beginnt die Historie erst mit dem Marktzutritt von USA TODAY 1982. Entsprechend variieren die Altersangaben für die Infografik zwischen Dimensionen von fünf Jahrtausenden und zwei Dekaden.

Die Standardabweichung also ist enorm – dabei hat, bei näherer Betrachtung, keiner der Herkunftsforscher völlig unrecht. Grundfalsch liegen allerdings alle Fraktionen damit, überhaupt ein Geburtsdatum bestimmen zu wollen. Denn die moderne journalistische Infografik ist nicht zu einem bestimmten Termin auf diese Welt gelangt. Sie ist eine journalistische Anleihe aus unterschiedlichsten Wissensdisziplinen mit völlig verschiedenen und unterschiedlich weit zurückreichenden Traditionen, ein Wechselbalg aus Kartographie, Mathematik und Statistik, Zeichenlehre und Skizzierkunst, Pädagogik und Wahrnehmungspsychologie – bei der Erstellung von Infografiken bedient man sich variabler Kulturtechniken und Wissenschaftsdisziplinen mit ganz unterschiedlicher Geschichte – und ordnet sie letztendlich sehr modernen publizistischen Zwecken unter.

Und schon in der kurzen Zeit, seit sich die Infografik in der Presse als Darstellungsmittel einen Platz erobern konnte, hat sie sich vielfach von diesen Ursprüngen entfernt und befindet sich mitten im Prozeß, eine eigenständige, von den Mutterdisziplinen emanzipierte Ästhetik und eine individuelle, eben journalistische und auf Massenwirksamkeit ausgerichtete Sprache zu entwickeln. Die Infografik steht mitten in einem Prozeß, den auch das geschriebene Wort hinter sich bringen mußte: Erst im Laufe von Jahrzehnten entwickelte sich aus dem traditionellen Schrifttum das, was wir heute als „journalistische Schreibe" bezeichnen. Niemand käme wohl auf die Idee, Vergil als ersten Reisejournalisten der Welt zu bezeichnen. Warum also sollte der Affenmensch mit seinen Felsmalereien in den Rang des ersten Infografikers überhaupt erhoben werden? Warum sollten die Astrologen des Mittelalters nicht Astrologen bleiben, sondern Urväter der Grafiker von AFP? Und wozu brauchte man Infografiker in Zeiten, als es weder Zeitungen noch Zeitschriften gab?

Die moderne journalistische Infografik, wie wir sie heute kennen, ist ganz eindeutig ein junges Geschöpf, geboren und gefördert aus modernen publizistischen und ökonomischen Motiven heraus, aber ihre Wurzeln reichen bis weit in die undokumentierte Menschheitsgeschichte zurück. Es hat also keinen Zweck, über den Geburtstermin zu debattieren. Stattdessen sollte zweierlei betrachtet werden, und zwar sauber getrennt: das vielschichtige Wurzelwerk der Infografik zum einen und ihr Aufstieg zum Presse-Darstellungsmittel zum anderen.

3.1 Die Wurzeln

Die moderne Gesellschaft hat das Bild und damit nun auch die Infografik nicht „entdeckt", sondern wiederentdeckt. Am Anfang steht nämlich die älteste der dokumentierenden Kulturtechniken: nein, eben nicht das testamentarische Wort, sondern das Malen und Zeichnen. Bereits 4000 vor unserer Zeitrechnung, vielleicht sogar noch früher, begannen Menschen damit, Abbilder der Wirklichkeit zu produzieren, Szenerien zeichnerisch zu kopieren. Höhlenmalereien sind für früheste Epochen der Menschheitsgeschichte belegt, und es liegt nahe anzunehmen, daß beispielsweise Jagd-Darstellungen durchaus belehrenden, informativen Charakter hatten, daß sie auch zum Unterricht, zu Schulungszecken erstellt wurden. Das setzt sie gewiß in eine gewisse infografische Funktion. Infografiken im heutigen Sinne waren sie aber nicht.

Am Anfang war also nicht das Wort, sondern das Bild. Viel mehr noch: Das Bild war in seiner zunehmend kryptischen Grammatik erst die Voraussetzung zur Schaffung von Graphemen, also Schriftzeichen, die mit Phonemen, also Lauten, in Verbindung zu bringen waren. Buchstaben sind nicht mehr als hochkryptische Symbole, die erst im Laufe vieler Jahre aus Bildern entstanden und nur allmählich einer starren Orthographie unterworfen wurden. Heute sind Schrift und Bild verschiedene Welten: die eine, die des Textes, hochreguliert durch Grammatiken und Rechtschreibregeln, die andere tendenziell immer noch „anarchisch", weil freier in der Gestaltung der Aussage. Nicht zuletzt dies dürfte der Grund dafür sein, warum immer noch viele das geschriebene Wort in den Rang des Verläßlicheren heben und auch die beste Infografik immer noch als nicht mehr als „buntes Bild" abtun.

Dabei speist sich die moderne Infografik weniger aus der Tradition freier künstlerischer Gestaltung, sondern vor allem aus Ideen schlauer Köpfe, die der Kunst des Zeichnens ganz zweckorientiert intelligente, mal mehr, mal weniger rigide Regeln, Richtlinien, Gesetze auferlegten, mit deren Hilfe Informationen zu formulieren waren. Es waren die Menschen, die der freien Kunst die informative Zeichnung entgegensetzen, Menschen, die der bildlichen Gestaltung in immer anderen Teilgebieten ein nützliches „Regelwerk" verpaßten. Freilich tat es nach heutigem Wissensstand niemand, um die Presselandschaft zu bereichern.

Vor unserer Zeitrechnung

Gezeichnet also wurde schon lange. Erste echte Vorläufer heutiger Infografiken sind wohl die wenigen erhaltenen, „kartographischen" Dokumente aus der Frühzeit. Auf einer Tontafel, die beim „Fund von Nuzi" entdeckt und deren Alter auf 5800 Jahre bestimmt wurde, fanden Forscher eine Aufzeichnung des Nordteils des Mesopotamischen Reichs. Ein ägyptisches Papyrus aus der Zeit um 1250 vor unserer Zeitrechnung dokumentiert die Schachtverläufe einer Goldmine in Querschnittsansicht. Auch die Wissenschaften der Mathematik und Geometrie gehen mit großer Wahrscheinlichkeit auf schöpferische

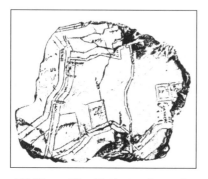

Abbildung 59 – Datiert auf etwa das Jahr 3800 vor unserer Zeitrechnung: Eine Tontafel mit geographischen Aufzeichnungen des nordmesopotamischen Reiches.

Menschen der ägyptischen Hochkultur zurück. Sie entwickelten auch Landvermessungsdarstellungen nach Aufzeichnungsmethoden, die den heutigen teilweise verblüffend ähnlich sind. Einige dieser Prinzipien finden sich auch in astronomischen Dokumenten aus dem Griechenland des fünften und vierten Jahrhunderts vor unserer Zeitrechnung. Danach allerdings sollten neue, wegweisende Kreationen grafischer Darstellungen fürs erste ausbleiben.

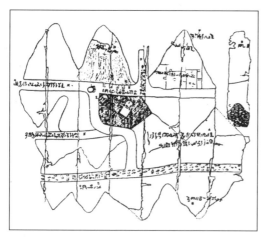

Abbildung 60 – Die Querschnittsansicht einer Mine, festgehalten auf einem ägyptischen Papyrus aus der Zeit um 1250 vor unserer Zeitrechnung.

Das Mittelalter

Die römische Hochkultur war, aus heutiger infografischer Sicht, eine eher innovationsarme Epoche. Auch im Caesaren-Reich wurde vornehmlich nach überkommenen Methoden Astronomie betrieben, die Kunst der Malerei wurde zwar fortgeführt und verfeinert, die „belehrende" Zeichnung aber machte wenige Fortschritte. Erste Neue-

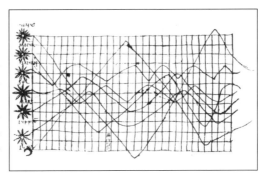

Abbildung 61 – Eine mittelalterliche Aufzeichnung von Sternbahnen; die diagrammartige Aufbereitung erinnert verblüffend stark an heutige Techniken.

rungen kamen erst, nach den Wirren der Völkerwanderungs-Epoche, mit dem frühen Mittelalter.

Mit der Ausbreitung des Christentums entstanden Stammbaum-Zeichnungen, die die alttestamentarischen Familienbanden nachzuzeichnen versuchten. Die nächste wirklich bemerkenswerte grafische Schöpfung allerdings – zumindest die dokumentierte – stellte erst eine Aufzeichnung der Gestirnläufe aus dem 10. Jahrhundert dar. Auf einem diagrammähnlichen Gitternetz stellten Astronomen die Planetenbahnen in Linienverläufen dar.

Einer der wenigen echten „Grafik-Pioniere" des Mittelalters war zweifellos der französische Mathematiker Nicole d'Oresme (1325-1382). Er stellte vor allem physikalische Phänomene mit Hilfe fast schon „waschechter" Balkendiagramme dar. Aus der Zeit um 1350 ist eine Arbeit von ihm überliefert, die der Statistiker Thomas Knieper als „Prototyp des Balkendiagramms" betrachtet.

Auch Leonardo da Vinci (1452-1519) illustrierte zahlreiche seiner Arbeiten und Notizbögen mit erläuternden, schematischen Zeichnungen und mathematischen Visualisierungen. Nicht nur damit läutete er eine neue Epoche des Wissens ein: die Renaissance.

Die Renaissance als grafischer „Neubeginn"

Mit diesem Zeitalter der „Wiedergeburt" wuchs das Interesse an der direkten Naturbetrachtung, wurden die theologischen Weltbegründungen einer vernunftbestimmten Prüfung unterzogen, setzte eine naturwissenschaftliche Suche nach Gesetzen der uns umgebenden Welt ein. Die Forschung schritt voran, und mit ihr die Entwicklung

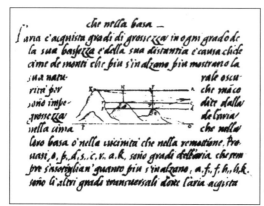

Abbildung 62 – Universalgenie Leonardo da Vinci illustrierte viele seiner technischen Werke und Aufzeichnungen mit Hilfe schematischer Zeichnungen.

von Methoden der Aufzeichnung des Gefundenen. Verbesserte Meßmethoden setzen Kartenzeichner in den Stand, Land- und Seekarten zu schaffen, die nicht mehr nur auf Hörensagen, Legenden und Schätzungen beruhten, sondern mathematisch verläßlicher waren denn je. Der Franzose René Descartes (1596-1650) entwickelte die Grundlagen der analytischen Geometrie, der Differentialrechnung, und auch das nach ihm bekannte kartesische Koordinatensystem. In der Verknüpfung der neugewonnenen statistischen und kartographischen Erkenntnisse entstanden ebenfalls im 18. Jahrhundert erste Vorläufer dessen, was heute als „Kartogramm" oder „thematische Karte" durchgehen würde – die Verknüpfung von Statistik und Kartographie.

Während dieser Zeit prägten in „infografischer" Hinsicht vor allem informative Zeichnungen das erblühende Schrifttum. Besondere Er-

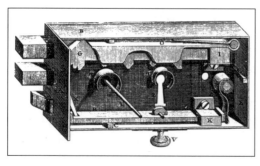

Abbildung 63 – Technische Zeichnung aus Diderots Mammutwerk „L'encyclopédie, ou Dictionnaire Raisonné des Sciences, des Arts et des Métiers".

wähnung verdient ein wahrhaft monumentales 33bändiges Werk, das 1762 erschien: „L'encyclopédie, ou Dictionnaire Raisonné des Sciences, des Arts et des Métiers" von Denis Diderot. Es enthielt fast 3000 Zeichnungen, in denen Werkzeuge und die mit ihrer Hilfe herstellbaren Produkte detailscharf vorgestellt und erläutert wurden.

William Playfair

Einen ganz entscheidenden Schritt nach vorne tat die statistische Grafik mit dem Wirken des Schotten William Playfair (1759-1823) und seiner „linearen Arithmetik". Der „kleine Bruder" des Mathematikers John Playfair entwickelte und verbesserte zwischen 1780 und 1820, wie der renommierte Statistiker Edward Tufte schreibt, „fast alle grundlegenden grafischen Designs, mit dem Ziel, die überkommenen Zahlentabellen durch visuelle Darstellungen zu ersetzen". Sein „Commercial & Political Atlas" von 1786 enthält 44 statistische Grafiken, vor allem Liniendiagramme, für deren Verwendung er sich bei seinen vermutlich überraschten Lesern damals noch glaubte rechtfer-

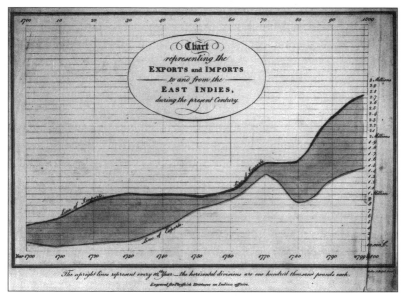

Abbildung 64 – Die grafischen Strategien von William Playfair waren revolutionär für seine Zeit und prägen die statistische Grafik bis heute.

tigen zu müssen. Wenige Jahre darauf allerdings, und in seinen späteren Werken, vertrat er offensiv seine Methoden der Darstellung – die zum großen Teil bis heute fortleben. Zwar ist nicht geklärt, ob tatsächlich alle Schöpfungen, die Playfair in seinen Büchern vorstellte, gänzlich aus seiner eigenen Kreativität und Feder stammten – durch seine Schriften aber darf er mit Fug und recht als der entscheidende Verbreiter und Wegbereiter der modernen statistischen Grafik gelten.

Ein erster Grafik-Boom: das 19. Jahrhundert

Das Interesse wissenschaftlicher Kreise an grafischer Darstellung vor allem statistischer und räumlicher Phänomene fand im Verlauf des 19. Jahrhunderts einen ersten Höhepunkt. In den hundert Jahren nach William Playfair wurden so gut wie alle der heute bekannten statistischen Darstellungsvarianten entwickelt. Kongresse und Tagungen zum Thema machten die neuen Methoden populär. Es kamen richti-

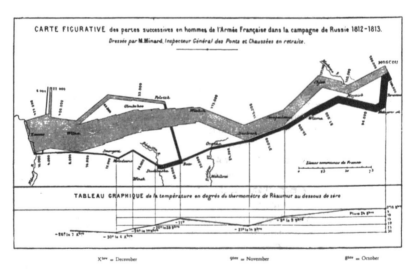

Abbildung 65 – Zu recht eine der meistgelobten Grafiken aller Zeiten: Napoleons Heer auf dem Weg nach Rußland und zurück. Dargestellt in einem einzigen, klaren Bild sind geographische, statistische und zeitbezogene Datensätze. Die vorbildliche Übersicht stammt von dem Franzosen Charles Joseph Minard.

ge und bis heute zeitlos bewundernswerte Werke heraus wie das von
Minard, der den gescheiterten Rußland-Feldzug Napoleons, zeitge-
recht, quantitativ und kartographisch zu vereinen verstand.
Dennoch: Den Weg in die nicht-wissenschaftliche Presse fand das
Schaubild – von wenigen Ausnahmen abgesehen – aber auch im 19.
Jahrhundert noch nicht.

Die Wiener Methode der Bildstatistik

Prägend für viele Infografiker ist bis heute das System „Isotype",
auch bezeichnet als „Wiener Methode der Bildstatistik", die der österreichische Pädagoge und Soziologe Otto Neurath (1882-1945) in den
zwanziger bis vierziger Jahren dieses Jahrhunderts erarbeitete. Seine
„internationale Bildsprache" war ein ausgefeiltes, dabei methodisch
ausgesprochen strenges Prinzip der Darstellung von Quantitäten, das
gerne auch als „Zählrahmenmethode" bezeichnet wird.

„Isotype" (als Abkürzung für „International System of Typographic
Picture Education") wies verschiedensten Phänomenen feste, oft
stark vereinfachte Symbole zu – als „Mensch" etwa ging in dieser
Schule ein senkrechter, leicht verstärkter Strich durch, als „Tier" eine
waagerechte, gefettete Linie. In „Isotype" stellt jedes Einzelsymbol eine bestimmte Menge dar und wird so oft abgetragen, bis der darzustellende Gesamtwert erreicht ist.

*Abbildung 66 – Ein Bild,
angefertigt nach dem Sy-
stem „isotype" des Wie-
ner Pädagogen Otto Neu-
rath. Symbolik und Kom-
position der Grafiken wa-
ren strengen Regeln un-
terworfen.*

3.2 Wie die Infografik die Presse eroberte

Die erste Presse-„Infografik" ist ebensowenig auszumachen wie das
Geburtsdatum der Mediums selbst: Denn was ist schon eine Zeitung?
Die ersten periodisch erscheinenden Druckwerke sind für das 14. und
15. Jahrhundert unserer Zeitrechnung in Deutschland und Italien
nachgewiesen. Aus heutiger Sicht lächerlich themenarm (was war
schon groß unterzubringen auf zwei bis vier Seiten) und inaktuell (bis
zu zwei Wochen in „Verzug"), entwickelten sich erst allmählich im
Laufe der folgenden Jahrhunderte aus den mittelmäßig informativen
Kleinstbüchern regelmäßige, irgendwann auch werktägliche Druckerzeugnisse. Ende des 17. Jahrhunderts gab es sie in den größeren deutschen Städten, auch in England entwickelte sich das Pressewesen recht schnell. Einen großen Schub tat das Zeitungsgewerbe – wie so vieles andere – im 19. Jahrhundert. Mechanisierte, zunächst dampfgetriebene Rotationsdruckmaschinen, später Setzanlagen rationalisierten die Herstellung und ermöglichten eine massenhafte Verbreitung.

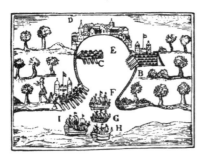

Abbildung 67 – Bilder waren rar in der Frühzeit der Presse. Wenn illustriert wurde, handelte es sich – wie in dieser Dokumentation aus der Daily Post *vom 29. März 1740 – meist um schlichtere Holzschnitte.*

Das Bild im Blatt

Die Bebilderung der ersten Zeitungen war – falls überhaupt vorhanden – spärlich. Die Herstellung von druckbarem Bildwerk war teuer
und zeitaufwendig. Ab Mitte des 18. Jahrhunderts wurden Bilder vor
allem in den Wochenzeitungen etwas häufiger verwendet, meistens
beschränkte sich die Illustration aber auf eher schlichte Kupferstiche
oder Holzschnitte auf den Titelseiten. Darunter fanden sich auch „Infografiken", Karten in erster Linie, Schemazeichnungen oder knappe
Bildgeschichten, die Abfolgen dokumentierten. Vor allem kriegeri-

sche Auseinandersetzungen erfreuten sich einer vergleichsweise häufigen informativen Bebilderung. Mit der Erfindung der Fotografie und den Fortschritten der Reproduktions- und Drucktechnik traten zunehmend „illustrierte" Blätter auf den Markt, denen aber schon damals – und bis heute – eben wegen der stärkeren Verwendung visueller Details der Makel der intellektuellen Dürftigkeit anhaftete. Das gebildete Bürgertum las weiter seine Neuigkeiten, es schaute sie nicht an, so wie die „breite Masse" es tat.

Der Mord von 1806

Wann also die erste echte „Infografik" ein Zeitungs- oder Zeitschriftenblatt schmückte, ist Interpretations- und Geschmackssache. Immer wieder erwähnt wird in diesem Zusammenhang die für 1806 nachgewiesene grafische Darstellung in der Londoner Traditionszeitung Times, in der der Hergang eines Mordes visuell geschildert wurde. Die stetige Wiederholung dieser These macht sie allerdings nicht richtiger. Tatsache ist auf jeden Fall, daß auch die Times-Zeichnung keineswegs einen „Grafik-Boom" auslöste, sondern nicht nur damals, sondern bis weit ins 20. Jahrhundert hinein die Ausnahme bildete im Blätterwald.

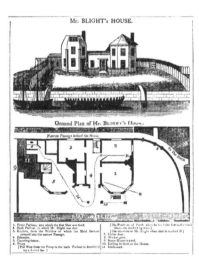

Fotos auf dem Vormarsch

Denn im Verlaufe des 19. und beginnenden 20. Jahrhunderts waren höchstens Inserate in den Blättern „grafisch". Die Pressehäuser entdeckten stattdessen zunächst allmählich die „modernere", „lebensechtere" Fotografie als Darstellungsvariante für sich. Die Infografik verharrte dagegen weiter in ihrem, wie es der Praktiker Joachim Blum nennt, „Dornröschenschlaf".

Abbildung 68 – Eine Zeichnung aus der Londoner Times *vom 7. April 1806.*

Die 20er und 30er Jahre: Popularisierung und Demagogie

Ihre erste kleine Blütezeit erlebten Infografiken – vor allem statistische Karten – erst in den zwanziger Jahren des 20. Jahrhunderts. Auch deutsche Publikationen griffen in dieser Zeit relativ häufig auf grafische Lösungen zurück. Allerdings war die Printlandschaft in Deutschland seinerzeit noch stark von der Meinungspresse beherrscht, und so finden sich unter den Schaubildern dieser Zeit frappierend viele propagandistisch-stimmungmachende Beispiele. Diese traurige Tradition übernahmen auch die Nazis aus der untergegangenen Republik von Weimar ins Tausendjährige Reich: Da wurden – scheinbar statistisch erhärtet – Rassentheorien und vermeintlich geographisch bedrohliche Konstellationen grafisch verbrämt, mit dem Siegel der Scheinwissenschaftlichkeit veredelt und den Zwecken der Reichspropaganda angepaßt. Immerhin lohnt die Auseinandersetzung mit derlei Schindluder auch heute: Denn ähnlichen Verfälschungen, Zurechtrückungen und Überbetonungen sind auch viele der modernen Grafiken nicht abhold – wenn sie auch heute aus anderen Motiven zur Anwendung kommen, vor allem aus Dramatisierungs- und Wirksamkeitsgründen.

Nach dem zweiten Weltkrieg jedenfalls schrumpfte die Pressegrafik zunächst wieder zum Randphänomen, auch wenn sich bereits 1946 mit dem Globus-Kartendienst ein kompetenter Anbieter etabliert hatte. Die Infografik (die auch in den fünfziger Jahren noch nicht so hieß, sondern „Schaubild", „Karte" oder „Diagramm") blieb in der täglichen Produktion die Ausnahme, die nur auf kompetenten Geistesblitz überhaupt in die publizistische Überlegung einfloß.

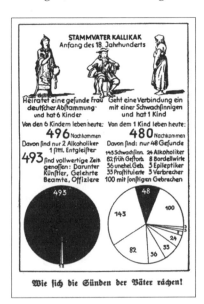

Abbildung 69 – Scheinwissenschaftliche Untermauerung der arischen Idee.

Peter Sullivan und Nigel Holmes

Ganz „tot" war das Darstellungsmittel Infografik seitdem dennoch nie mehr. Auch in den fünfziger, sechziger und siebziger Jahren waren Infografiken durchaus gelegentlich in der Presse identifizierbar, vor allem in redaktionell gut ausgestatteten angelsächsischen Produkten wie der Londoner TIMES, dem New Yorker TIME MAGAZINE – aber auch, so viel Ehrerbietung muß sein, im deutschen SPIEGEL. Als Urväter der heutigen Infografiken dürfen mit Fug und Recht zwei englischsprachige Grafiker gelten: Peter Sullivan und Nigel Holmes.

Peter Sullivan gilt bis heute, zu Recht, als einer der entscidensten Wegbereiter der modernen journalistischen Infografik. Das liegt nicht nur daran, daß seine beiden Bücher „Zeitungsgrafiken" und „Informationsgrafiken in Farbe" bis heute als Klassiker gelten, obwohl sie aus den achtziger Jahren stammen und damit notwendigerweise einige Entwicklungen und Tendenzen der letzten Dekade nicht berücksichtigen. Sullivan erarbeitete sich bei seiner Hauszeitung, der TIMES, eine Stellung in der Redaktion, von der viele Infografiker bis heute träumen: Er war Umsetzer und Berichterstatter zugleich, auch unter Textern anerkannter Kollege, im besten Sinne also Grafik-Journalist. Sullivan besichtigte, wann immer es ihm möglich war, die Orte, die er kartographisch darzuzstellen hatte, er recherchierte selbständig, interviewte Augenzeugen, er hinterfragte und präzisierte Daten, die ihm vorlagen und ermittelte so die journalistischen Grundlagen jener

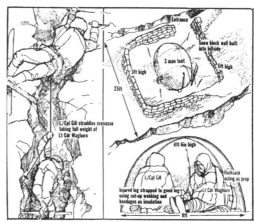

Abbildung 70 – Eine typische Sullivan-Grafik; laut Autor erstellt auf Basis von Angaben der Eingeschlossenen, per Funk. Das Bild entstand nach Angaben Sullivans in knapp zwei Stunden.

Abbildung 71 – Der „Wilde" unter den Grafik-Pionieren: Nigel Holmes etablierte mit vielen seiner Bilder das Schaubild auch als illustratives Element.

Bilder, die er schuf. Er war ein versierter Zeichner, hatte die „alte Schule" der Zeitungsgrafik erlernt, erkannte aber in den siebziger, achtziger Jahren auch die Chancen der Computertechnologie und setzte sich mit neuen Entwicklungen auseinander. Bis zu seinem Tode 1996 blieb er anerkannter Ratgeber, Jurist und Instanz in Sachen Infografik. Manche seiner Werke mögen aus heutiger Sicht altbacken wirken oder simpel – Sullivan setzte Maßstäbe. Ein bedeutender internationaler Infografik-Preis ist inzwischen nach ihm benannt.

Nigel Holmes dagegen schlug Pflöcke weniger durch sein journalistisches Wirken ein – es war die Art der Ausgestaltung, die ihn zu einem der Wegbereiter der modernen Infografik werden ließ. Holmes darf als Entwickler der konsequent massenwirksamen, in positivem Sinne „unwissenschaftlichen" Infografik gelten. Er war einer der ersten, der Statistiken, Karten, Organigramme und informierende Zeichnungen in populäre Gewänder kleidete, der Fieberkurven an skizzierte Frauenbeine anpaßte und Balken- zu Monsterzahndiagrammen umfunktionierte. Holmes schmückte seine Grafiken, schuf Mini-Kunstwerke, Infografiken, die plötzlich nicht mehr spröde Statistik waren, sondern imstande, die gesamte Seitenoptik zu prägen. Gerade aus den Reihen der seriösen, faktenorientierten Statistik hatte Holmes deswegen Anfeindungen zu erdulden. Es ist aber wohl nicht übertrieben zu behaupten, daß Holmes einen populären Stil schuf, der Infografiken in ihrem Wesen bis heute beherrscht. Ein Stil, der mit ziemlicher Sicherheit auch die Konzipierer von USA TODAY stark beeinflußt hat.

USA TODAY

Einen oft bestrittenen, aber offenkundigen Wende- und Ausgangspunkt in der Infografik-Geschichte markierte der Marktzutritt einer Zeitung, die gerade unter Zeitungswissenschaftlern bis heute mit einer Mischung aus neugieriger Hochachtung und intellektueller Abscheu observiert wird: USA TODAY. Am 15. September 1982 lag die

Abbildungen 72 und 73 – USA TODAY, seit 1982 auf dem Markt, setzte in Sachen Gestaltung und Grafik Maßstäbe. Vor allem der Wetterbericht (inzwischen sogar in einer europäischen Ausgabe, siehe rechts) und der tägliche Snapshot *links unten auf der Titelseite sorgten für Aufsehen.*

„erste nationale Tageszeitung der Vereinigten Staaten" erstmals aus, vierfarbig, fotolastig, durchgestylt und vor allem: mit einem Anteil an bunten, leicht verständlichen, illustrierten Informationsgrafiken, den die Welt bis dato nicht vermerkt hatte. Die erste Seite jedes Haupt-Ressorts war und ist geprägt von einem großen Kolumnentitel, begleitet von einer großzügigen zweispaltigen Leiste links (*Newsline, Moneyline, Lifeline, Sportsline*), an deren Fuß stets der *Snapshot* prangt: eine statistische Infografik. Die Rückseite des ersten Buches bestand damals und besteht bis heute praktisch ausschließlich aus Wetter, genauer gesagt: Karten und Tabellen zur Meteorologie der Nation gestern und heute; höchstens eine Anzeige macht das Monopol der Hochs und Tiefs gelegentlich streitig.

USA TODAY war und ist bildlastig, hat – für die boulevardungeübten Amerikaner – frappierend kurze Texte im Blatt und eine sehr prägnate Schreibe, was dem Blatt oft den Vorwurf des „Fast-Food-Journalism" und den Ruf „McPaper" eintrug. Unübersehbar allerdings ist, daß eine kleine Welle von Neugestaltungen fortan durch die Vereinigten Staaten rollte, daß – mit dem üblichen Verzug – auch Chefredakteure außerhalb Amerikas ihre Blätter zunehmend sahen und nicht nur lasen, und daß, wer etwas über Infografiken lesen wollte, plötzlich überraschend fündig wurde. USA TODAY erhob die Infografik vom Luxusobjekt zur täglichen Darstellungsform, 30 Grafiken waren und sind es im Schnitt pro Exemplar, und viele Zeitungs- und Zeitschriftenmacher griffen diese Beförderung auf. Daß die Vorreiterrolle von USA TODAY gerne dementiert wird, ist nachvollziehbar: Wer lobt schon Konkurrenz für gute Innovation? Fakt ist und bleibt, daß USA TODAY ein gewaltiger Denkanstoß für die gesamte Branche war. Es ist allerdings den Kritikern nicht zu verdenken, daß sie USA TODAY mit gepflegter Ablehnung begegneten. Das Blatt war und ist ein publizistisches Retortenprodukt ohne Tradition, dafür mit klassisch ökonomischem Motiv. Experten der herausgebenden Gannet-Gruppe hatten mit dem Ziel zusammengesessen, eine Zeitung zu machen, die – Hausvorgabe! – „einfach anders" sein sollte. Man studierte Leserpräferenzen und Tendenzen anderer Medien und kreierte daraus das Blatt. USA TODAY ist Journalismus mit wenig Herz und journalistischer Ambition, ein massengeschmäcklerisches Kunstprodukt. Doch disqualifiziert sich prinzipiell Sinnvolles wie die Infografik nur dadurch, daß es in ungeliebten Produkten erscheint? Zumindest erreichte USA TODAY Ende der achtziger Jahre den Break-Even-Point: Das Projekt hat sich offenbar „gerechnet".

Der Desktop-Computer

Freilich packten die Macher von USA Today auch Entwicklungen und Chancen beim Schopfe, die vielleicht auch ohne ihr Zutun für jene augenzwinkernd als „Grafik-Explosion" bezeichnete Schaubild-Inflation gesorgt hätten, die viele amerikanische Zeitungsforscher Mitte, Ende der achtziger Jahre diagnostizierten. Da war zum einen der rasante Fortschritt der Computertechnologie. Ende der siebziger Jahre kam der „Apple I" auf den Markt, Software wie „MacDraw", *Free-Hand* oder *Illustrator* ließ nicht lange auf sich warten. Der Computer reduzierte Ateliers auf Schreibtischformat, auf „desktop"-Dimensionen. Kaum zehn Jahre später war der Begriff DTP – desktop-publishing – in aller Experten Munde, Computergrafik war zumindest für professionelle Anwender zur echten Alternative zu Reibebuchstabe und Tuschfaß geworden. Und die Entwicklung war noch nicht am Ende.

Die Revolution war rasch, aber gründlich. Wo jahrhundertelang die ruhige Hand des Zeichners über Stunden für Entwurf und Reinzeichnung eines Diagramms gefragt war, wo es auf die gekonnte Mischung von Farben und die sorgfältige Schraffur von Flächen ankam, entwarfen Rechner plötzlich in Sekundenschnelle schillernde Charts mit unschlagbarer Genauigkeit in Strichführung und Datenumsetzung (wenn auch nicht immer nach dem puristischen Geschmack von Statistikern). Kartographen konnten die Rapidographen beiseite legen, mußten nicht mehr jeden Erläuterungstext auf die Karte pausen, Fehler und Ausrutscher weihten das Bild nicht mehr dem Papierkorb, sie waren bisweilen mit simplen Tastenkombinationen ungeschehen zu machen.

Damit aber gingen aber auch viele Argumente ad acta, die die Nicht-Präsenz von Karten, Diagrammen und anderen zeichnerischen Elementen in Zeitung und Zeitschrift immer gerechtfertigt hatten: Sie waren tendenziell immer herstellungsintensiver, damit aber auch unaktueller gewesen als Text und Foto, und Experten waren teuer und selten.

Die Übertragungstechnik

Unhaltbar wurde schließlich auch der Vorwurf der mangelnden Ak-
tualität durch die Fortschritte der Übertragungstechnik. Die Funk-,
Satelliten- und Kabelversendung war allerspätestens Anfang der
achtziger Jahre auch für mittlere Betriebe erschwinglich geworden,
und sie war erst der Vorläufer einer Datenfernübersendungstechnik,
die fast keine menschlich noch wahrnehmbare Zeitverzögerung mehr
kennt: ISDN.

Die digitale Datenversendung hat sich innerhalb weniger Jahre in den
Neunzigern als Quasi-Standard etabliert. Und man muß kein Prophet
sein, um behaupten zu können, daß spätestens im ersten Jahrzent des
21. Jahrhunderts ISDN ein allgegenwärtiges Transportmittel für Daten aller Art sein wird.

Mit der Verbesserung der Übertragungstechnik etablierten sich Grafik-Agenturen, die ihre Produkte tagesaktuell und – wegen der brei-
ten Streuung der Grafiken über die Presselandschaft – kostengünstig
anbieten konnten. Viele Zeitungen griffen die Angebote auf, und die
Abonnentenzahlen zumindest einiger Anbieter sind bis heute im
Wachstum begriffen.

ZWEITER TEIL: Grammatik der Infografik

Es hat sich eingebürgert unter Personalchefs, unüberschaubare Berge von Bewerbungsheftern nach einem Prinzip vorzusortieren: der orthographischen Richtigkeit des Anschreibens. Ein handhabbares Prinzip, denn die Schriftsprache unterliegt inzwischen – nach Jahrhunderten der Halb- und Unsicherheit – Regeln, Rechtschreibregeln, die weitestgehend überprüfbar sind: So greift, wer eine korrekte Bewerbung verfassen will, zum Wörterbuch – mit relativ großer Wahrscheinlichkeit sogar zum selben, mittels dessen der Vorgesetzte in spe die Richtigkeit des Schreibens kontrolliert.

Eine kurze Bemerkung zur Begrifflichkeit: Genau genommen müßte dieses Kapitel „Grammatik und Orthographie der Infografik" heißen, denn auf den folgenden Seiten geht es sowohl um die infografische „Rechtschreibung" (eben die Orthographie, den Einsatz von Zeichen) wie um die infografische „Grammatik" (also die Komposition, im übertragenen Sinne also den „Satzbau" der Infografik). Der Begriff „Grammatik" ist in diesem Kapitel daher eher als Sammelbegriff zu verstehen denn als linguistisch korrekte Bezeichnung.

Genauso wie der Schrift-Sprache liegt der infografischen Sprache eine „Grammatik" zugrunde – allerdings eine, die lange nicht so stringent, eindeutig und verläßlich ist wie die des Wortes. Es ist eine freiere Grammatik, eine, die zwar gelegentlich, insgesamt aber immer deutlich bedingter auf ihre „Richtigkeit" überprüfbar ist als die der Schriftsprache. Es ist zu großem Anteil eine Grammatik des offenkundig Bewährten, nur einige wenige Detail-Prinzipien sind wirklich wissenschaftlich untermauert und verallgemeinerbar. Die infografische Grammatik ist deshalb

schon gar nicht ein Regelsystem, das in ein Standardwerk zu fassen
wäre, das maßgebend sein könnte „in allen Zweifelsfällen".
Dennoch gibt es eine Reihe typografischer und farblicher Prinzipien,
die alles andere als geschmäcklerisch sind, sondern – teilweise wissenschaftlich erwiesen – hilfreich für die Bildentschlüsselung. Regeln,
die deswegen für Infografiker bindend sein sollten. So ist eine Grafik
mit 4-Punkt-Frakturschrift definitiv nicht lesbar, schon gar nicht,
wenn die Buchstaben in zartrot gesetzt sind auf weißem Grund. Da
gibt es nichts zu diskutieren über gestalterische Freiräume und Ent-
faltungsbeschneidungen. Auch können sich Grafiker in bestimmten
Themenfeldern nicht ohne weiteres von bestimmten Basisprinzipien
der „Mutterdisziplinen" entfernen, die einst Pate standen für die Ent-
stehung der journalistischen Infografik – vor allem von den Gepflogenheiten der Geographie und Statistik.
Jenseits dieser feststehenden Regeln – die an späterer Stelle noch aus-
führlicher behandelt werden – existieren aber immer noch Freiräume
genug, um eine heftige Debatte immer wieder lebendig zu halten: die
Stil-Debatte.

1. Eine Frage des Stils

Man lege ein und dieselbe Infografik ausgesuchten Experten des
Fachs vor. Hat man das „richtige" Beispiel gewählt, und entstammen
die Gutachter möglichst unterschiedlichen Schulen oder gar Natio-
nen, ist der Konflikt programmiert.
Dies alles hat viel mit der Geschichte, den Wurzeln der Infografik zu
tun, auch mit der fachlichen Herkunft der Wertungsrichter. Wo möglicherweise gelernte Grafiker die Farbwahl loben, die intelligente
Bildkomposition und die gelungene illustrierende Zeichnung, beklagen puristische Statistiker die „Girlanden", die Ausschmückungen
rund um die Fakten, die Vereinfachungen derselben ohne ausreichend detaillierten Hinweis auf Erhebungsmethodik und Befragten-

anzahl und das Fehlen der Koor-
dinatenleisten. Zieht man
schließlich noch einen gestandenen Journalisten zu Rate, so wird
ihm wahlweise der „Pepp", die
wirkliche Story hinter der Grafik
fehlen, der inhaltliche Dreh.
Oder er wird beklagen, daß das
Werk entweder zu schlicht und
inhaltlich dünn bestückt sei – unsere Leser sind ja nicht blöd –
oder „viel zu wissenschaftlich".
Es sei nur am Rande erwähnt,
daß viele schreibende Redakteure sich selbst oft genug für die
besseren Grafiker halten, denen
nur aus Zeitmangel die Muße
fehlt, dem Kollegen mal zu zeigen, wie's geht.
Noch ein ganzes Stück komplizierter würde sich die Debatte
gestalten, zöge man auch noch
Fachleute anderer Nationalität
hinzu. Denn Infografiken sind –
inhaltlich wie gestalterisch –
nach wie vor auch eine ausge-
sprochene „Ländersache". So
würde vermutlich ein US-ameri-
kanischer Grafiker eine farbige
Grafik als „harmonisch" apostro-
phieren, wo der Skandinavier
ungehemmte Primärfarbklekse-
rei beklagen würde. Ein Portu-
giese würde jene großformatige,
informativ vielschichtige Grafik
loben, die der Schweizer als
„überladen" ablehnen würde.

*Abbildung 74 – Informationsgrafik
als „Ländersache": Dieses Werk
stammt ursprünglich aus amerikanischer Feder, wurde nachträglich
eingedeutscht. Der Zeichenstil ist
für europäische Augen recht gewöhn-
nungsbedürftig, und auch die Text-
menge ist für hiesige Breitengrade
ungewöhnlich groß.*

1.1 Die drei Aussage-Ebenen

Allein das letzte Beispiel zeigt: Viele Grundsatzdebatten rund um die Infografik sind notwendigerweise weniger Meinungsaustausch als Glaubenskrieg. Ohne den Kollegen Grafikern einen Blankoscheck auszustellen: Mancherlei ist zu beachten (und bleibt in diesem Buch nicht unerwähnt) bei der Gestaltung von Infografiken. Vieles aber ist nichts anderes als eine Frage des Stils.

Es ist schwer genug, eine Infografik zu konstruieren. Wählt man allerdings den umgekehrten, einen nachträglich analytischen Weg, „seziert" man also Infografiken nach dem Bedeutungsgehalt und der journalistischen Leistung der visuellen Elemente, aus denen sie sich zusammensetzen, stehen am Ende nicht mehr als zwei, höchstens aber drei Aussage-Ebenen. Infografiken enthalten bis zu drei Gruppen visueller Versatzstücke:

- die informationstragenden, journalistisch relevanten Elemente
- die informationsstützenden, thematisch einordnenden Elemente
- die dekorativen, ausschließlich schmückenden Elemente.

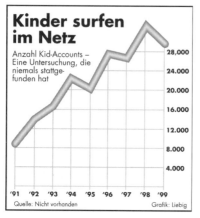

Abbildung 75 – Die obere Ebene: die informationstragenden Elemente einer (auf fiktiven Daten beruhenden) Grafik.

Abbildung 76 – Die zweite Ebene: Diese kleine Illustration bietet sich als informationsstützendes Element für die Grafik an.

Information und Beiwerk

Jede Infografik enthält informationstragende grafische Elemente. Das sind eben jene Formen, Flächen, Buchstaben oder Ziffern, die durch ihre gestalterische Zusammenstellung die zentrale Aussage der Grafik transportieren. Es sind die Balken, Säulen und Kartensymbole, es sind die Tabellentexte, Datenziffern, die Koordinatenachsen und Maßstabsskalen und die winzigkleine, aber nachrichtlich wichtige Schraube im Schnittbild eines Formel-1-Motors. Sie machen das journalistische, das informierende Element der Grafik aus.

Abbildung 77 – Schatten, Rahmen, Verläufe – diese journalistisch eigentlich „überflüssigen" Versatzstücke können die Grafik in einer dritten Ebene zusätzlich bereichern.

In praktisch allen Infografiken finden sich aber auch grafische Elemente, die – zumindest aus streng „nachrichtlicher" Sicht – verzichtbar sind. Sie werden objektiv nicht gebraucht, um die Information an die Leserschaft zu bringen; es handelt sich um grafisches Beiwerk, ohne das die eigentliche Information der Grafik immer noch relativ problemlos zu dechiffrieren wäre.

Dieses Beiwerk allerdings muß nochmals in zwei Unterkategorien unterteilt werden: in das informationsstützende und das rein dekorative. Informationsstützende Elemente sind Illustrationen, Fotos, Piktogramme oder

Abbildung 78 – Die fertige Grafik, eine Kombination aus informationstragenden, -stützenden und dekorativen Elementen. Was hier zuviel ist, ist vor allem eine Frage des Stils.

Eierverbrauch gesunken

Pro-Kopf-Verbrauch

227

227 224 225 227 **225 Eier pro Kopf**

219

220 215   '96 '97 '98

'95

215

'92 '93 '94

210

Quelle: ZMP

Abbildung 79 – Das Küken ist aus journalistischer Sicht verzichtbar. Das erstaunliche: Gelungen ist die Grafik trotzdem.

Logos, die das Thema der Grafik auf irgend eine Weise widerspiegeln, es symbolisieren, ohne den Sachverhalt an sich wiederzugeben. Das kann zum Beispiel ein Elefant sein, der ein Balkendiagramm zum Dickhäuter-Sterben auf dem schwarzen Kontinent schmückt. Das kann eine schwach gerasterte Rubel-Note sein, auf der die Fieberkurve zum jüngsten Kurseinbruch der russischen Währung liegt (vgl. Abbildung 80). Das kann ein Bild des Buckingham Palace sein, der dem Familienstammbaum der Windsors zur Seite gestellt ist. Das kann eine Schräg-Vorne-Ansicht des ICE sein, der die Karte der neueröffneten Teilstrecke illustriert, oder die Zeichnung eines trauten Seniorenpärchens auf der Parkbank, das die Grafik zum geplanten Neuaufbau des deutschen Rentensystems abrundet.

Die potentiellen Funktionen dieser informationsstützenden Elemente wurden bereits in Kapitel 2 angedeutet: Es sind grafische „Schlagzeilen", die das Thema einer Infografik piktographieren. Es sind Elemente, die ein Balkendiagramm nicht wie jedes andere aussehen lassen, sondern die Daten in inhaltlichen Bezug setzen, damit aber auch journalistisch agieren. Infografiker nutzen durch informationsstützende Elemente die Potentiale ihres Darstellungsmittels durchaus journalistisch.

Rein dekorative Elemente in Infografiken dagegen sind bloßes Ornat – Verläufe, Schmuckfarben, Rahmen und Schatten, deren Verbindung mit dem journalistischen Gehalt der Grafik insgesamt gleich null ist. Es sind Elemente, die die Grafik schlicht und einfach „hübscher" machen sollen, denen eine reine Schmuckfunktion zukommt.

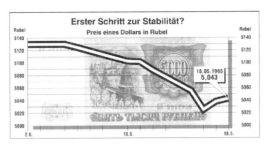

Abbildung 80 – Der Rubel, schwach gerastert im Hintergrund, illustriert das Thema der Grafik.

Zweifellos sind die Grenzen zwischen den einzelnen Elementen manchmal fließend, Abgrenzungen knifflig. Das zeigt sich schon an der nebenstehenden Grafik: Wenn die Flugroute einer Maschine der Bundeswehr-Bereitschaft kartographisch aufbereitet und mit dem simplen, kleinen Bild des relevanten Fliegers versehen wird, kann das Flugzeug-Bildchen genausogut als informationstragendes wie - stützendes Element durchgehen. In der Regel jedoch ist recht offensichtlich, welche Stoßrichtung eine Grafik nimmt. Und welche grafischen Teile welche Funktion einnehmen. Der Autor der nebenstehenden Grafik etwa, der seinerzeitige AFP INFOGRAFIK-Leiter Volkmar Meier, erläuterte Sinn und Zweck des Flieger-Bildes rechts oben ganz salopp dahingehend, es solle „eigentlich nur zeigen, da ist ein Flugzeug abgestürzt und kein Helikopter". In seinen Augen also war die Abbildung eindeutig ein informationsstützendes Element. Und damit nach Meinung Vieler unnütz, überflüssig, unter Umständen sogar für den journalistischen Wert der Grafik gefährlich.

Abbildung 81 – Das Flugzeug rechts oben dient in dieser Grafik als informationsstützendes Element – sagt der Autor selbst.

1.2 Die Sache mit der Schlichtheit

Im Urteil vieler Praktiker, vor allem aber der Theoretiker fällt „überflüssiges" Beiwerk in Grafiken in verläßlicher Regelmäßigkeit durch. „Optische Mätzchen" seien das, monieren dann pauschal die einen, vor einem „visuellen Overkill" und einer „Überfrachtung" warnen die nächsten, es seien „optische Gags", meinen wieder andere. Mancher sieht Grafiken gar an der gefahrvollen Schwelle zum Comic-Strip – und damit zur Lächerlichkeit.

Dennoch ist die Front der Kritiker bei näherer Betrachtung nicht geschlossen – und schon gar nicht differenziert in der Argumentation. Denn in der Regel wird nur ganz allgemein vor dem „Zuviel" in Infografiken gewarnt – unabhängig davon, ob es sich um ein aufschlußreiches Foto im Hintergrund handelt, das thematisch paßt, oder um einen völlig bedeutungslosen „metallischen" Rahmen, der die Grafik einschließt.

Ein „Zuviel" erblicken aber viele auch aus rein ideologischer Überzeugung. Sie lehnen ausgeschmückte Grafiken aus einem grundsätzlich puristischen Verständnis heraus ab – nach dem Motto: Verspieltes hat in der Berichterstattung nichts zu suchen. Diese Sichtweise freilich beansprucht eine Allgemeingültigkeit, die der Vielfalt der Presselandschaft nicht gerecht wird. In Wirtschaftsblättern wird es zweifellos ausreichen, die Börsenindizes Tag für Tag in schlichteste Säulendiagramme zu übersetzen: Die Leserschaft interessiert's, egal wie aufwendig die Grafik ausfällt. Die meisten Zeitungsleser und Zeitschriftenkäufer aber erwerben ihr Blatt nicht aus beruflichem Interesse, sie wollen interessiert werden für das Geschehen der Welt. Wenn also gewährleistet ist, daß die Information angemessen vermittelt wird – was spricht gegen Auflockerung, die auch fachlich Desinteressierte zum Betrachten und Lesen anregt?

Tuftes Daten-Tinte-Formel

In einer Hinsicht haben die Schnörkel-Kritiker zweifellos recht: Mit jedem Bißchen an überflüssigem grafischen Beiwerk in einer Infografik wächst – schon rein mathematisch – die Gefahr, daß das Wesentliche, die Information, optisch untergeht, daß grafisches Beiwerk den

Blick auf die eigentliche Information verstellen könnte. Der amerikanische Statistiker Edward Tufte hat aus dieser Überlegung heraus – und wahrscheinlich auch in Reaktion auf den von USA TODAY ausgelösten „Grafik-Boom" – sogar eine Formel entwickelt, mit deren Hilfe gute von schlechten Grafiken zu scheiden sein sollen: „Jedes bißchen Tinte braucht einen Grund", propagiert Tufte und empfiehlt, zur Berechnung der Qualität einer Grafik die Menge „notwendiger" Grafik-Tinte durch die tatsächliche Menge Druckflüssigkeit zu teilen, die für eine Grafik aufgewendet wurde. Steht am Ende dieser Kalkulation ein Wert nahe 1, gilt die Grafik im Tufte'schen Evaluationssystem als „gut". Was deutlich darunter liegt, verbannt Tufte rüde und nennt es „Chart-Junk": grafischen Abfall.

Treibt man allerdings Tuftes Thesen ins Extrem, enthalten sogar viele gänzlich schmucklose Schwarzweiß-Säulendiagramme reichlich überflüssige Druckflüssigkeit: Theoretisch würde es zur Aufbereitung von numerischen Daten vollkommen ausreichen, die Spitzen der Säulen durch Punkte zu ersetzen (vgl. Abbildung 82). Sämtliche Verbindungslinien zur Abszisse, der horizontale Säulenabschluß sowie eine eventuell schwarz eingefärbte Säulenfläche – all diese Elemente weihen das ganze Bild nach Tuftes Lehre potentiell der abson-

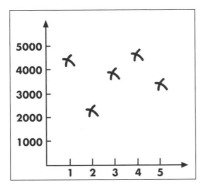

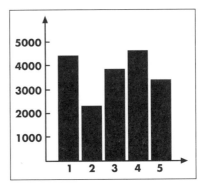

Abbildung 82 – Der Daten-Tinte-Wert dieser Grafik ist im Tufte'schen Sinne nahezu optimal. Besonders eingängig ist die Grafik deswegen aber noch lange nicht.

Abbildung 83 – Der Daten-Tinte-Wert liegt hier deutlich höher. „Chart-junk" ist es deshalb aber nicht: Die Grafik ist übersichtlicher als Abbildung 82.

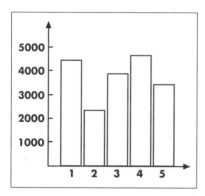

Abbildung 84 – Ein Kompromiß: Der Daten-Tinte-Wert ist in diesem Beispiel wieder reduziert, die Grafik bleibt aber insgesamt immer noch recht gut lesbar.

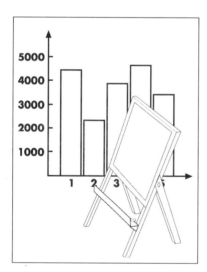

Abbildung 85 – Der Daten-Tinte-Wert bleibt niedrig und liegt sicherlich unter dem von Abbildung 83. Trotzdem ist das Werk mißlungen: Es hapert an der Bildkomposition.

derlichen „chart junk"-Kategorie (vgl. Abbildung 83). Ein Diagramm aus fünf pechschwarzen Säulen verschlingt möglicherweise viel Tinte, ohne an informativer Klarheit einzubüßen, wäre aber nach Tuftes Theorie nichts wert; eine schlichte Karte aus wenigen Strichen dagegegen ist drucktechnisch genügsam, wirkt aber unter Umständen unübersichtlich, weil eine feine, aber journalistisch nichtssagende Zeichnung die Konturen überlagert.

Micky-Maus-Niveau?

Es steht also eine prinzipielle Frage im Raum: Sind „volle", ausdifferenzierte Grafiken per se unseriös, degradieren sie gar die Information aufs Micky-Maus-Niveau?

Gegner der Hardliner vom Schlage Tuftes weisen darauf hin, daß es weniger auf die Tintenmenge ankommt. Entscheidend dafür, ob eine Grafik journalistisch „funktioniere", sei nicht die Masse informationsnotweniger Tinte, sondern die Bildkomposition insgesamt. Wichtig sei vor allem die Art und Weise, in der die informationstragenden Elemente ausgestaltet seien, sowie ihre bildkompositorische Dominanz.

Eine US-amerikanische Studie erbrachte 1987 sogar ein gänzlich gegenteiliges und sehr überraschendes Resultat: „Volle", detailreiche Bilder nämlich werden nach dieser Untersuchung von vielen Betrachtern besser verstanden, länger erinnert und meist auch als attraktiver empfunden, als es selbst die Hersteller der Bilder vermuteten.

Tatsächlich muß nicht alles, was journalistisch verzichtbar ist, gleich primitive Girlande sein. Das gilt übrigens für die Grafik genauso wie für die hehre Schriftkunst: Manch hochgelobte Reportage beginnt mit salbungsvollen Worten des Gehaltes „Ein Gewitter kündigte sich an", und niemand nimmt Anstoß daran, daß es im folgenden eigentlich um den Alltag eines Gerichtsvollziehers geht – nein, der Autor wird gelobt für den „angefietscherten" Einstieg, dafür, daß er Lesenden den Einstieg in den Text vereinfacht, ihn geradezu versüßt habe. Recht mißlungen freilich wäre ein Einstieg dieser Qualität dagegen in einer knappen, nüchternen Nachricht – was nur verdeutlicht: Die Breite textlicher Darstellungsformen reicht weit – von der seriösen Meldung des Generalanzeigers bis zur feilletonistischen Edelfeder im Intellektuellen-Wochenblatt. Warum Infografiken angesichts dieser textlichen Vielfalt einzig und universell zum drögen Vermeldungsstil verdonnert werden sollen, ist nicht einzusehen.

Man mag es beklagen, aber nicht alles gedruckte Informative wird verschlungen. Die überregionale Qualitätspresse und ihre lesebeflissene Käuferschar einmal ausgenommen, gilt: Am Kiosk gibt es immer mehr Lesestoff, doch die Bereitschaft, zu lesen, wächst nicht im selben Maße.

Im Gegenteil. Immer mehr Käufer und Abonnenten, die grundsätzlich lesebereiten der Fach- und Qualitätspresse einmal ausgenommen, *lesen* ihre Zeitung oder ihre Zeitschrift nicht mehr, sie *scannen* sie. Oberflächlich wird Seite für Seite abgetastet, bemerkt wird die saftige Überschrift, das markante Bild, die knappe Meldung: Da bleibt der Blick hängen, und dort wird vielleicht auch weitergelesen. Um keine Mißverständnisse aufkommen zu lassen: Dies ist keine Klage über die lesefaule Rezipientenschaft. Was bleibt den Leserinnen und Lesern anderes übrig, als über die Seiten zu gleiten: Konfrontiert mit Umfängen, die mittlerweile in die dutzende, bei Zeitschriften gern in die hunderte Seiten gehen, bleibt kaum noch Zeit für die kon-

zentrierte und komplette Lektüre. Das Lese-Zeitbudget der Bundes-
bürger ist laut Umfragen seit Jahrzehnten kontinuierlich gesunken.
Die Zahl der Seiten in der deutschen Presselandschaft aber hat sich
potenziert.

Man mag es beklagen, aber moderne Berichterstatter müssen in der
Regel um die Aufmerksamkeit des Publikums buhlen. Und sie tun es:
Texter über interessante Einstiege und knackige Schlagzeilen, Fotografen mittels ungewöhnlicher Perspektiven. Grafiker tun es mit grafischen Mitteln.

Die beiden Stufen der Bildbetrachtung

Sie orientieren sich dabei an der Art und Weise, wie Menschen Bilder
im allgemeinen wahrnehmen. Die pädagogische Psychologie geht davon aus, daß „normale" Betrachter Bilder in zwei aufeinanderfolgen-
den Phasen beurteilen: der prä-attentiven und der attentiven.

Im prä-attentiven Prozeß mustern Betrachter ein Bild als Ganzes,
oberflächlich, sie schätzen ab: Lohnt es, sich näher damit zu befassen?
Es ist also der erste Eindruck, das Bildgesamt, das Betrachter meistens
dazu bewegt, den – journalistisch bedeutsamen – attentiven Prozeß
einzuleiten und sich mit dem Inhalt des Bildes intensiver auseinanderzusetzen.

1.3 Der Weg zum klaren Bild

Fazit – im Ziel, davon ist auszugehen, sind sich fast alle einig: Es soll
ein journalistisch nachvollziehbares, inhaltlich klar strukturiertes Bild
am Ende stehen. Die Bedeutungshierarchien in Infografiken sollen
optisch gewahrt und voneinander abgrenzbar bleiben: Die informationstragenden, journalistischen Elemente müssen also auf den ersten
Blick identifizierbar und separierbar von den ergänzenden, von den
informationsstützenden und rein dekorativen Elementen sein. Dies
ist zweifellos realisiert, wenn nach dem Tufte'schen Prinzip einfach
auf sämtliches Beiwerk verzichtet wird. Es geht aber auch anders.

Denn auch ein ausgefeilteres, facettenreicheres Bild kann klar und
verständlich sein. Solange die Hierarchie der Bedeutungselemente
gewahrt ist, können noch so bunte, illustrative Elemente zwar geschmäcklerisch, aber nicht journalistisch beanstandet werden. Und
das Ziel, ein klares Bild nämlich, ist meistens schon erreicht, wenn die
folgenden wenigen Basisregeln beachtet werden.

2. Kompositionsregeln

Infografiken sind, das wurde bereits festgehalten, visuelle Kollagen.
Sie „sprechen" durch die planvolle Zusammenstellung von zeichnerischen, fotografischen und / oder typografischen Einzelteilen. Die infografische „Grammatik" macht sich deswegen weniger fest an der
isolierten Ausgestaltung einzelner Versatzstücke – sie basiert vor allem auf Grundregeln der Komposition dieser Einzelteile.
Von entscheidender Bedeutung sind in der Infografik fünf Gestal-
tungsgesetze, von denen jedes einzelne zweifellos in Einzelfällen immer wieder mal wiederlegbar sein wird – als Richtlinien allerdings,
zur Vergewisserung und Überprüfung, haben sie sich sehr bewährt.
Es sind:
• das Gesetz der Konvention
• das Gesetz der Richtung
• das Gesetz der Nähe
• das Gesetz der Einheitlichkeit
• das Gesetz der Dimension
Schließlich gibt es noch zwei ausgesprochen „klassische" Gestaltungselemente, die, allen stilistischen Wandlungen zum Trotz, bis
heute immer wieder ihre zeitlose Wirksamkeit unter Beweis stellen –
zwei Gestaltungselemente, die die fünf obengenannten Gesetze wirksam ergänzen als grafische Hilfsinstrumente, die bildliche Klarheit
und inhaltliche Zuordnung gewährleisten: der Pfeil und die Trenn-Li-
nie.

2.1 Das Gesetz der Konvention

Es ist dies wohl eines der wichtigsten Gesetze der infografischen Gestaltung.
Nicht umsonst genießen Grafiker in Zeitungsredaktion oft den zweifelhaften, wenn auch liebevoll gemeinten Kosenamen „Künstler": Sie kreieren tagtäglich – mehr oder minder – harmonische Bilder, arbeiten mit Farbe, sie komponieren abstrakte visuelle Figuren zum aussagefähigen Ganzen, und die Blatt-Ästhetik allgemein ist ein Teil ihres täglichen Brots.
Zuviel „Künstler" im Infografiker aber schadet eher im redaktionellen Alltag. Denn das klassisch künstlerische Streben nach Neuem, Ungewohntem, Überraschendem ist weitgehend fehl am Platze, wenn es darum geht, journalistische Information grafisch umzusetzen. Hier ist nicht Abweichung von der Regel gefordert, sondern Klarheit, journalistische Prägnanz: Die Information muß nicht in erster Linie ansehnlich, sondern möglichst rasch rüberkommen – und das ist ein entscheidendes Argument dafür, daß Experimentierfreude in Grafiken, zumindest in bezug auf die informationstragenden Elemente, nicht zu weit getrieben werden sollte.
Die Faustregel des Infografikers lautet daher: Bahn frei dem Altbekannten, der Konvention! Da mag noch so viel Kollegenlob locken, aber ein Balkendiagramm, in dem die Balken nicht links- oder rechts-

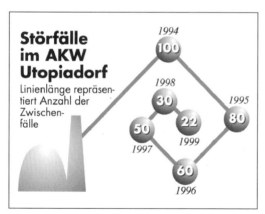

Abbildung 86 – Unkonventionell: Daten werden durch die Längen der Einzel-Linien repräsentiert. Das ist zwar Basisprinzip jedes Balkendiagramms, die gewinkelte Reihung erfordert aber ein Hineindenken ins Gestaltungsprinzip, das besser auf die Inhalte verwendet werden sollte.

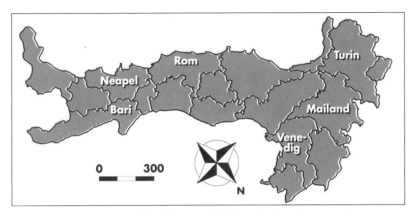

*Abbildung 87 – Die Stiefel-Silhouette Italiens ist durchaus markant; trotz-
dem dauert es eine Weile, bis der charakteristische Umriß identifiziert ist.
Grund: Die Karte ist nicht eingenordet, sondern „gedreht".*

bündig komponiert, sondern auf Mittelachse zentriert sind, ist für flüchtige Betrachter wohl kaum noch als Diagramm identifizierbar – es verwirrt, abgesehen davon, daß der Datenvergleich in dieser Anordnung weit schwieriger ist als in der klassischen Gestalt. Genausowenig spricht dafür, um des Kreativen willen Karten „einzuwesten" statt einzunorden, Ozeane grün statt blau zu färben, Kreisdiagramme in Herzform aufzubieten, Stammbäume von rechts nach links verlaufen zu lassen oder Kaltfronten dunkelrot zu tönen. Nicht auf die tägliche Neuerfindung des Rads kommt es an, sondern darauf, neuartige Inhalte in einem Gewand zu präsen-

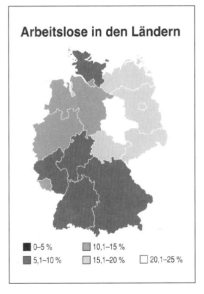

Abbildung 88 – Gegen die Konvention: Hohe Werte sind in diesem Kartogramm mit hellen Farben belegt, niedrige mit dunklen.

tieren, das die Entschlüsselung so unkompliziert wie möglich macht. Jede infografische Thematik kennt einige solcher Standardregeln; sie werden im dritten Teil dieses Buches thematisch sortiert vorgestellt. Die bloße Existenz dieser Standards aber impliziert keineswegs, daß das informierende Korsett jegliche Kreativität abklemmen muß: Die eigentliche Kunst des Infografikers besteht eher darin, aus dem Bekannten Neues zu entwickeln, in die konventionalisierte Form der Informationsübermittlung attraktive Ideen zu integrieren, ohne die Form an sich zu zerstören. Infografiken sind keine Kunstwerke – Raum für Kreativität bieten sie aber allemal.

Das Gesetz der Konvention kennt allerdings auch noch eine zweite Dimension. Es muß nämlich nicht immer der Reiz des ästhetisch Neuen sein, der Infografiker zum Einsatz ungewohnter Gestaltungstechniken bewegt. Gelegentlich bietet auch die hehre Wissenschaft durchaus sinnvolle Umsetzungstechniken an, die möglicherweise einem Sachverhalt angemessener sind als die herkömmliche Aufbereitungsmethode.

2.2 Das Gesetz der Richtung

Wir sind gewohnt, von links nach rechts zu lesen. Diese Richtung gilt aber nicht nur für das geschriebene Wort. Sie ist auch – zumindest in unserem, dem europäisch-angelsächsischen Kulturraum – anwendbar auf die Bildgestaltung.

Abbildung 89 – Eine Frage der Kultur: Im arabischen Raum wird genau entgegen unserer europäisch-angelsächsischen Richtung gelesen.

Abbildung 90 – Für jede der fünf Parteien ist links das aktuelle und rechts das vorausgegangene Wahlergebnis dokumentiert. Gewinne erscheinen so auf den ersten Blick als Rückgang.

Dasselbe gilt für die Oben-Unten-Ausrichtung – daß Elemente an oberen Bildrändern tendenziell „fallen", optisch nach unten tendieren, daß dagegen am unteren Bildrand plazierte Elemente als visuell „ruhend" erscheinen, dürfte wohl auf alltägliche naturgesetzliche Beobachtungen der Schwerkräfte zurückzuführen sein.

Es ist offenbar wirklich gleichgültig, an welchem Flecken Europas oder des amerikanischen Kontinents man forscht: Eine Linie von links unten nach rechts oben wird in der Regel als „aufsteigend" begriffen, ein Pfeil in der entgegengesetzten Richtung als „absteigende Tendenz". Dieses „Links-Rechts-Prinzip" zieht sich durch die Werke der großen Meister der Renaissance-Malerei genauso wie durch Logos moderner Profi-Designer (ein zeitloses Meisterwerk ist in dieser Hinsicht übrigens das Logo der Deutschen Bank, vgl Abbildung 91). Es ist dies ein Prinzip, dem sich auch Infografiker beugen sollten. Es ist unbestritten, daß geschickte Bildgestaltung Blickrichtungen manipulieren, lenken kann, daß großflächige Objekte Aufmerksamkeit erzeugen und die Betrachtungsabfolge auf sich ziehen. Doch wer die klassische Blickrichtung mißachtet, läuft schneller Gefahr, Mißverständnisse zu erzeugen. Das gilt vor allem für Grafiken, in denen zeitliche Ausdehnungen beschrieben werden. Abbildung 90 zeigt dies: Das frühere Wahlergebnis der Parteien wird zuerst wahrgenommen, der Stimmenverlust der CDU, in konventioneller Links-Rechts-Richtung gelesen, erscheint zunächst als Zuwachs.

Abbildung 91 – Zeitlos gelungen: das Logo der Deutschen Bank.

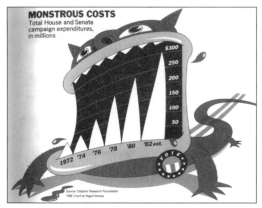

Abbildung 92 – Eine überaus gelungene Zeichnung; doch Daten und Illustration weisen hier überhaupt keine Distanz zueinander auf. Das Gesetz der Nähe greift hier im negativen Sinne: Informationstragende und informationsstützende Elemente sind nicht klar voneinander separiert.

2.3 Das Gesetz der Nähe

Was nah beieinander steht im Bild, vielleicht gar ineinander fließt, wird als zusammengehörig empfunden. Der Umkehrschluß ist einleuchtend: Je weiter entfernt Elemente einer Infografik voneinander plaziert sind, je mehr Raum, „Luft", zwischen ihnen liegt, desto weniger nahe liegt die Vermutung, sie seien als Einheit zu betrachten. Die Beschriftung jedes einzelnen Balkens im Diagramm sollte also möglichst in unmittelbarer Nachbarschaft des Datenträgers angebracht werden – wenn möglich, sogar darin.

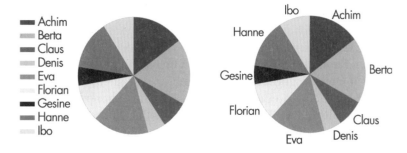

Abbildung 93 und 94 – In der linken Abbildung stört die fehlende Nähe: Im rechten Bild dagegen sind die Erläuterungen unmittelbar zugeordnet.

Das Gesetz der Nähe ist damit vor allem ein ernstzunehmendes Argument gegen ausgegliederte Legenden in Infografiken – gegen separierte Erläuterungs-Sektionen, in denen Farben, Symbole oder andere grafische Varianten wie Strichstärken verbal mit einer Bedeutung versehen werden. Trennt man Symbol-Erklärung und eigentliche Informationsträger, entsteht Distanz – Lesende sind zum visuellen „Springen" genötigt, was nicht nur mühsam ist, sondern auch die Bereitschaft zum Betrachten vergällen kann.

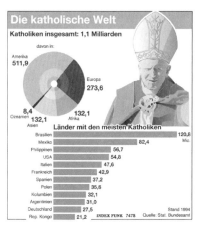

Abbildung 95 – Die informationstragenden und die illustrativen Elemente sind in diesem Bild räumlich klar voneinander abgetrennt.

2.4 Das Gesetz der Einheitlichkeit

Als zusammengehörend wird empfunden, was gleiche Charakteristika aufweist: dieselbe Strichstärke, denselben Farbton, dieselbe Farbintensität, dieselbe Typografie.

Leider scheren sich vor allem viele Chart-Programme wenig um dieses Prinzip: Da werden die Einzelsegmente von Säulen-, Balken- und Kreisdiagrammen in den schillerndsten Regenbogen-Farben und Mustervariationen ausgegeben. Es werden Einzel-Segmente, die zum selben Ganzen oder in eine stringente Zeitreihe gehören, wahllos in Grün, Gelb, Rot, Blau, Violett und Orange oder pittoresken Mustern ausgespuckt. Dabei unterteilt ein Tortendiagramm beispielsweise eine Einheit nur in Bestandteile, die aber immer noch miteinander korrespondieren. Folgerichtig ist es daher meistens, die einzelnen Teilsegmente nur durch Linien zu trennen, nicht aber durch farbliche

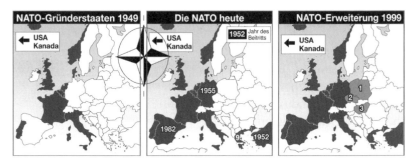

Abbildung 96 – Klare Abgrenzungen durch einheitliche Farbgebung.

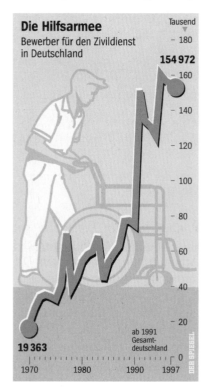

Abbildung 97 – Durch kontrastive Aufrasterung entsteht ein klares Bild, obwohl Linie und Skizze einander überlagern.

oder Muster-Abgrenzung. Wenn überhaupt, wäre inhaltlich noch vertretbar, die einzelnen Segmente eines Kreises in unterschiedlichen Rasterungen desselben Farbtons darzustellen – so sind Herausstellungen möglich, ohne die Einheitlichkeit insgesamt zu gefährden.

Das Gesetz des Kontrasts, als kongenialer Gegenpart zum Gesetz der Einheitlichkeit, erschließt sich leicht: Elemente zu trennen, Land von Wasser kartographisch abzugrenzen beispielsweise, gelingt vor allem, indem ihnen stark variierende Attribute zugewiesen werden – seien es divergierende Schriftgrößen und -arten, Strichstärken und Einfärbungen. Dieses Prinzip ist, wie Abbildung 97 verdeutlicht, auch auf die kontrastive Abgrenzung von informationstragenden und ergänzenden Elementen anwendbar.

2.5 Das Gesetz der Dimension

Größenverhältnisse, Proportionen unterschiedlicher Elemente innerhalb eines Bildes verdeutlichen, auf welchen Elementen die Schwerpunkte liegen und welche von untergeordneter Bedeutung sind. Zur Herausarbeitung inhaltlicher Hierarchien in Infografiken ist dieses Gesetz besonders nützlich: Informationstragende und begleitende Elemente innerhalb der Grafik sind in ihren Dimensionen so abzustimmen, daß der Vorrang der Nachricht deutlich wird.

Ein grobes, aber recht erprobtes

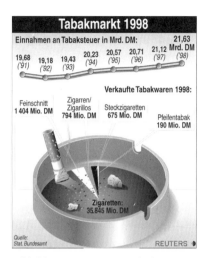

Abbildung 98 – Verschobene Dimensionen: Das Tortendiagramm geht in der flächenmäßigen Dominanz des Aschenbechers fast unter.

Abbildung 99 – Faustregel: Informationstragende Elemente nehmen etwa zwei Drittel der Grafik ein, ergänzende ungefähr ein Drittel.

Prinzip aus der Fotografie hat sich auch für die infografische Arbeit als tauglich erwiesen: Die informationstragenden Elemente in ihrer Gesamtheit sollten etwa zwei Drittel des Bild-Raums einnehmen. Das übrige Drittel kann, wenn gewünscht, auf informationsstützende und rein dekorative Elemente verwandt werden.

2.6 Ein Klassiker: der Pfeil

Egal in welchem gestalterischen Gewand er daherkommt: Der Pfeil ist in seiner Aussagekraft nahezu unschlagbar. Er wird heute in fast allen Kulturen verstanden, und vor allem für infografische Zwecke ist er multifunktionell.

Pfeile stellen inhaltliche Bezüge her, wenn sie zeichnerisches Objekt und erläuternden Text verknüpfen. Pfeile dienen der Hervorhebung, indem sie durch ihre ureigene optische Wirkung den Blick der Betrachter auf Details eines Bildes lenken. Pfeile vermitteln Richtung, indem sie Teilen einer Infografik eine Dynamik verleihen, die dem starren Pressedruck eigentlich fremd ist – bewegliche Flüchtlingsströme können so auch im unbeweglichen Medium Presse in Gang kommen. Pfeile können schließlich die Abfolge steuern, in der die Grafik „gelesen" und betrachtet wird. Sie leiten über vom einen zum nächsten Element, vom ersten zum zweiten und weiteren Bild.

Pfeile können sogar quantitative Daten repräsentieren: durch die Dicke der Linien, aus denen sie kreiert sind, durch die Bildfläche, die sie insgesamt belegen. Ein Beispiel: Ein Land befindet sich mitten im Bürgerkrieg, die Nachbarländer sehen sich konfrontiert mit Flüchtlingsströmen. Nicht nur die Marschrichtung dieser Ströme ist mit Hilfe von Pfeilen darstellbar, sondern auch ihr Ausmaß: Retten sich etwa 25.000 Fliehende ins westliche, 50.000 ins östliche Nachbarland, so kann diese Diskrepanz auf einer Karte durch einen dezenteren Pfeil Richtung Westen und einen im Umfang doppelt so großen Pfeil gen Osten infografisch umgesetzt werden. Auch Abbildung 100 verwendet Pfeile als Richtungszeiger wie Datenträger.

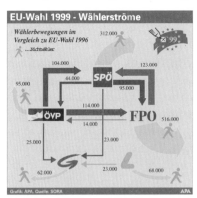

Abbildung 100 – Der Pfeil als multifunktionales Instrument: Hier stellt er Wählerwanderungen in Richtung und Quantität gleichzeitig dar.

2.7 Als ordnende Kraft: Die Linie

⁻h wie vor geht, sollen Elemente grafisch separiert werden, nichts
⁻ᵉ gerade, saubere Linie als Trennelement. Linien wirken, wenn
⁻ᵘ zu wuchtig ausfallen, dezent und doch ausgesprochen or-
ganisierend in der Infografik.
Wie „schlank" Linien in Infografiken höchstens ausfallen sollten,
hängt zum einen stark von ihrer
Farbgebung ab (in hellen Bereichen sollten sie grundsätzlich etwas stärker ausfallen) und vor
allem von der Druckqualität allgemein und der Qualität des Be-
druckstoffs. Gerade auf grobem
Zeitungspapier sollten Linien
nicht dünner als 0,3 Punkt definiert werden; doch auch auf bes-
serem Material sollte es nicht
deutlich unter 0,15 Punkt gehen.

Abbildung 101 – Diese Linienstär-
ken sind auf so gut wie allen Papier-
sorten sichtbar. Dünnere Aus-
führungen erfordern meist einen
besseren Bedruckstoff.

3. Stilvarianten

Vertreter der reinen Linie mögen bitte weiterblättern – im folgenden
geht es nämlich um stilistische Varianten, die sich anbieten, wenn
man sich entschieden hat für das Prinzip der illustrierten Infografik,
für informationsstützende und dekorative Elemente. Denn die Entscheidung für die illustrierte Infografik bedingt zwangsläufig die Entscheidung darüber, in welcher Form zu illustrieren ist, und die Palette der Varianten ist reich. Die folgende Auflistung versteht sich als
neutrale Präsentation, auch wenn Wertungen vorgenommen werden.

Eine interessante Palette von Darstellungsstilen und -varianten präsentiert im übrigen jährlich die „Society of Newspaper Design" in
New York (inzwischen gibt es auch eine europäische Sektion). Die
snd-Mitglieder erhalten alle zwölf Monate ein „Review", in dem gelungene Beispiele von Zeitungsgestaltung und Infografik in inspirierender Anzahl und Qualität gebunden zusammengefaßt sind. (Im Internet zu besuchen unter http://www.snd.org).

Das Themenfoto-Prinzip

Gerade in der überregionalen, mithin selbsternannt „seriösen" Presse
erfreut sich das Themenfoto-Prinzip anhaltend großer Beliebtheit.
Das Verfahren ist recht simpel und erfordert im Vergleich zu anderen
Schmuckverfahren zudem einen recht geringen Zeitaufwand: Hinter
die informationstragenden Elemente der Grafik – statistische Säulen,
Tabellen, Grenzumrisse – wird ein schwach gerastertes beziehungsweise stark aufgehelltes Foto gelegt, das das Thema der Grafik insgesamt widerspiegelt. Solche Grafiken strahlen im allgemeinen eine
nachrichtliche, seriöse Atmosphäre aus, nicht zuletzt, weil Fotos allgemein eine Aura des Vor-Ort-Berichts zu schaffen imstande sind, eine Ahnung von Augenzeugen-Charakter der Berichterstattung insgesamt. Nicht zuletzt zählt das Foto eben zu den klassischen Doku-
mentationsmitteln der Presse, erhält der Grafik und damit dem Blatt
insgesamt also eine eher traditi-
onsverpflichtete, journalistisch
konservativere Anmutung.

Einen kleinen Schritt in die pro-
gressive Richtung verheißt die
Verwendung freigestellter Fotos
in der Grafik. Der klassisch dokumentarische Charakter der
Grafik bleibt insgesamt erhalten,
das Foto wird jedoch einschnei-
dender und für den Rezipienten
sichtbarer „nachbehandelt", so,
wie es moderne Magazine (und
zunehmend auch Tageszeitungen) praktizieren.

*Abbildung 102 – Das Themenfoto-
Prinzip: Eine inhaltlich illustrieren-
de Fotografie stützt die grafische
Aufbereitung.*

Fotos als informationsstützende Elemente in Infografiken sollten allerdings mit Bedacht eingesetzt werden. Denn das Schwert des Gesetzes kann leicht fallen im Angesicht dieser Darstellungsvariante. Illustrative Fotos in Infografiken werden meist in ihrer symbolbildlichen Funktion verwendet, ohne in unmittelbarem inhaltlichen Zusammenhang zum Thema zu stehen: Der Anstieg der Krankenkassen-Gebühr beispielsweise wird gerne von einer ganz normalen Praxis-Szene begleitet, die zwar das Thema anschaulich spiegelt, aber eben nicht aussagen soll: Dieser Arzt beklagt sich über die neuen Abrechnungsverordnungen.

Abbildung 103 – Ein weiteres Beispiel für das Themenfoto-Prinzip.

Genau dies aber suggeriert die Grafik, meinen gerade viele der Abgelichteten. Das Foto, argumentieren sie, sei in die Grafiken integriert, ohne daß es genau zu diesem Anlaß geknipst worden wäre. Es ist vorgekommen, daß die abgebildeten Personen auch vor Gericht ihre Persönlichkeitsrechte geltend gemacht haben, weil sie ihre Abbildung im Kontext der Grafik für unangemessen oder verfälschend hielten.

Das fotorealistische Prinzip

Einen kleinen, aber wichtigen Schritt weg vom klassischen Prinzip des Themenfotos tun Infografiker, die ihre Werke nach fotorealistischem Prinzip schmücken. Die informationsstützenden Elemente in diesen Grafiken sind, das ist deutlich sichtbar, zeichnerisch erstellt, vermitteln meistens auch in der Farbgebung eine eher „künstliche", eben nach gestalterischen Überlegungen gewählte Anmutung, wirken aber in ihrer Flächengebung insgesamt immer noch sehr fotoähnlich. Diese Nähe zur Fotografie ist natürlich kein Zufall: Nur begnadete Künstler dürften Zeichnungen wie die in Abbildung 104

Brandschützer ohne Nachwuchs

Grafik: ML

Azubis bei der Feuerwehr Musterdorf

85
62
53
48
41
33
30
26

92 93 94 95 96 97 98 99

Abbildung 104 – Zeichnerisch erstellt, aber in der Flächengebung dem Foto verwandt: das fotorealistische Prinzip.

„freihändig" aus dem Gelenk schütteln – Grundlage fotorealistischer Grafiken ist meist eine Fotografie, die eingescannt, mit Hilfe von Vektorisierungsprogrammen nachgezeichnet und individuell koloriert wird.

Das fotorealistische Prinzip ist international das bestimmende. Dafür dürfte es diverse Gründe geben: Zum einen verleiht es Grafiken ganz ohne Zweifel ein sehr „künstlerisches" Ambiente – die Zeichnung wirkt, wenn sie gut reproduziert ist, leger, elegant, mit gekonntem Strich erstellt und doch ausgearbeitet. Gleichzeitig verleihen fotorealistische Zeichnungen der Grafik eine Eigenständigkeit als Darstellungsmittel – hier wird nicht mit plumpen Fotos gearbeitet, die andere geschossen haben, auch nicht ausschließlich mit Text, nein, ein eigenständiges, zeichnerisches Prinzip liegt dem Werk insgesamt zugrunde. Ein dritter Grund ist sicherlich die Zeitökonomie: Zwar verschlingt die Erstellung fotorealistischen Schmucks mehr Aufwand als die schlichte Hinterlegung eines Fotos, ist aber in der Regel immer noch weitaus rationeller als die vorlagenfreie Kreation eigener Zeichnungen.

Schließlich ein letztes Argument für die fotorealistische Infografik: Die Nachzeichnung von Fotovorlagen erfolgt in der Regel mit Hilfe von digitalen Vektori-

Rauschgiftbilanz 1997

Die Zahl der Drogentoten ist 1997 um 12 % auf 1 501 gesunken, die der Erstkonsumenten harter Drogen stieg um fast 20 %.

Erstkonsumenten (gesamt)	1997	20 594
	1996	17 197
davon: Heroin	8 771	
	7 421	
Amphetamine	5 535	
	4 026	
Kokain	5 144	
	3 930	
Ecstasy	3 799	
	3 609	
LSD	1 356	
	1 191	
REUTERS		Quelle: BMI

Abbildung 105 – Ein weiteres Beispiel für das fotorealistische Prinzip.

sierungsprogrammen, vor allem *Macromedia FreeHand* und *Adobe Illustrator*; die Bilder, die am Ende stehen, weisen in der Regel eine Größe von höchstens 100 Kilobyte auf, was ihre Online-Verschickung über das Festnetz oder über Funk einfach und günstig geraten läßt; der gezeichnete Ball in Abbildung 106 nimmt im *Free-Hand*-Format in doppelter Größe 18,2 Kilobyte in Anspruch, im EPS-Format, also auch drucktechnisch verwertbaren Modus, gerade einmal 28,3 Kilobyte. Zum Vergleich: Die ordentlich (auf 240 Pixel pro Inch) gerasterte, originalgetreu umgesetzte Pixel-Datei desselben Bildes in derselben Größe verschlingt im TIFF-Format mehr als das Dreißigfache an Speicherplatz, nämlich 905,3 Kilobyte. Wer also extern zuliefert, und

Abbildung 106 – Als Pixel-Datei verschlingt dieser Ball das dreißigfache an Speicherkapazität im Vergleich zur vektorisierten Datei.

das tun die marktbeherrschenden überregionalen Agenturen fast ausschließlich, ist gut beraten, seine zu versendenden Datenmengen im Zaum zu halten – und fotorealistisch zu arbeiten.

Auch fotorealistische Umsetzungen bergen allerdings ihre judikativen Klippen. Denn wer fotografische Vorlagen nachzeichnet, schafft damit zwar durchaus ein eigenständiges „Werk", genauer gesagt eine Bearbeitung, die für sich wieder urheberrechtlich geschützt ist. Dieser „Werkcharakter" allerdings hat nichts zu tun mit dem Urheberrecht dessen, der das Foto einst knipste. Falls das nicht ausdrücklich anders geregelt ist, genießt nämlich der Fotograf der Fotovorlage Urheberschutz für seine Ablichtung. Und die Vorlage erschließt sich aus fotorealistischen Grafiken oft sehr deutlich; die Verfremdung geht in der Regel nicht weit genug, als daß nicht mehr nachzuvollziehen wäre, welches Bild bei der Nachbereitung Pate stand.

Wer sich selbst und seinem Auftraggeber also juristische Schwierigkeiten vom Hals halten möchte, verwende nur copyright-freie fotografische Vorlagen.

Brandschutz fehlt es am Nachwuchs

Azubis bei Feuerwehr Musterdorf

Zeichnung: Andi: Wolff · Grafik: ML

85 62 53 48 41 33 30 26

92 93 94 95 96 97 98 99

Abbildung 107 – Clip-Art-Prinzip: Eine gelungene Karikatur wie in dieser Abbildung wertet die Grafik erheblich auf.

Umsatz-Renner
Die größten Sportartikel-Hersteller
Umsatz 1996* in Milliarden Mark

NIKE USA — 15,6

adidas SALOMON Deutschland/Frankreich — 6,0

Reebok USA — 5,2

Mizuno Japan — 2,5

FILA Italien — 2,0

asics Japan — 1,9

* bzw. Geschäftsjahr 1996/97

Abbildung 108 – Gleich zwei Sorten Clip-Arts schmücken diese SPIEGEL-Grafik: die gezeichneten Schuhe und die Firmenlogos.

Das Clip-Art-Prinzip

Der Begriff mag irreführend sein: Spätestens seit der Inflation des World Wide Web ist in bezug auf mancherlei Visuelles vom „Clip-Art" die Rede. Es gilt daher nur für dieses Buch die Definition, daß Clip-Arts symbolhafte bildliche Elemente sind, die zwar auf realistischen Vorlagen beruhen können, aber einen eigenständigen „Strich", einen ausdrücklichen Stil ihres Urhebers ausweisen.

Nur relativ wenige Infografiken schmücken sich mit solchen Clip-Arts, mit cartoonähnlichen Zeichnungen also, Karikaturen, mit im besten Sinne „selbstgemachten" Illustrationen.

Das ist, angesichts der chronischen Zeitnot des Redaktionsalltags, nur allzu verständlich – weniger bedauerlich ist es deswegen noch lange nicht. Denn mehr als alle anderen Varianten sind selbsterstellte Clip-Arts Ausdruck eines eigenen grafischen Stils, und deswegen auch hervorragend einsetzbar zur Kreation eines hauseigenen, unverwechselbaren grafischen Prinzips. Sogar ein Schuß wertfreien, nichtkommentierenden Humors können Clip-Arts einer Infografik verleihen, wie Abbildung 108 verdeutlicht.

Die zeichnerische Begabung muß natürlich vorhanden sein. Tut man sich dagegen schwer mit der Skizze, versprechen leider auch die Clip-Art-Sammlungen gängiger Software-Programme wie *CorelDraw!* oder *Macromedia FreeHand* wenig Abhilfe, auf die Infografiker zwar meist schamhaft, aber immer noch oft zurückgreifen. Wenig geeignet sind diese Kollektionen meist aus zwei Gründen: Zum einen zeichnen sich auch die Angebote der Bereitsteller durch eine ziemlich offensichtliche Heterogenität im Stil aus, zum anderen raubt ihre Verwendung einer Grafik einen guten Teil ihrer Eigenständigkeit und Individualität: Schließlich ist man nicht im Alleinbesitz der Clip-Art-Kollektion.

Ein kniffliger Fall: Das Chartoon-Prinzip

Es wurde bereits angesprochen: Die Grenze zwischen informationstragenden und informationsstützenden grafischen Elementen ist fließend. Manchmal aber ist gar keine Grenze mehr auszumachen: wenn beides vollständig oder auch nur teilweise zur Einheit verschmilzt. Wenn sich also Chart und Cartoon zu jenem verbinden, was die Amerikaner „Chartoon" nennen.

Da wird das neue Autobahn-Teilstück auf der Karte zur Kolonne stilisierter Kraftfahrzeuge, die Balken im Bierverbrauchs-Diagramm geraten zu Maßkrügen, die Fieberkurve zur Einsatzhäufigkeit der Freiwilligen Feuerwehr ist identisch mit dem Verlauf eines skizzierten Löschschlauches.

Eng mit dem Chartoon-Begriff steht ein Name in Verbindung: Nigel

Abbildung 109 – Chartoons vereinen Daten und Illustration, entweder gänzlich oder, wie hier, teilweise. Das Gesetz der Nähe spricht eigentlich gegen diese Technik – bei geschickter Bildkomposition jedoch können Chartoons nicht nur akzeptabel sein, sondern sehr ansprechend ausfallen.

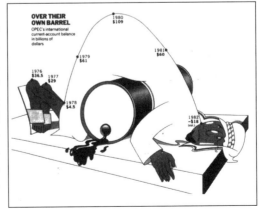

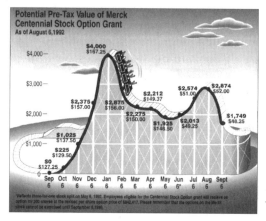

Abbildung 110 – Ein Chartoon, in dem das Gesetz der Dimension nicht optimal berücksichtigt ist: Das Achterbahn-Gerüst überlagert allein größenmäßig potentiell den Informationsträger, die Linie.

Holmes. Der britische Infografiker trieb das Prinzip mit oft gekonntem Strich in den siebziger und achtziger Jahren zu einer ungeahnten Blüte. Seine Werke zeigen deutlich, daß grafische Ideen dieser Qualität in sehr reizvollen Ergebnissen münden können. Einige seiner Grafiken sind allerdings auch bildgewordene Mahnungen, daß gerade in Chartoons die Gefahr groß ist, daß die Hierarchie zwischen Informationsträger und -stützer kippt.

Besonders groß ist diese Gefahr offensichtlich, wenn das kombinierte informationstragende und -stützende Element nicht für sich steht, sondern wiederum nur Teil eines größeren illustrativen Bildkomplexes ist (Abbildung 110). Zweifellos gleichen die Karrieren von Aktienkursen gelegentlich Achterbahnfahrten. Wenn die Betrachter dieser Grafik jedoch vor lauter Gerüst die Datenrepräsentation an sich nicht mehr oder erst nach konzentriertem Hinschauen identifizieren können, ist das Ziel verfehlt. In Fällen wie diesem überlagert das ergänzende Element das informierende allein größenmäßig. Damit sind die Gewichte verkehrt.

Es sind zweifellos ausreichend Beispiele ins Feld zu führen, in denen genau diese Gefahr durch versierte grafische Handhabung vereitelt wurde. In diesen Grafiken wurde meistens sehr konsequent das Gesetz der Einheitlichkeit befolgt: Die informationsstützenden Elemente in Chartoons, die nicht gleichzeitig Informationsträger bilden, sind dabei durch kontrastive Farbgebung, durch gezielten Einsatz von

Strichstärken oder die Einrichtung von herausstechenden Flächenan-
teilen klar von den rein illustrativen Elementen abgegrenzt. In der
obigen hätte es wahrscheinlich ausgereicht, das Achterbahngrüst etwas schwächer einzufärben als die Kurve, die somit deutlicher her-
vorgetreten wäre.

Das 3D-Prinzip

Zeitungen und Zeitschriften sind nicht zwangsläufig „platte", aber in
visuell-gestalterischer Hinsicht eben unbestreitbar zweidimensionale
Medien. Die modernen Zeichnungs- und Bildbearbeitungsprogramme bieten zunehmend Varianten an, auch in die dritte Dimension, in
die virtuelle Tiefe einzusteigen. Und Infografiker nutzen zunehmend
dieses Potential.

Großer Beliebtheit erfreuen sich nach wie vor Schattierungen. Eine
imaginäre Lichtquelle projiziert das „zweite Ich" von Balken, Säulen,
aber auch ganzen Kontinenten auf eine künstliche zweite Ebene. Die
Wirkung ist oft eine edle, und so ist wenig gegen Schattierungen ins
Feld zu führen – solange das Prinzip des Kontrasts gewahrt bleibt:
Der Schatten muß optisch klar abgrenzbar sein vom Element, das ihn
„wirft".

Tiefe und räumlichen Eindruck versuchen nach wie vor auch viele Infografiker herzustellen, indem sie den informationstragenden Elementen selbst eine virtuelle „Körperlichkeit" verleihen. Da werden

*Abbildung 111 und 112 – Dreidimensionale Effekte ohne Verzerrung: Schat-
tierung (links) und Quaderverstärkung (rechts).*

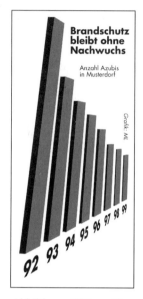

Abbildung 113 – Eine perspektivische Verzerrung: Die Datenträger selbst werden in eine zeichnerische „Tiefe" verlagert.

also Säulen eines Diagramms zum Quader veredelt, Kuchendiagramme erhalten eine Torten-„Tiefe", und die Fläche der Bundesrepublik Deutschland erscheint als verdickte Scheibe.

In einem weiteren 3D-Prinzip wählt der Grafikautor statt der Direktaufsicht auf die Bildelemente einen neuen „Betrachtungswinkel", er wechselt die Perspektive, variiert den Fluchtpunkt. Das verleiht der Grafik insgesamt mehr Dynamik, kann aber auch zu erheblichen visuellen Verzerrungen führen, die die Information insgesamt schwerer aufnehmbar gestalten.

Das Verlauf-Prinzip

Unter Grafikern sind sie inzwischen fast verpönt ob ihrer einfachen Herstellbarkeit, unter Betrachtern allerdings entfalten sie bis heute offenbar eine große Wirkung: Farbverläufe. Diese wirklich rein dekorativen Anhängsel können edel wirken, bei zu vielen Farben aber auch leicht in eine knallbunte Regenbogen-Beliebigkeit abgleiten. Bewährt haben sich Verläufe mit maximal zwei Grundfarbtönen.

Der Faktor Licht

Grafiken mit dreidimensionalen Effekten oder Verlaufs-Elementen simulieren oft die Präsenz einer virtuellen Lichtquelle. Kein Schatten entsteht ohne Beleuchtungsquelle, kein Verlauf kann metallisch schimmern, ohne daß das vermeintliche Metall irgend-

Abbildung 114 – Ein Beispiel für das Verlauf-Prinzip.

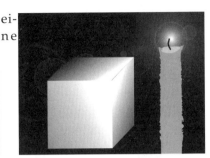

Abbildung 115 und 116 – Lichteffekte in Grafiken erfordern sorgfältige Herstellung. Oft hilft es schon, eine virtuelle „Lichtquelle" ins Bild einzubauen (und später wieder zu entfernen) und alle Verläufe daran auszurichten.

Luminanz reflektieren würde. Ob der inzwischen tatsächlich kinderleichten Herstellung von Schattierung und Verläufen machen sich allerdings offenbar immer weniger Grafiker Gedanken darüber, von wo das simulierte Licht in ihrem Werk eigentlich strahlt. So entstehen Grafiken, die zwar auf den ersten Blick ganz hübsch sind, auf den zweiten allerdings offenbaren, daß die Lichtquelle für jedes Einzel-Objekt innerhalb des Bildes aus einer anderen Himmelsrichtung zu kommen scheint – und offenbar auf wundersame Weise das jeweils benachbarte Objekt in seinem Schattenwurf überhaupt nicht zu beeinflussen imstande ist. Wer also an einer komplexeren Grafik arbeitet, hantiere nicht zu früh mit Verläufen und Schatten aller Art, sondern füge sie bestenfalls nach erfolgter Grundzeichnung konzentriert und bezugnehmend auf eine feste virtuelle Lichtquelle ein.

Das Transparenz-Prinzip

Neuere Versionen vor allem der verbreiteten Zeichenprogramme *FreeHand* und *Illustrator* ermöglichen es, in diversen Bildbearbeitungsprogrammen funktioniert

Abbildung 117 – Das Transparenz-Prinzip.

Abbildung 118 – Ein weiteres Beispiel für das Transparenz-Prinzip.

es schon länger – also wird's gemacht: Grafik-Elemente werden transparent, illustrative Hintergrundmotive schimmern abgesoftet durch die Balken und Säulen, Tabellen legen sich verschleiert über das thematische Foto. Nicht selten sind die Ergebnisse durchaus beeindruckend in ihrer Qualität – genauso oft aber rächt sich der Spieltrieb auch. Nämlich dann, wenn das Gesetz der Nähe dabei unter die Räder gerät. Wer Informationstragendes und Ergänzendes transparent ineinander verwebt, differenziert informative und nachgeordnete Ebenen räumlich nicht mehr, sondern ganz im Gegenteil: Er mixt sie. Damit aber sind die journalistischen Hierarchien potentiell nicht mehr optisch umgesetzt – es sei denn, die Differenzierung wird trotz Transparenz-Prinzips durch betont kontrastive Farb- und Strichgestaltung der tragenden und ergänzenden Elemente wiederhergestellt (vgl. Abbildung 118). Besondere Sorgfalt ist geboten beim Transparenz-Prinzip!

Abbildung 119 – Ein Beispiel für das Rahmen-Prinzip.

Das Rahmen-Prinzip

Das schönste Bild gerät noch wirkungsvoller durch pompöse Rahmung – nach diesem Rokoko-Prinzip wird vielen Infografiken eine Adelung durch Rahmengebung zuteil. Der nachrichtliche Sinn von derlei Maßnahmen muß im Dunkeln bleiben: Es steht vielmehr zu vermuten, daß es gar keinen gibt. Wer allerdings den Einsatz von Infografiken als Wert an sich betrach-

Abbildung 120 – Mal etwas ande-
res: Hier wird der Rahmen selbst
zur Illustration.

Abbildung 121 – Zurück zu den
Wurzeln: das computerverneinende
Prinzip.

tet oder zumindest ihren modernen Charakter zu betonen versucht,
liegt nicht falsch damit, Rahmen einzusetzen zur Herausstellung: Die
VORALBERGER NACHRICHTEN jedenfalls, berühmt für ihre Infografiken,
versehen ihre Schaubilder mit metallisch anmutenden Rahmen, und
diese Rahmen transportieren zweifellos jene Unverwechselbarkeit
und Eigenständigkeit, die das Blatt ihren Grafiken zubilligt.

Das computerverneindende Prinzip

Zurück zu den Wurzeln: In zunehmendem Maße entdecken Infografiker das gute alte, klassische Handzeichnen neu. Oder, genauer gesagt, zumindest die visuelle Anmutung des Tusche- und Buntstift-
strichs – erstellt werden auch die meisten dieser Grafiken nach wie
vor überwiegend am Computer. Sie wirken, wenn sie gekonnt produziert sind, tendenziell lebendiger, ehrlicher, bestechen durch einen
„menschlicheren" und etwas rauheren Charme als die meisten Produkte der kühlen, maschinell exakten Computer-Grafikästhetik. Die
Optik der Altväter erwacht zu neuem Ruhm.
Dabei ist es so lange noch gar nicht her, daß der Rechner zum Hauptwerkzeug des Infografikers avancierte – erst Mitte, Ende der achtziger Jahre war ein wirklich flächendeckender digitaler Durchbruch in

den Grafikredaktionen geschafft. Auch Altmeister Sullivan nutzte
Anfang der achtziger den Rechner vorwiegend für den Schriftsatz,
aber nicht zum eigentlichen Zeichnen. Computer waren etwas Neues,
und, so erinnert sich der Zeitungsdesigner Hans Peter Janisch, „wer
damals mit dem Computer arbeitete, wollte dies auch zeigen."
Doch der Computer hat längst auch in den privaten Arbeits- und
Wohnzimmern Einzug gehalten. Sauberer Schriftsatz und „Blender-
Effekte" wie Schattenkästen und Verläufe sind inzwischen auch
schon mit Hilfe preiswerter einfacher Zeichenprogramme ansatzweise herzustellen. So beeindruckt der klinische Computer-Look heute
zwar immer noch viele, aber längst nicht mehr alle Leser – nach dem
Motto: Mit ein bißchen Übung krieg' ich sowas zu Hause auch hin.
Für die Herstellung des zeichnerischen „Natur-Looks" am Rechner
steht inzwischen auch die entsprechende Hard- und Software bereit.
Drucksensitive Zeichentabletts erlauben akzentuiertes Strichzeichnen
und Nuancen, die die etablierten Programme wie *FreeHand* und *Illustrator* täuschend realistisch einzulesen verstehen. Entsprechende Filter in Programmen wie *Photoshop* erlauben weitere Verfremdungs-
schritte zur Herstellung eines „nicht-digitalen" Outfits.

„Freigestellte" Infografiken

Es hat sich mittlerweile unter Layoutern herumgesprochen, daß Fotos
nicht notwendigerweise in rechteckigem Umriß ins Blatt gehoben
werden müssen. Die Technik der Freistellung ist zwar oft zeitaufwendig, findet aber inzwischen nicht nur in der Zeitschriftenlandschaft,
sondern auch in der Tagespresse häufiger Verwendung. Sinn machen
kann das Freistellen inhaltlich wie ästhetisch: Teile des Fotos werden
wegretouchiert, durch Weiß ersetzt, so daß die verbleibenden Bildtei-
le, etwa eine wichtige Person, konturierter hervortreten. In der Erscheinung bergen freigestellte Fotos durch ihre ungewohnte Kontur
ein belebendes Überraschungsmoment auf der Seite. Auch kann ein
„Freisteller" Dynamik in die Blattoptik bringen, indem beispielsweise Texte aus ihrem monolithischen Spaltenmuster gelöst und um die
Bildkonturen geführt werden – das Foto wird „umflossen". Und
selbst, wer von dieser Technik des „Formsatzes" absieht, tut tendenziell Gutes: Er bringt nämlich auflockernden Weißraum ins Blatt.
Infografiken stehen per se „frei". Die klassische rechteckige Rahmung

Abbildung 122 – Die Infografik als seitentragendes visuelles und informierendes Element: Mit dieser Grafik illustrierte die ZEIT einen Bericht über das Bevölkerungswachstum weltweit. Das Layout ist frei rekonstruiert; im Blatt selbst sah die Seite etwas anders aus.

ist eigentlich unnötig, ist eine Anleihe aus der Fotografie, eine Verbeugung vor bildlichen Sehgewohnheiten – Sinn macht Rahmung höchstens als visuelles Abgrenzungselement, als Mittel, der Grafik insgesamt ein kompaktes Aussehen zu verschaffen.

Warum aber sollte ein Säulendiagramm nicht seine Konturen frei entfalten, wie der Grafiker sie schuf? Auch um diese Konturen ist Text zu führen oder Weißraum zu schaffen. Mehr noch: In einer entsprechenden Größe können „freie" Grafiken sogar zu einem einzigartigen seitenprägenden Element avancieren und verschiedene Beiträge zur Einheit verknüpfen. Das Beispiel aus der ZEIT illustriert die reizvollen Möglichkeiten, die konturierte Grafiken eröffnen können: Obgleich die Grafik an sich relativ schmucklos ausfällt, trägt sie nicht nur souverän die Seitenoptik – die Gestaltung insgesamt hebt die Seite in den Rang eines zur Nachahmung besonders empfohlenen Exemplars.

4. Kombi-Grafik und Mega-Grafik

Zum Ende der achtziger Jahre erfreuten sie sich insbesondere in den angelsächsischen Länder großer Beliebtheit: Kombi-Grafiken, die verschiedene Aspekte eines Themas in unterschiedlichsten Facetten, aber in ein Bild integriert beleuchten – statistisch, geographisch, tabellarisch, porträtierend wurde da ein Aspekt auseinandergenommen, alles vereint in einer einzigen großformatigen Infografik. Inzwischen sind diese allumfassenden Grafiken etwas aus der Mode geraten; gerade in den USA findet man sie allerdings immer noch ab und zu. Schlichtere Kombi-Grafiken mit etwas weniger „universellem" Ansatz dagegen sind bis heute in verbreitetem Gebrauch und oft auch sinnvoll: Da werden beispielsweise mehrere statistische Grafiken übersichtlich neben- und übereinander plaziert, einem leitenden Thema folgend – zum Beispiel den Schlußkursen der global wichtigsten Börsenplätze –, aber jede für sich einen Aspekt beleuchtend.

Grundsätzlich können Kombi-Grafiken geradezu vorbildlich einem hehren journalistischen Prinzip gerecht werden: Sie informieren umfassend. Das gilt allerdings meist nur für jene Kombi-Bilder, in denen die Einzel-Grafiken ihre Eigenständigkeit bewahren und optisch sauber abgrenzbar sind. Die Grenze des Verständlichen ist dagegen schnell erreicht, wenn die Teilgrafiken zu eng gepfropft werden, oder

Abbildung 123 – Gute Kombi-Grafik: Mehrere Aspekte eines Themas sind anschaulich und übersichtlich nebeneinander plaziert.

Abbildung 124 – Sehr ausdifferenzierte Kombi-Grafik. Trotz der Vielschichtigkeit ist das Werk aber übersichtlich geraten, weil die unterschiedlichen Informationsteile optisch klar sortiert und abgegrenzt sind.

Abbildung 125 – Eine weitere Kombi-Grafik. Zwar sind die Info-Ebenen auch hier visuell recht sauber getrennt, doch stellt sich die Frage, ob die Anzahl wechselseitiger Verknüpfungen von Karten, Kartenausschnitten und Diagrammdaten nicht zu umfangreich gerät. Immerhin: Eine Zeitung aus dem Ruhrgebiet machte mit dieser Grafik auf Seite eins auf.

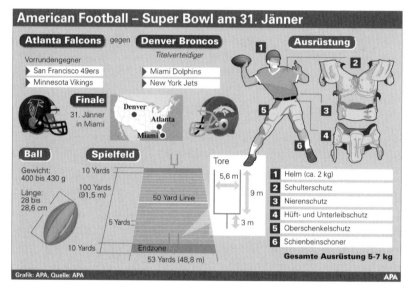

Abbildung 126 – Eine weitere, recht gelungene (weil nicht überfüllte und in den Aspekten klar gegliederte) Kombi-Grafik.

– meist noch verhängnisvoller – die Einzel-Grafiken auch inhaltlich nicht mehr für sich stehen, sondern untereinander in wechselseitigen Bezug gesetzt, verknüpft und mit Querverweisen beladen werden. Dann verschwimmen oft die Grenzen, und die Kombi-Grafik gerät unversehens zur Mega-Grafik, die in ihrer Detailfülle, in ihren Querbezügen und Schrägverweisen unübersichtlich wird, zum visuellen und inhaltlichen Dauersprung nötigt und in ihrer bloßen Informationsdichte weniger reizt als abschreckend „flimmert".

4.1 Die Informationsdichte

Erstaunlicherweise wird die Gefahr der Info-Überfrachtung weitaus seltener beschworen als die der illustrativen, dekorativen „Überfüllung". Der „Chartjunk"-Kritiker Edward Tufte vertrat gar die Auffassung, daß eine statistische Grafik umso nützlicher sei, je mehr Dateneinträge sie pro Bildquadrat berge. Je ausgeprägter die „Informationsdichte" sei, desto besser.

Wie die Daten-Tinte-Formel ist diese Behauptung weder bewiesen noch widerlegt, zumal sie sich nur auf quantitative Daten bezieht, nicht auf kartographische Darstellungen oder analytische Zeichnungen. Immer wieder allerdings sind Beispiele aufzuspüren, die den Schluß nahelegen, daß die Menge informationstragender Elemente pro Quadratzentimeter Bild durchaus Obergrenzen kennt – genauso wie Untergrenzen. Verläßliche Richtwerte, wo diese Grenzen angesiedelt sind, sind aber kaum zu setzen. Sie variieren nach Thema und Darstellungsvariante erheblich. Einer „Überfüllung" kann aber bereits früh sehr effizient entgegengewirkt werden: mit klassisch journalistischen Mitteln, der Datengewichtung und der Datenselektion.

4.2 Datengewichtung und Datenselektion

Ein wesentlicher Teil journalistischer Arbeit ist nicht nur die Sammlung, sondern auch die Gewichtung von Material. Gute Berichterstattung serviert nicht ungefiltert alles, was vorliegt, sondern bestimmt einen Aussageschwerpunkt, anhand dessen bewertet, aussortiert, abgewogen wird. Eine Hierarchie ist also nicht nur notwendig zwischen informationstragenden und -ergänzenden Elementen innerhalb einer Grafik – auch die Hierarchie *zwischen* den informationstragenden Daten muß stimmen. Und wer diese Hierarchie einigermaßen ehrlich konstruiert, stößt in der Regel rasch auch auf Verzichtbares.

So muß eine Karte, die über die administrativen Strukturen der Schweiz informieren soll, keine Höhenangaben enthalten, nicht jeden Flußlauf, nicht jede mittelgroße Siedlung, wohl aber die Kantonshauptstädte – die wiederum zu hohem Anteil verzichtbar sein werden, wenn die meistbefahrenen Straßen der Eidgenossenschaft zentrales Thema der Grafik sind.

Ein Liniendiagramm zur Entwicklung der Krankenstände im Betrieb muß nicht jeden Monatswert verzeichnen, wenn ein längerfristiger Trend über fünf Jahre hinweg das Thema ist. Die grafische Darstellung der Jahresmittelwerte ist in diesem Zusammenhang zweifellos aussagekräftiger, als wenn jedes Hoch um Weihnachten und jedes Tief zur Sommerzeit dem Kurvenverlauf zusätzliche „Dellen" zufügen würde.

Auch die kompetenteste Datenauswahl und -reduktion verhindert noch nicht aus sich selbst heraus „volle" Grafiken. Es existieren Sachverhalte, die naturgemäß komplex und datenreich ausfallen. Sieht man sich allerdings solch einem Daten-Berg gegenüber, sollte zumindest davon abgesehen werden, diese Masse auch noch mit weiteren Informationen zum Beispiel geographischer Natur anzureichern.

Dürftige Daten

Ein Brüderpaar gründet im Jahr 1998 eine Firma, macht 200.000 Mark Umsatz, und steigert selbigen im zweiten Jahr auf 400.000. Wer daraus eine statistische Grafik im Format zwei mal fünf Zentimeter bastelt, schöpft ein Bild mit recht hoher Datendichte. Aber auch eines mit so gut wie gar keinem Aussagewert.

Abbildung 127 – Reichlich dürftig: Diese beiden Zahlen lohnen nun wirklich keine Grafik.

Grafiken können nämlich auch ausgesprochen dürftig in ihrem Material ausfallen. Die (auf fiktiven Daten beruhende) Abbildung 127 verdeutlicht das: Die Beispiel-Daten sagen wenig bis gar nichts aus, höchstens, daß das Unternehmen ein Jahr nach seiner Gründung in einigermaßen gutem Wind segelt. Wer derlei Daten ordentlich gewichtet, tut dies am besten radikal: indem er sie knapp im beistehende Text abhandelt – oder sie am besten gleich in die Ablage zur Wiedervorlage zur dritten Jahresbilanz heftet.

5. Analyse und Kommentar

Das angelsächsische Prinzip gilt – zumindest offiziell – bis heute: die strenge Trennung von Nachricht, Analyse und Kommentar im Journalismus. Zwischen Fakten, Interpretation und Meinungsäußerung. Die Grundidee leuchtet ein: Die reinen, seriösen, „objektiven" Fakten benötigt der Leser als Basis einer eigenen Meinungsfindung. Ergänzende Analysen, aber auch und erst recht Kommentare stellen die Nachricht bereits in einen notwendigerweise subjektiven Zusammenhang, interpretieren Geschehnisse, verurteilen sie gar oder heißen gut.

Fakt ist, daß die Grenzen zunehmend aufweichen. Viele Beiträge in Zeitungen und Zeitschriften, die sich nicht schon seit jeher als Meinungsmedien verstehen, bieten heute bereits in klassischen Aufmachern auf „Nachrichten"-Seiten Hintergründe, Interpretationen, Zusammenhänge an, lassen Bewertung durchblicken. Oft erscheint das auch richtig und konsequent: Manches, was den Weg in die Blätter

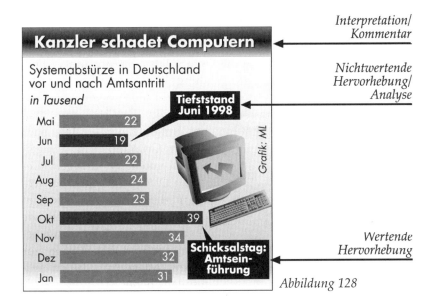

Abbildung 128

findet, erhält seinen journalistischen Wert erst durch seine Hintergründe, zurückliegende Ereignisse, erfordert also eine naturgemäß
„wertende" Ergänzung und Einordnung.
Auch für Infografiken stellt sich oft die Frage, ob und inwieweit die
grafisch aufgebotenen „nüchternen" Daten ergänzt werden sollen, inwiefern hervorgehoben, analysiert, gar kommentiert werden soll. Ist
es journalistisch zulässig, in einem statistischen Diagramm auf ein
oder zwei Säulen dezidiert hinzuweisen, auf die der Leser besonde-
res Augenmerk lenken sollte? Diese Säulen gar einzufärben und somit eine notwendigerweise voreingenommene Gewichtung der Daten anzubieten? Oder den Einbruch einer Fieberkurve zu versehen
mit dem Hinweis, am selben Tag sei Minister X zurückgetreten – und
damit bereits eine eindeutige Interpretation des Gezeigten anzubieten? Die zugegebenermaßen laue Antwort lautet: Es kommt drauf an.

*Abbildung 129 – Die Analyse in der Schlagzeile dieser (prinzipiell sehr ge-
lungenen) Grafik ist zwar knackig, aber, wie wir heute wissen, recht vor-
schnell formuliert worden. Zum Glück sitzen Infografiker selten auf Mo-
torrädern...*

Nichtkommentierende Hervorhebung

Relativ unbedenklich ist in den meisten Fällen die sanfte, nichtkommentierende Blicklenkung. Ohne direkten Kommentar auf mehr oder minder offenkundige Besonderheiten aufmerksam zu machen, mittels eines Pfeiles oder durch Text, ist letztlich nur die grafische Variante der Hervorhebung, die fast jede Zeitung oder Zeitschrift in ihren Texten durch Schriftfettung im Vorspann praktiziert. Solche „navigierenden" Elemente können sogar als eine durchaus ordentliche Form des Leserservice durchgehen.

Analyse

Heikler gestaltet sich da schon die analytische Ergänzung grafischer Fakten. Denn diese Analyse kann auf Fährten locken, die zwar durchaus richtige Zusammenhänge herausstellen kann – aber eben nicht muß. Wie beispielsweise die Börse auf die Wahl eines Politikers reagiert, hängt eben nicht nur vom Politiker selbst ab und spiegelt nicht vollständig sein „Image", sondern auch vom Wirtschaftsklima insgesamt, den Werten der Vortage und der Bedeutung der Abstimmung. Wer dennoch eine Parkett-Grafik mit Pfeil und Hinweis versieht: „Wahl von X", analysiert unvollständig, erzeugt aber möglicherweise den Eindruck eines feststehenden Faktums.

Kommentar

Von diesem Punkt zum Kommentar ist es nicht mehr weit. Wer besagte Grafik zusätzlich mit der Schlagzeile schmückt: „Börsianer gegen X", oder wer dies auch nur im Erläuterungstext in dieser Eindeutigkeit formuliert, nimmt eine klare Wertung vor. Eine Wertung, die sich im Nachhinein sogar als peinlich unhaltbar erweisen kann: Denn angesichts der Schlagzeile der nebenstehenden AFP-Grafik über den Unfall von Prinzessin Diana drängt sich in der Rückschau die Frage auf, ob sie nicht eher von inkompetenten Infografikern gejagt wurde als von Paparazzi.

6. Farbe

Lange verhielt sich die deutschsprachige Presse ihrem konservativen Ruf entsprechend, doch mittlerweile ist nicht mehr zu leugnen: Die Blätter werden bunter. Farbe ist im Kommen. Im unterhaltsameren Zeitschriftengewerbe ohnehin längst als Selbstverständlichkeit etabliert, setzen sich zunehmend auch in der klassischen Tages- und Meinungspresse Schmuckfarben, Vierfarbfotos und farbige Raster durch; sogar der SPIEGEL als Denkmal deutscher Journalistenkunst ist inzwischen abgerückt vom konsequenten Schwarz und Weiß, das zwar Tradition bedeutete, in dessen Schönheit das Nachrichtenmagazin aber – offenbar auch in der Selbsteinschätzung – dahinzugehen drohte.

Mit dem üblichen Verzug im weltweiten Maßstab entdeckt der deutschsprachige Journalismus die Chancen des Bunten. Der renommierte US-amerikanische Zeitungsdesigner Mario Garcia hat zweifellos recht, wenn er aus seiner internationalen Erfahrung resümiert, deutsche Zeitungen seien „notorische Nachzügler", was Farbe und Grafik anginge. Denn ausländische Meinungsführer, alle wohlgemerkt ohne geringste Revolverblatt-Ambitionen, wissen die Macht der Farbe schon weitaus länger zu schätzen: Auf den Titelseiten von Leitmedien wie dem INDEPENDENT, von NEW YORK TIMES oder PUBLICO sind farbige Bilder, Farbleitsysteme und überhaupt die Einrichtung und Verwendung von Hausfarbpaletten längst Usus.

In der Tat greift man zu kurz, tut man den Vormarsch der Farbe in den klassisch journalistischen Medien als modernistisches Mätzchen ab, als demütigende Verbeugung vor dem Analphabeten, als Kapitulation vor dem drucktechnisch Mach- und Finanzierbaren. Zweifellos läßt das unkoordinierte Farbgekleckse mancher Medien verzweifeln,

und manch eindringliches Foto aus Krisengebieten wirkt in ver-
wackelter Vierfarbdrucklegung eher abstoßend, als es in schwarzweiß unterrichtend wäre. Doch Farbe kann, bei geschickter Handhabung, nicht nur ästhetischen Gewinn bringen – auch wenn diese, im
wahrsten Sinne des Wortes „schöne" Funktion zweifellos ein starkes
Argument sein kann und in diesem Kapitel nicht unberücksichtigt
bleibt. Farbe ist auch mehr als Stimmungsauslöser oder Atmos-
phären-Schaffer, gar Marketinginstrument, Mittel der Selbstdarstel-
lung – auch all dies sind allerdings Funktionen, auf die eingegangen
wird. Vor allem anderen aber kann Farbe sanfter, aber nützlicher Träger journalistischer Aussagen sein, Farbe kann bezeichnen, führen,
hervorheben und informieren. Farbe hat, richtig eingesetzt, journalistische Funktion – in Zeitung und Zeitschrift allgemein. Und in der
Infografik im besonderen.

Wer mit Farbe umgeht, tut das aus ganz unterschiedlich ausgeprägten Erfahrungshorizonten heraus. Welche Farbe man im einzelnen für
„geeignet" hält, für „aussagekräftig", „modern", „dem Stil des Blattes
angemessen", für „elegant", „knallig" oder einfach „geschmackvoll",
hat viel mit kultureller Herkunft zu tun, mit Alter, Lebensweise und,
nicht zuletzt: persönlichem Geschmack. Dieses Kapitel beschäftigt
sich deswegen vor allem mit relativ feststehendem Wissen rund um
die Farbe – rigide Vorschriften oder gar ein dogmatischer Farb-Leitfa-
den aber sind daraus nicht zu entnehmen.

Rot ist Vieles oder: Was ist eine Farbe?

Weitaus seltener als die Order „Nimm Grün statt Rot" ist der Wunsch
des Vorgesetzten, irgendein Rot solle doch „ein bißchen röter" sein.
Dabei hat der Entscheidungsbefugte vermutlich ein relativ gefestigtes
Bild des gewünschten Farbeindrucks im Kopf – aber wie faßt man
derlei Impressionen in Worte, macht sie greifbar?

Schon manche versuchten sich genau daran, und Farbtheorien gibt es
unzählige. Bereits im Ägypten der Pharaonen suchten Denker das
Phänomen Farbe zu ergründen, und große Köpfe späterer Epochen
folgten ihnen in diesem Bemühen. Farbe wurde mystisch „erklärt",
physikalisch durchdrungen, ästhetisch betrachtet. Auch Altmeister
Goethe versuchte sich an Erkläransätzen, die aus heutiger Sicht reichlich abstrus anmuten: So vertrat der Dichter die Meinung, daß Gelb

aus der Trübung von Weiß entstehe, Blau aus Aufhellung von Schwarz, und daß Rot letztlich die „Verdichtung" schlechthin des farbigen Spektrums bilde.

Doch auch das digitale Zeitalter hat eigene Auseinandersetzungen mit Farbe beflügelt. Besonders für Infografiker haben die Bildschirmfarben und der rechnergesteuerte Druckvorstufenprozeß eine ungeahnte Bedeutung erlangt – und eine Art postmoderner „Computer-Farbphilosophie" hervorgebracht. So sprechen heute viele Menschen, die virtuell am Computer gestalten, von „Pastellfarben", wenn sie Farben mit hoher Weißbeimischung meinen. Dabei ist die Pastellmalerei ursprünglich eine sehr „stoffliche" Angelegenheit: Es sind Farben, die aus einer Pigmentmischung von Kaolin und Ton bestehen.

Überhaupt hat der „technische" Aspekt der Farbe, der Farbstoff, durch Digitalisierung und naturwissenschaftlichen Fortschritt im Vergleich zu vergangenen Epochen an Bedeutung verloren: Druckfarbe ist heute mit Hilfe chemischer Verfahren herstellbar, Monitorfarben durch technische Lichterzeugung. Farbe ist kein knappes Gut mehr. Dabei ist es noch gar nicht so lange her, da mußten zeichnerisch und drucktechnisch verwertbare Farben aus der Natur gewonnen werden, aus Pflanzen, Tieren, aus dem Meer. Langwierige und teure Verfahren waren das. Purpur etwa galt schlichtweg deswegen als kostbar und als Symbol für Macht und Reichtum, weil die Purpurschnecke, aus der der Farbstoff gewonnen wurde, sehr selten war.

Über die physikalischen Eigenschaften und Entstehungen, auch über die synthetische Herstellung von Farbe weiß man mittlerweile eine ganze Menge. Was aber wenig daran ändert, daß Farbempfinden, Lieblingsfarben und eben Farbenwünsche aus der Chefetage genauso schwer greifbar sind wie ehedem. Wer also über Farbe spricht, wirkt entweder rasch technokratisch, „naturwissenschaftlich", weil er versucht, die Ästhetik und Mystik der Farbe in sachliche Bahnen zu lenken, oder er verliert sich in mehr oder minder unbeholfener Philosophie oder im Druckereijargon.

Physikalische Aspekte, farbenharmonische Überlegungen, Psychologie: Farbe ist ein weites Feld. Dieses Kapitel versucht den Spagat, kann daher zwar einiges an „Fakten" zur Farbe vermitteln, die es durchaus gibt, es kann Anregungen liefern – wer Farbe jedoch wirklich „erfahren" will, kommt ums eigenständige Experimentieren

nicht herum. Farbe ist nur in Maßen „erlesbar". Erst eine gewisse
Routine im Umgang mit Farbe versetzt in die Lage, dem Wunsch
nach einem „etwas röteren Rot" zumindest ansatzweise entsprechen
zu können.

Farbton, Sättigung und Helligkeit

„Rot" an sich gibt es ohnehin nicht. Was also könnte der Chef meinen
mit seinem „röter"? Einen anderen der vielen Rot-*Töne*? Doch auch
der *Farbton* allein macht noch nicht den farbigen Gesamteindruck,
auch wenn er zuvorderst und ganz entscheidend den Charakter des
Farbeindrucks prägt, und die meisten Menschen den Farbton meinen,
wenn sie von Farbe sprechen. Jeder Farbeindruck wird auch mitbe-
stimmt durch den *Sättigungsgrad* der Farbe und den *Helligkeitswert*.
Die Sättigung bezeichnet, wie „rein" eine Farbe ist. Ein klassisches
Gelb etwa ist hochgesättigt, wenn keine Rot- oder Blauelemente hin-
einspielen und die Farbe auch nicht durch Beimischung von Schwarz
oder Weiß abgedunkelt oder aufgehellt ist. Jede Farbe hat schließlich
auch noch eine spezifische *Helligkeit*, genau genommen eine Eigen-
und eine Fremdhelle. Die Eigenhelle bezeichnet die Leuchtkraft, die
eine Farbe aus sich selbst entfaltet. Man lege ein farbiges Bild auf einen Schwarzweiß-Kopierer – die Helligkeit der einzelnen Farben
spiegelt sich auf der Ablichtung in den mehr oder minder dunklen
Grautönen, in die das Gerät die Farben umwandelt. Die Fremdhelle
schließlich ergibt sich aus dem Anteil Weiß, der einem Ton beigemischt ist. Man spricht dabei auch vom Raster- oder Tonwert einer
Farbe: Eine Mischung aus drei Teilen Weiß und sieben Tönen Blau
entspricht einem auf 70 Prozent gerasterten Blau.
Rasterung, also die Mischung mit Weiß, eignet sich ausgezeichnet zur
Abstufung von Elementen, die auf einer thematischen Ebene stehen,
aber untereinander eine Hierarchie aufweisen. Eine gewisse Differenz
im Weißanteil ist aber notwendig, um die Unterscheidung auch sichtbar zu machen. Wirklich unterscheidbar sind gleiche Töne in unterschiedlicher Rasterung, wenn der Tonwert mindestens 25 Prozent beträgt, im besten Falle aber 30 Prozent und mehr.
Bereits dieses letzte Beispiel weist auf eine besondere Farbe: Weiß.
Genau wie Schwarz besitzt Weiß keinen Farbton. Es sind dies also im
strengen Sinne der Farbenlehre keine Farben: Schwarz und Weiß (und

die Graumischungen aus beiden) werden deswegen auch als „unbunte" Farben bezeichnet und so von den „bunten" Farben abgegrenzt. Eine Grenzziehung, die nicht nur akademischen Sinn macht. Denn die „Unbunten" können auch in der farblichen Ausgestaltung von Grafiken eine ganz eigenständige Effizienz entfalten.

6.1 Funktionen von Farbe

Farbe hat ihren Platz in Grafiken vorrangig durch ihre journalistischen, aber auch durch ihre ästhetischen Eigenheiten. Die wichtigsten Funktionen werden hier zunächst beschrieben, später detailliert beleuchtet.

Sachverhalte benennen
Die entscheidende Funktion – und ihr ist oft nicht einmal schwer gerecht zu werden. Denn für viele Sachverhalte ergibt sich eine logische und die Aussage stützende Farbbenennung so gut wie von selbst. Benannt werden kann ein Sachverhalt
- symbolisch, indem etwa Stimmenanteile linker Parteien in Säulen aus parteifarbenem Rot übersetzt werden (vgl. Abbildung 141, Seite 163) oder
- imitierend, indem beispielsweise der typische Blauschimmer von Gewässern in Karten zur Bezeichnung von Flüssen verwendet wird (vgl. Abbildung 140, Seite 163),
- konventionell – das heißt beispielsweise, daß das Merkmal „kalt" auf einer Wetterkarte mit Blau umgesetzt wird, jenem Ton, der auf jedem Kaltwasserhahn prangt (vgl. Abbildung 142, Seite 164).

Details betonen
Einzelne, wichtige Elemente einer Infografik können mit Hilfe von Farbe herausgestellt werden. Dazu sollten vor allem Farben verwendet werden, die sich in Tonintensität oder Helligkeitswert von den weniger wichtigen abheben (vgl. Abbildung 144, Seite 165).

Zusammengehöriges identifizieren

Informationen, die gleicher „Natur" sind, einander ergänzen, erläutern oder näher bezeichnen, sollten in identischen oder ähnlichen Farben gekennzeichnet werden – ein triftiges Argument vor allem dafür, Segmente eines Kreisdiagramms, Säulen und Balken innerhalb einer Grafik nicht mit allen Tönen des Regenbogens zu beklatschen. Eine gewisse Zusammengehörigkeit können auch Farben suggerieren, in denen Anteile eines Tons vermischend „wiederholt" werden.

Der Umkehrschluß liegt nahe: Natürlich kann Farbe auch separieren, kontrastiv abgrenzen, damit auch Hierarchien herausstellen zwischen informationsstützenden und ergänzenden Elementen innerhalb der Grafik (vgl. Abbildung 155, Seite 171).

Quantitative Daten repräsentieren

In Flächendichtekarten (siehe Kapitel 5.2 im dritten Teil, Seite 341) bietet sich gelegentlich an, quantitative Daten farblich darzustellen – in der Regel geschieht dies allerdings nicht mit Hilfe von Farbtönen, sondern unter Einsatz verschiedener abgestufter Helligkeitswerte eines einzigen Farbtons. Insgesamt sind Farben aber aus sich selbst heraus tendenziell weniger geeignet, quantitative Ausprägungen zu repräsentieren (vgl. Abbildung 147 und 148, Seite 167).

Das Seitenbild ausbalancieren

Eine wichtige Frage: Paßt die farbige Infografik ins farbliche Gesamt der Seite, auf der sie letztlich erscheinen soll? Auf dem Bildschirm, in der Entwurfsphase, sind Grafiken isoliert und bestenfalls in sich farbenstimmig; auf nüchternen, dezent gestalteten Zeitungsseiten aber geraten auch gelungene Grafiken leicht zum farbpolternden Fremdkörper, wenn die Farbgebung im Verhältnis zum Rest zu kräftig, zu aufdringlich, zu „schreien" wirkt.

Bestenfalls werden derlei Eindrücke nicht nur minimiert. Grafiken sind freie Kompositionen, also auch gezielt auf eine Seitenbalance hin ausrichtbar: Wenn beispielsweise ein sehr „knalliges" Farbbild die obere Seitenhälfte dominiert, kann eine Grafik am unteren Rand den Gesamteindruck „ausbalancieren", indem sie die Fotofarben aufnimmt, integriert und auf diese Weise ein optisches Gegengewicht im Layout herstellt.

Anmutung und Atmosphäre herstellen

Farben, das klang bereits weiter oben an, haftet Symbolik an. Sie vermitteln Atmosphäre und Stimmungen, können also einer Grafik, gekonnt eingesetzt, eine dem Thema angemessene farbliche Gesamtanmutung verleihen. Nicht umsonst kommt selten ein Grafiker auf die Idee, eine statistische Wirtschafts-Grafik mit einem dominierenden Rot einzurichten; Blau vermittelt einfach eine angemessenere Aura und hat sich eingebürgert, konventionalisiert als die „nachrichtlichste" aller Farben. Nicht umsonst dominieren Blautöne die Studioeinrichtungen fast aller Nachrichtensendungen im Fernsehen und die Parteitagswände der meisten Parteien.

Anmutung erzeugen – das ist auch das Anliegen eines durchdachten Corporate Design (CD), dessen Wirkung ganz maßgeblich von der Farbgebung des Blattes abhängt. Werden die „CD-Farben" in der Grafik aufgegriffen, fügt sich das Bild nicht nur ins optische Gesamt des Produkts, es ist auch isoliert als hauseigenes Erzeugnis identifizierbar (vgl. Abbildung 161, Seite 173).

Dekoration

An dieser Stelle soll nicht noch einmal die Diskussion hochgekocht werden, inwiefern Infografiken überhaupt „hübsch" sein dürfen, „ansehnlich" oder „attraktiv" im Selbstzweck. Tatsache ist: Farbe, nach harmonischen Prinzipien gewählt und kombiniert, kann in Infografiken ausgesprochen dekorativ wirken.

Insgesamt: Weniger ist mehr

In erster Linie sollte Farbe in Infografiken unter funktionalen Gesichtspunkten zum Einsatz kommen. Natürlich ist die ästhetische, die Schmuckfunktion keineswegs die unwichtigste im Kanon: Beim Farbeinsatz sollte aber Quantität nicht mit Qualität verwechselt werden. Prinzipiell sollte darauf geachtet werden, daß nicht allzu viele Töne und Rastervarianten in einem einzigen Bild zum Einsatz kommen. Denn weniger ist meistens mehr. Zwei bis drei, höchstens vier Farbtöne in jeweils zwei bis drei Abstufungen reichen in aller Regel aus, um Daten angemessen darzustellen und gleichzeitig ein in sich harmonisch geschlossenes und vor allem nicht allzu „buntes" Werk zu entwerfen.

6.2 Entwerfen, Sehen, Drucken: drei Welten

Eine kleine Zäsur ist an dieser Stelle angebracht. Denn gerade Infografiker müssen sich nicht nur den Problemen der Farbwahl stellen, sondern auch denen der Farbumsetzung. Entscheidend ist nicht, welche Farbe gewählt wurde, sondern, ob die Infografik farblich so aus dem Druckhaus kommt, wie sie konzipiert wurde. Infografiken in Zeitungen und Zeitschriften erreichen ihre Betrachter als geronnener Farbstoff auf Papier. Entworfen aber werden sie meistens am Computer, und „abgesegnet" werden sie deshalb immer noch allzu oft am Bildschirm.

Eine gefährliche Klippe: Was auf dem Monitor beeindruckt, kann in genau dieser Wirkung niemals im Blatt erscheinen, sei es auf noch so hochglänzendem Material gedruckt. Das Prinzip, nach dem Monitore Farbreize auslösen, ist ein völlig anderes als das Verfahren, das gedruckten Farben zugrunde liegt. Ein sympathisches Rot auf dem Bildschirm kann sich im Druck rasch als muffig-erdiges Braun entpuppen. Deshalb ist auch das heiligste Versprechen des verläßlichsten Hardware-Händlers uneinlösbar, ein bestimmter Monitor verschaffe optimale „Farbechtheit", simuliere also das gedruckte Ergebnis im Verhältnis eins zu eins zum Monitoreindruck. Genausowenig kann irgend ein Drucker den Bildschirm-Eindruck ohne jegliche Reibungsverluste auf Papier bannen. Schon gar nicht auf das „Toilettenpapier", auf dem leider immer noch viele kleinere Zeitungen gedruckt werden.

Farbe, Farbensehen, damit auch die Wirkung von Farbdruck ist ein relativer Prozeß, die Wirkung von Farbe ist von vielerlei Einflußfaktoren abhängig. Die Gründe sind vor allem physikalischer Natur – einen ganz kurzen Ausflug in die naturwissenschaftliche Farbenlehre und in die Welt der Farberzeugung kann sich deshalb auch kein Infografiker ersparen.

Grundsätzlich gilt: Wer am Monitor für Papierdruck produziert, sollte seine Aufgabe nicht mit dem Entwurf als abgeschlossen betrachten. Was aus dem Druck herauskommt, entscheidet, und damit ist ein Auge auf den Druckvorgang Teil des infografischen Produktionsprozesses.

Unbunte Welt: Von der Schwingung zur Spektralfarbe

Eine Welt ohne Farbe – das ist nicht nur triste Vision, sondern, im physikalischen Verständnis, die nackte Wahrheit. Farbe ist in den allermeisten Fällen kein Wert an sich. Das wenigste, was Menschen als „farbig" begreifen, ist es aus sich selbst heraus: Farbe ist eine Illusion der menschlichen Physiognomie. Gegenstände, die von Menschen als „farbig" gesehen werden, sind in der Regel nichts als unbunte Materie. Es sind stoffliche Oberflächen, die Lichtstrahlen als Reize an die menschliche Netzhaut abstrahlen und erst dort, im menschlichen Auge und im Gehirn, in einen „farbigen" Eindruck umgewandelt werden.

Das Vorhandensein von Licht ist also Voraussetzung dafür, daß ein Farbeindruck überhaupt entstehen kann – entweder, indem das Licht selbst direkt ins Auge tritt, oder indem es von einer Körperoberfläche an den Sehnerv zurückgeworfen, reflektiert wird. Natürliches Licht kann das sein wie das der Sonne, oder das künstliche Licht einer Glühbirne; Licht ist es auch, das Farbeindrücke auf den Computer-Monitor befördert. Wo kein Licht ist, sehen wir keine Farbe, sondern ein Nichts: die unbunte Farbe Schwarz.

Lichtstrahlen sind elektromagnetische Schwingungen mit einer bestimmten Wellenlänge beziehungsweise Schwingungsfrequenz. Nur einen vergleichsweise winzigen Abschnitt in der großen Palette natürlicher Schwingungen, im sogenannten linearen Schwingungsband, kann ein funktionstüchtiger menschlicher Sehnerv in lichte und

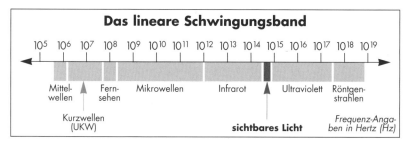

Abbildung 130 – Ein Ausschnitt aus dem linearen Schwingungsband. Der Bereich des sichtbaren Lichts macht nur einen Bruchteil der Frequenzbereiche aus. Dieser Frequenzbereich entspricht einem Wellenlängenbereich von etwa 380 bis 780 Nanometern.

damit farbige Eindrücke auflösen, nämlich Schwingungen mit einer
Wellenlänge zwischen 380 und 780 Nanometer (ein Nanometer ist ein
Milliardstel Meter) beziehungsweise Frequenzen zwischen etwa
8×10^{14} Hertz und 4×10^{14} Hertz. Schwingungen anderer Länge bleiben
unsichtbar: zum Beispiel Schallwellen, die Geräuschempfindungen
auslösen, oder Mikrowellen – die sind eher zuständig fürs Fertigge-
richt. Wieder anderen Wellen verdanken wir zum Beispiel die Seg-
nungen des technischen Wechselstroms oder, im ultravioletten
Schwingungsbereich, die Sommerbräune.
Es ist und bleibt paradox: Das „farbenreichste" Licht ist das „weiße".
Denn das „weiße" reine Sonnenlicht birgt das gesamte Spektrum
natürlicher Farben – die sogenannten Spektralfarben, die sichtbar
werden, wenn das Sonnenlicht gebrochen wird. Gebrochen beispielsweise durch ein Glasprisma, wie es der Renaissance-Forscher Issac

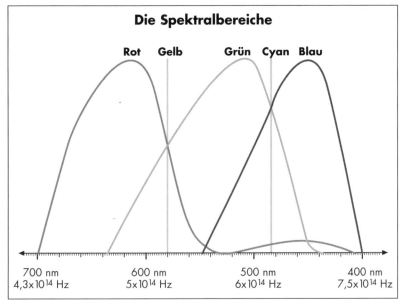

*Abbildung 131 – Je nach Wellenlänge und Frequenz wandeln die Zäpfchen-
zellen im Auge aufgenommenes Licht in Farbeindrücke um. Gelb entsteht
beispielsweise aus einer gleichwertigen Mischung von Wellen des Rot- und
Grünbereiches im Schwingungsband.*

Newton vorführte, oder gebrochen an der Grenzfläche zwischen Luft und Wassertröpfchen bei Niederschlag – die Regenbogenfarben sind die Spektralfarben.

Betrachtet man die gesamte Palette der Spektralfarben, die sich bei solchen Brechungen ergeben, findet man im Groben drei sogenannte Spektralzonen vor: einen Rotbereich („niedrigwelliger Bereich" um etwa 620 Nanometer), einen Grünbereich (um etwa 520 Nanometer) und einen Blaubereich (um etwa 450 Nanometer). Und auf diese drei Bereiche mit ihren unterschiedlichen Wellenlängen ist das menschliche Auge abgestimmt.

Fällt eine Licht-Schwingung mit einer bestimmten Frequenz durch die Pupille, wird diese Schwingung auf die dahinterliegende Netzhaut projiziert. Dort löst sie Reize bei den für das „Farbsehen" zuständigen Rezeptoren aus, den Zapfen, von denen es drei Typen gibt (insgesamt besitzt der Mensch etwa 6,5 Millionen Zapfen). Ein Typ von Zapfen reagiert auf die blauwelligen Impulse, einer auf Rot- und einer auf Grünfrequenzen. Werden alle drei Zapfenarten gleichmäßig „gekitzelt", tritt also die gesamte Spektralpalette auf die Netzhaut, empfinden wir weiß, einen unbunten Eindruck; die Reize addieren sich zu einer neutralen Empfindung. Kommt gar kein Reiz, sehen wir ebenfalls unbunt, nämlich schwarz; alle Zapfen bleiben unaktiviert. Sind aber die Reize der einzelnen Wellenbereiche unterschiedlich, werden Blau-, Rot- und Grünempfindungen „gemischt" und erzeugen einen bestimmten Farb-Eindruck (ein Prinzip, auf dem auch die additive Farbmischung beruht, mehr dazu weiter unten).

Kein Sportwagen ist also aus sich selbst heraus profilneurotisch-rot. Fällt Licht auf seine Karosserie, wirft diese an das menschliche Auge lediglich jene Frequenzwellen zurück, die die zuständigen Netzhaut-Zapfen als „Rot" entschlüsseln können; die beiden anderen Zapfenarten bleiben mehr oder minder inaktiv, weil die blau- und grünreizenden Schwingungen von der metallischen Materie der Chauvi-Kutsche verschluckt werden, abgelenkt oder gebrochen. Wir sehen nur, was zurückkommt.

Farbmischverfahren: Monitor und Papier

Wer mit Farbe umgeht, sie gestalterisch einsetzt, verfolgt das Ziel, Farbreize bei Betrachtern künstlich zu erzeugen. Wer farbig gestalten

will, hat also zwei Möglichkeiten: er muß entweder Licht in einer bestimmten Frequenz direkt erzeugen (lassen) und damit das Auge unmittelbar zu einer Farbempfindung reizen; oder dafür sorgen, daß
vorhandenes Licht auf einer bestimmten Materie – in der Presse also
vor allem auf Papier – so gebrochen, geschluckt und schließlich in genau den Anteilen ans Auge gesendet wird, daß der erwünschte Farbeindruck entsteht.

Entsprechend gibt es zwei verschiedene Mischverfahren, mit deren
Hilfe heute „Farbe" erzeugt wird: die additive Farbmischung, bei der
Licht erzeugt und in bestimmten Anteilen von Wellenlängen gemischt und gefiltert wird, und die subtraktive Farbmischung, die vor-
handenem Licht bestimmte Anteile von Wellenlängen entzieht. Im ersten Falle handelt es sich also um „direkten" Farbreiz aufs Auge, im
anderen um „indirekten", damit aber auch weniger „kontrollierba-
ren", weil die Lichtquelle, unter der Farben absorbiert werden, nicht
bekannt ist. Grundsätzlich aber ist es mit beiden Mischverfahren
möglich, farbliche Eindrücke des gesamten wahrnehmbaren Spektrums zu erzeugen.

Wer Computer zur Gestaltung für Printmedien einsetzt (und unter
den Infografikern sind das die allermeisten), wird, bewußt oder unbewußt, bereits mit beiden Verfahren zu tun gehabt haben.

Additive Farbmischung: RGB und die Mattscheibe

Die additive Farbmischung ist das Grundprinzip der Farbenerzeu-
gung auf Monitoren aller Art; seien es Fernseher oder Computer-Bild-
schirme. Auch für die Gestaltung von Auftritten im World Wide Web
oder für CD-ROMs ist das RGB-Verfahren daher das Gängige.

Die additive Farbmischung basiert auf den dem sichtbaren Spektrum
entlehnten Grundfarben Rot, Grün und Blau (in vielen Programmen
ist vom „RGB-Modus" die Rede). Ein ausgeschalteter Monitor sendet
keine der drei Grundfarben der additiven Farbmischung aus. Das
heißt: kein Zapfen der menschlichen Netzhaut wird gereizt, der Bildschirm erscheint schwarz. Wer auf seinem Monitor ein „Weiß" emp-
findet, empfängt Lichtwellen, die in ihrer Mischung den gesamten
Spektralbereich abdecken, also Rot, Grün und Blau in jeweils gleicher
Intensität (zu jeweils 100%). Ein Gelbton beispielsweise ergibt sich in
der additiven Farbmischung aus einem Teil (oder 100%) Grün, einem

Teil (100%) Rot und keinem Teil (0%) Blau.
Obwohl das additive Farbmischverfahren prinzipiell „direkt" aufs
Auge wirkt, ist Farbsicherheit auch am Monitor eine Illusion. Kein
Bildschirm ist exakt wie der andere eingestellt (das zeigt sich schon
an der erstaunlichen Bandbreite verschiedener Farbeindrücke, die in
der Regel Fernseher im Fachgeschäft aufweisen, auf denen dasselbe
Programm läuft). Exakte, „farbechte" Bildschirmkalibrierung ist ein
kompliziertes Verfahren, das dennoch eigentlich nie zum ganz exakten Eindruck führt.

Subtraktive Farbmischung: CMYK und die Drucktechnik

Presse ist Papier, und Papier ist keine Lichtquelle. Was wir also in Zeitung oder Zeitschrift sehen, ist „nur" das Licht, das von einer Lichtquelle auf die Materie Papier fällt, dort in Teilen absorbiert und in
ihren „Wellen-Resten" von dort ans Auge abgestrahlt wird.
Die Mannigfaltigkeit des Farbspektrums lebensecht und vorlagenge-
treu auf diesen Grund zu bannen, mit Papier einen Farbreiz zu erzeugen, Stoffe zu finden, die dem Licht genau die Spektraltöne entziehen, die nicht „gesehen" werden sollen – das war (und ist bis heute) eine der interessantesten Aufgaben, denen sich die Druckindustrie
zu stellen hat.
Zeitungs- und Zeitschriftendruck funktioniert nach den Prinzipien
der subtraktiven Farbmischung. Sie basiert auf den Grundfarben
Cyan, Magenta und Yellow (Gelb) sowie dem „Kontrast-" oder „Dunkelwert" Schwarz („CMYK-Modus"). Zwar ermöglichen chemische
Herstellungsverfahren, diese Basisfarben in einigermaßen gleichblei-
bender Qualität anzubieten. Auch existieren internationale Normen
für diese Grundtöne, doch wer genauer hinschaut, wird feststellen,
daß bereits das amerikanische Cyan beispielsweise weit „blauer" ist
als das der sogenannten Euro-Norm. Mit der Farbsicherheit ist es also auch in diesem Verfahren nicht viel weiter her als bei der additiven
Farbmischung. Eher im Gegenteil: Der Farbeindruck variiert zusätzlich je nach Art der Lichtquelle, ist abhängig von der Papierqualität –
und wenn nur eine der Druckfarben in zu reicher Konzentration auf
den Bedruckstoff gerät, ist die Wirkung beeinträchtigt.
Bei der subtraktiven Farbmischung wird davon ausgegangen, daß
der Untergrund neutral, meistens also „weiß" ist. Anders als bei der

FARBBILD

Durch Filterung wird das Bild in die Druckfarben Cyan, Magenta, Gelb und Schwarz aufgeteilt.

CYAN   MAGENTA   GELB   SCHWARZ

Erstellung von Druckplatten

DRUCK

Abbildung 132 – Prinzip des Vier-farbdrucks: Das Originalbild wird per Lichtfilter in die Grundfarben zerlegt. In vierteiligem Druckver-fahren kommt mittels Druckplatten Farbe für Farbe aufs Papier.

additiven Farbmischung bedeu-tet also die völlige Abwesenheit der Grundfarben (0% Cyan, 0% Magenta, 0% Yellow), daß ein „weißer" Eindruck erzeugt wird. Prinzipiell läßt sich auch in die-sem Verfahren durch die Kombi-nation jeweils zweier Grundfar-ben jede Farbe des Spektrums darstellen; tritt die jeweils dritte dazu, wird nicht der Ton verän-dert, sondern lediglich die Dun-kelheit des Farbeindrucks. Das heißt, eine Mischung aus 100% Cyan, 100% Magenta und 100% Yellow ergibt – einen Schwarz-ton. Der allerdings entsteht be-quemer durch die „Mischung" von 0% Cyan, 0% Magenta, 0% Yellow und 100% Schwarz.

Ein farbiges Bild kommt im Druckhaus aufs Papier, indem in vier Druckdurchgängen, mit vier sogenannten Druckplatten, der Bedruckstoff gezielt und Raster-punkt für Rasterpunkt mit Antei-len der jeweiligen Druckfarbe be-legt wird – es entsteht ein Vier-farb- oder auch „4c"-Bild (=„4 colours", vgl. Abbildung 132 und 135 bis 139).

Echtfarben

In Einzelfällen bilden die soge-nannten „Echtfarben" einen an-satzweise sicheren Ausweg aus dem Dilemma im Übergang zwi-

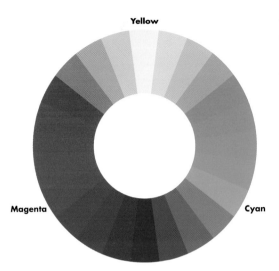

Abbildung 133 – Ein 24teiliger Farbtonkreis. Die drei Druckgrundfarben Cyan, Magenta und Yellow (Gelb) sind hier im Dreieck angeordnet und durch Zwischenstufen miteinander verbunden.

Abbildung 134 – Der Farbtonkreis, ergänzt durch Helligkeits- und Dunkelstufen. Konzentrisch von der Mitte ausgehend verringert sich der Schwarzanteil des jeweiligen Farbtons von 100 auf 0 Prozent, nach außen hin steigt der Weißanteil von 0 auf 100 Prozent. Auf diese Weise entsteht beispielsweise Orange mit Schwarzbeimischung – Braun.

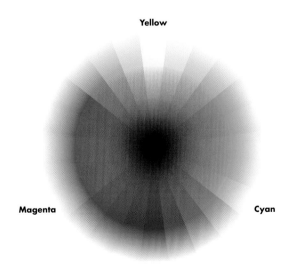

Cyan Magenta

Gelb Schwarz

Abbildung 135 bis 139 – Im Vierfarbendruck summieren sich die Grundfarben Cyan, Magenta, Yellow sowie die der Kontrastton Schwarz zum Farbbild.

Abbildung 140 und 141 – Farbe als Instrument der Benennung von Sachverhalten. In der Grafik rechts werden realitätsähnliche Farben verwendet, um den dokumentarischen Charakter des Bildes zu betonen. Unten repräsentieren symbolische Schraffurtöne die Information (Rot=linke politische Ausrichtung, Schwarz=konservative Gesinnung).

Telearbeitsplatz
Das Bundesforschungsministerium rechnet bis zum Jahr 2000 mit einer Erhöhung der Telearbeitsplätze von derzeit etwa 150 000 auf 800 000.

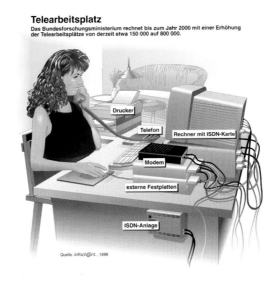

Quelle: infoch@rt., 1998

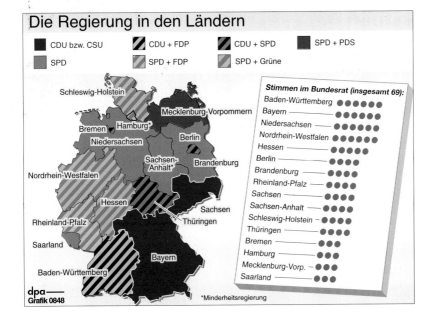

Die Regierung in den Ländern

- ■ CDU bzw. CSU
- ▨ CDU + FDP
- ▨ CDU + SPD
- ■ SPD + PDS
- ▨ SPD
- ▨ SPD + FDP
- ▨ SPD + Grüne

Schleswig-Holstein
Mecklenburg-Vorpommern
Bremen · Hamburg*
Niedersachsen
Berlin
Sachsen-Anhalt*
Brandenburg
Nordrhein-Westfalen
Hessen
Sachsen
Rheinland-Pfalz
Thüringen
Saarland
Bayern
Baden-Württemberg

Stimmen im Bundesrat (insgesamt 69):

Baden-Württemberg ●●●●●●
Bayern — ●●●●●●
Niedersachsen — ●●●●●●
Nordrhein-Westfalen ●●●●●●
Hessen — ●●●●●
Berlin — ●●●●
Brandenburg — ●●●●
Rheinland-Pfalz — ●●●●
Sachsen — ●●●●
Sachsen-Anhalt — ●●●●
Schleswig-Holstein – ●●●●
Thüringen — ●●●●
Bremen — ●●●
Hamburg — ●●●
Mecklenburg-Vorp. – ●●●
Saarland — ●●●

dpa——
Grafik 0848

*Minderheitsregierung

Abbildung 142 – Farbe als Instrument der Benennung von Sachverhalten. Die farbliche Ausgestaltung dieser Zuordnungsgrafik macht das Thema des dazugehörigen Beitrags ersichtlich: Autofahren in deutschen Landen.

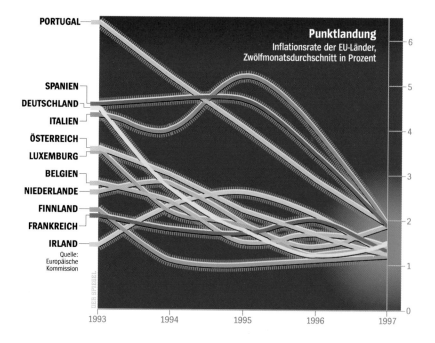

Abbildung 143 – Farbe als Instrument der Abgrenzung: Die Farbskala ist reich, kennt aber auch Grenzen, was die Funktion der kontrastiven Herausstellung angeht – wie diese Grafik verdeutlicht.

Blockierte Gier

Wer wachsen will, braucht Nahrung.
Deshalb verströmt der Tumor
Botenstoffe. Sie sollen
Blutgefäße zum Wachsen anregen.
Dieses Aussprießen neuer Gefäße
heißt Angiogenese.

Neue Adern
wachsen in
Richtung
Tumor und
versorgen
ihn mit
Sauerstoff,
Nahrung
und Energie.

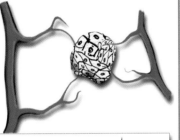

Nun wächst
der Tumor
ungebremst
und streut
womöglich
Metastasen
in die
Blutbahn.

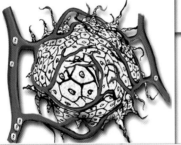

Medikamente (▶)
sollen die
Neubildung
der Gefäße
hemmen.
Dadurch würde
der Tumor in
seinem
Wachstum
gestoppt. In
Mausversuchen
sind Tumoren
der Lunge sogar
geschrumpft,
nachdem man
ihnen die
Angiogenese-
Blocker
gespritzt hatte.

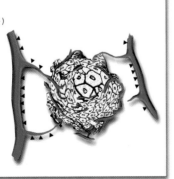

Abbildung 144 – Farbe als ein Instrument der Herausstellung: Beispiel für meisterhaften Einsatz einer einzigen Zusatzfarbe, zugleich Nachweis der These, daß Farbenvielfalt nicht unbedingt qualitative Verbesserungen nach sich zieht. Die Signalfarbe Rot wird in dieser ZEIT-Grafik gezielt zur Betonung wichtiger optischer Aspekte eingesetzt.

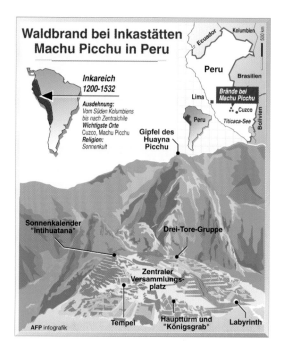

Abbildung 145 – Farbe als Instrument der kontrastiven Abgrenzung und als Symbol der Zusammengehörigkeit: Rote, grüne und blaue Töne grenzen in dieser Grafik verschiedene Bereiche ab. Rot als stärkste Farbe in diesem „Dreigestirn" bezeichnet den wichtigsten Bereich.

Abbildung 146 – Farbe als Instrument der Herausstellung: In diesem Balkendiagramm sind die Werteausprägungen in einem zarten Gelb gehalten, die Werte für Voralberg (Sitz der Zeitung) und Österreichs insgesamt sind durch kräftigere Töne hervorgehoben.

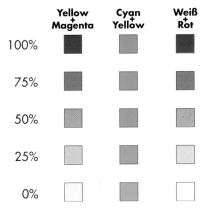

Abbildung 147 – Farbe und quantitative Ausprägung: Farbtöne an sich re-präsentieren keine Mengenrelationen. Zur Bezeichnung von Mengen bietet sich eher die „einpolige" sukzessive Beimischung eines Farbtons zu einem anderen an (die Werte links bezeichnen die anteilige Beigabe des oben jeweils zweitgenannten Farbtons zum ersten). Die Abbildung verdeutlicht, daß die Skala möglichst bei einer hohen Helligkeitsstufe beginnen sollte (links), am besten bei Weiß (rechts). Farben mit ähnlichem Dunkelwert eignen sich da-gegen weniger zur quantitativen Abstufung (Mitte).

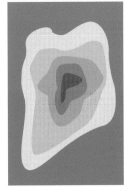

Abbildung 148 und 149 – Farben verdeutlichen Höhenunterschiede: Gelän-destrukturen werden in Farben „übersetzt" (links; Weiß für Berggipfel, Brauntöne für niedrigere Erhebungen, Grün für flache Bereiche, Blau für Gewässer) oder mit Hilfe linear abgestufter Farbtöne (rechts).

Abbildung 150 – Farbe verdeutlicht Mengenverhältnisse: Geht es, wie in dieser Grafik, um „einfache" Mehr- und Minderheitsverhältnisse, können in Einzelfällen auch willkürliche beziehungsweise parteigebundene Farben zur Darstellung von Mengenverhältnissen eingesetzt werden.

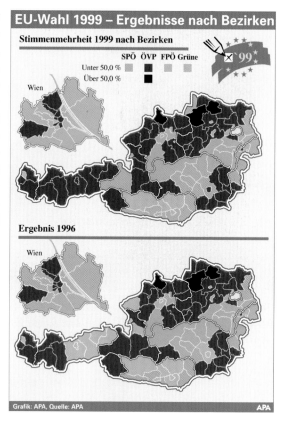

Abbildung 151 – Kontrastierende Töne: Die informationstragenden Säulen heben sich durch dunkle Farbgebung klar vom Hintergrund ab, die ausufernden Verspätungen in dem Kreisdiagramm sind durch sehr warme Farben vom „kalten" Rest abgesetzt.

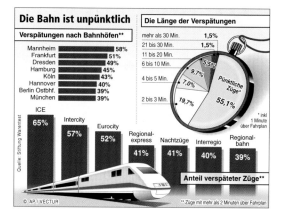

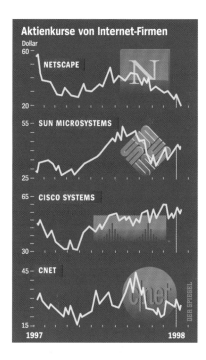

Abbildung 152 – Der Komplementärkontrast: Kräftige Blauviolette und gelbe Töne kontrastieren stark, dienen der Abgrenzung, harmonieren aber optisch ausgezeichnet.

Abbildung 153 – Der Warm-Kalt-Kontrast: Die Farben des gelb-roten Bereichs treten hervor und tragen in dieser Grafik auch die zentralen Informationen.

Abbildung 154 – Der Bunt-Unbunt-Kontrast: Gemäß der „Weltraum"-Thematik dominiert in dieser Grafik das unbunte Schwarz. Es wird aber durch kräftige und bunte Farben aus der Kinowelt kontrastiert. Dadurch entsteht eine sinnvolle Abgrenzung und ein harmonischer Gesamteindruck.

Abbildung 155 – Der Viel-Wenig-Kontrast: Das starke Rot ist in dieser Grafik dezent zur Bezeichnung der Kerninformation eingesetzt.

Abbildung 156 – Der Hell-Dunkel-Kontrast: Starke Farben tragen die zentrale Information, blassere Töne illustrieren im Hintergrund, Weiß als Inbegriff des Hellen ist die Basisfarbe der Grafik.

Abbildung 157 bis 159 – Der Simultankontrast: Die Grauflächen in den Quadraten sind sämtlich identisch, wirken aber im Zusammenspiel mit den unterschiedlichen Umgebungsflächen heller oder dunkler.

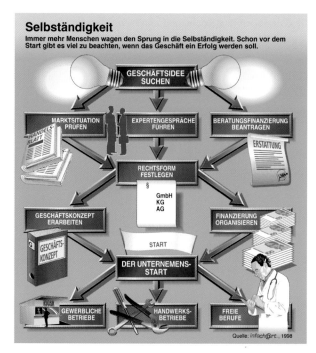

Abbildung 160 – Die Signalfarbe Gelb: Der Farbton tritt optisch stark hervor, ist aber in dieser Grafik angemessen eingesetzt, weil er flächenmäßig nicht dominiert und als Leitelement fungiert.

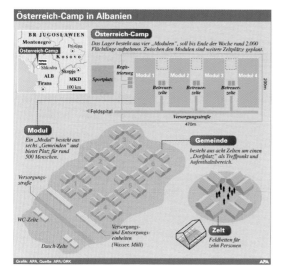

Abbildung 161 – Dem Thema angemessen dezente Grafik; die Farbgebung (das zurückhaltende Grün als dominierender Ton, das ruhige Blau als Schlagzeilenunterlegung, Grau als Basisfarbe) in Verbindung mit Rot-Herausstellern läßt dieses Bild klar, nüchtern und pointiert wirken.

Abbildung 162 – Gelb muß nicht aufdringlich wirken; versetzt mit Rot, tendiert es zum neutraleren und freundlicheren Orange.

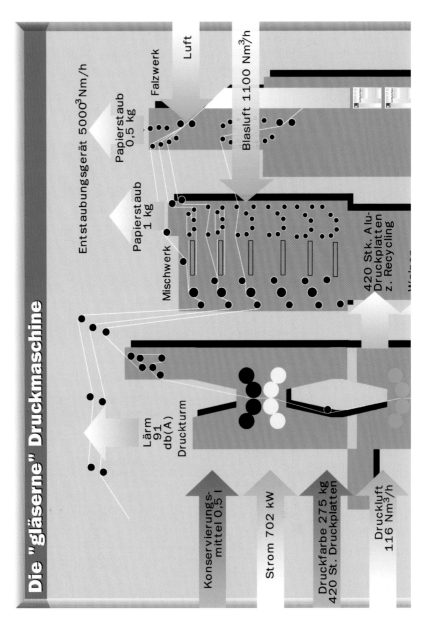

Abbildung 163 – Mit Hilfe der für sie typischen dezenten Farben ...

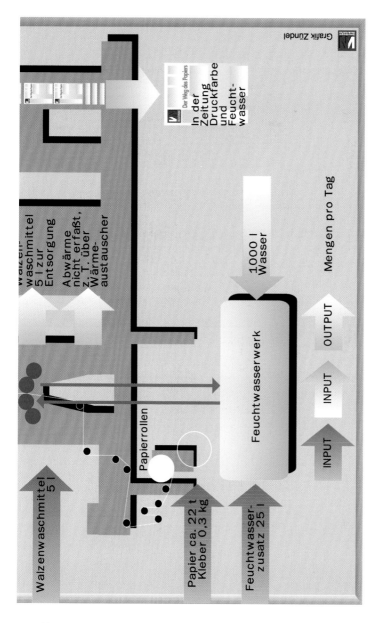

... erklären die VORALBERGER NACHRICHTEN *den Farbdruckprozeß.*

Abbildung 164 – Dem heiklen Thema angemessen: Dezente, gedeckte Farben wirken sachlich und zurückhaltend.

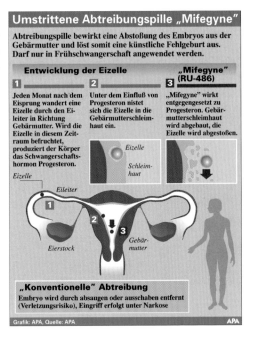

Umstrittene Abtreibungspille „Mifegyne"

Abtreibungspille bewirkt eine Abstoßung des Embryos aus der Gebärmutter und löst somit eine künstliche Fehlgeburt aus. Darf nur in Frühschwangerschaft angewendet werden.

Entwicklung der Eizelle

1 Jeden Monat nach dem Eisprung wandert eine Eizelle durch den Eileiter in Richtung Gebärmutter. Wird die Eizelle in diesem Zeitraum befruchtet, produziert der Körper das Schwangerschaftshormon Progesteron.

2 Unter dem Einfluß von Progesteron nistet sich die Eizelle in die Gebärmutterschleimhaut ein.

„Mifegyne" (RU-486)

3 „Mifegyne" wirkt entgegengesetzt zu Progesteron. Gebärmutterschleimhaut wird abgebaut, die Eizelle wird abgestoßen.

Eizelle
Schleimhaut

Eizelle
Eileiter
Eierstock
Gebärmutter

„Konventionelle" Abtreibung
Embryo wird durch absaugen oder ausschaben entfernt (Verletzungsrisiko), Eingriff erfolgt unter Narkose

Grafik: APA, Quelle: APA   APA

Feuergraben
Neuer Fuß- und Radweg mit Bahnunterführung
Fr. Maurerweg
Gartenstraße
Hamel
164-er-Ring
Kastanienwall
Sandstraße
Koppentraße
Scharnhorststr.
Basbergstraße
Sedemünderstraße
Deisteralle
Berliner Platz
Grafik: dt/hth

Abbildung 165 – Signalfarbe Rot: Diese Grafik bestätigt dieses Charakteristikum und widerlegt es gleichzeitig. Das zentrale optische Element ist in einem kräftigen Rot gehalten und tritt hervor – doch auch die restliche Grafik ist rotdominiert, allerdings ist der Ton stark aufgerastert; so „entschärft" verliert Rot viel von seiner Aggressivität.

schen Bildschirm- und 4c-Farbmischung – und womöglich eine Alternative zur Senkung von Druckkosten dazu. Echtfarben sind spezielle Farbmischungen, deren Hersteller zusätzlich zum Druckstoff auch Papierproben im Angebot führen, die mit den angebotenen Tönen bedruckt sind (meistens sind diese Papiere zusammengefaßt in sogenannte „Fächer"). Entscheidet sich also der Gestalter für einen dieser Farbtöne, weiß der Drucker genau, welcher Farbeindruck im Produkt beabsichtigt wird. Er kann die Maschinen also solange regulieren, bis der gewünschte Farbeindruck auf dem Papier ist. Echtfarben sind reine Farben. Mischung ist nicht vorgesehen, Farbfotos sind mit ihnen also nicht produzierbar. Arbeit mit Echtfarben empfiehlt sich also nur, wenn auf einer Seite reine Farben vorgesehen sind – und zwar in der Regel nicht mehr als vier davon. Denn jede Farbe erfordert eine eigene, teure Druckplatte und einen Druckdurchgang mehr – und auch Papier ist nur begrenzt aufnahmefähig. Gerade für Tageszeitungen sind Echtfarben allerdings oft eine Alternative: Viele Blätter setzen nach wie vor auf Schwarz als „Textfarbe" und eine ergänzende Haus-Schmuckfarbe. Auch der Umschlag dieses Buchs ist im übrigen Ergebnis eines zweistufigen Druckvorgangs: Zum Schwarz kam in diesem Falle ein Rosaton.
Das international bekannteste Echtfarben-System ist das der Firma PANTONE, in Deutschland wird oft und gerne auf die sogenannten HKS-Farben zurückgegriffen, die allerdings längst nicht so eine breite Palette aufbieten wie die Konkurrenz aus den USA.

6.3 Farbcharaktere und Farbsymbolik

Farben sind Persönlichkeiten. Sie haben Charakter. Sie entfalten ästhetische Wirkung, alleinstehend oder in Kombination mit anderen Farben. Manche Töne schreien, springen ins Auge, drängen wie ungeduldige Diven in den Vordergrund, überlagern konkurriernde Farben geradezu aggressiv. Andere wiederum strahlen Ruhe aus, Seriösität, Reife, oder sie bleiben schlicht vornehm-neutral. In verschiedenen Helligkeitswerten wiederum kann ein und derselbe Farbton auch chamäleonartig seinen Charakter wechseln: Da wird dann das leidenschaftliche Vollton-Rot in der Rasterung zum zarten Baby-Rosa. Farben sind aber auch Stimmungsmacher (oder eben auch Stimmungstöter): Die Psychologie konnte zeigen, daß verschiedene Farben in unterschiedlicher Form Einfluß nehmen können auf unser körperliches und seelisches Wohlbefinden. Versuche haben sogar gezeigt, daß Menschen mit bestimmten Farben Eindrücke in Verbindung bringen, die sie eigentlich mit ganz anderen Sinnen aufnehmen: Geschmack, Lautstärke, Wärme, Wohlbefinden, Angst.

Nicht zuletzt verstanden sich Menschen schon immer darauf, Farben eine symbolhafte Wirkung zu verleihen – und sie damit nicht selten für ihre Zwecke zu vereinnahmen. Häufig wurde und wird diese Symbolik einfach aus der Natur geborgt: da wird der Blauschimmer des Ozeans eben zur Farbe des Wassers, das Grün der Blattkronen zum Zeichen des Waldes – und über diesen Umweg letztlich sogar zur Parteifarbe.

Doch auch allerlei Abstraktes wird heute symbolisch mit konkreten Farbtönen in Verbindung gebracht. Es sind Assoziationen, die sich aus fester Tradition und vager Überlieferung entwickelt haben oder – mehr oder minder willkürlich – irgendwann einmal als „Marke" eingeführt wurden und sich in der gesellschaftlichen Wahrnehmung verfestigt haben. Allerdings bleiben derlei farbliche Bedeutungs-Konventionen, sogenannte Symbol-Farben, sehr oft auf einen bestimmten Kulturkreis beschränkt: Weiß beispielsweise symbolisiert in China alles andere als Reinheit oder Hygiene – sondern den Tod.

In Zentraleuropa aber gilt: Wer sich erstmals ins gerade eröffnete Restaurant nebenan begibt, weiß, welchen Hahn der Mischbatterie er zu öffnen hat, um auf der Toilette warmes Wasser zu bekommen: den roten. In der katholischen Kirche symbolisieren die Liturgischen Farben den Rang eines Priesters in der Würdenhierarchie, aber auch den zeremonischen Anlaß, der zu zelebrieren ist.

Staaten küren Farben oder Farbkonstellationen zu National-Symbolen. Weltanschauliche Überzeugungen werden mit Farben assoziiert, gerne auch vom politischen Gegner: da ist die Rede von rotlackierten Faschisten, braunen Überzeugungstätern und schwärzestem Nationalismus. Selbst in seriösen Nachrichtensendungen wird über die

Möglichkeit einer Ampel-Koalition spekuliert. Vereine, Verbände und profitorientierte Unternehmen erklären Farben zum Identifikationsmerkmal.

Gerade bei der Auswahl, vor allem aber der Erstellung von Infografiken sollten all diese „Farb-Bindungen" ernst genommen werden. Auch hier gilt das Gesetz der Konvention: Effiziente, schnelle Kommunikation, wie sie gerade im Journalismus gefordert ist, muß Verwirrung meiden, Neues mit bekannten Methoden oder eben Farben vermitteln. Es hat keinen Sinn, natürliche Farbvorgaben oder verfestigte farbliche Symbolik als ungebührliche Beschneidung gestalterischer Entfaltungspotentiale zu begreifen. Viele Farb-Assoziationen sitzen tiefer verankert, als man gemeinhin erwarten würde. So wäre wahrscheinlich sogar der Versuch zum Scheitern verurteilt, eine noch so erfrischende Zitrus-Brause in blauen Dosen auf den Markt zu werfen: Die meisten Konsumenten würden vermutlich Mineralwasser im Innern erwarten. Dabei ist unerheblich, ob das nun daran liegt, daß Zitrusfrüchte an grünlichen Sträuchern wachsen, oder daran, daß Gelb eine effiziente Signalfarbe ist, oder daran, daß bekannte Marken bereits grün und gelb zur Zitronenlimo-Farbe erhoben haben.

6.4 Farbkomposition

Farbliche Harmonie und journalistische Intention der Infografik müssen keineswegs in Widerspruch stehen. Im Gegenteil: Viele Leitlinien guter Farbkomposition sind durchaus kompatibel mit dem Ziel, einen Sachverhalt bestmöglich farblich zu benennen, Aspekte zu betonen. Im übrigen: Es ist definitiv ausgeschlossen, Farbe und Farbkompositionen *ausschließlich* zur Faktendarstellung einzusetzen. Farbe wirkt immer, ob man es will oder nicht, selbst der bewußte Verzicht darauf. Wer farbige Grafiken mit noch so seriös-journalistischem Anspruch entwirft, kommt also gar nicht umhin, die ästhetische Komponente einzubeziehen.

Welche Farbe also paßt zur anderen, welche ergänzen einander, und in welchem Verhältnis? Grundsätzlich gilt: Gefühl, Spannung, Reiz, aber eben auch informative Wirkung und nachrichtliche Abgrenzung ist am besten auszulösen durch Gegensatz. Durch kontrastive Komposition von Farbtönen. Diese Kontraste offenbaren sich sehr anschaulich im sogenannten Farbtonkreis.

Der Farbtonkreis
Ordnet man jeweils alle drei Farben eines Mischverfahrens im Dreieck an und schafft man durch Mischung entsprechende Zwischenwerte, entsteht ein Farbtonkreis (Abbildung 166 sowie 133 und 134, Seite 161). Dieser verdeutlicht nicht nur das enorme Farbenspektrum, das sich aus der wechselseitigen Mischung ergibt – er ist auch für die funktionale ästhetische Kombination verschiedener Farbtypen eine hilfreiche Stütze. Für die folgenden Sätze allerdings gilt besonders: Es sind Anregungen, Anhaltspunkte, die das Farbexperiment erleichtern – aber kein Königsweg zur gelungenen Grafik. Wer mit Farbe und ihrer Wirkung umgehen will, muß sie anwenden, erfahren, sie ausprobieren.

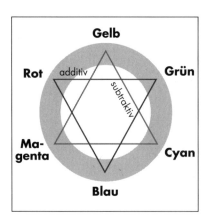

Abbildung 166 – Das Konstruktionsprinzip des Farbtonkreises: Die Grundfarben der additiven oder der subtraktiven Farbmischung werden auf Grundlage eines gleichschenkligen Dreiecks in gleichem Abstand angeordnet, zum Kreis vervollkommnet und mit beliebig vielen Zwischenstufen versehen.

Der Komplementärkontrast
Der wichtigste Kontrast in der Welt der Farben ist der Komplementärkontrast. Die ebenso schlichte wie effektive Regel lautet dabei, daß im Farbtonkreis diejenigen Farben den größten Kontrast, die größte Gegensatzspannung, in der Kombination aber auch die größte Harmonie vermitteln, die am weitesten voneinander entfernt liegen (und sich in der Mischung zu Dunkelgrau addieren), nahegelegene dagegen einander in der Wirkung dämpfen. So bilden

beispielsweise Gelb- und Violett-Töne sehr spannungsreiche Paare, aber auch blaugrüne und rote. Kommen mehr als zwei Farbtöne zum Einsatz, sollten diese im Farbtonkreis jeweils einen ungefähr gleichen Abstand zum jeweils nächsten aufweisen; bei drei Farben also zeichne man ein gleichseitiges Dreieck in den Kreis, bei vier Farben ein Quadrat (vgl. auch Abbildung 152, Seite 169).

Komplementärfarben eignen sich jedoch gerade wegen ihrer Unterschiedlichkeit auch zur farblichen Abgrenzung vor allem einzelner Bedeutungshierarchien, informationstragender und ergänzender Elemente also, innerhalb einer Grafik. Informationstragende Balken und informationsstützende Clips sind farblich-kontrastiv voneinander abzusetzen und in ihren Bedeutungshierarchien zu bennenen.

Dies sind recht technokratische Auskünfte, die sich in der Erfahrung des Alltags verfeinern und sicherlich auch bedingt relativieren lassen; grundsätzlich aber ist bis heute kein System erdacht worden, effektive Kontraste vergleichbar einfach, anwendbar und übersichtlich zu gestalten.

Ein Komplementärkontrast birgt allerdings auch Gefahren: der aus Rot und Grün. Schätzungsweise zehn Prozent aller Deutschen leiden unter einer Rot-Grün-Schwäche (und zwar fast nur Männer, keiner weiß genau warum). Diese Menschen empfinden Kombinationen aus kräftigen roten und grünen Tönen als flimmernd, anstrengend, gar abstoßend. Das alles bedeutet nicht, daß Rot-Grün-Kombinationen als Alternative gänzlich ausfallen – aber sie sollten bewußt und nicht zu großflächig eingesetzt werden.

Der Warm-Kalt-Kontrast

Vom Farbtonkreis kann man auch ausgehen, wenn man einen weiteren, effizienten Gegensatz herstellen möchte: den Warm-Kalt-Kontrast. Im Farbtonkreis finden sich im gelb-roten Spektrum die eher warmen, im blau-grünen die tendenziell kälteren Farbtöne. Das ist sogar wissenschaftlich erwiesen: Rot-orange Töne regen die Blutzirkulation in Mensch und Tier nachweislich stärker an als blau-grüne, die den Kreislauf eher „dämpfen". In der Kombination ergeben auch diese Gegensatzpaare recht harmonische Resultate. Dabei eignen warme Farben besonders zur „Tönung" informationstragender, kalte eher zur Einfärbung begleitender Elemente (vgl. Abbildung 153, Seite 169).

Auch hier gilt natürlich: Der Farbtonkreis ist nur eine Richtgröße. Gestalter mit Farberfahrung werden auch andere, harmonische Kombinationen herzustellen wissen, die nicht ganz mit diesem simplen Kreis-Schema in Einklang zu bringen sind. Ein Einstiegshelfer und Notanker bleibt es aber.

Der Bunt-Unbunt-Kontrast

Ein weiterer Kontrast ist der Bunt-Unbunt-Kontrast. Zur Erinnerung: unbunte Farben sind jene Farben, die keinen Farbton aufweisen, also Schwarz und Weiß sowie die dazwischenliegenden Graustufen.
In Infografiken kann dieser Kontrast sehr nutzbringend eingesetzt werden. Dabei gilt aber prinzipiell: Unbunte Farben sollten den Hintergrund, die Grundierung bilden, die bunten Farben die informationstragenden Elemente ausmachen (andersrum geht natürlich auch – vgl. Abbildung 154, Seite 170).
Vor strahlend weißem oder Vollton-schwarzem Grund kommen bunte Farben immer noch mit am besten zur Geltung. Gerade die wärmeren Farbtöne entfalten auf schwarzer Unterlegung eine noch leuchtendere Wirkung. Und nicht umsonst gilt vor allem die „Farbe" Grau in ihren vielen Abstufungen bis heute als eine der effektivsten Grundierungsfarben überhaupt in der Malerei.
Lediglich das unbunte Schwarz eignet sich durch seine eigentümliche Kraft sowohl zur Grundierung als auch zur informationstragenden Farbe. Als Schriftfarbe ist und bleibt es ohnehin unübertroffen – am besten auf weißem Grund. Weiß als informationstragende Farbe ist dagegen, wenn eingesetzt, auf einen möglichst dunklen Grund angewiesen. Dennoch bleibt Weiß als informationstragende Farbe immer in der Gefahr, unterzugehen im farblichen Umfeld.

Der Hell-Dunkel-Kontrast

Zur Erinnerung: Jede Farbe hat eine Eigenhelle, eine eigenständige Leuchtkraft. Die Fremdhelle einer Farbe wächst außerdem mit dem Weißanteil, mit der Rasterdichte. Durch Beimischung des „Dunkelwertes" Schwarz wiederum sind Farben eintrübbar.
Kontrastiv in der Komposition wirken Farben mit stark variierender Helligkeit; so entsteht ein Hell-Dunkel-Kontrast (vgl. Abbildung 156, Seite 171). Grundsätzlich sollte dabei zur ersten Orientierung gelten,

daß den informationstragenden Elementen in ihrer Farbigkeit eine geringe, den ergänzenden eine höhere Helligkeit beziehungsweise ein größerer Weißanteil zugewiesen werden sollte. Die informationstragenden Elemente sollten also „dunkler", die stützenden tendenziell „heller" ausfallen.

Einen ganz besonderen Hell-Dunkel-Kontrast bilden dabei die beiden „Unbunten": Weiß als farbliche Inkarnation des Hellen und Schwarz als klassischer Dunkelwert ergänzen sich sehr effizient.

In engem Zusammenhang mit dem Hell-Dunkel-Kontrast steht allerdings der Simultankontrast – und der birgt weniger funktionale oder ästhetische Chancen als Risiken: Wird eine helle Fläche von einer dunklen umschlossen, wirkt sie noch heller, von hellen Rahmen eingeschlossene dunkle Flächen dagegen noch dunkler. Das kann dazu führen, daß eigentlich gleichfarbige, inhaltlich zueinandergehörige Flächen plötzlich nicht mehr als gleichfarbig und damit auch nicht mehr als Einheit begriffen werden. Gerade bei farbenreicheren Karten mit exakten Bedeutungszuordnungen kann das Wahrnehmungsprobleme auslösen (vgl. Abbildung 157 bis 159, Seite 172).

Der Viel-Wenig-Kontrast

Ein Bild, das je zur Hälfte aus Grün und Rot besteht, wirkt im Sinne des Komplementärkontrasts ausgewogen – es folgt allerdings nicht den Prinzipien des Viel-Wenig-Kontrasts. Spannung entsteht durch großzügige Flächen und markante, viel weniger umfangreiche Tupfer. Die kleineren Anteile sollten dabei tendenziell immer die kräftigeren Farben einnehmen, weil sie durch ihren geringeren Raumanteil meist optisch an Sättigung einbüßen (vgl. Abbildung 155, Seite 171)

6.5 Farbhierarchien

Es gibt keine feste Hierarchie unter den Farbtönen. Verschiedene Experimente haben inzwischen gezeigt: Bittet man mehrere Personen, verschiedene Farbtöne in eine „logische" Reihenfolge zu bringen,

kommen zwar teilweise ähnliche, insgesamt aber immer noch sehr
unterschiedliche „Rankings" heraus. Farbtöne sind also grundsätzlich ein relativ ungeeignetes Mittel, hierarchisch geordnete Daten
oder Aspekte innerhalb einer Infografik in ihrer Reihung darzustellen.

Ein nachvollziehbares Ranking dagegen bilden Farbtöne, die in ihrem
Weißanteil, ihrer Rasterung, sukzessive zunehmen. Mit derlei Skalen
lassen sich beispielsweise in Flächendichtekarten (Kapitel 5.2, Dritter
Teil) sogar quantitative Werte darstellen. Ähnliches gilt für gestaffelte
Übergänge zweier Farben: Beginnend bei Gelb, wird in fünf Stufen jeweils ein zwanzigprozentiger Blauanteil beigemischt – die Skala verläuft dann über Grün zum Endwert Blau.

Schließlich kommt auch hier wieder die Kraft der Konvention zum
Tragen. Denn für zwei thematische Zusammenhänge haben sich im
Laufe der Zeit eben doch hierarchische Farbskalen eingebürgert, die
zumindest von den meisten Betrachtern unseres Kulturkreises verstanden werden dürften. So ist es Usus, auf Wetterkarten rote und
gelbe Flächen als „warme" Regionen zu identifizieren, „kältere" Ge-
genden dagegen mit blauen oder weißen Flächenfüllungen zu versehen. Auf Landkarten symbolisieren grüne Flächen meist niedriggele-
gene Bereiche, mit wachsender Geländehöhe gehen die Einfärbungen
meist in Braun, später in Weiß über. Diese spezifischen Farbabstufungen können guten Gewissens eingesetzt werden – aber eben nur im
jeweils eingebürgerten Zusammenhang. In anderen Kontexten werden die Hierarchien aller Wahrscheinlichkeit nach nicht verstanden
werden (vgl. Abbildung 147 bis 149, Seite 167).

6.6 Die Farben im einzelnen

Das weiße Blatt, der leere Bildschirm fordert heraus: Eine farbige Infografik ist zu erstellen. Welche Farben sollen verwendet werden?
Auf den folgenden Seiten werden die wichtigsten Töne noch einmal
kurz vorgestellt, in ihrer optischen wie psychologischen Wirkung ge-

wichtet und in ihrem Wert für den Infografik-Einsatz beurteilt. Die Geheimnisse und Klippen der Drucktechnik spielen dabei eine untergeordnete Rolle; deswegen wird von den Farben auch nicht in technischen Termini, wird nicht von „Cyan" und „Magenta" die Rede sein, sondern von „Blau" und „Rot" – von den klassischen „Buntstift"-Farben eben. Beschrieben werden die sogenannten „reinen" oder „Primärfarben" Gelb, Rot und Blau sowie die gleichwertigen Mischungen dieser Töne, die „Sekundärfarben" Orange, Grün und Violett, die auch als „gebrochene Farben" gelten. Die „Unbunten" Schwarz und Weiß runden den Überblick ab.

Insgesamt, das wird dieser Überblick zeigen, empfehlen sich für Infografiken vor allem die Primärfarbe Blau sowie gebrochene Töne, Mischungen mit nicht allzu ausgeprägter Eigendominanz. Rote und gelbe Töne sind in Infografiken alles andere als tabu, sollten jedoch stets mit besonderer Vorsicht gehandhabt werden, gezielt eingesetzt und tendenziell eher mit anderen Tönen gemischt und im Helligkeitswert abgeschwächt zum Einsatz kommen.

Rot

Die Signalfarbe Rot ist, in seiner optischen Wirkung und im Zusammenspiel mit anderen Tönen, relativ dominant. Rot wirkt insgesamt kompakt, relativ schwer, verträgt sich aber – verglichen mit Gelb – mit den meisten anderen Farben noch einigermaßen gut.

Insgesamt sollte Rot, zumindest im reinen Vollton, in der Regel nicht zur einzig dominierenden Farbe in Infografiken gekürt werden. Dazu ist es zu aufdringlich: Nicht umsonst ist die Leitfarbe der Boulevardpresse, die am Kiosk aufzufallen hat, fast immer Rot. Diese optische Dominanz kann in Infografiken hervorragend genutzt werden, um beispielsweise Teileelemente grafisch hervorzuheben: Ein kleiner roter „Klecks" wirkt oft schon Wunder, wenn ein Aspekt zu betonen, zu markieren ist. Insgesamt aber ist Rot meistens nicht in seiner Reinform, sondern eher aufgehellt, also mit Weiß gerastert, zu empfehlen – und vor allem in gebrochener (gemischter) Variante mit anderen Tönen: mit etwas Gelb versetzt, tendiert es zum angenehmen Orange.

Doch gerade bei Rot ist die rein optische Wirkung nicht alles. Rot ist vor allem eine bedeutungsschwangere Farbe. Es ist mit vielerlei Symbolik belegt, mit Assoziationen, die teilweise gar nicht recht zusammenpassen wollen. So gilt Rot als aggressiv, extrem, leidenschaftlich, warnend, verbietend, heiß, feurig, ungestüm, aber auch blutig-verletzend. Andererseits ist Rot aber auch die Farbe der romantischen Liebe und des Traums von der klassenlosen Gesellschaft. Angesichts dieser Fülle verschiedener Bedeutungen empfiehlt es sich in der Infografik also weniger, nach einer Rot-Assoziation zu suchen, sondern eher, ein Ausschlußprinzip zu wählen: An welchen Stellen eignet sich Rot *nicht*?

Zumindest vorsichtig sollte man mit reinem Rot vor allem dann sein, wenn Seriösität hergestellt werden soll, wenn die Grafik nicht übertrieben auffallen soll, also nüchterne quantitative Daten enthält, sachliche Zeichnungen, kartographische Dokumentationen – wird die Farbe zu großzügig eingesetzt, kippt die Grafik leicht ins „Schreiende". Wer also Rot benutzt, sollte dem Ton in irgend einer Form etwas entgegensetzen: durch großzügige Weißflächen drumherum beispielsweise oder einem ähnlichen Anteil komplementären Grüns im Bild.

Gelb

Was die Eigenwirkung angeht, ist zumindest das satte Gelb die „egoistischste" Farbe im ganzen Spektrum. Gelb ist die Farbe mit der stärksten „Leuchtkraft", stark reflektierend – eine Eigenschaft, die die Farbe selbst noch auf relativ stumpfem Papier entfaltet. Im hochprozentigen Raster zieht Gelb deswegen unweigerlich die Blicke auf sich, tritt in den Vordergrund. Damit lenkt es aber auch ab von anderen Tönen.

Grundsätzlich prädestiniert diese natürliche Dominanz das Gelb natürlich als Farbe der wichtigsten, der informationstragenden Elemente in Infografiken. Doch Infografiken stehen in der Regel nicht allein, sondern sind Teil eines Seitenlayouts; eine gelbdominierte Grafik wird daher insgesamt auch zu viel Aufmerksamkeit in der Seiten-Typografie auf sich lenken. Die Ausgewogenheit der Seite wäre gefährdet.

Für Gelb gilt im Grundsatz dasselbe wie für Rot: Es ist in seiner Reinform zu „stark". Wenn schon Gelb in der Infografik, dann entweder sparsam, als Tupfer zur Betonung an markanten Stellen – oder stark mit Weiß versetzt, also gerastert auf zwanzig oder dreißig Prozent, gebrochen mit Elementen eines anderen Tons zu einer Mischfarbe oder ausgeglichen durch eine dezentere Farbe – beispielsweise Blau – als gegenbalancierendem Gegenpol. So „entschärft", kann sich Gelb sogar recht gut als Font machen, also als Hintergrundfarbe, auf der die übrigen Elemente der Grafik ruhen.

In seiner Symbolkraft dagegen ist das Gelb weniger aufdringlich. Prinzipiell wirkt die Farbe recht fröhlich, leicht, frisch, weniger dicht als Rot, es erscheint positiv, es ist die Farbe des Sonnenlichts und der Zitrusfrüchte. Darüberhinaus allerdings ruft Gelb relativ wenige Assoziationen hervor. In seiner Symbolik ist Gelb also eher zurückhaltend.

Blau

Welch ein Kontrast zu den beiden Vorgängerfarben: Blau ist bescheiden, zurückhaltend, ruhig, besonnen. Das gilt für seine optische Wirkung auf Papier und Monitor genauso wie für die Symbolik, die dieser Farbe zugeschrieben wird.

Blau besteht sehr gut in Kombination mit anderen Farbtönen: Es verdrängt nicht, es wird nicht selbst zum Ereignis, und es büßt überraschend wenig an Eigenwirkung ein, auch wenn andere Farben hinzutreten. Blau ist schon aus diesem Grunde die Farbe des Ausgleichs, nüchtern, angenehm zurückhaltend, vernünftig, „tolerant". Nicht umsonst ist Blau die häufigste und flächenmäßig meistverwendete Farbe in Informationsgrafiken, ob im Vollton als informationstragende Farbe oder hell gerastert als Basiston. Grafiken mit hohem Blauanteil strahlen fast schon aus sich selbst heraus eine angenehme Ruhe und Sachlichkeit aus, die Gelb und Rot meistens abgeht.

Vermutlich ist es genau diese optische Eigenwirkung, die das Blau zur bevorzugten Farbe der Finanzwelt hat werden lassen, zur Farbe des Geschäftsberichts, der Börsennachricht, der überparteilichen, sachlichen Presse. Blau ist „rein", es ist die Farbe des gesunden Minaralbrunnens, des korrekten Verhaltens im Straßenverkehr. Blau ist Kulturfarbe, Farbe des Fortschritts, denn sie ist selten in der Tier- und Pflanzenwelt; Blau symbolisiert das von Menschen Geschaffene. Was nicht heißt, daß die Natur gar keine Anhaltspunkte liefern würde: Blau ist die Farbe des friedlichen Schönwetter-Himmels, des ruhigen Ozeans.

Orange

Diese Mischfarbe des aggressiven Gelb und des starken Rot wirkt insgesamt frisch, läßt aber erstaunlicherweise die Aufdringlichkeit ihrer Komponenten vermissen. Orange wirkt eher neutral, läßt ebenso wie Blau andere Farben „leben". Es entfaltet aber selbst im Vollton nur dann visuelle Eigeninitiative, wenn keine konkurrierenden Farben vorhanden sind oder ausschließlich das komplementäre Blauviolett anbeisteht. Orange ist also eher eine „Mitläuferfarbe", es kann stärkere Farben zur Geltung bringen, eignet sich aber selbst nur in bestimmten Konstellationen und auch nur im Vollton als Informationsträger; Orange verliert sich dagegen in Aufrasterung rasch in Bedeutungslosigkeit. Ein Orange-Raster ist als Hintergrund tendenziell nichtssagend, als Informationsträger nur mit wenig Farbkonkurrenz dagegen in der Regel recht wirksam – besonders natürlich mit dem komplementären Blauviolett.

Mit Schwarz vermischt, ergibt Orange den Farbton Braun. Womit bereits die Brücke zur Symbolik geschlagen ist: Orange ist, genau wie eben das „Nazi-Braun", höchstens mit eher negativen Assoziationen verbunden, insgesamt aber in der Menschheitsgeschichte selten mit wichtigen Bedeutungen verknüpft worden (sieht man einmal ab von den Baghwan-Jüngern – welche Assoziation diese Symbolik hervorruft, ist wohl eher eine Frage der religiösen Präferenz).

In der Natur jedenfalls begegnet man Orange höchstens bei Pflanzen, und diese Gewächse wirken meist eher unauffällig. Im besten Falle symbolisiert Orange also Neutralität, und dies mit einer als einigermaßen frisch zu bezeichnenden optischen Wirkung. Braun dagegen ist eher die Farbe des Schlamms, des Kots, der Verwesung. In den meisten Infografiken findet man beide Farben deswegen recht selten, höchstens gezielt kombiniert mit passenden Komplementärfarben. Diese Vernachlässigung ist, zumindest was Orangetöne und die benachbarten Farben angeht, durchaus zu bedauern. Eine Image-Aufwertung des Braun dagegen sollte getrost auf sich warten lassen.

Grün

Eine reizvolle Mischung: Das aggressive Gelb und das kühle Blau treffen aufeinander, es entsteht Grün. Ein „toleranter" Farbton ist das, zumindest in der optischen Wirkung, ein Ton, der sich sehr gut verträgt mit anderen, nicht verdrängt, aber auch nicht untergeht in der Komposition. Je nach Gelbanteil wirkt Grün unterschiedlich: Mit viel Gelb eher warm, kräftiger, frischer, mit höherem Blauanteil eher seriös und besonnen. Grün bewahrt seine Individualität darüberhinaus sehr gut auch in aufgersterter Form, also mit Weiß versetzt. Für Infografiken ist Grün mit all diesen Eigenschaften eine ausgesprochen brauchbare Farbe, ist einsetzbar als Stützton wie zur Einfärbung informationstragende Elemente.

Grün ist – symbolisch betrachtet – auch eine der häufigsten Naturfarben, die Farbe der Pflanzenwelt, die Farbe gesunden Gemüses, damit aber auch eine Farbe, die wie kaum eine andere „Leben" symbolisiert, die sehr „real" ist, wenig Künstlichkeit ausstrahlt. Es ist die Farbe des „Erlaubten". Vielleicht wirkt es deswegen – psychologischen Erkenntnissen zufolge – auch so beruhigend auf die menschliche Psyche. Ökologische Parteien haben Grün jedenfalls nicht nur zu ihrer Hausfarbe erkoren, sondern gleich zu ihrem Namen. Wenn das kein Beweis ist für die positive Ausstrahlung des Tons!

Violett

Violett, die Mischung aus Rot und Blau, verträgt sich besonders schlecht mit seinen Nachbarfarben Rot und Blau, aus denen es entsteht. Violett wirkt optisch sehr eigenständig
In der ursprünglichen Natur trifft man fast gar nicht auf violette Farbtöne. Wahrscheinlich war und ist dies auch der Grund dafür, warum Violett oft mit Abstraktem, Mystisch-Religiösem, wenig Faßbarem assoziiert wird. Violett gilt gemeinhin als eine sehr „musikalische" Farbe, als Symbolfarbe der Phantasie, der Illusion und der unbegreiflichen Ferne.
In Infografiken kann Violett sehr belebend, sehr dynamisch wirken – dies allerdings tendenziell eher als Stützton denn als informationstragende Farbe, und in diesen Fällen gerade im Zusammenspiel mit Orangetönen. Doch sollte stets beachtet werden, daß zwar gerade das Zusammenspiel dieser beiden Farben im Sinne des Komplementärkontrasts optimal ist – daß aber, auf der anderen Seite, eine violett-orange-dominierte Grafik insgesamt meistens sehr schwer, herausstechend, damit sogar erdrückend wirken kann auf Zeitungs- und Zeitschriftenseiten.

Schwarz und Weiß

Die Rolle der „Unbunten", von Schwarz und Weiß, in der Infografik, ihre Anmutung und ihre Wirkung ist in vieler Hinsicht ambivalent. Entscheidend ist vor allem, ob die beiden Farben allein stehen oder Teil eines „bunt-unbunten" Gesamtbildes sind.

Dabei müssen Schwarzweiß-Grafiken keineswegs „billiger", schlichter oder langweiliger wirken als bunte. Im Gegenteil. Schwarz und Weiß sind die klassischen Presse-Druckfarben, sie vermitteln Traditionsbewußtsein, damit aber auch Seriösität und Nüchternheit, wo Farbe die Grafik insgesamt ins Verspielte drängen könnte. Die Sachlichkeit einer Schwarzweiß-Grafik kommt auf einer insgesamt sehr „farbigen" Seite nicht nur besser zur Geltung, eben diese Nüchternheit kann gerade Bildern mit ernsterem Thema auch inhaltlich guttun: Kriege, Truppenbewegungen, Flüchtlingselend ist nicht bunt, sondern eine schreckliche Erfahrung – oder eben: grau. Womit bereits die erste Ambivalenz, die erste Zweischneidigkeit der Unbunten angerissen wäre: Denn Grau, als Abstufung von Schwarz, ist eben auch eine schmutzige, eine triste Farberscheinung, die Farbe von Staub und kranken Gesichtern, das Symbol des Freudlosen. Schlechter Druck kann diesen Eindruck noch verschärfen. Andererseits ist Grau aber auch eine sehr neutrale Farbe, die gerade im Hintergrund beruhigend und im Bildgesamt zusammenhaltend agieren kann.

Was für Grau gilt, ist in seiner Gegensätzlichkeit auch auf die Haupttöne Schwarz und Weiß anwendbar: Schwarz beispielsweise kann bedrohlich, verschleiernd, böse wirken, aber auch Geborgenheit ausstrahlen, eine hohe quantitative „Dichte" und damit auch Wärme. Weiß wirkt meistens eher kalt, emotionslos, ist aber gleichzeitig auch mit ganz gegensätzlichen Attributen belegbar – zum Beispiel Reinheit, Eleganz oder erfrischender Kühle. In der Kombination können Schwarz und Weiß dagegen genauso „bollerig", ungestüm und aufdringlich wirken, wie sie bei eher spärlichem und gezieltem Einsatz insgesamt wiederum sehr edel erscheinen können.

Auch im Zusammenspiel mit bunten Farben kann Wirkung und damit empfehlenswerte Funktion von Schwarz und Weiß sehr unterschiedlich ausfallen. Als Informationsträger wirkt Schwarz auf hellerem Grund sehr dominant und empfiehlt sich deswegen vor allem als Schriftfarbe und als Farbe zur gezielten grafischen Auszeichnung von

Bildteilen. Als Hintergrundfarbe dagegen ist Schwarz zwar immer noch kräftig, aber insgesamt überraschend unaufdringlich – vor allem Farben mit Gelbanteilen kommen auf Schwarz ausgezeichnet zur Geltung, wirken aufgrund des Simultankontrastes noch „leuchtender", als sie ohnehin schon sind. Weiß dagegen taugt als Informationsträger selten, vor allem als Schriftfarbe wirkt es nur auf sehr dunklem Grund. Als Hintergrundfarbe dagegen ist es unterstützend und erscheint meist sehr wirkungsvoll-zurückhaltend.

All diese Gegensätze zeigen: Gerade der Umgang mit Schwarz und Weiß und den Grauwerten dazwischen ist kaum theoretisch vermittelbar. Er erschließt sich – mehr noch als der Umgang mit den „Bunten" – aus Erfahrung und Routine. Noch einmal sei daher betont: Farbe „lernt" man im Umgang, in der täglichen Handhabung am besten.

6.7 Farbpolitik

Es mag eine künstlerische Herausforderung bilden, für jede Grafik aufs Neue das Farben-Experiment anzugehen – für jedes Element immer wieder einen eigenen Farbton zu bestimmen. Über den gestalterischen Reiz hinaus aber ist für dieses Vorgehen wenig ins Feld zu führen. Es kostet Zeit, fühlt sich keinem Stil verantwortlich und entfaltet keine Linie, die treuen Abonnenten das „Lesen" der Grafiken erleichtern könnte.

Ob Agentur, Zeitung oder Zeitschrift: Wer regelmäßig Grafiken für einen begrenzten Kreis von Abnehmern herstellt, sollte eine erkennbare Farbpolitik betreiben. Eine Farbpalette sollte her, ein Pool von Tönen in festgelegten Rasterungen und Schwarzbeimischungen, und jede dieser „Hausfarben" sollte mit bestimmten Zweckmäßigkeiten versehen werden: eine bezeichnet Flüsse, eine andere Landmassen, eine dritte färbt die Börsendaten. So entsteht eine gestalterische Linie, die die Herstellung beschleunigt, Individualität suggeriert und das Dechiffrieren des Bildes vereinfacht. Hinzu kommt: Wenn die Farbpalette steht, kann sie in einem Testlauf auf Papier gedruckt werden.

So hat jeder Grafiker nicht nur die Bildschirm-Variante im Blick, er kann auch jederzeit prüfen, wie eine verwendete Farbe am Ende auf dem Papier „rüberkommt".

Wieviele Farben aber sollte eine leistungsfähige Palette umfassen? Der renommierte Infografiker Peter Sullivan empfahl 1994 einen Umfang von 50 bis 60 Farben. Eine recht vernünftige Kalkulation: Man entnehme dem Farbenspektrum neun bunte Farben, füge Schwarz hinzu (Weiß ist ja quasi durch das Papier als Grund vorhanden), rastere alle Töne in zwei bis fünf Stufen auf, füge dem einen oder anderen Ton noch einen Schwarzanteil hinzu – und Sullivans Größenordnung ist erreicht.

7. Muster

Je einfacher und vor allem: billiger der Farbdruck wird, desto mehr scheint das Muster eines ohne Wert zu werden. Schraffuren, Punktierungen und Rauten wirken antiquiert, stehen offenkundig nicht mehr allzu hoch im Kurs des Zeitgeistes und sind kaum noch zu finden in modernen Infografiken. Tatsächlich wurden Muster in erster Linie als Farbersatz genutzt, zu Zeiten, da derart enge Druckpunktsetzungen wie heute rein technisch nicht möglich waren. Im Vergleich zur Farbe bergen sie außerdem den potentiellen Nachteil, daß sie viel Aufmerksamkeit auf sich selbst ziehen und Unruhe ins Bild bringen können durch ihre mehr oder minder ausgeprägte „Kleinteiligkeit".

All dies spricht freilich nicht grundsätzlich gegen ihre Verwendung. Und steht die Kreation einer Grafik an, in der aufgrund drucktechnischer Vorgaben weder Farbsetzungen noch ausreichende Graurasterungen möglich sind, sind Muster bis heute ein gern ergriffener Strohhalm.

Außerdem drängt sich die Verwendung von Musterungen auf, wenn bereits Farbe zum Einsatz kommt in der Grafik, und diese Farbe aus sich selbst heraus an ihre informativen Grenzen stößt. Dann können Muster ergänzend in die Bresche springen: Wer beispielsweise in einer Karte Staatsgebiete farblich voneinander abgrenzen möchte, innerhalb der Staatsgebiete selbst aber wiederum weitere Flächen getrennt bezeichnen möchte, kann Muster als Zusatz-Benennung einführen.

Sehr selten schließlich sind Farb-Muster. Das ist begrüßenswert, denn in der Regel reichen entweder Farbe oder Standard-Schwarzmuster zur Bezeichnung eines Sachverhaltes aus. Es gibt natürlich Ausnahmen: Wenn etwa die politischen Koalitionen in den einzelnen Bundesländern der Republik in einer Karte darzustellen sind, liegt es recht nahe, einen „rot-grün" regierten Staat auch in ein Muster aus genau dieser Farbkombination einzutauchen. Prinzipiell allerdings sorgen farbige Muster eher für mehr Verwirrung als visuelle Klarheit: weil zur unruhigen gemusterten Flächenbildung auch noch eine farbliche Vielfalt tritt. Mehrfarbige Muster sollten daher, von Spezialfällen abgesehen, die Ausnahme bleiben in der Infografik.

Mustervarianten

Grob unterteilt existieren vier verschiedene Muster-Varianten.

• Punktmuster setzen sich aus Einzelpunkten zusammen, die in regelmäßigen Abständen neben- und übereinander angeordnet werden.

• Linienmuster – das sind meistens klassische Schraffuren, regelmäßig angeordnete Parallelgeraden also mit waagerechter, senkrechter, diagonaler oder anderswinkeliger Anordnung. Zur Bezeichnung bestimmter Sachverhalte können die Geraden auch durch Wellen (für Gewässer beispielsweise) ersetzt werden.

• Kreismuster entfalten sich von einem zentralen Punkt aus spiral-

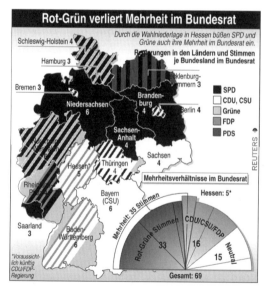

Abbildung 167 – Eine ausgesprochen sinnvolle Verwendung der Muster-Technik: Die Zusammensetzungen der einzelnen Länderregierungen, größtenteils Koalitionen, erschließen sich in dieser Karte deutlich direkter, als wenn pro Konstellation eine mehr oder minder beliebige Farbe oder eine Graurasterung gewählt worden wären.

förmig nach außen. Meistens handelt es sich auch hier um Linien, die die Musterstruktur prägen.

• Figurmuster basieren auf dem Prinzip des Punktmusters. Die Punkte allerdings werden dabei ersetzt durch meist eher schlichte Symbole, Rauten, Quadrate oder andere geometrische Vielecke. Im besten Falle wählt man allerdings nicht solch eher abstrakte Figuren, sondern Symbole, die die inhaltliche Zuordnung der gefüllten Fläche unterstützen. So kann beispielsweise auf einer Karte ein minenverseuchtes Feld mit „Totenkopf"-Symbolen gemustert werden, eine Wasserstraße mit stilisierten Booten. Und die Balken eines Diagramms, das den Ausstoß von Legebatterien mit dem der Freilandfarmen vergleicht, sind mit einem Ei-Muster zu versehen.

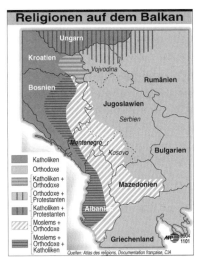

Abbildung 168 – In dieser Karte werden zahlreiche Sphären definiert, die allein mit Hilfe von Grauabstufungen nicht mehr angemessen und nachvollziehbar abgrenzbar wären. So tritt zur Graustufe (oder auch zur Farbe) das Muster.

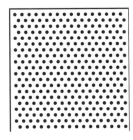

Abbildung 169 – Eine typische Punktmusterung.

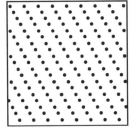

Abbildung 170 – Ein Punktmuster mit angedeuteter Richtung.

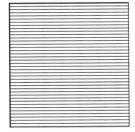

Abbildung 171 – Ein Linienmuster; die klassische Quer-Schraffur.

 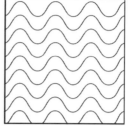 

Abbildung 172 – Ein weiteres Linienmuster; in diesem Falle die gerne bemühte Diagonalschraffur.

Abbildung 173 – Wellenförmiges Linienmuster, z.B. verwendbar zur Bezeichnung von Gewässern in Karten.

Abbildung 174 – Ein Spiralmuster. Vorsicht: Hier droht der Moiré- oder „Flimmer-Effekt"!

Die Funktionen

Im Vergleich zur Farbe sind die potentiellen Funktionen von Mustern eher eingeschränkt. In der Funktion der Abgrenzung und optischen Zusammenführung einzelner Elemente werden sie den Ansprüchen noch gerecht, benennen jedoch lassen sich nur wenige Sachverhalte in der Eindeutigkeit, die Farbe erzeugen kann – auch Figurmuster bieten hier nur eingeschränkten Nutzen.

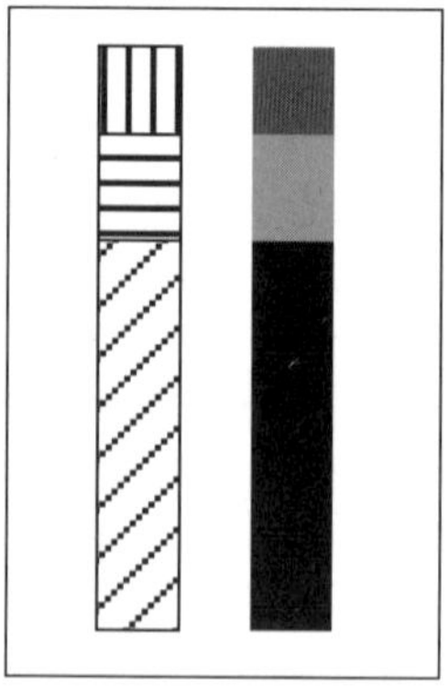

Muster wirken umso dunkler, je dichter ihre einzelnen Mustersegmente gesetzt werden. Dicht nebeneinander plazierte Punkte erscheinen in ihrer Musterwirkung kräftiger als lose Schrägschraffuren. Diese „künstliche" Dunkelabstufung läßt sich in Maßen dazu nutzen, mit Mustern auch quantitative Daten zu repräsentieren.

Anmutung oder gar dekorative Wirkung dagegen entfalten Muster, eben aufgrund ihrer eher „altmodischen" Ästhetik, eher selten.

Abbildung 175 – Raster eignen sich in aller Regel besser zur Abgrenzung als Muster.

Schraffuren: Die Richtung der Streifen

Querstreifen machen schlank: eine hübsche Faustregel aus der Boutique, weniger ange-

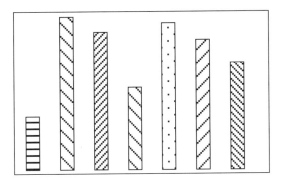

Abbildung 176 – Die sieben Säulen in diesem Bild sind samt und sonders absolut senkrecht ausgerichtet. Die unterschiedlichen Schraffuren sorgen jedoch für visuelle „Schieflagen".

nehm allerdings oft in der infografischen Umsetzung auf Papier. Auf die Richtung der Streifen kommt es an. Es ist und bleibt ein kaum erklärbares Phänomen, aber Tatsache ist, daß vertikale Linien optisch stets länger wirken als horizontale Linien derselben Länge. Das kann dazu führen, daß längsschraffierte Flächen beispielsweise auf Karten „kürzer" erscheinen als die daneben angeordneten, vertikal schraffierten. Noch verhängnisvoller können die Effekte in quantitativen Grafiken ausfallen: querschraffierte Säulen und Balken wirken hier mehr oder minder deutlich kleiner als längsschraffierte (vgl. Abbildung 175). Insgesamt sollte immer darauf geachtet werden, ob verschiedene Muster in ein und demselben Bild einander nicht in irgendeiner Art und Weise behindern – wie etwa in Abbildung 176.

Abbildung 177 – Ein einfaches Figurmuster, in diesem Fall bestehend aus schlichten Rauten.

Abbildung 178 – Etwas ausgefeilteres Figurmuster, zum Beispiel zur Bezeichnung von Mischwald.

Abbildung 179 – Ein Figurmuster aus Totenköpfen; der Kreativität sind keine Grenzen gesetzt.

Wenn es flimmert: der Moiré-Effekt

Ein weiterer Nebeneffekt spricht gegen den Einsatz von Schraffuren:
Engmaschige Linienanordnungen und vor allem spiralförmige Kreis-
musterungen bergen nämlich die Gefahr, einen „vibrierenden" Eindruck bei Betrachtern zu hinterlassen. Dieses Flimmern wird auch als
„Moiré-Effekt" bezeichnet (vgl. Abbildung 174, Seite 196).

8. Text und Typografie

„Hitler-Schriften von 'nem Kumpel". Stolz präsentiert der Bekannte die aktuellen Raubkopien, und setzt seinen Namen in diversen Fraktur-Varianten auf den Bildschirm. Als unverhofft die „Arial" dazwischengerät, ist die Enttäuschung groß: „Das ist doch keine Nazi-Schrift"!
Daß der „Führer" 1941 höchstperönlich zur allgemeinen Abschaffung der gebrochenen Typen blies, daß er gar das „ß" aus der Schriftsprache zu bannen und komplett durch „ss" zu ersetzen gebot, spielt in diesem Zusammenhang keine Rolle. Tatsache ist allerdings: Schrift ist mehr als Informationsträger. Es ist Emotion, es ist Farbe, es ist Anmutung – und Politikum.
Fünftausend Schriften kommen allein jedes Jahr auf den Markt, schätzen Fachleute. Vielleicht sind es viel mehr, vielleicht auch ein paar weniger. Zahllose gleichen sich, sind Kopien der jeweils anderen, leicht modifiziert und unter anderem Namen publiziert, aus reinem Profitstreben heraus. Manche erreichen die Lebensspanne einer Schmetterlingspuppe, andere erlangen den Ruhm des Klassikers, obwohl es in den letzten zwanzig Jahren wenige Schöpfungen dieser Qualität gab.
Vielleicht lohnt es aber auch, an dieser Stelle zu erwähnen: Schriftzeichen sind Kommunikationsträger. In erster Linie. Und dies auch in Infografiken.

Text in Infografiken
Längere Textstrecken bilden die Ausnahme in Informationsgrafiken. Selbst in Textgrafiken hält sich die Zeichenmenge meist in relativ engen Grenzen, in ikonischen Grafiken ohnehin: In den allermeisten

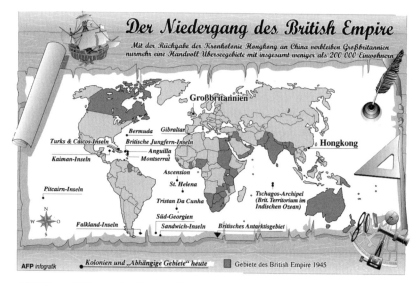

*Abbildung 180 – Schrift als Informationsträger und als symbolhaltiges Ge-
staltungselement: In den Hochzeiten des britischen Empire waren groteske
Schriften, die üblicherweise Infografiken zieren, noch unbekannt. Also griff
AFP in diesem Bild richtigerweise auf eine kalligraphische Schrift zurück.*

Fällen ergänzen hier lediglich einzelne Wörter oder Ziffern die bildliche Information in gleichsam „dienender" Funktion.

Deshalb ist es zumindest weniger verwerflich als im Fließsatz, an die
Typografie in Infografiken nicht ganz so strenge Maßstäbe anzulegen.
Mindestens genauso unangebracht wäre es allerdings, einen Blankoscheck auszustellen: Infografiker müssen typografisch beschlagen
sein. Denn nur wer um die wichtigsten Prinzipien des Schriftsatzes
weiß, kann die Folgen ihrer Verletzung abschätzen und typografisch
verantwortlich handeln.

Schriftsatz erfolgt heute fast ausschließlich digital, am Computer.
Dies gilt auch und insbesondere für Infografiken, die in ihrer Gesamtheit nur noch in Ausnahmefällen Ergebnis klassischer Handar-
beit sind. Längst werden Buchstaben nicht mehr einzeln auf Karten
gepaust, sondern postscript-fähig am Bildschirm positioniert, und
Bleisetzer entdeckt man allerhöchstens noch in der Provinz.

Die Computertechnik hat vieles erleichtert im Schriftsatz, aber auch

eine Heerschar unbeschlagener Hobby-Typografen ans Tageslicht ge-
hievt. Auf jedem besseren Heim-PC finden sich inzwischen Dutzende, oft Hunderte von Schriftarten und -schnitten. Vielfalt, die
verlockt: Die Konsequenz sind Einladungen zum Polterabend, die
unter der Last von sechs Schriften in neun Schnitten und 13 Schriftgrößen die Tatsache der anstehenden Vermählung begraben. Zudem
ist Schrift inzwischen in so vieler Hinsicht digital manipulierbar, daß
zunehmend schaurige Buchstabenungetüme die Druck-Landschaft
zersetzen: Diese zusammengequetschten, mit Schatten versehenen
Kapitälchen, die in die Tiefe des Raumes fließen und in lilagelb flimmern, belegen eindrucksvoll, wie wertvoll typografisches Grundlagenwissen auch in Zeiten digitaler Vollversorgung ist.

Schriftsatz spielt, nicht nur in Informationsgrafiken, eine ähnliche
Doppelrolle wie Farbe:

• Zunächst dient Schrift als Träger einer Information. Das ist die vorrangige Aufgabe; jeder Schriftsatz sollte also so gewählt sein, daß
die Informations-Übermittlung möglichst reibungslos und unkompliziert vonstatten geht.

• Jede Schriftanordnung strahlt aber auch etwas aus, erzeugt Anmu-
tungen. Buchstaben können seriös wirken oder verspielt, modern
oder antiquiert, ruhig oder dynamisch. Ein kleiner Zeilenabstand
kann den Eindruck von Enge und Bedrängtheit vermitteln, ein
großer dagegen droht das Schriftbild zu zerreißen. Eine übermäßi-
ge Schriftgröße weckt unter Umständen unangenehme Assoziationen an boulevardeskes Geschrei. Zu kleine Schrift dagegen kann
rasch „geizig" wirken und den Charme des Geschäftsberichts eines
Buchhaltungsdienstleisters annehmen.

8.1 Inhaltliche Funktionen

Kein Infografiker wird sich jemals völlig um die klassisch journalistische Tätigkeit des Textens herumdrücken können. Zwar ist eindeutig
nicht allzu viel Formulierungsgeschick gefordert, wenn Achsen kor-

rekt zu beschriften, Werte zusätzlich zur zeichnerischen auch numerisch als unterstützende verbale Doppelung anzugeben sind, markante Phänomene in analytischen Schnittzeichnungen benannt werden müssen oder Straßen, Flüsse oder Regionen in Karten. Textdominierte Flußdiagramme aber wollen eben nicht nur gestaltet, sondern
in ihren Etappen auch ausformuliert sein, und in der Regel fungiert
Text auch in Ikonischen Grafiken nicht nur als komplementäres Info-
werk, sondern auch auf einigen zusätzlichen inhaltlichen Ebenen. Infografiker, die diese Schreib-Tätigkeiten Redakteuren überlassen, be-
rauben sich eines Gutteils ihrer journalistischen Eigenständigkeit –
abgesehen davon, daß die Abstimmungsprozesse mit dem Texter immer zeitintensiver ausfallen werden, als dies bei Eigenproduktion der
Fall wäre. Die Infografik-Ausbilder im Deutschen Zentrum für publizistische Bildungsarbeit haben diese Notwendigkeit erkannt und
schicken ihre Zöglinge gar erst zu einem Kurzpraktikum in die
Schreibstuben von Redaktionen, bevor es an die Lehre von der Gestaltung geht – auf daß die Eleven (auch) das Formulierungs-Hand-
werk zumindest in Grundzügen beherrschen.

Fließtexte, vor allem Überschriften in Grafiken sollten im Stil der
übrigen Elemente des Blatts gehalten sein – nicht allzu flapsig also im
seriösen Wochenblatt, nicht zu „agenturdeutsch" in der Regionalpo-
stille.

Insgesamt gilt für die Beschriftung von Grafiken dasselbe wie für die
klassische journalistische Schreibe: Kürze und Prägnanz ist gefragt.
Langweilige Erläuterungen, optisch dominierende Textstrecken
schrecken eher ab, als daß sie bis zum Ende studiert werden. Verbaler
Humor und Pepp kann seinen Platz finden in Infografiken – meistens
allerdings nur in der Schlagzeile. Alle übrigen Textstrecken sollten in
nachrichtlich-analytischem Ton gehalten bleiben.

Allgemeine Beschriftungen

Die schlichteste Text-Variante in Informationsgrafiken – und damit
wohl auch die fehlerresistenteste – ist die allgemeine Beschriftung.
Datenziffern sind das in Tabellen oder statistischen Bildern, geographische Angaben in Karten, Namensnennungen in Organigrammen.
Rein stilistisch ist dabei wenig falsch zu machen; daß die Daten stimmen sollten, versteht sich von selbst.

Themenbenennung und Leseanreiz

Das Thema jeder Infografik sollte klar und nüchtern verbal benannt sein, und das klappt am besten in Form einer prägnanten, informativen Schlagzeile am oberen Bildrand. In der Regel wird diese Überschrift typografisch die dominierende im gesamten Bild sein, vor allem in der Schriftgröße, womöglich auch im Schnitt.

Ist die Überschrift selbst dagegen eher feuilletonistisch gehalten (etwa: „Die Geißel der Menschheit" über einer Grafik zum Thema Aids), dient sie eher der Herstellung von Leseanreiz, soll Neugierde und Interesse wecken, Leser ködern, am besten im logischen Zusammenspiel mit informationsstützenden visuellen Elementen der Grafik.

In derlei Fällen übernimmt eine seriöse Unterzeile die Funktion der konkreten Themenbenennung. Diese Unterzeile sollte dann im Schriftgrad etwas kleiner als die Schlagzeile, jedoch etwas größer ausfallen als die übrigen typografischen Elemente innerhalb der Grafik. Und sie sollte – eingedenk der konventionalisierten Leserichtung oben-unten – oberhalb der eigentlichen Informationsträger positioniert sein.

Kontexte herstellen

Weitere einführende Textelemente bieten sich an, wenn die Grafik in einem kontextualen Zusammenhang steht, der sich nicht unmittelbar

Abbildung 181

erschließt. So könnte, um beim Beispiel zu bleiben, die Aids-Grafik in einem kurzen Hinweis begründet, journalistisch gerechtfertigt und in einen Zusammenhang gestellt werden mit einem am selben Tag beginnenden Mediziner-Kongreß zum Thema. Auch derlei Textelemente sollten sich von der übrigen Typografie der Grafik in der Größe um zwei bis drei Punkt abheben und in der Grafik eher oben, mindestens aber auf selber Höhe der informationstragenden Elemente plaziert werden.

Analyse und Kommentar

Auf derselben übergeordneten Ebene bewegen sich Textelemente in Grafiken, die die dargestellte Information insgesamt analysieren, einzelne Aspekte herausstellen – also die Aufmerksamkeit der Betrachter zu steuern versuchen –, oder sie gar bewerten.

Es wurde bereits angesprochen, daß kommentierend-analytische Textstrecken in Grafiken zumindest mit Bedacht formuliert werden sollten. Entscheidet man sich aber für verbale Analyse und Kommentar in der Grafik, können diese wiederum an verschiedenen Orten Platz finden.

So kann mit etwas Formulierungsgeschick bereits die Überschrift analytisch-kommentierend ausfallen; zum Beispiel nach folgenden Mustern: „Kosovo: Kriegsschauplatz vor der Haustür", „Dax lahmt" oder „Keine blühenden Landschaften". Wer allerdings die Schlagzeile für derlei bewertende Worte nutzt, kommt wiederum um einen ergänzenden, nachrichtlich-einordnenden Untertext nicht herum, der das Thema noch einmal „seriös" benennt.

Freilich muß die Analyse nicht in jedem Falle formulierungstechnisch so „derb" ausfallen wie in den obigen Beispielen, und sie muß auch nicht in der Schlagzeile Platz finden. Analytisch-bewertende Textelemente können beispielsweise, versehen mit einem Pfeil oder einfach nachbarschaftlich plaziert, innerhalb der Grafik markante Ausschläge in Fieberkurven explizit bezeichnen, und dies in durchaus seriöser Art und Weise: „1997: Höchststand an Infizierten weltweit".

Technisches

Wiederum eher weniger Formulierungskunst erfordern jene „technischen" Textbeiträge in Grafiken, die aber (fast) immer hineingehören.

Dazu gehören vor allem und immer die Quellen- und Autorenangabe, oft aber auch Erläuterungen wie „Alle Angaben in Prozent", „Maßstab 1:10.000" oder „Anzahl der Befragten: 1024".

Oft wird – gerade aus akademischen Kreisen – gefordert, die Art und Weise, in der die Daten einer Grafik zustandegekommen sind, müsse ebenfalls Teil des Produkts sein. Ganz unsinnig ist dieses Verlangen nicht: Gerade Umfragen von Meinungsforschungsinstituten bringen oft erstaunliche Resultate an den Tag („zwei von drei Frauen flirten gern am Steuer"), die schlimmstenfalls eine Woche später von einer Konkurrenzstudie gegenteiligen Inhalts („Frauen scheuen Auto-Blickkontakt") konterkariert werden. In derlei Fällen wäre ein Vergleich der Versuchsanlagen, der Erhebungsmethodiken sicherlich sinnvoll. Eine US-amerikanische Studie ergab allerdings vor einigen Jahren, daß kaum ein Leser ein näheres Interesse an derlei methodischen Feinheiten mitbringt, und daß derlei Auskünfte auch den Informationswert von Datendarstellungen nicht in meßbarem Umfange erhöhen.

Doch ob nun ausführlich oder auf die Basis-Info beschränkt: „Technische" Angaben benötigen in aller Regel keine sonderlich exponierte Positionierung innerhalb der Grafik – es reicht meistens aus, sie am unteren Ende des Bildes oder quergestellt am Rand zu postieren.

Dekodierungsanweisung

Wer nach Fertigstellung einer Grafik den Eindruck gewinnt, daß diese aus sich selbst heraus zu wenig verständlich geraten ist, und wer dann seinen Lesern statt einer Legende eine ausführliche, ausformulierte „Lese"-Anweisung meint mitliefern zu müssen, hat entweder eine schlichtweg schlechte Infografik erstellt oder eine, die nicht konventionalisierten Betrachtungsgewohnheiten entspricht. In derlei Fällen allerdings sollte man sich die Mühe verbaler Erläuterungen sparen – und lieber eine neue, verständliche, nämlich von konventionalisierten Aufbereitungsmethoden geleitete Grafik erstellen!

8.2 Das Schriftbild

Die verbalen Informationen sind nun also in ein Schriftbild zu übersetzen, das zum einen den Inhalt wirkungsvoll unterstützt und mit
ihm harmoniert, andererseits bequem rezipierbar ist und eine ästhetische Gesamtanmutung bietet – auch im Kontext der Seite, in die die
Grafik eingebunden ist. Ein Schriftbild entsteht, indem
• eine Schriftart
• in einem bestimmten Schnitt,
• einer bestimmten Größe
• und einer bestimmten Laufweite
• in einer bestimmten Ausrichtung
• in einer bestimmten Zeilenbreite
• und einem bestimmten Zeilenabstand
• in einer bestimmten Farbe
• auf einem bestimmten Farbgrund gesetzt wird.
Jeder einzelne dieser Faktoren bedingt und beeinflußt die anderen.
Nicht zuletzt wegen dieser wechselseitigen Abhängigkeiten ist der typografische Gral bislang auch noch nicht gefunden: Es existiert nicht,
das „optimale" Schriftbild, es gibt weder die „beste" Schriftart noch
die Größe schlechthin, die effizienteste Satzbreite oder den wün-
schenswertesten Zeilenabstand. Schriftsatz ist ein Term mit vielen
Unbekannten.
Einige Richtwerte und auch Forschungsergebnisse liegen aber durchaus vor.

Schriftart und Schriftgestalt

Die Schätzungen gehen in die Tausende. Wieviele Schriftarten inzwischen die Setzereien weltweit bevölkern, ist ungewiß. Der Digitalsatz
hat es zudem vereinfacht, neue Zeichensätze zu kreieren und in Um-
lauf zu bringen – das Ergebnis war gerade in den vergangenen zwei
Jahrzehnten eine wahre Inflation wildester Machwerke, die durch
nicht vorhandene Lesbarkeit mindestens genauso hervortaten wie
durch modische Kurzlebigkeit.
Grob lassen sich Schriften in fünf sogenannte Gruppen gliedern:
• Antiqua-Schriften oder serifentragende Schriften. Je nach Art und

Form der Serifen wird unterschieden zwischen Renaissance-, Ba-
rock- und klassizistischer Antiqua.

• Groteske oder serifenlose Schriften. Da die Strichstärken innerhalb
grotesker Schriften kaum differieren, werden sie auch als „Linear-
Antiquas" bezeichnet.

• Frakturschriften

• Kalligraphie- oder Handschriften

• Deko-Schriften.

In modernen Zeitungen und Zeitschriften dominieren ganz eindeutig
die Antiqua-Schriften und die Grotesken, mit deutlichem Überge-
wicht bei den Antiquas. Auch dieses Buch bedient sich jeweils eines
Vertreters jeder Gruppe: Die Überschriften sind in der grotesken Futura gesetzt, der Fließtext in der Antiqua-Type Palatino.

Nicht ohne Grund reichen die übrigen Gruppen bei weitem nicht heran an dieses Duo: Ergebnisse der Lesbarkeitsforschung führten bislang immer ziemlich eindeutig zu dem Schluß, daß Antiqua- und groteske Schriften am besten, im direkten Vergleich insgesamt gleich gut
„lesbar" sind. Schriften der anderen drei Gruppen dagegen fielen in
direkten Lesbarkeits-Vergleichen meistens stark ab; es dauert länger,
bis ein in Fraktur gesetzter Text durchgelesen ist.

Abbildung 182 – An-
tiqua-Schriften (hier
als Beispiel die Palati-
no) sind an ihren „Se-
rifen" zu erkennen, al-
so an den (meist hori-
zontal ausgeführten)
Strichansätzen an den
Buchstaben.

Abbildung 183 – Gro-
tesken Schriften (hier
die Futura) fehlen die
Serifen. So entsteht ein
eher schlichter „Look",
der den Schriften die-
ser Gruppe Sympathi-
en in der Bauhaus-Be-
wegung verschaffte.

Abbildung 184 – Frak-
turschriften (hier die
Old English) sind
reich verziert, schnör-
kelverliebt, werden je-
doch heute oft mit ver-
altetem, konservativem
Gedankengut in Ver-
bindung gebracht.

Abbildung 185 – Kalligraphische Schriftarten (wie hier die Dorchester Script) versuchen, den eleganten Strich des Handgeschriebenen zu imitieren. In der Presse kommen sie meist nur im Anzeigenteil zum Einsatz.

Abbildung 186 – Deko-Schriften (im obigen Falle ist es die Comic Sans) sollen Atmosphäre ins Schriftbild bringen; die Bandbreite reicht von Symboltypen über besonders schrille Kreationen bis zur betont häßlichen „Schreibmaschinen"-Schrift.

Anmutung

Über die Anmutung, die optische Wirkung verschiedener Schriften, läßt sich wiederum nur spekulieren, zumal hier auch Geschmack eine Rolle spielt – Anhaltspunkte aber gibt es durchaus. Die Schriften der Antiqua-Gruppe etwa gelten nicht nur deswegen als „klassisch", weil ihre Ursprünge bis in die römische Antike zurückzuverfolgen sind. Anhänger der Antiqua-Gruppe können zudem mit Fug und Recht auf ein gewisses Gewohnheitsrecht pochen, denn Serifen-Schriften sind bis heute Standard in Pressetexten.

Groteske wirken allein durch ihre serifen- und damit schnörkelfreie Erscheinung nüchterner, ungeschminkter, dadurch aber auch konstruierter, unpersönlicher, technokratischer, monotoner. Hier folgt die Form mehr oder weniger kompromißlos der Funktion, eine Tatsache, die den Grotesken seinerzeit auch die ausdrückliche Gunst und das Interesse der Väter des Bauhauses verschaffte. Nicht umsonst erfreuen sich auch groteske Typen gerade in der Geschäftswelt großer Verwendung, und eine ernstzunehmende Legende besagt, daß die serifenlose *Helvetica* ihren Namen dem seriösen Habitus Schweizer Bankiers verdankt.

Auch in Infografiken, jenen eben „neuen", modernen Darstellungsvarianten, dominieren heute die Grotesken klar, allen voran die Helvetica. Das allerdings dürfte nicht nur ästhetische und Lesbarkeits-Gründe haben, sondern auch einen ganz praktischen: die Helvetica findet sich in nahezu jeder Standard-Software, und wer digitale Grafiken kreiert und an externe Kunden versendet, kann davon ausgehen, daß nahezu jeder Kunde die Datei problemlos öffnen kann, ohne daß der Rechner fehlende Schriftsätze anmahnt.

Frakturschriften dagegen gelten heute als angestaubt, in ihrem Wesen konservativ, wenn nicht diskreditiert – nicht zuletzt durch ihre extensive Nutzung in der wilhelminischen Epoche und dem Dritten Reich. In Infografiken haben Frakturen daher nur in Ausnahmefällen Platz – zum Beispiel, wenn ein historisches Thema zu visualisieren ist. Auch kalligraphische oder Schmuckschriften finden sich nur in Ausnahmefällen – feuilletonistische Themen allerdings können sie in ihrer Anmutung durchaus unterstützen.

Lesen – ein Prozeß der Gewohnheit

Menschen gewöhnen sich an die Technik des Lesens vor allem durch Praxis, durch Routine. Die Wirkung von Schriftarten hängt deswegen auch stark von den schlichten Gesetzen der Gewohnheit ab, oder, um im Terminus dieses Buches zu bleiben: von den Gesetzen der Konvention. Auch diese Gewohnheiten sollten bei der Auswahl der Schriftarten für eine Grafik eine Rolle spielen.

Noch in den zwanziger und dreißiger Jahren beispielsweise waren die meisten deutschsprachigen Zeitungen in ihrer „Brotschrift", dem Fließtext also, in Fraktur-Typen gesetzt. Modernen Historikern bereitet das oft Probleme bei der Recherche, für die damaligen Zeitgenossen aber stellte das kein Problem dar: Sie waren durch täglichen Gebrauch an die Fraktur-Typen gewöhnt.

Dies zeigt: Auch Schriftwahl hat sich auf Gesetze des Bewährten zu stützen und Überraschungen am besten zu meiden. Ungewöhnliche Typen, das steht zu vermuten, ziehen eher Aufmerksamkeit auf sich und damit vom Inhalt ab als gewohnte Schritarten. Das kann im Ausnahmefall, gerade in Schlagzeilen, nutzbringend einsetzbar sein. Im Zweifel aber sollte immer auf eine „normale", bewährte Schriftart ohne allzu viele gestalterische „Spirenzien" zurückgegriffen werden.

Obwohl die Helvetica – wie gezeigt – wohl eher aus technischen Gründen als ästhetischen Überlegungen die Infografiken der deutschen Presselandschaft beherrscht, dürfte sich auch hier bereits eine Art Gewöhnungseffekt eingestellt haben: Groteske bieten sich in dieser Konventions-Überlegung also eher an für die Verwendung in In-

Abbildung 187 – Die Serifen der meisten klassizistischen Antiqua-Schriften (wie hier der Bodoni) sind sehr fein. In kleinen Schriftgraden und gedruckt auf schlechtem Papier werden sie leicht „verschluckt".

Abbildung 188 – Groteske Schriften dagegen sind in ihren Strichstärken in der Regel recht monoton ausgeführt. Gerade in kleineren Schriftgrößen kommen sie daher tendenziell besser zur Geltung als die meisten Schriften der Antiqua-Gruppe.

fografiken als Antiquas. Daß deren Serifen oft rein drucktechnisch unterzugehen drohen in den gelegentlich sehr kleinen Schriftgrößen, die in Infografiken zur Anwendung kommen, spricht ebenfalls für die Verwendung von serifenlosen, tendenziell eher „stabilen" Schriften.

Abgrenzung

Für groteske Schriften in Infografiken spricht schließlich ein weiterer, wichtiger Aspekt – der des Kontrasts. Soll nämlich die Infografik innerhalb eines Blattes als wirklich eigenständiges, redaktionelles Darstellungsmittel etabliert und ausgezeichnet werden, so bietet neben der Farbausgestaltung vor allem die Typografie ausgezeichnete Potentiale, diesen eigenständigen Charakter zu unterstreichen. Da fast alle deutschsprachigen Zeitungen in ihren redaktionellen Teilen nach wie vor in erster Linie auf Antiqua-Schriften setzen, drängt sich die Verwendung einer Nicht-Serifen-Schriften in Grafiken geradezu auf.

Strichstärke

Ein wichtiges Kriterium bei der Schriftenwahl ist außerdem die Varianz der Strichstärke der Lettern. Feine Serifen wie die der Bodoni strahlen zweifellos Eleganz aus – allerdings nur, wenn deren Leichtigkeit auch den Druck überlebt und die Haarlinien nicht verschluckt werden. Gerade Zeitungsseiten weisen, wie bereits angesprochen, immer noch oft eine verhängnisvolle Konsistenz-Verwandtschaft zum Toilettenpapier auf. Gerade in Grafiken der tagesaktuellen Presse, in denen die Schrift zusätzlich noch oft auf farbige Gründe gesetzt wird, empfehlen sich deswegen allgemein die etwas stabiler und gleichmäßig gebauten Schriften ohne allzu große Strichdifferenzen. Und das sind in der Regel die Grotesken.

Minuskeln und Majuskeln

In keiner Schriftsprache der Welt spielen Groß- und Kleinbuchstaben – Minuskeln und Majuskeln bzw. Versalien – eine so wichtige Rolle wie im Deutschen. Sinn und Wert der Groß- und Kleinschreibung allgemein soll hier nicht weiter erörtert werden. Doch werden gerade zur Herausstellung von wichtigen Aspekten gerne ganze Wörter oder Sätze auch in Infografiken durchgängig in Großbuchstaben gesetzt. Diese Versalien-Reihung vermindert im allgemeinen die Lesbarkeit des Textes. Denn lesekundige Menschen entziffern nicht, wie es Anfänger tun, einzelne Buchstaben, sondern identifizieren sichtbare Konturen mehrerer gereihter Buchstaben als phonetische Einheit (was dazu führt, daß wir die Kombination „ei" auch im Wort „beinhalten" als zusammengehörig empfinden). Wörter oder ganze Sätze in Majuskeln gesetzt erzeugen allerdings einen, wie es der Zeitungsdesigner Norbert Küpper nennt, „LATTENZAUN-EFFEKT", der jegliche charakteristische Kontur vermissen läßt. Die Lesbarkeit wird, nach allen bekannten Studien, dadurch verringert. Der klassischen „Groß-Klein-Schreibung" sollte also im Zweifel immer der Vorzug gegeben werden. Möglichkeiten der Hervorhebung gibt es immer noch genug.

Schriftschnitt

In der Regel liegt eine Schriftart nicht nur in ihrer „regulären" Kontur vor, sondern darüberhinaus noch in verschiedenen optischen Variationen – sogenannten Schnitten. Sämtliche Schnitte einer Schriftart zusammengenommen ergeben eine Schriftfamilie.
Wie groß eine Schrift-„Sippe" ausfällt, ist von Type zu Type unterschiedlich. So gut wie jede Schriftfamilie umfaßt allerdings zumindest einen normalen, mageren Schnitt (die werden dann bezeichnet als regular oder roman), einen fetten (bold) und einen kursiven (italic oder oblige). Darüberhinaus findet man in vielen Schriftfamilien noch besonders leichte Schnitte (light , extra light oder ultra light)

Die Helvetica-Familie

Helvetica Ultra Light
Helvetica Ultra Light Italic
Helvetica Thin
Helvetica Thin Italic
Helvetica Light
Helvetica Light Italic
Helvetica Roman
Helvetica Roman Italic
Helvetica Medium
Helvetica Medium Italic
Helvetica Bold
Helvetica Bold Italic
Helvetica Heavy
Helvetica Heavy Italic
Helvetica Black
Helvetica Black Italic

Helvetica Ultra Light Condensed
Helvetica Ultra Light Oblique Condensed
Helvetica Thin Condensed
Helvetica Thin Oblique Condensed
Helvetica Light Condensed
Helvetica Light Oblique Condensed
Helvetica Regular Condensed
Helvetica Regular Oblique Condensed
Helvetica Medium Condensed
Helvetica Medium Oblique Condensed
Helvetica Bold Condensed
Helvetica Bold Oblique Condensed
Helvetica Heavy Condensed
Helvetica Heavy Oblique Condensed
Helvetica Black Condensed
Helvetica Black Oblique Condensed

Helvetica Ultra Light Extended
Helvetica Ultra Light Oblique Extended
Helvetica Thin Extended
Helvetica Thin Oblique Extended
Helvetica Light Extended
Helvetica Light Oblique Extended
Helvetica Regular Extended
Helvetica Regular Oblique Extended
Helvetica Medium Extended
Helvetica Medium Oblique Extended
Helvetica Bold Extended
Helvetica Bold Oblique Extended
Helvetica Heavy Extended
Helvetica Heavy Oblique Extended
Helvetica Black Extended
Helvetica Black Oblique Extended

*Abbil-
dung
189*

oder sehr fette (extra bold, ultra bold oder heavy) oder solche mit horizontal verschmälerten Zeichen (condensed, extra condensed oder
ultra condensed).

Es bietet sich an, den Schriftschnitt zu variieren, wenn einzelne Textelemente oder Teile von Textstrecken hervorgehoben oder schlicht
von anderen abgegrenzt werden sollen. In Infografiken sollten
Schnittvariationen also nur zur Herausstellung einzelner Aspekte
verwendet werden. Analytische und kommentierende Sequenzen
können also beispielsweise gefettet, Datenziffern kursiv gestellt werden. Insgesamt ist aber Zurückhaltung geboten: Allzu viele Schnitte
in einer Grafik sorgen eher für typografisches Chaos, und allzu viel
Hervorgehobenes neutralisiert sich an einem bestimmten Punkt
wechselseitig in die Bedeutungslosigkeit.

Zudem deuten Ergebnisse der Lesbarkeitsforschung darauf hin, daß
jede Schnittvariante abseits der regulären zu mehr oder weniger
schlechterer oder langsamerer Wahrnehmung führt. Im Zweifel sollte
man also immer klassischen, normalen Schnitten den Vorzug geben.

Andere Schnitte

Zusätzlich zu diesen insgesamt nützlichen Schnitt-Varianten erlaubt
moderne Textverarbeitungs- und Layout-Software inzwischen auch
Manipulationen am Schriftbild, die weniger auf effizienten Satz ab-
gestellt scheinen als auf den natürlichen Spieltrieb der Anwender. Kapitälchen sind dabei sicherlich noch die erträglichste Variante; fast gar
nichts mehr mit professionellem Schriftsatz hat es dagegen zu tun,
Schlagschatten hinter die Buchstaben und Ziffern zu setzen. Auch die
künstliche Verschmälerung oder
Verbreiterung von Buchstaben ist
zwar möglich, verfälscht jedoch
die Symmetrie und Anmutung,
die der Schöpfer der Schrift seinem Werk zugedacht hat. Ohnehin liegen viele Schriften, wie
oben gezeigt, im Schnitt „condensed" vor; wenn also eine
Schrift nicht schmal genug läuft,
verwende man eine andere, statt

*Abbildung 190 – Drei weitere Vari-
anten des Schriftschnitts.*

eigenmächtig „chirurgische Eingriffe" am Schriftbild vorzunehmen. Die einzige Schrift-Manipulation, die zumindest in Infografiken gelegentlich noch zu rechtfertigen ist, ist die Konturierung. Dabei werden die meist schwarzen Buchstaben mit weißen Ränderchen versehen, damit nachdrücklicher vom farbigen Untergrund abgesetzt und auf diese Weise insgesamt lesbarer gestaltet. Auch diese Technik sollte freilich nicht unbedingt zur Regel werden: Wenn der Hintergrund beispielsweise aufgehellt werden kann, ist dieser Variante in jedem Falle der Vorzug zu geben vor der Konturierung.

Schriftgröße

Die Schriftgröße – oder auch: der Schriftgrad – wird gemessen in der Einheit Punkt (Abkürzung Pkt, pt oder p, Mehrzahl: Punkt, nicht Punkte) und entspricht etwa 0,35 Millimetern. Das bedeutet leider nicht, daß ein Buchstabe der Times, in 10 Punkt gesetzt, exakt 3,5 Millimeter „hoch" wäre. Hier holt auch moderne Gestalter immer aufs Neue die Wurzel der Schriftsetzerkunst ein: der Bleisatz. Denn die Schriftgröße wurde in jener Vorzeit nicht anhand der Letter bestimmt, also des gravierten Buchstabens, sondern durch Messung der Höhe des sogenannten Kegels, des Quaders also, auf dem die Letter aufgebracht war. Diese ärgerliche Tradition lebt auch im Zeitalter des Digitalsatzes fort, so daß zwei Schriften in derselben numerischen Größe in ihrer tatsächlichen Erhebung auch heute noch durchaus unterschiedlich ausfallen können.

Hinzu kommt: Ganz unabhängig vom tatsächlichen Schriftgrad hat jede Schriftart auch eine individuelle „optische Größe". Und die kann ganz erheblich von Schriftart zu Schriftart variieren.

Entscheidend beeinflußt wird die optische Größe einer Schrift durch ihre Mittellänge. Jede Type – jeder Buchstabe – ist vertikal gegliedert in drei Zonen:

• die Oberlänge
• die Mittellänge oder auch x-Höhe und
• die Unterlänge.

Schriften mit ausgeprägter x-Höhe wirken größer als Schriften mit niedriger Mittellänge. Wer also wegen akuter Platznot ohnehin zur Verwendung kleiner Schriftgrade genötigt ist, verwende nicht zusätzlich auch noch eine Type mit kleiner Mittellänge!

Abbildung 191 – Die drei Buchstaben-Zonen: Oberlänge, Mittellänge (oder x-Höhe) und Unterlänge.

Wie groß also sollten die numerischen Schriftgrößen ausfallen in Infografiken? Werturteile über die empfehlenswerten Grade sind wegen all der oben beschriebenen Unwägbarkeiten zu einem Gutteil spekulativ. Grob eingeteilt aber gelten Schriftgrößen gemeinhin

• über zwölf Punkt als „Schaugrößen"
• zwischen neun und zwölf Punkt als „Lesegrößen"
• zwischen sechs und neun Punkt als „Konsultationsgrößen".

Schaugrößen werden gewählt, um Aufmerksamkeit zu erzeugen, in Infografiken bieten sie sich also an für Überschriften oder Zwischentitel. Die meisten Abonnement-Zeitungen setzen ihre Schlagzeilen in Größen bis zu 50 Punkt, Boulevardblätter und Zeitschriften liegen mehr oder weniger deutlich darüber. Wie groß die Schlagzeilen in Infografiken ausfallen sollten, hängt von der Größe des Werks insgesamt ab. Ganz grober Richtwert: Überschriften von 16 bis maximal 24 Punkt taugen für ein- bis zweispaltige Grafiken, in größeren dürfen es auch schon mal bis zu 30 Punkt werden.

Lesegrößen eignen sich für längere Textstrecken. Buchstaben in einer Größe zwischen neun und zwölf Punkt sind einigermaßen platzsparend, dabei noch recht bequem erkennbar und damit auch über etwas längere Strecken hinweg gut lesbar. Zeitungen und Zeitschriften setzen ihre Artikel in der Regel in Schriftgrößen zwischen achteinhalb

Abbildung 192 – Kleine aber feine Differenzen: Alle acht Buchstaben sind in der nominell selben Schriftgröße gesetzt, doch die x-Höhe und damit die optische Größe variiert stark zwischen (von links nach rechts) Helvetica, Frutiger, Univers, Optima, Futura, Palatino, Times und Courir.

und zehn Punkt – mit Tendenz nach oben in den vergangenen Jahren,
vor allem, um Lesern mit nachlassender Sehkraft die Lektüre zu erleichtern. Deutlich unter acht Punkt sollte auch in Grafiken kein Tex-
telement ausfallen – nicht jeder Leser hat beim Schmökern immer eine Lupe zur Hand.

Deswegen sollten auch Konsultationsgrößen wirklich nur bei höchst
akutem Platzmangel zum Einsatz kommen und auf keinen Fall auf
längere Textstrecken verwendet werden. Lediglich Informationen wie
Autoren- und Quellenangabe können zur Not mal auf Größen von
acht oder noch weniger Punkt heruntergefahren werden.

Insgesamt sollten, wenn ein einheitlicher Grafik-Stil angestrebt wird,
hausintern etwa drei bis vier, höchstens fünf Schriftgrößen für die
Verwendung in Infografiken definiert werden, von denen in der Alltagsproduktion auch nicht abgerückt wird. Jede Schriftgröße wird dabei mit einer oder mehreren bestimmten Funktionen versehen, für die
sie dann auch konsequent eingesetzt wird. So könnte beispielsweise
festgelegt werden, daß Überschriften durchgehend in 20 Punkt gesetzt werden, Einführungserläuterungen in 11 Punkt, Datenziffern
und andere Begleitelemente in 9 und Autoren- wie Quellenverweis in
8 Punkt.

Laufweite

Die Laufweite bezeichnet den horizontalen Abstand zwischen zwei
Zeichen in einem laufenden Text. Jede Schriftart wird mit einer als
„normal" definierten Laufweite geliefert, und es gibt zunächst einmal
relativ wenige ernstzunehmende Gründe dafür, diese Voreinstellung
zu manipulieren. Das Schriftbild kann zwar durch Verkürzung der
Buchstabenabstände kompakter gestaltet werden und platzökonomischer – an einem bestimmten Punkt aber drohen die Typen einander
zu berühren, ineinanderzulaufen. Und dann strebt die Lesbarkeit ra-
pide gegen Null.

Eine leichte Vergrößerung des Zeichenabstands kann allerdings – dies
wiederum als Ausnahme von der Regel – in Einzelfällen sinnvoll sein:
nämlich im Negativ-Satz (helle Schrift auf dunklem Grund) und bei
extremem Fettsatz. Wird in derlei Fällen die Laufweite erhöht, kann
das durchaus dazu führen, daß die Einzelbuchstaben besser erkennbar, Text und Daten also insgesamt angenehmer lesbar sind.

Zeilenbreite

Genau betrachtet sagt die numerische Zeilenbreite an sich relativ wenig über die Qualität des Satzes aus. Entscheidend ist vielmehr die Anzahl der Zeichen pro Zeile. Je weniger Zeichen – also Buchstaben, Ziffern oder Sondersymbole – in einer Zeile untergebracht sind, desto häufiger ist das lesende Auge zum Zeilensprung genötigt und damit zu einer verzögernden und letztlich ermüdenden Zwangspause. Das ist verschmerzbar bei kürzeren Textstrecken, zum Beispiel den Überschriften. Längere Abschnitte aber über mehr als drei Zeilen sollten

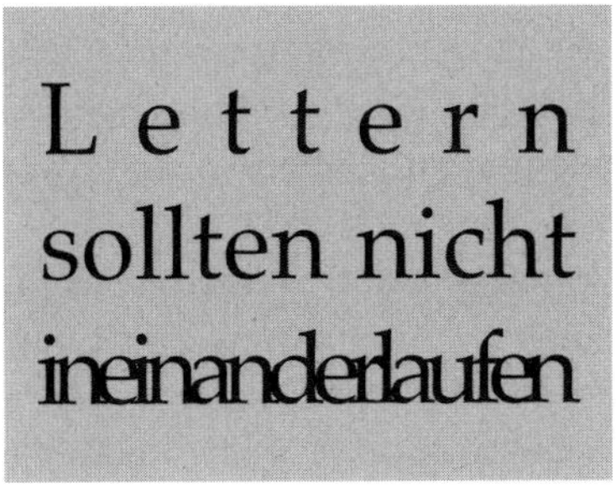

Abbildung 193 – Die Laufweite eignet sich selten zum „Spielen": Weder das Sperren (obere Zeile) noch das „Quetschen" (untere Zeile) erbringt in der Regel wenig sinnvolle Resultate. Am besten ist meistens die „normale" Laufweite (mittlere Zeile).

nicht weniger als durchschnittlich 15 bis 20 Anschläge aufweisen. Dies ist eine durchaus willkürliche Norm, und sie gilt auch nur für den Bereich der Infografik. Denn eigentlich sind sogar 25, ja 30 Anschläge immer noch viel zu wenig: In der Schriftsetzerkunst beispielsweise gilt das „doppelte Alphabeth" als anzustrebendes Optimum, also 52 Anschläge pro Textzeile. In diesem Buch schwankt die Anzahl der Zeichen pro Zeile zwischen etwa 60 bis 70 Anschlägen. Ein guter Wert, der freilich in Infografiken selten zu verwirklichen ist.

Ausrichtung

Es existieren zwei Hauptvarianten der Schriftausrichtung: den Block- und den Flattersatz. Man spricht von Blocksatz, wenn sämtliche Zeilen eines Textes (bis auf die letzte eines jedes Absatzes) exakt dieselbe Breite aufweisen. Um Blocksatz herzustellen, werden meistens die Wort-, gelegentlich auch die Zeichenabstände innerhalb der Zeilen gezielt vergrößert. Der Fließtext dieses Buches beispielsweise ist im Block gesetzt. In Zeilen mit wenigen Buchstaben-Anschlägen kann Blocksatz allerdings unangenehm große Löcher zwischen die Typen reißen.

Werden die Wort- und Zeichenabstände innerhalb eines Textes
nicht manipuliert, entsteht Flattersatz – links- oder
rechtsbündiger, je nachdem, an welcher Achse sich das
Schriftbild orientiert. Dieser Absatz ist linksbündig organisiert.

Werden die Wort- und Zeichenabstände innerhalb eines Textes
nicht manipuliert, entsteht Flattersatz – links- oder
rechtsbündiger, je nachdem, an welcher Achse sich das
Schriftbild orientiert. Dieser Absatz ist rechtsbündig organisiert.

Zentrierter Satz schließlich ordnet den Text um eine virtuelle Mittelachse herum an.

Aus leseökonomischer Sicht kann keiner Variante ein eindeutiger
Vorzug gegeben werden. Blocksatz wirkt bei angemessen zeichenrei-
chen Zeilen kompakter, klassischer, Flattersatz und zentrierte Anordnung erscheinen dagegen luftiger, moderner.
Eine wichtige Rolle bei der Wahl der Ausrichtung spielt, ob der betreffende Textblock einem oder mehreren grafischen Elementen direkt
zugeordnet ist. Die Ausrichtung kann in solchen Fällen Zusammenhänge verdeutlichen oder – bei falscher Anwendung – auch kaschie-
ren. Ein zweizeiliger Text links neben einem Diagramm-Balken etwa
wirkt dem Balken optisch besser zugeordnet, wenn er sich rechtsbündig eingerichtet dem Balkenabschluß angleicht. Für eine Erläuterung
dagegen, die eine einzelne, besonders markante Diagramm-Säule
überspannt, empfiehlt sich eher eine zentrierte Ausrichtung, die sich
an der Mittelachse der Säule orientiert.
Letztlich sollte der (hoffentlich vorhandene) übergreifende Stil des
Blattes, in dem die Grafik erscheinen soll, den Ausschlag geben. In einer durchgehend in Flattersatz angeordneten Zeitschrift etwa wirken
geblockte Grafik-Textstrecken eher als Fremdkörper, in konservativen
Publikationen wird allzu viel Flattersatz unpassend erscheinen.

Zeilenabstand

Als Zeilenabstand bezeichnet man den Abstand der Grundlinien
zweier übereinander angeordneter Textzeilen. Häufig ist auch die Rede vom Durchschuß – dann ist die Differenz zwischen Schriftgrad

Abstand

Durchschuß

zwischen

die Zeilen

Zeilen-
abstand

Abbildung 194 – Die Begriffe „Durchuß" und „Zeilenabstand" werden oft synonym gebraucht. Zu unrecht, wie diese Abbildung verdeutlicht.

und Zeilenabstand gemeint. Auch in Sachen Zeilenabstand muß es mangels eindeutigen Kenntnisstands bei eher allgemeinen Empfehlungen bleiben. Grundsätzlich gilt: je weniger Zeichen die Zeilen umfassen, desto kleiner sollte der Zeilenabstand sein, mit wachsender Anzahl Buchstaben pro Zeile sollte auch der Durchschuß zunehmen. Schriften mit kleiner x-Höhe benötigen in aller Regel weniger Durchschuß, da die Oberlängen bereits aus sich selbst heraus ein wenig Luft zum darüberstehenden Text schaffen. Textstrecken mit kleinem Durchschuß wirken insgesamt etwas kompakter; wenn allerdings zu enge Abstände gewählt werden, kann das Schriftbild unangenehm „gequetscht" aussehen.

Ein Limit nach unten gibt es immerhin: Die Oberlänge der unteren Zeile sollte die Unterlängen der darüberliegenden nicht schneiden können. Ein Zehn-Punkt-Text sollte also mindestens mit zehn Punkt Zeilenabstand (oder null Punkt Durchschuß, dem sogenannten Kompreß-Satz) eingerichtet werden.

Schriftfarbe

Die klassische Satzvariante ist die, die auch dieser Buchreihe zu eigen ist: schwarze Schrift auf weißem Grund. Auch wenn vor allem Zeitungspapier gelegentlich eher ins Gräuliche tendiert, gibt es keinen

Grund, von diesem alten Prinzip abzuweichen. Entscheidend für die Lesbarkeit einer Schrift, das haben verschiedene Studien ergeben, ist ein größtmöglicher Kontrast zwischen Letterfarbe und Untergrundfarbe, wobei die Variante „weiße Schrift auf schwarzem Grund" schlechter abschnitt als die der Altväter.

Text in Infografiken sollte also möglichst in Schwarz gehalten sein und auf einem weißen, zu-

Schwarze Schrift auf weißem Grund ist besser ...

als weiße Schrift auf schwarzem Grund.

Abbildung 195

mindest aber so schwach wie möglich gerasterten Grund stehen. Fällt der Grund dennoch zu dunkel aus, kann etwas mehr Kontrast auch hergestellt werden, indem auf Schriften mit kräftiger Strichstärke, womöglich auch auf Typos in fettem Schnitt, zurückgegriffen wird.

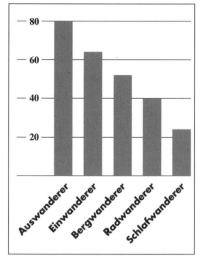

Abbildung 196 – Schrift schrägzustellen oder gar völlig in die Vertikale zu drehen, nötigt Betrachter schlimmstenfalls zum Drehen des Mediums. In Fällen wie hier empfiehlt sich, ein Balkendiagramm anzufertigen, in das die Beschriftung in Normalrichtung integrierbar ist.

Schriftrichtung

Im klassischen Textsatz stellt sich die Frage nach der Schriftrichtung eher selten: In Meldungen, Aufmachern, Kommentaren und Glossen läuft Schrift traditionell horizontal von links nach rechts, ganz wie es die Überlieferungen des Abendlandes gebieten.

In Infografiken dagegen werden

Textelemente auch gerne mal „gestürzt": um eindeutigere Text-Bild-Bezüge herzustellen und vor allem, um Platz zu sparen. Die Lesbarkeitsforschung hat zu diesem Aspekt recht wenig beizutragen. Gegen die Drehung spricht allerdings eine zwar banale, aber triftige Überlegung: Es ist davon auszugehen, daß Leser kein sonderliches Interesse daran haben, das Blatt möglichweise mehrfach rotieren zu lassen, um eine Grafik in ihrer Gesamtheit zu erfassen – und es deswegen entweder unwillig tun oder gar nicht. Hinzu kommt, daß die vielbeschworene „Information auf einen Blick" auf der Strecke bleibt, wenn die Grafik nur in Etappen „lesbar" ist.

8.3 Die Anlage eines Schriftenpools

In professionellen Infografiken hat typografische Beliebigkeit nichts zu suchen. Weniger ist eindeutig Gewinn, wenn regelmäßig Grafiken für ein und dasselbe Produkt erstellt werden: Schon mit einer einzigen Schriftfamilie in zwei Schnitten und drei Schriftgrößen läßt sich in der Regel das Wichtigste typografisch bezeichnen. Mehr als zwei Schriftfamilien mit insgesamt drei Schnitten und vier Größen sollten in ein und derselben Informationsgrafik nicht zum Einsatz kommen.

Kontraste *erhöhen die* **Aufmerksamkeit**

Das Prinzip des Kontrasts

Analog zu den Prinzipien der Farbgestaltung spielt auch bei der Schriftwahl das Prinzip des Kontrasts eine wichtige Rolle. Soll also beispielsweise für ein Print-Produkt ein Pool aus sechs festen Schriftvarianten für den Einsatz in Infografiken bestimmt werden, sollten als Grundlage zwei Schriftarten aus unterschiedlichen Schriftgruppen gewählt werden – also am besten jeweils eine Groteske und eine Antiqua –, von denen eine lediglich als Schnittvariante zur Verfügung steht. Bewährt haben sich hier Kompositionen aus mageren oder kursiv geschnittenen Antiqua-Schriften und fetten Grotesken. Werden diesen beiden Varianten nun noch jeweils in drei Größenvarianten eingerichtet – zum Einsatz als 18-Punkt-Schlagzeile, 10-Punkt-Erläuterung und 8,5-Punkt-Beschriftungselement – ist der Pool perfekt.

Das Umfeld

Entscheidend bei der Schriftenwahl für Infografiken ist allerdings immer das typografische Umfeld. Das Schriftbild einer Infografik muß zwar nicht unbedingt übereinstimmen mit der übrigen Typografie der Zeitungs- oder Zeitschriftenseite, auf der sie positioniert ist. Eher im Gegenteil: Begreift man Infografiken als eigenständige Darstellungsmittel, drängt es sich geradezu auf, ihnen eine andere, eben eigenständige Schriftanordnung zuzuweisen. Dennoch muß die Typografie von Schlagzeilen, Artikeln und eben Grafiken harmonieren. Das Corporate Design, das Erscheinungsbild des Produkts insgesamt muß auch typografisch gewahrt bleiben.

Recht unglücklich wirkt es deswegen meistens, wenn sich in Infografiken einerseits und der restlichen Typografie eines Produkts andererseits verschiedene Schriften finden, die aber einer Schriftengruppe angehören. Zumal, wenn die Schriftgestalten insgesamt Ähnlichkeiten aufweisen: Die Schriften Helvetica und Univers etwa sind zu wenig gegensätzlich in Aufbau und prinzipieller gestalterischer Linie, als daß sie zur Abgrenzung verschiedener Elemente geeignet wären, im Detail aber fallen sie wiederum zu verschieden aus, als daß sie wirklich harmonieren könnten.

Tip: Typografische Bezüge herstellen

Eine brauchbare und dabei relativ simple Methode, einen optischen Bezug zwischen infografischer und allgemeiner Blatt-Typografie herzustellen, besteht beispielsweise darin, die üblicherweise benutzte Schriftart der Bildunterzeilen zur Standardtype der Infografiken zu küren. Auf diese Weise wird der „bildliche" Charakter der Grafiken betont, gleichzeitig ein Bezug zum typografischen Umfeld gewahrt und durch Variation der Schriftgröße in der Grafik der eigenständige Charakter gewahrt.

DRITTER TEIL: Themen

„Mit Infografiken kann man doch eigentlich alles zeigen", sagte einst eine Kollegin. Diese Aussage ist in gewissem Sinne richtig: Das Themenspektrum von Infografiken ist grundsätzlich unüberschaubar. Es ist, genauer gesagt, im nahezu selben Maße unbegrenzt wie das der denkbaren journalistischen Inhalte insgesamt. Denn jedes Foto kann prinzipiell die Grundlage einer Fotografik bilden, und jeder Text ist in irgendeiner phantasiereichen Form in eine Textgrafik umfunktionierbar. Sogar die ausgefeilteste Erzähl-Reportage läßt sich grundsätzlich in visuell abgegrenzte Absatz-Kästen gliedern und mit Clip-Arts schmücken. Ob das sinnvoll ist, sei dahingestellt. Klassiker wie die „Seite 3" der SÜDDEUTSCHEN ZEITUNG jedenfalls würden sicherlich nicht gewinnen, würde sich dieses Prinzip durchsetzen. Das käme doch eher einer Vergewaltigung gleich als einer gelungenen „Visualisierung".

Für ikonische Infografiken allerdings, die meisteingesetzte Variante also, gilt das Eingangs-Zitat nicht. Die Themenpalette ikonischer Grafiken ist begrenzt, allein durch die zeichnerische „Sprache", die ihnen zu eigen ist. Diese Themenpalette der ikonischen Infografiken wird auf den folgenden Seiten vorgestellt, inklusive jeweils einer kleinen „Spezial-Grammatik", die sich, aufbauend auf den allgemeinen grammatischen Prinzipien, für den jeweiligen Themenbereich eingebürgert und durchgesetzt hat.

Welches Thema?

Die Themenbereiche, in die dieser dritte Teil untergliedert ist, sind sehr allgemein gefaßt. Konkretere Themen, zum Beispiel „Arbeitslosigkeit" oder „Wahlen" finden sich in dieser Eindeutigkeit nicht, ob-

wohl die Erwerbslosenquoten in trauter Regelmäßigkeit in der Presse
infografisch aufbereitet werden. Diese konkreten Themenbenennun-
gen fehlen aber nicht ohne Grund. Denn viele Journalisten – und leider auch viele Grafiker – setzen bestimmte Sachverhalte, zum Beispiel eben die „Arbeitslosigkeit", gera-
dezu mechanisch mit einer bestimmten grafischen Aufbereitungsva-
riante gleich: im Falle der Erwerbslosenquoten fast immer mit einer
statistischen Lösung, einem Säulen- oder Balkendiagramm also oder
einer Fieberkurve. Diese Variante liegt zweifellos am nächsten. Doch
oft ergeben sich aus Themenkomplexen, gräbt man etwas tiefer, ganz
andere Aspekte und oft auch viel interessantere grafische Alternativen, als zunächst scheinen mag.
Ein fiktives Beispiel: Der Vorstandsvorsitzende einer europaweit
agierenden Stahlbau-Firma – nennen wir sie Dröhn & Hammer AG –
tritt zurück. Die Aktionärsversammlung hatte ihm in einer Abstimmung mehrheitlich das Mißtrauen ausgesprochen, weil er ein zwei-
felhaftes neues Verarbeitungsverfahren aus Asien für viel Geld in die
Werkshallen hatte einbauen lassen, und sich das System fortgesetzt
als störanfällig erwies und die Bilanz tiefrote Zahlen auswies. Gerade
vor zwei Jahren war die Belegschaft empfindlich „verschlankt" worden. Der Chef – nennen wir ihn Stahlhammer – zog aus all diesen Vor-
würfen die Konsequenzen.
Was ist das Thema? Ein Vorstandsvorsitzender tritt zurück. Das ist
ein Aspekt, der infografisch kaum aufzubereiten sind. Doch wie viele
Aspekte verbergen sich hinter dieser Demission! Bereits aus den dür-
ren Informationen des vorausgegangenen Absatzes können routinier-
te Infografiker eine ganze Palette potentieller Infografik-Themen fil-
tern. Hakt man journalistisch nach, können es sogar noch mehr werden. Einige Beispiele:
• Die Aktionärsversammlung stimmte mehrheitlich gegen den Vor-
  sitzenden. Mit welchem Votum genau? Eine statistische Grafik
  kann die Relation von Ja- und Nein-Stimmen sowie Enthaltungen
  abbilden. Ebenfalls ein statistisches Thema bildet die Geschäftsbi-
  lanz. Wie tief steckt der Konzern in den Miesen, wie hat sich die Bi-
  lanzsumme in den vergangenen Jahren tatsächlich entwickelt, zeigen sich eventuell Brüche, „Talfahrten" ab, die mit dem Amtsantritt
  Stahlhammers etwas zu tun haben könnten? Auch die stetig abneh-

mende Beschäftigtenzahl ist am besten als Diagramm darstellbar.
- Die Aktionärsversammlung stimmte ab. Was aber hat so ein Gremium eigentlich überhaupt zu beeinflussen, zu entscheiden, was kann es bewirken? Der Aufbau, die Hierarchien von Dröhn & Hammer, die Weisungsbefugnisse und wechselseitige Interaktion von Vorstand, Aufsichtsrat und Teilhabern sind im Zusammenhang mit Stahlhammers Rücktritt durchaus interessant und aufschlußreich. Ein Organigramm kann mögliche Fragen beantworten.
- Wenn Dröhn & Hammer, wie erwähnt, europaweit agiert: Wo genau sind die Absatzmärkte, wo liegen die Firmensitze? Eine Karte kann Klarheit verschaffen. Möglicherweise trieb aber auch nur der defizitäre Markt in Südeuropa die Firma in die roten Zahlen, während der schweizerische und österreichische Markt mehr als gesund dastehen? Eine statistische Karte, ein Kartogramm, kann diese Unterschiede, wenn vorhanden, anschaulich herausarbeiten.
- Das neue Maschinensystem, über das Stahlhammer stolperte, galt unter Umständen lange Zeit in der Fachwelt als vorbildlich und zukunftsträchtig. Was aber unterschied dieses System von herkömmlichen, und wo liegt die immer noch nicht ausgemerzte Quelle der Störanfälligkeit? Eine Funktionsskizze, eine Schnitt- oder Explosionszeichnung kann diese Fragen wahrscheinlich besser beantworten als ein Text.

Ein Thema – viele Aspekte

Das Beispiel von der Dröhn & Hammer AG ist nur eines unter vielen möglichen. Es zeigt: Ein einziges journalistisches Thema kann eine Vielzahl interessanter „grafischer" Anker bergen. Und das müssen keineswegs immer statistische Aspekte sein, auch wenn ein Blick in Tages- und Wochenpresse beständig den Eindruck vermittelt, daß quantitative Daten die Welt dominieren, die Welt der Infografik ohnehin. Zugegeben: Vieles erschließt sich besser mit statistischer Unterfütterung. Diese Erkenntnis aber verstellt oft den Blick für andere, nicht-statistische Aspekte. Ein Artikel über die Probleme, Fusionsbestrebungen oder „Verschlankungsabsichten" eines Unternehmens kann, muß aber nicht zwangsläufig begleitet werden von jenem bewährten Umsatz-, Gewinn- und Beschäftigtendiagramm. Zumal, wenn die eigentliche „Story", die Stoßrichtung des beigestellten Artikels eine ganz andere ist. Vielleicht lauern ganz andere, viel interessantere Details darin, die grafisch darstellbar wären? Diese Aspekte zu identifizieren, ist Aufgabe aller Redaktionsmitglieder, nicht nur des Infografikers.

Diese Details zu erkennen, erfordert Training und vor allem guten Willen aller Beteiligten. Vor allem vielen Schreibern geht bis heute allerdings nicht nur das „grafische", sondern insgesamt ein „optisches" Bewußtsein ab. Nach wie vor erscheinen „Personality-Stories" – wie die von Stahlhammer – nicht nur ohne Infografik (was oft ja gar nicht so schlimm ist), sondern sogar ohne Foto-Porträt des Protagonisten. Das „visuelle Denken" ist, sei es durch Ausbildung oder Desinteresse begründet, in vielen Redaktionen kaum mehr als ein verkümmertes Pflänzchen.

Dieser dritte Teil trägt hoffentlich zumindest ein wenig dazu bei, auch schreibenden (und fotografierenden) Kollegen die Potentiale der Infografik ein wenig näher zu bringen. Ansonsten gilt allgemein natürlich fort, was in Teil 2 bereits zur Sprache kam: Es kommt darauf an, daß Texter, Fotografen und Grafiker den Austausch suchen, einander immer wieder die Stärken und Chancen des eigenen Ressorts nahebringen – ohne in bloße Konkurrenz zu verfallen. Denn erst, wenn der schreibende Kollege nicht nur eine einzige Bilanzzahl mitbringt, sondern gleich in der Pressekonferenz den Datensatz insgesamt als „bildtauglich" identifiziert und Zusatzdaten fordert, ist die besagte „Dreieinigkeit" auch tatsächlich umzusetzen.

Der Faktor Zeit

Jede Infografik bildet entweder einen statischen oder einen dynamischen Sachverhalt ab. Das heißt: Sie zeigt entweder einen Ist-Zustand, also einen Zustand zu einem bestimmten Zeitpunkt oder in einem abgegrenzten, geschlossenen Zeitraum, oder sie stellt Veränderung dar, die sich über einen Zeitraum hinweg ergeben haben.

Statisch ist beispielsweise die Darstellung eines für den Zeitraum eines Jahres beschlossenen Etats in Form eines Säulendiagramms. Verglichen werden die Umfänge der einzelnen Haushaltsposten für das laufende Jahr. Der Faktor Zeit und damit Dynamik kommt in die Grafik, wenn etwa der Verteidigungshaushalt 1999 mit denen der sechs vorangegangenen Jahre abgeglichen wird, ebenfalls übersetzt in ein

Säulendiagramm, vielleicht auch in eine „Fieberkurve".
Statisch ist, beispielsweise, auch die kartographische Analyse, in welchen Regionen des Staates Jugoslawien sich die Minderheit der Kosovo-Albaner zu einem bestimmten Zeitpunkt mehrheitlich aufgehalten hat. Dynamisch gerät der Sachverhalt, wenn die Angehörigen dieser Minderheit ihren angestammten Wohnort verlassen – sie bewegen sich fort von ihrem Ursprung, erzeugen Bewegung.
Statisch ist, dies als letztes Beispiel, die Darstellung von Weisungshierarchien innerhalb einer Behörde. Einen „zeitlichen" Aspekt würde dieses Organigramm dadurch erhalten, daß verschiedene dynamische Formen der Interaktion zwischen den Ebenen dargestellt werden.
Alle Themen in diesem dritten Teil werden jeweils unter statischen und dynamischen Gesichtspunkt beleuchtet. Denn beide Varianten erfordern oft recht unterschiedliche Aufbereitungstechniken. Auch gibt es durchaus mehrere grafische Methoden, Bildern im statischen Medium Presse Dynamik einzuhauchen.

Der Faktor Raum

Nichts auf dieser Welt vollzieht sich im Luftleeren – alles hat grundsätzlich irgendeine räumliche Dimension. Es passiert irgendwo. Nicht umsonst gehört das „Wo" bis heute zum unverzichtbaren Kanon der klassischen journalistischen „W-Fragen". Und nicht umsonst bilden Raumdarstellungen – Karten – einen Hauptgegenstand infografischer Arbeit. Räumliche Strukturen entfalten sehr oft bereits aus sich selbst heraus sehr interessante und reizvolle Information.
Dennoch unterschlagen viele Infografiken den räumlich-geographischen Aspekt oder handeln ihn bündig und kurz in einem Satz ab („Angaben für ganz Deutschland"), ohne ihn wirklich grafisch einzubinden. Das dargestellte Thema wird in diesen Fällen visuell vom Raum „isoliert".
Oft geschieht das zu recht: Wenn eine Grafik etwa die potentiellen Übertragungswege und Gefahrennester des „Rinderwahns" BSE aufzeigen soll, wird dies sinnvollerweise anhand eines gezeichneten „Modell-Rinds" demonstriert werden – es geht in diesem Falle um die exemplarische Darstellung eines eher abstrakten Sachverhalts, und der räumliche Aspekt, in diesem Falle etwa die überbordernde

Verbreitung der Krankheit in Großbritannien, spielt im Zusammenhang der Grafik keine Rolle. Gleiches gilt oft für die grafische Darstellung statistischer Daten: Wenn die Bilanzzahlen der Deutschen Bahn AG in einem statistischen Bild aufbereitet werden, ist die räumliche Geltung der Daten auch ohne kartographische Bezeichnung des Bezugsraums – der Bundesrepublik Deutschland – erschließbar. Viele dieser „isolierten" Themen gewinnen allerdings in visueller Kombination mit geographischen Angaben nicht nur an Informationsreichtum, sie entfalten in dieser Verknüpfung oft völlig neue Perspektiven. Die Zusammenführung statistischer Daten mit kartographischen Aspekten etwa zeigt nicht selten Zusammenhänge, Gefälle oder Abgrenzungen auf, die keine der beiden Darstellungsvarianten aus sich selbst heraus hätte aufzeigen können. Wie ein Satellitenempfänger in seinem Innern funktioniert, ist „isoliert" bereits gut darstellbar als Konstruktionsskizze. Wie dagegen der eigentliche Datentransfer mit diesem Gerät über den gesamten Erdball vonstatten geht, erschließt sich erst, wenn die räumliche Perspektive hinzutritt. Firmengeflechte, Kooperationen und Fusionen sind als räumlich „isoliertes" Organigramm darstellbar – wenn aber die geographische Komponente hinzutritt, wird das Wort vom „weltumspannenden Konzern" auch grafisch greifbar und sichtbar.
Der Faktor Raum ist also eine starke Größe in der Infografik. In diesem dritten Teil wird er daher an erster Stelle behandelt. Die weiteren Themenkomplexe werden jeweils zunächst in ihrer „isolierten" Form vorgestellt und direkt im Anschluß daran mit geographischen Aspekten verbunden.

1. Raum

Wer mußte nicht schon bedauernd mit der Schulter zucken, wenn Passanten Auskunft begehrten über Lage und Weg zu einer Straße, einem Platz, einer Attraktion jener Stadt, die man seit Jahren zu kennen glaubt wie seine Westentasche? Wer wüßte schon genau die Nachbarländer des Krisenstaates zu benennen, der seit Tagen die Schlagzeilen füllt? Wer studierte nicht schon im Urlaub ein ums andere Mal die Karte der Ferieninsel, meinte sie nach zwei Wochen auswendig zu kennen – und wußte ein halbes Jahr später nicht mal mehr den Namen des Erholungsortes?

Geographisches Wissen ist selten ein abrufbares, und das Gespeicherte schrumpft in der Regel mit wachsender Entfernung von der eigenen täglichen Erfahrungswelt. Zwar dürfte es hierzulande längst nicht so schlimm stehen wie um die Mehrheit der US-Amerikaner, deren geographischer Analphabetismus sprichwörtlich ist. Dennoch: Die Anzahl der „Mental Maps", wie sie die angelsächsische Forschung nennt, jene „Karten" also, die wir in unserem Gehirn archiviert halten und guten Freunden als Wegskizze zur besten Kneipe der Stadt hinzeichnen können, erstrecken sich auf Weniges: Bekanntes oder Markantes. Die Silhouette der Bundesrepublik etwa dürfte durch wiederholte Wetterberichte inzwischen einen gewissen Wiedererkennungswert in der bundesdeutschen Bevölkerung erlangt haben – doch schon die geographische Zuordnung der Bundesländer, das haben Versuche gezeigt, bewältigen nur wenige.

Dabei mangelt es nicht an Problemen und Konflikten, kurz: journalistischen Themen, die sich aus der natürlichen, ethnischen, administrativen oder vom Menschen geschaffenen Struktur von Räumen ergeben.

Räume sind strukturiert, natürlich oder künstlich. Oft übernimmt Mutter Natur höchstpersönlich die Grenzziehung: Die Küste eines Gewässers markiert eine Grenze zwischen Ozean und Festland, ein Waldrand grenzt baumbewachsenes und baumfreies Areal ab. Geländeerhebungen und Täler strukturieren Räume, der Boden unter vielen Nahost-Staaten ist so strukturiert, daß sich Hohlräume nachweisen lassen, die angefüllt sind mit Gasen und Öl.

Immer mehr allerdings nimmt der Mensch Einfluß auf Raumstrukturen. Grenzverläufe trennen Staat von Staat und beschreiben Gemeindeareale (auch wenn sich viele administrative Grenzen an natürlichen orientieren; der Rhein etwa markiert einen großen Teil der deutsch-französischen Grenze). Eine Strukturierung von Raum nehmen aber auch Kommunalparlamente vor, wenn sie Flächennutzungspläne absegnen, in denen Teilräume festgelegt werden für landwirtschaftliche, gewerbliche, Erholungs- und Wohngebiete.

Ärger um Raumstrukturen gibt es im Großen wie im Kleinen. Nördlich von Schottland etwa ragt ein unbewohnter Fels aus der Nordsee-Brandung, das Inselchen Rockall, darunter etliche Barrel Erdöl. Auf wessen Hoheitsgebiet liegt das Inselchen? Ansprüche nicht nur auf den Fels, sondern wohl vor allem aufs schwarze Gold erheben Großbritannien, die Färöer-Inseln und Dänemark, allesamt Staaten in Nachbarschaft des Eilands. Strittig ist, wo genau die Hoheitsgebiete der einzelnen Staaten enden, zu welchem Staat also das Stück Land zählt.

Die Golan-Höhen im Nordosten Israels sind offiziell syrisches Staatsgebiet, seit dem Sechs-Tage-Krieg 1967 jedoch von israelischen Truppen besetzt. Israel begründet sein Interesse an dem Stück Land vor allem mit Sicherheitsinteressen: Den Golan-Höhen komme strategische Bedeutung zu, sie wären also unter syrischer Kontrolle ein militärischer Trumpf in der Hand des mit Mißtrauen beäugten Nachbarn.

Ortswechsel: das Lokale. Straßenflächen, ob gebaut oder erst geplant, strukturieren Räume um, zerschneiden beispielsweise Naturflächen, und damit sind viele Bürgerinnen und Bürger regelmäßig nicht einverstanden. Räumliche Strukturen sind häufigster Grund für Proteste und Initiativen in der Kommune.

Dennoch quälen gerade Lokalausgaben immer noch mit verbalen Informationen der Qualität, die U-Bahn-Bauer seien inzwischen bis zur

Möllerstraße Ecke Ritterstraße vorgedrungen und wühlten sich in
Richtung Heinrichstraße weiter, und es schwele immer noch Krach
um das Bebauungsgebiet Stadtteil Büttgen, eingerahmt von Lauven-
burger Straße, Storchengasse und Drosselweg, und die Volkshoch-
schule gebe ihre neue Adresse bekannt: Goethestraße. Ganz in der
Nähe der Berufsbildenden Schulen Am Gottesacker, Sie wissen schon.
Prinzipiell sollten Texter wie Grafiker aufmerken, wenn eine Nachricht, ein Bericht sich auf zwei oder mehr geographische Angaben
stützt, deren Beziehung – in welcher Form auch immer – von Belang
für die journalistische Mitteilung ist. Fast immer bietet sich in derlei
Fällen eine Karte an.

1.1 Die Kunst der Projektion

Das klassische Referenzmaterial für Menschen, die geographische Informationen suchen, ist die Karte. Karten übersetzen das gewölbte
Obere der Erdfläche auf flaches Papier. Eine schlichte Umschreibung
für eine stattliche wissenschaftliche und handwerkliche Leistung, die
– nach langen Epochen einer ausgeprägten „Phantasie-Kartogra-
phie", die geographisches Halbwissen ohne mathematische Fundie-
rungen in „Landtafeln" darbot – seit etwa zwei Jahrhunderten und
bis heute eine große Zahl von Wissenschaftlern in Atem hält. Die geometrischen Beziehungen verschiedener Punkte auf Mutter Erde (oder
anderswo), sind recht gut erhoben. Sie grafisch umzusetzen, ist das
andere Problem.
Entsprechend reich an der Zahl sind die bislang entwickelten Methoden, das Runde aufs Flache zu bekommen. Alle Projektionen allerdings müssen, eben weil sie Krummes auf Gerades übertragen, verzerren, Entfernungen strecken und Abstände kürzen: „Jede Projekti-
on ist notwendigerweise eine Kompromißlösung", sagt der amerikanische Geograph Mark Monmonier. Die Verzerrung gerät umso ausgeprägter, je größer die abgebildete Fläche ist. Nicht umsonst muß
man Weltkarten mit der Lupe suchen, die eine eindeutige Maßstabs-

angabe oder –leiste enthalten – und diese seltenen Exemplare sind vermessen im Anspruch, denn Maßstabstreue in diesem Format gibt es nicht. In kleinräumigen Darstellungen dagegen sind Maßstabsangaben zumindest einigermaßen verläßlich.

Betrachtet man verschiedene Projektionsvarianten, kommen überraschende Erkenntnisse zutage: Der Kontinent Europa ist auf manchen Projektionen (und auch in Wahrheit) noch kleiner, als es handelsübliche Atlanten vermitteln, und Grönland ist lange nicht so riesig, wie es viele Karten oft nahelegen. Es ist in etwa ein Achtel so groß wie Südamerika.

Diese Differenzen zwischen Realität auf der einen und verschiedenen Projektionstypen auf der anderen Seite sind allzu oft alles andere als akademisch: Sie werden politisch genutzt. So erschien das ehemalige „Riesenreich" Sowjetunion in vielen Projektionen noch gewaltiger, als

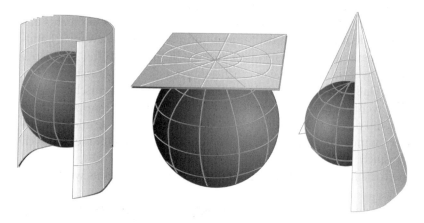

Abbildung 197 – Die drei wichtigsten kartographischen Projektionstechniken: Die klassische Zylinderpojektion (links) als gebräuchlichste Methode nimmt in der Regel Bezug auf den Äquator als längstem Längengrad, was zu hohen Darstellungs-Verzerrungen in den Polarbereichen und beispielsweise zu einer überdimensionierten Darstellung Grönlands führt. Bei der Azimutalprojektion (Mitte) wird die Erde lediglich an einem Punkt berührt, meistens an einem der Pole – abbildbar ist daher jeweils nur eine Erdhälfte. Bei der Kegelprojektion (rechts) wird ein virtueller Kegel über die Erdoberfläche gelegt, wobei die Kegelachse meistens mit dem Äquator identisch ist.

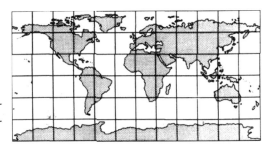

Abbildung 198 – Zylinderprojektion der Erdoberfläche.

es zugegebenermaßen ohnehin war – und hielt deswegen gerne her als Indiz für die Bedrohung des Bösen, das sich in jenen Grenzen verborgen hielt. Sicherlich wohlmeinender, aber ebenso taktisch motiviert sind auch Gerechtigkeitsfanatiker, die andere Projektionen verwenden, um die Relationen der Landflächen von „erster" und „dritter" Welt „besser" herauszuarbeiten und die zweifellos vorhandene Ungerechtigkeit noch „begründeter" anzuprangern.

Dabei sagt die bloße Flächengröße oft genug wenig bis gar nichts aus über Bedeutung oder „Bedrohung" durch einen Staat, einen Landstrich, eine Region: So ist beispielsweise die gern bemühte „arabische Welt" zwar flächenmäßig deutlich gewaltiger als das „christliche" Europa. Daß aber jene arabische – oder auch gerne: „islamische" – Welt über weniger Einwohner verfügt als das „bedrohte" Europa und ein Großteil dieser arabischen „Welt" unbewohnbare Wüste bildet, relativiert manche Panikmache. Die Wette gilt: Europa bleibt mehrheitlich christlich.

Auch die Machthaber in der Zeit des Nationalsozialismus wußten die

Abbildung 199 – Die sogenannte Peters-Projektion (eine variierte Zylinderprojektion), in der die Relationen der Kontinente „gerechter" dargestellt werden. Zumindest Europa erscheint bedeutend kleiner als in Abbildung 198.

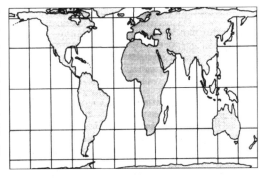

Abbildung 200 – Wer ist der Aggressor? Das fragte das „Dritte Reich" im englischsprachigen Propaganda-Dienst „Facts in Review", der in den angelsächsischen Ländern verbreitet wurde. Ein Vergleich der Landmassen Deutschlands und des British Empire „widerlegte" die These von der deutschen Aggression.

Interpretationsspielräume von Karten durchaus zu nutzen, wie Abbildung 200 zeigt. Im englischsprachigen Propaganda-Dienst „Facts in Review", der während des zweiten Weltkriegs in angelsächsischen Ländern vertrieben wurde, wurde gerne nach dem Motto argumentiert: Wie kann Deutschland der Aggressor sein, wenn das britische Empire ein Vielfaches der Landmasse verwaltet?

1.2 Der Kartenklau

Eingestanden wird es selten, obwohl es bekannt ist und Tatsache bleibt: 99 Prozent aller journalistischen Karten sind abgezeichnet. Geklaut. Eingescannt aus handelsüblichen Atlanten, Routenplanern, Stadtführern oder offiziellen Generalkarten der Gemeinden, anschließend nachgezeichnet, beschnitten und bearbeitet für die eigenen Ansprüche, farblich und stilistisch eingeebnet auf die hauseigenen Gepflogenheiten und somit gleichzeitig auch ihrer eigentlichen Quelle soweit entzogen, daß das Werk als eigenes durchgehen kann. Dabei gelten Karten prinzipiell und nach dem Urheberrechtsgesetz als „schützenswerte Werke", und selbst ihre Bearbeitung oder auch

Umgestaltung zum Zwecke der Veröffentlichung ist eigentlich erst mit Einwilligung des Schöpfers möglich. Meistens allerdings ist die Quelle kaum noch nachzuvollziehen bei geschickt gestalteten Presse-Karten, und so sind Klagefälle sehr, sehr selten. Die Gründe für den Kartenklau sind nachvollziehbar und nehmen der Angelegenheit auch ein wenig von seiner Brisanz: Für handwerklich unbedenkliche kartographische Arbeit fehlt den meisten Infografikern als „Allroundern" entweder Ausbildung oder Zeit, meistens aber beides. Zudem ist Nachbearbeitung, Ergänzung und Reduzierung von Kartenvorlagen nicht nur sinnvoll, sondern infografisch meistens sogar geboten.

1.3 Eine Karte, eine „Story"

Anders als die meisten „offiziellen" Karten sollen Karten in der Presse nicht möglichst viele denkbare Fragen auf einmal beantworten, sondern in der Regel eine bestimmte, manchmal auch ein paar mehr. Stadtpläne dagegen sind darauf ausgelegt, potentiell *alle* wichtigen Fragen beantworten zu können, die die Gemeinde insgesamt betreffen: Alle Straßennamen sind verzeichnet, jeder Bachverlauf, jede Nahverkehrslinie, jede Institution, am besten noch Sehenswürdigkeiten, Info-Points, vielleicht sogar Hausnummern. Die meisten Pläne sind zur gezielten Konsultation ausgelegt oder als Planungsgrundlage. Karten in der Presse dagegen haben ein Thema, das sie herausstellen. Eine „Story". Und viel mehr als diese Story sollten Karten in der Presse auch nicht transportieren. Reduktion und Vereinfachung ist

Abbildung 201 – Überfüllt: Die Lage der Stadt Urosevac zum Beispiel spielt im Zusammenhang der Bombardierung keine Rolle und sollte deshalb nicht verzeichnet werden.

gefragt. Zusätzlich zur ohnehin notwendigen Vereinfachung, um die
kein Kartograph herumkommt. Auch nicht der wissenschaftlich versierteste, detailversessenste.

1.4 Vereinfachung

Denn jede Karte, auch die wissenschaftlich ausgefeilteste, vereinfacht
und verfälscht. Jede Karte ist ein Modell der Realität, nicht deren Abbild. Irgendein geographischer Aspekt fehlt auf jeder Darstellung,
und sei es nur eine kleine Einbuchtung in der Fassade auf einer ansonsten streng detailgenauen kleinräumigen Karte. Auch hyperkor-
rekte Kartographen müssen immer die Wirklichkeit vereinfachen, oft
sogar verfälschen, um das Wichtige angemessen und prägnant darstellen zu können. Wirre Straßenverläufe werden „geglättet", komplizierte Grenzverläufe „grundrißähnlich" vereinfacht, Details, die ein-

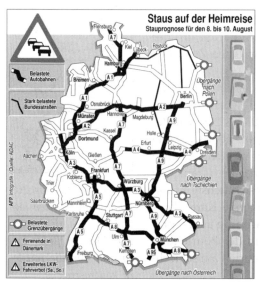

Abbildung 202 – Natürlich ist diese Karte nicht maßstabsgetreu: Die Breite der dargestellten Straßen ginge, würden die Proportionen stimmen, in die Kilometer. Der Verständlichkeit der Grafik kommt die Überdimensionierung der Fahrwege in diesem Falle aber entgegen.

ander überlagern, grafisch auseinandergezogen, andere weggelassen oder mit ähnlichen „vereinigt". Oder auch unproportional
aufgeblasen: Auf einer Deutschlandkarte im
Format DIN A4 beispielsweise – das wäre
ein Maßstab von etwa 1:3.000.000 – müßte
eine 30 Meter breite Autobahn, wenn Maßstabstreue das Maß aller Dinge wäre, als
0,01 Millimeter dünne Linie ausgezeichnet
werden. Die natürlich niemand mehr ohne
Lupe erkennen könnte, selbst wenn ein derart dünner Faden überhaupt aus der Druck-
maschine käme. Karten müssen vereinfachen, überzeichnen, weglassen und umpro-
portionieren, um überhaupt „lesbar" zu
sein.

Für Presse-Karten gilt das Prinzip der Vereinfachung, der betonten Herausstellung offenbar in ganz besonderem Maße. Im Rahmen einer umfangreichen Leserbefragung
kam der Berliner Kartograph Prof. Wolfgang Scharfe 1993 zu dem Ergebnis, daß
kontrastreiche, detailarme Karten in der
Presse den größten Rezipienten-Zuspruch
erhalten.

Scharfe legte im Verlaufe der Untersuchung
seinen Probanden die drei nebenstehenden
Karten (vgl. Abbildung 203 bis 205) zur Beurteilung vor, und die ganz überwiegende
Mehrheit beurteilte die mittlere, ebenso
kontrastreiche wie datenarme Grafik als
„ansprechendste", „übersichtlichste" und
„verständlichste". Die unterste Karte, kon-
trastarm und in der Beschriftung ausgesprochen detailreich, schnitt in der Beurteilung
in sämtlichen dieser Kategorien am schlech-
testen ab.

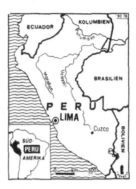

*Abbildung 203 bis 205
– Diese drei Karten leg-
te Prof. Scharfe Lesern
vor. Den größten Zu-
spruch fand die mittle-
re, kontrastreiche.*

1.5 Vermeidbare Fehler

Die schlechte Kopie

Wenn Karten schon nachgezeichnet werden, so sollte doch auf die
Qualität der Vorlage Wert gelegt werden, auf ihre Detailgenauigkeit,
auf das Erstellungsdatum – und auf die korrekte Übernahme von Beschriftungen.

Diese Hinweise sind auch im Lichte „standesgemäß" praktizierten
Kartenzeichnens weniger akademisch, als sie zunächst erscheinen
mögen. Allzu oft schon sind Beschriftungen einfach aufgrund von
„Übertragungsfehlern" haarsträubend unrichtig geraten, geplante
Straßen als freigegeben dargestellt worden, wo nur ein Bauacker vor
sich hin rottete, oder Staaten unterschlagen geblieben, die sich leider
erst nach Veröffentlichung des Aral-Atlas' von 1982 konstituierten.

Auch sollten immer mindestens gleichmaßstäbliche Karten Zeichen-
grundlage für eigene Grafiken sein. Das „Heraufrechnen" von grob-
formatigen Karten hat bereits schlimme Fehler gezeigt: Überliefert
ist immerhin der Fall, da ein amerikanischer „Kartograph" eine de-
tailiertere Karte von Westeuropa zu erstellen hatte, zu diesem Zweck
eine grob gezeichnete Weltkarte zur Vorlage nahm – und die britischen Inseln beim Nachzeichnen prompt zum Teil des kontinentalen
Festlands kürte.

Übereinstimmung mit Text und Bildzeile

Insbesondere Karten werden oft, als ergänzende oder redundante Informationsträger, Text-Beiträgen zur Seite gestellt. Ortsbenennungen
müssen deswegen nicht nur innerhalb der Karte korrekt sein, sondern
auch mit den Schreibweisen im Text abgeglichen werden. Unterbleibt
die Abstimmung, kann das gerade in der Auslandsberichterstattung
zu kapitalen Fehlern führen: Denn wo der südlichste ex-jugoslawi-
sche Bundesstaat in der Kartenvorlage als „Mazedonien" verzeichnet
ist, ist dann im Artikel schlimmstenfalls von „Makedonien" die Rede.
Auch die russische Hauptstadt wird in manchen Presse-Produkten
gerne als „Moskwa" ausgewiesen, und entsprechend sollte die Ost-
Metropole in eben diesen Produkten in Karten nicht als „Moskau"
verzeichnet werden.

1.6 Maßstabsangaben

Karten sind verkleinerte Abbilder von Flächen. Es entspricht daher nicht nur den Prinzipien sauberen kartographischen, sondern auch journalistischen Arbeitens, den gewählten Verkleinerungsgrad auch zu benennen.

Das kann rein numerisch erfolgen, mit geläufigen Angaben des Kalibers „1:20.000" oder (seltener) „1/20.000", was schlicht bedeutet: Ein Zentimeter auf der Karte entspricht 20.000 Zentimetern oder 200 Metern in der Realität. Es steht allerdings zu vermuten, daß die wenigsten Leser mit dieser Information unmittelbar etwas anzufangen wissen – und selbst wenn sie es tun, müßte immer noch ein Lineal zur Hand sein, mit dessen Hilfe die umzurechnenden Werte zu ermitteln wären. Presse-Karten projizieren außerdem meistens auf sehr gezielt ausgesuchte Bereiche, so daß die Maßstabsangaben in aller Regel relativ krumm geraten dürfen. Die Umrechnung eines Maßstabs „1:16.536" in brauchbare Einschätzungen aber ist noch mühsamer als die der „glatten" Maßstäbe.

Hinzu kommt: Bei der Erstellung einer Grafik steht nicht immer von vornherein fest, wie groß sie letztlich im Medium, in Zeitung oder Zeitschrift, erscheint. Gerade größere Anlieferer wie Agenturen arbeiten quasi mit „virtuellen", mit Annäherungsgrößen. Das Format, in dem eine ihrer Karten im „Tagblatt" erscheinen wird, wird höchstwahrscheinlich ein anderes sein als das im „Generalanzeiger". Wird die Karte aber im letzten Moment noch leicht verkleinert oder „aufgeblasen", stimmt der numerische Maßstab nicht mehr.

In jeder Hinsicht nützlicher ist deswegen die Maßstabsleiste oder -skala. Das kleine „Lineal" in der Grafik erleichtert Abschätzungen und, vor allem: Es wächst und schrumpft proportional mit der Grafikgröße. Und es erlaubt „Pi-mal-Daumen"-Abschätzungen des interessierten Betrachters, die numerische Legenden kaum zulassen.

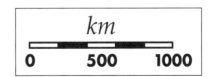

Abbildung 206 – Maßstabsleisten ermöglichen eine direkte Abschätzung von Distanzen.

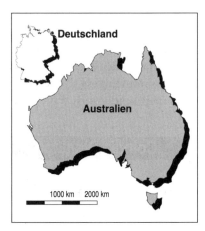

Abbildung 207 – Die direkte Konfrontation der Flächen-Relationen macht in dieser Karte die Größenunterschiede zwischen der Bundesrepublik und dem australischen Kontinent deutlich.

Weniger akademisch-korrekt, dabei aber weit anschaulicher als alles andere ist das Prinzip, die Abmessungen in einer Karte ins Verhältnis zu setzen mit Entfernungen und Größen, die den meisten Lesenden bekannt sein dürften. Eine handhabbare Dimension erschließt sich beispielsweise, wenn eine neue Eisenbahnroute in Rußland vor den Umrissen der Bundesrepublik präsentiert wird. Dadurch erschließt sich auch grafisch, daß die vermeintlich „regionale" Strecke, die da in Betrieb genommen wurde, Deutschland fast gänzlich in West-Ost-Richtung durchmessen könnte.

1.7 Einnordung

Nahezu alle Karten, die man in Atlanten, Routenplanern oder Fremdenführern findet, sind „eingenordet" – die Oberseite der Karte weist also die größte Nähe zum arktischen Pol auf. Eher selten ist die Einnordung dabei ausdrücklich durch einen Pfeil oder eine stilisierte „Windrose" nachgewiesen – was die ausgeprägte Konventionalisierung, „Einbürgerung" dieser Ausrichtung nur bekräftigt.
Und auch dieser Konvention sollten Info-

Abbildung 208 – Die klassische kartographische „Windrose".

grafiker nach Möglichkeit Rechnung tragen. Es ist wahrscheinlich, daß die wenigsten Lesenden auf die ungewöhnliche Himmelsausrichtung einer Karte achten werden, selbst wenn sie korrekt dokumentiert und grafisch ins Bild eingearbeitet ist. Hier begegnet Praktikern dasselbe Phänomen, das auch im Zusammenhang mit logarithmischen Diagrammen zur Sprache kommen wird: Es ist davon auszugehen, daß die Auseinandersetzung mit einer Grafik eher flüchtig und unter Voraussetzung des Gewohnten erfolgt. Daß also auch eine „gedrehte" Karte wahrscheinlich von Vielen als „eingenordet" wahrgenommen wird.

Der Streß und vor allem die Planungswirren des redaktionellen Alltags können zwar – im schlimmsten Falle – dafür sorgen, daß die darzustellende Region in ihren Konturen einfach nicht ins vorgegebene Bild-Format passen will. Eine querformatige Karte des Staates Israel beispielsweise (oder Chile, vgl. Abbildung 209) ist tatsächlich nur durch unerträgliche Stauchung und Quetschung der tatsächlichen geographischen Tatsachen herstellbar – oder eben durch jenen kruden Kunstgriff der „Einwestung". Bevor aber zu dieser schwer erträglichen Krücke gegriffen wird, sollte lieber die Layout-Abteilung konsultiert werden, ob nicht das Bild-Format insgesamt geändert werden kann.

Abbildung 209 – Da hilft kaum ein Stauchen und Quetschen: Eine Karte von Chile muß nun einmal hochformatig ausfallen. Es sei denn, man rückt von der Nordausrichtung ab – und davon ist prinzipiell abzuraten.

1.8 Koordinatennetze

Eine wissenschaftlich korrekte topographische Karte erfordert in der Regel Koordinatenangaben. Die geographische Position der darge-stellten Räume sollte nach Längen- und Breitengrad benannt werden, numerisch wie grafisch durch „Netzlinien". In infografischen Karten allerdings kann und sollte in den meisten Fällen auf derlei Angaben verzichtet werden – das kommt der Klarheit der Aussage zugute, zu-mal die wenigsten Lesenden mit den Angaben etwas anzufangen wissen dürften.

Auch diese Regel kennt freilich wieder ihre Ausnahmen. Gelegentlich nämlich wird gerade mit den Längen- und Breitengraden handfeste Politik betrieben. Die Luftraum-Schutzzone beispielsweise, die die UN über dem Irak definiert haben, liegt exakt zwischen 33. und 36. Grad nördlicher Breite (vgl. Abbildung 210), die entmilitarisierte Zo-ne zwischen Nord- und Südkorea orientiert sich am 38. nördlichen Breitengrad. Wenn also den Koordinaten, wie in diesen Fällen, eine besondere, eine nachrichtliche Bedeutung zukommt, gehören sie auch in die Grafik.

Abbildung 210 – Die UN-Flugverbotszone über dem Irak orientiert sich an den Breitengraden 33 bis 36. In Fällen wie diesem ist die Verwen-dung von Koordinaten-netzen nicht nur ratsam, sondern unverzichtbar.

1.9 Anhaltspunkte und Lupenprinzip

Bekanntes erleichtert die Orientierung – dieses Prinzip ist auch anwendbar auf die Darstellung räumlicher Zustände. Das heißt: Jede Karte sollte ihre Betrachter irgendwo „abholen", einen deutlich herausgestellten Anhaltspunkt liefern, um welchen Stadtteil es in der Grafik geht, um welche Region, welches Land, welchen Kontinent.

Dieser Anhaltspunkt kann, in der lokalen Infografik, die ortsbekannte Kirche sein, die überdimensioniert und in vergleichsweise ausgefeilter Strichzeichnung über der Karte liegt, das Rathaus oder ein Großbetrieb, in Staaten die Hauptstadt, die Flagge oder ein landestypisches Produkt – manchmal reicht sogar schon eine vielgenutzte und daher allseits bekannte Hauptverkehrsader als „Anker".

Abbildung 211 – Die Hauptstadt als Anhaltspunkt: Wo Berlin liegt, dürfte den meisten Bundesbürgern zumindest grob bekannt sein.

Wenn so ein Anhaltspunkt auszumachen ist, sollte er in die Grafik eingearbeitet werden; auch wenn die Karte dadurch etwas größer ausfällt.

Wenn die Karte allerdings zu groß würde, oder wenn bekannte Charakteristika im Umfeld fehlen, bietet sich das „Lupenprinzip" an. Dabei wird der zu zeigende kleinräumige Bereich in einer kleinen beigestellten Karte in einen größeren geographischen Kontext eingebunden. Dieses Prinzip ist auch als „Lupenprinzip" bekannt.

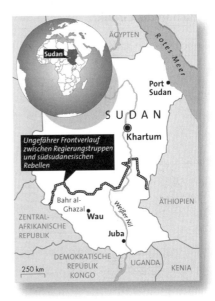

Abbildung 212 – Lupenprinzip.

1.10 Typen von Presse-Karten

Presse-Karten werden fast immer aktuell, anläßlich bestimmter, fest umrissener Ereignisse erstellt. Die thematischen Schwerpunkte, die Ortsausschnitte und Anlässe differieren. Die klassisch kartographische Unterteilung in „topographische" und „thematische" Karten wird dieser Vielfalt nur bedingt gerecht. Es bietet sich deswegen an, Presse-Karten jenseits der „offiziellen" Kartographie thematisch etwas anders zu unterteilen, was im folgenden geschieht.

Administrative und politische Karten

Der Mensch hat die Welt unter sich aufgeteilt. Es sind kaum noch Land- oder Wassermassen, Vegetation oder Tierwelt, die die Welt gliedern und ihre Geschicke prägen, sondern politische Grenzen. Letztere orientieren sich zugegebenermaßen gelegentlich noch grob an Flußläufen, Bergerhebungen oder Ozeanküsten – doch das ändert nichts daran, daß sie Menschenwerk sind und bleiben.

Administrative Karten zeigen diese Grenzen – Staatsgrenzen, Gemeindegemarkungen, Bezirke und Katasterbereiche, Teilnutzungen in Bebauungsplänen. Sie zeigen, wie die Welt administrativ aufgeteilt ist (oder war, oder sein wird).

Politische Karten dagegen beziehen sich weniger auf die verwaltungstechnische, sondern im engeren Sinne „politische" Aufteilung von Raum. Eine politische Karte verzeichnet also beispielsweise, in welchen EU-Staaten sozialdemokratische Regierungen am Ruder sind und in welchen bürgerliche.

Abbildung 213 – Eine administrative Karte.

Hemisphären-Karten

Aller Regelungswut zum Trotz: Die Welt kennt, jenseits aller administrativen Gemarkung, Regionen und Grenzen, Bereiche, die administrativ nicht zusammengehören, aber – aus historischen, politischen, ethnischen oder anderen Gründen – mit gutem Grund zu einem Bereich zusammenzufassen sind. Es sind, unter ganz bestimmten Blickwinkeln, eigene Hemisphären. Ein Beispiel ist der nichtexistente Staat Kurdistan: Es gibt historische Indizien dafür, in welchen Regionen der modernen Staaten Türkei, Iran, Irak und Syrien die ethnische Gruppe der Kurden beheimatet war und ist, wo das Volk seine Wurzeln hat. Eine Karte, die den „kurdischen Staat" verzeichnet, orientiert sich also an einer ethnischen Hemisphäre, nicht an administrativen Grenzen.

Abbildung 214 – Hemisphären-Karte: das „Hoheitsgebiet" des nicht existierenden Staates Kurdistan.

„Hemisphären" sind also im Sinne dieser Beschreibung mehr oder minder abgegrenzte Regionen, die sich durch definierte Besonderheiten auszeichnen. So kann eine Hemisphärenkarte beispielsweise auch die Ausbreitung einer Epidemie verzeichnen (die sich ebenfalls selten um politische Grenzen schert) oder eben verschiedene Länder kurzerhand zur „arabischen Welt" vereinen; in diesem Falle würden islamisch orientierte Staaten zur muslimischen Hemisphäre vereint. Hemisphären ergeben sich auch durch Handelszusammenschlüsse (OPEC), Unionen (EU) oder strategische Verträge (NATO).

Lagekarten

Lagekarten dokumentieren die geographische Lage von Ortschaften, Bauwerken, Institutionssitzen in einem größeren Maßstab, ohne die eigentlichen geographischen Formen oder Eigenheiten des Bezeich-

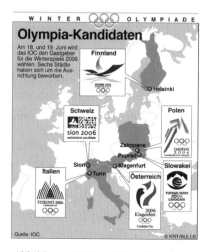

Abbildung 215 – Eine Lagekarte: Die topographische Lage der Bewerberstädte ist ausgewiesen.

neten näher zu zeigen. Da werden also beispielsweise auf einer Europakarte die Hauptstädte durch schlichte Punkte, Quadrate oder andere geometrische Figuren vermerkt, ohne Rücksicht auf ihre exakte topologische Lage, ihre Größe oder „Bedeutung". Oft fehlt, in ganz schlichten Varianten, sogar das grafische Bezeichnungs-Element völlig: dann prangt, um beim Beispiel zu bleiben, anstatt des geographischen Punktes, am „Ort" der französischen Hauptstadt nur noch der Schriftzug „Paris". Umgekehrt kann die Symbolik natürlich auch ausgefeilter ausfallen. Es existiert – innerhalb der kartographischen Welt, aber auch darüberhinaus – eine stattliche Reihe von Mini-Icons, die von den allermeisten halbwegs „kartenerfahrenen" Betrachtern problemlos gedeutet werden können. So werden Campingplätze heute fast durchgängig mit einem stilisierten Zelt ausgezeichnet, Telefonzellen mit einem vereinfachten Hörer, Briefkästen mit einem Posthorn. Dieses Prinzip ist nahezu beliebig erweiterbar: Die geographische Lage von Atomkraftwerken kann mit Hilfe schlichter Meiler-Symbole verdeutlicht werden, Militärstandorte sind durch einen Soldaten am jeweiligen Punkt zu verzeichnen, Waldgebiete durch Baumskizzen.
Mit Hilfe kleinerer Variationen von Lage-Symbolen können sogar recht bequem zusätzliche Informationen in die Grafik integriert werden. Die unterschiedlichen Einwohnerzahlen der europäischen Hauptstädte sind in Lagekarten beispielsweise dokumentierbar, indem größere Metropolen in Form von Quadraten oder auch in ihrem groben topografischen Umriß dargeboten, kleinere als „gefüllte" und winzige als „leere" Kreise verzeichnet werden. Der Gesundheitszustand der deutschen Waldregionen wäre darstellbar, indem Gebiete mit geringem Schädigungsgrad durch Baumskizzen mit satten Far-

ben, „kränkere" Regionen mit matteren Symbolen versehen werden. An dieser Stelle wird allerdings bereits die Grenze zum Kartogramm gestreift, der Darstellungsvariante mit statistischem Einschlag; detaillierter werden diese statistischen Karten in Kapitel 5.1 dieses Buches behandelt.

Geländekarten

Geländekarten beschäftigen sich vor allem mit den geologischen Eigenheiten von Regionen. Sie dokumentieren Geländevertiefungen, Berge, Flußläufe, aber auch menschengeschaffene Bauwerke, die die geologische Struktur des Bereichs beeinflussen – zum Beispiel Staudämme.

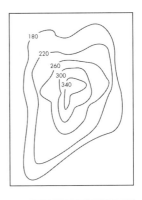

Es sind vor allem Geländekarten, die sich häufig vom gebräuchlichen Prinzip der „Vogelperspektive" lösen. Die meisten handelsüblichen Karten präsentieren Fakten in dieser Vogelperspektive, oder, wie es akademisch heißt, im Verfahren der „senkrechten Parallelprojektion". Auch diese Variante birgt, naturgemäß, die Gefahr (beziehungsweise die Notwendigkeit) der Verzerrung, weil die vertikale Abzeichnung einer gekrümmten Oberfläche wie der Erde zwangsläufig zu „krummen" Resultaten führt. Trotzdem ist sie üblich, und sie wird im Regelfall „verstanden" werden.

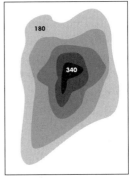

Die Darstellung von Geländeerhebungen ist allerdings in der Senkrecht-Aufsicht nur einigermaßen „kryptisch" realisierbar. Meistens bedient man sich der Technik des „Schraffens", man markiert sogenannte „Höhenlinien", die die Struktur des Geländes symbolisieren. Alternativ wird Farbe zur Bezeichnung eingesetzt: Bergspitzen erscheinen in strahlendem „Schnee-Weiß",

Abbildung 216 und 217 – Die Darstellung von Höhendifferenzen ist möglich durch Höhenlinien (oben) oder entsprechende Farb- oder Rastergebung (unten). Numerische Angaben stützen die Aussage.

Steilwände in erdigem Braun, Tiefebenen in sattem Grün. Viele Infografiker wählen darüberhinaus eine noch schlichtere Methode: Hoch-
gelegene Bereiche werden in einem dunklen Ton, tiefergelegene in jeweils abgestuften Rasterungen dieses Tons eingefärbt. Doch insgesamt sind derlei Zuordnungen notwendigerweise einigermaßen willkürlich und bedürfen in der Regel der Erläuterung in einer Legende.
Und von der ist, wie bereits gezeigt, im Sinne des Gesetzes der Konvention eher abzuraten.

Die Alternative sind Schrägaufsichten. Diese Schrägperspektiven
sind zunächst einmal ungewöhnlich, sind eine Verletzung des Gesetzes der Konvention. Sie verlangen Betrachtern ein stärkeres „Hineindenken" in die Darstellung ab, als die konventionalisierte, vertikale
Auf-Sicht erfordert. Das schmälert ihren Nutzen allerdings nicht notwendigerweise. Denn hat man sich einmal in die Zeichnung hinein-
gefunden, werden sich Höhenverhältnisse in aller Regel exakter und
anschaulicher erschließen.

Doch auch die gänzlich „waagerechte" Ansicht bietet sich für Geländekarten häufig an. Ein informatives Alpenpanorama beispielsweise,
das die verschiedenen Höhen einzelner Berge sowie ihre „Nachbar-
schafts-Lage" darstellen soll, wirkt oft am eingängigsten aus der

Abbildung 218 – Schrägansicht eines Skiparcours.

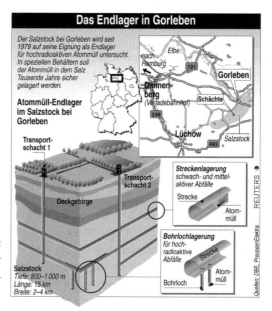

Abbildung 219 – Ein Schnitt durch den Boden: So ist das Endlager Gorleben strukturiert.

menschlichen „Tal-Perspektive" heraus.

Natürlich kann in waagerechten Ansichten auch der Boden virtuell „geschnitten" werden. Gerade im Sportteil bieten sich häufig Querschnittsansichten von Geländen an. Vor allem unter Velo-Fanatikern werden die sogenannten „Streckenprofile" besonders kräftezehrender Bergetappen der Tour de France oder anderer Rennen inzwischen fast schon erwartet. Schnittkarten können aber auch vergleichsweise

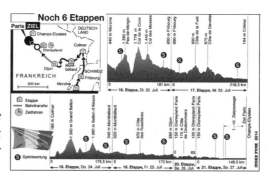

Abbildung 220 – Eine sportliche Geländekarte: das Streckenprofil einer Tour de France-Etappe.

„seriösere" Informationen transportieren. Zum Beispiel läßt sich mit ihrer Hilfe anschaulich aufzeigen, wie tief die deutsche Steinkohle unter der Erde lagert im Vergleich zur US-amerikanischen. Solch eine Grafik kann unterstreichen, wie „unzugänglich" die teutonischen Flöze liegen und, im Folgeschritt, warum die Kohleproduktion in Deutschland subventionsbedürftig ist. Und weshalb viele fordern, die Subventionen an die „Kumpel" einzustellen.

Wegekarten

Wegekarten legen das inhaltliche – und damit grafische – Schwergewicht auf feststehende Routen, vorgegebene Wegeverläufe, also auf

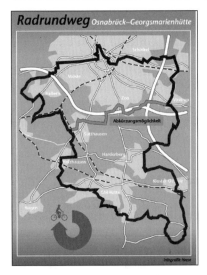

Straßenführungen, fixierte Seewege, Flugrouten, Wanderstrecken (vgl. Abbildung 221), Skipisten. Wegekarten beanspruchen vor allem anderen Nutzwert – und unter dieser Prämisse sind sie auch zu gestalten: In Autobahnkarten etwa sollten landschaftliche Details möglichst völlig ausgelassen, die Schnellstrecken an sich dagegen in ihrer Dimension weit überproportioniert und farblich hervorgehoben sein. Autobahn-Kreuze und -Dreiecke sind mit Punkten oder anderen charakteristischen Symbolika dezidiert auszuzeichnen.

Abbildung 221– Eine Wegekarte.

Liniennetzkarten: Die Sache mit der Maßstabstreue

In manchen Wegekarten erübrigt sich sogar die Diskussion über Sinn und Nutzwert korrekter Maßstabsangaben: weil gar keine Maßstabstreue existiert. Das sollte bei „normalen" Karten nicht der Fall sein, aber eine Ausnahme gibt es: Liniennetzkarten, eine Spezialform der Wegekarte – die Dokumentationen von U-Bahn-, S-Bahn- und Bus-Linien. In solchen Karten ist nicht der genaue topologische Verlauf einer Strecke von Belang, nicht die Abstände zwischen den Haltepunk-

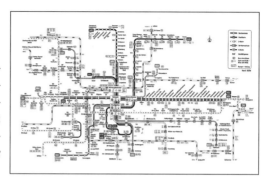

Abbildung 222 – Maß-
stabstreue ist hier aus-
nahmsweise nicht erfor-
derlich: Liniennetzkarten
verzeichnen weniger to-
pographische Zustände
als Stationsabfolgen.

ten, sondern die Stationsfolge und die Verknüpfungspunkte. Beantwortet wird nicht die Frage: Wo soll ich aussteigen? sondern: Wieviele Stationen habe ich zu fahren? Maßstabs-Untreue kann dabei, und
fast nur in diesem Falle, den Überblick erleichtern.

Umfeldkarten
Karten, die sehr kleinräumige Bereiche abbilden – Straßenecken, ei-
nen Abschnitt der Fußgängerzone, einen Park – bezeichnet man als
Umfeldkarten. Durch die geringe Verkleinerung sind in derlei Karten

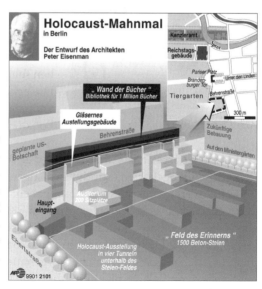

Abbildung 223 – Eine
Umfeldkarte: Die (vorge-
sehenen) räumlichen Ver-
hältnisse werden aus rela-
tiv dichtem Blickwinkel
betrachtet. Einzelne Bäu-
me sind angesichts dieser
Nahansicht bereits er-
kennbar.

weit mehr „realistische" Eindrücke einarbeitbar als in anderen: genaue Wegeführungen, Radstreifen, Parkbänke oder einzelne Bäume und Sträucher. Durch diese Detailgenauigkeit streifen Umfeldkarten bereits die Grenze zur Bildkarte (siehe unten) und wirken weniger symbolisch als großformatigere Karten.

Der Einsatz von Umfeldkarten bietet sich allerdings meistens in der lokalen Presse an, und die ist, wie bereits angesprochen, bis heute weitestgehend infografische Diaspora. Beispiele für Umfeldkarten sind daher recht dünn gesät in der deutschsprachigen Presselandschaft.

Sternkarten

Sie sind nicht gerade die Regel im Blätterwald, die Sternkarten – aber immer mal wieder passieren Kometen unser menschliches Blickfeld, stehen Sterne in besonders interessanter Konstellation, oder Experten prognostizieren eine totale Mondfinsternis, und zu derlei Anlässen begeben sich auch Journalisten ins Reich der Astronomie.

Oft aus der Not heraus oder auch aus der prinzipiell lobenswerten Erkenntnis, eine Sternkarte sei schlichtweg einmal „etwas anderes im Blatt", geraten zu solchen Anlässen allerdings häufig Grafiken ins Produkt, die den Himmel vielleicht wissenschaftlich-astronomisch halbwegs korrekt abbilden. Für Laien allerdings ist der Nutzwert dieser Machwerke meistens gleich null, weil über die akademische Darstellung der Nutzwert über den Jordan ging.

Denn für Sternkarten in der Presse gilt wie für alle anderen Infografiken auch: Sie sind abzustimmen auf die Betrachtungsgewohnheiten der Leserschaft. Dazu sollte zuvorderst die Frage be-

Abbildung 224 – Eine Sternkarte.

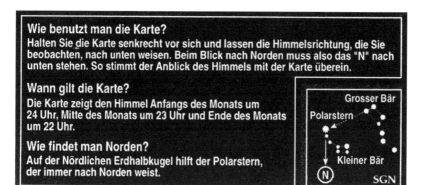

Wie benutzt man die Karte?
Halten Sie die Karte senkrecht vor sich und lassen die Himmelsrichtung, die Sie beobachten, nach unten weisen. Beim Blick nach Norden muss also das "N" nach unten stehen. So stimmt der Anblick des Himmels mit der Karte überein.

Wann gilt die Karte?
Die Karte zeigt den Himmel Anfangs des Monats um 24 Uhr, Mitte des Monats um 23 Uhr und Ende des Monats um 22 Uhr.

Wie findet man Norden?
Auf der Nördlichen Erdhalbkugel hilft der Polarstern, der immer nach Norden weist.

Abbildung 225 – Klasse: SGN liefert Sternkarten mit Leseanweisung.

antwortet werden: Wohin ist zu gucken am Abend des Stichtermins, damit das abgebildete Sternbild auch am tatsächlichen Dämmerungshimmel identifiziert werden kann? Wo finde ich Anhaltspunkte am Himmel, Fixsterne, Planetenformationen, die mir die Orientierung erleichtern? Vor allem aber sollten gerade Sternkarten nicht allzu vollgepfropft sein mit Informationen – ein Verzicht auf einige zwar wissenschaftlich bedeutsame, aber doch kaum erkennbare Himmelskörper räumt den Blick frei aufs Wesentliche.

Bildkarten

Karten sind im allgemeinen eher schematische Abbilder einer Oberfläche, und das ist, wie gezeigt, auch gut so, weil es der klaren Herausstellung der wichtigsten Details dient. Räumliche Zustände können allerdings auch weit ausgefeilter, detaillierter aufbereitet werden – in kleinteiligeren Raumzeichnungen, in Bildkarten.

Abbildung 226 – Eine Bildkarte.

Bildkarten sind bereits für das Mittelalter nachgewiesen – in gewissem Sinne sind sie damit historische Vorläufer moderner kartographischer Darstellungen. Die Verwandtschaft zur modernen Kartographie ist in derlei Werken allerdings oft geringer als die Nähe zur klassischen Zeichnung oder der Objektanalyse. Bildkarten sind kaum noch schematisch, sondern mehr oder minder realitätsgetreue Abbilder eines tatsächlichen räumlichen Eindrucks – sei es ein bereits existierender oder ein projektierter. Abgesehen davon, daß sie meist illustrativer, allerdings auch bedeutend aufwendiger in der Herstellung sind als klassische Karten, erlauben Bildkarten inhaltlich oft eine weit präzisere Herausstellung von Details.
Vor allem Bildkarten lösen sich oft von der Vogelperspektive und zeigen ein Gebiet in Schrägsicht.

Sport-Regelkarten
Sport funktioniert nach Regeln. Denn nur auf der Basis fixer Vorgaben sind aus Wettkämpfen Sieger zu ermitteln. So gut wie jede Sportart kennt daher auch regulierte Räume, in denen sich das Geschehen abzuspielen hat: Spielfelder, Torräume, Elfmeterpunkte, Ziellinien, Staffelübergabezonen, Trainerbereiche. Begriffe wie „Toraus", „Eckball", „Drittellinie", „Laufbahn", „Ringbegrenzung" oder „Aufschlagzone" bezeichnen immer eine künstlich normierte, aber eben räumliche Festlegung in der Welt des Sports.

Abbildung 227 – Für die meisten Europäer wohl immer noch ein Buch mit sieben Siegeln: der American Football samt Spielfeldaufteilung. Diese Sport-Regelkarte gibt eine erste Orientierung. Ob man nach Betrachten des Bildes allerdings den Spielverlauf besser versteht, bleibt fraglich ...

Sport-Regelkarten normieren diese kleinräumigen geographischen Festlegungen. Sie schaffen kleine Welten, in denen – gelegentlich – Geschäfte in Höhe von Dollarmillionen „abgewickelt" werden. Was sich in diesen nichtstaatlich festgelegten Räumen abspielt, bewegt gelegentlich Millionen und mehr, und es füllt Seiten der Tages- und Wochenpresse. Es sind Räume, die unser Leben beeinflussen – und deswegen auch Teil der infografischen Berichterstattung sein können.

1.11 Allgemeines zur Perspektive

Wie gezeigt, kann eine Abkehr von der konventionalisierten Vogelperspektive vor allem in Geländekarten aus journalistischer Sicht durchaus sinnvoll sein. Ein Perspektivwechsel bietet sich aber gelegentlich nicht nur inhaltlich an, sondern auch aus ästhetischer Überlegung und aus Platzgründen heraus. So sind in der Presse oft auch Kartendarstellungen „schräggestellt", ohne daß das Thema dies direkt erfordern würde.

Abbildung 228 – Perspektive als sinnvolle Alternative: das gelobte Land in Schrägaufsicht. Die „Tal-Lage" beispielsweise des Toten Meeres erschließt sich aus dieser Perspektive sehr gut.

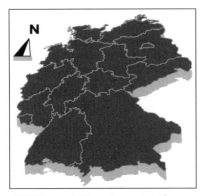

Abbildung 229 – Isometrisch verzerrt ist sogar die Bundesrepublik so breit wie hoch.

Aus ästhetischer Sicht erzeugt Perspektivwechsel eine tendenziell höhere bildliche Dynamik, wirkt weniger starr als die Senkrechtaufsicht. Auch vermitteln Schrägansichten eine gewisse Nähe zur Luftbildaufnahme, verhelfen also dem Bild insgesamt bestenfalls zu etwas mehr „Authentizität". Zudem kann beispielsweise eine leicht „gestürzte" Deutschlandkarte in der Höhe etwas weniger platzintensiv ausfallen als eine „normale".

Beide Gründe sind prinzipiell nachvollziehbar. Ein gewichtiges Argument gegen die Perspektive in Karten allerdings sollte immer im Auge behalten werden: Wenn stark verzerrt wird, ist kein verläßlicher Kartenmaßstab mehr zu benennen, weder numerisch noch in Form einer Vergleichs-Leiste. Spielen die Distanzen aber eine wichtige Rolle im Kontext der darzustellenden Information, sollte auf Schrägstellungen möglichst verzichtet werden.

1.12 Dynamik im Raum

Räumliche Strukturen ändern sich mit der Zeit. Grenzen werden modifiziert, durch Krieg, Unabhängigkeitserklärung oder Verhandlung. Kontinente verschieben sich, Flächennutzungen werden administrativ beschlossen und von Bauherren umgesetzt, Wälder gerodet, landwirtschaftliche Flächen kultiviert. Raumstrukturen sind beweglich.

Eine weitere Variante der „Raumdynamik" sorgte vor gut 500 Jahren für ernste Auseinandersetzungen: Die Bewegungen der Himmelskörper – beziehungsweise die Frage, welcher um wen rotiert –, sollte Galilei unschöne Momente in inquisitorischen Strafanstalten bescheren.

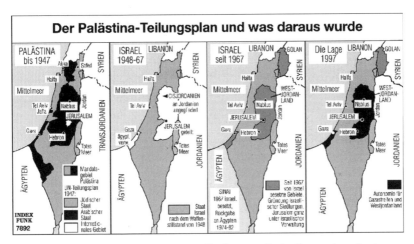

Der Palästina-Teilungsplan und was daraus wurde

Abbildung 230 – Räumliche Dynamik, dargestellt in Form einer kartographische Bildgeschichte.

Diese Formen der Bewegung sind in Infografiken auf verschiedene Art und Weise darstellbar: als kartographische Bildgeschichte, als integriertes Einzelbild und, vor allem in Sternbahn-Darstellungen, mit Hilfe dynamischer Symbolik.

Kartographische Bildgeschichte

Sehr anschaulich zeichnen Bildgeschichten Entwicklungen nach. Der jeweilige Status Quo eines räumlichen Sachverhalts wird in jeweils einem Einzelbild „eingefroren" und neben oder über die Aufbereitungen der zu vergleichenden Zustände gestellt. Die obenstehende Kartenfolge (vgl. Abbildung 230) zeigt die wechselvolle (Grenz-)Geschichte des Staates Israel sehr anschaulich.

Kartographische Bildgeschichten können aber beispielsweise auch ein Stadtrandgebiet zeigen, das vor zehn Jahren (Bild 1) noch Grün und leicht bewaldet war, heute (Bild 2) durch eine Neubausiedlung zu hohem Anteil versiegelt ist.

Integration in ein Einzelbild

Das Beispiel ist dasselbe, das Prinzip ein anderes: Die wechselhafte Historie der israelischen Grenzen ist auch in einem einzigen Bild dar-

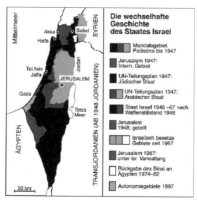

Abbildung 231 – Auf Grundlage der vorigen Abbildung wurde diese Grafik erstellt. Sie faßt die Entwicklung in einem Bild zusammen, allerdings um den Preis einer recht umfangreichen Legende.

stellbar (vgl. Abbildung 231). Diese Variante ist in aller Regel deutlich platzökonomischer, aber meistens für potentielle Betrachter auch erheblich schwieriger zu dekodieren als die Bildgeschichte – vor allem, weil es meist nicht ohne Legende geht; im hier gezeigten Beispiel nimmt selbige fast denselben Raum ein wie die Karte selbst. Zusätzlich ist der Faktor Zeit zwar umgesetzt, erschließt sich aber nicht so unmittelbar wie in der Bildgeschichte auf Seite 257 (Abbildung 230).

Die Technik: Es werden virtuell alle darzustellenden Zustände „übereinandergelegt". So enstehen Schnittflächen, die die regionalen Veränderungen spiegeln. Diese Schnittflächen sollten farbig markiert oder mit Mustern versehen werden, um sie vom „unveränderten" Teil der Karte abzugrenzen.

Die eigentliche zeitliche Zuordnung allerdings ist mit dieser Markierung nicht ausreichend gewährleistet. Die Flächen müssen numerisch, mit Hilfe von Jahreszahlen, dem Zeitraum, der Epoche zugeordnet werden, die sie dokumentieren. Diese Angabe kann entweder in die Fläche selbst integriert – oder eben in eine Legende gefaßt werden.

Sternbahnen

Der elliptische Verlauf der Gestirne, eher selten in der Presse zu finden, ist ebenfalls in einem einzigen Bild darstellbar – mehr noch: Dies ist die übliche Darstellungsmethode. Die Gestirne werden statisch zueinander angeordnet, die Bahnen durch Pfeile oder Linien markiert.

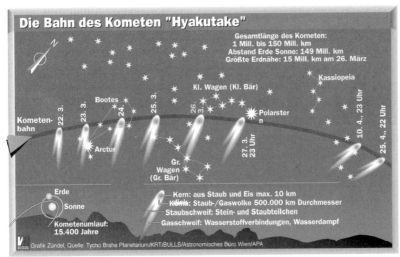

Abbildung 232 – Dynamik am Firmament: Beispiel für eine Sternbahnkarte.

2. Mensch, Tier, Gegenstand

Es mag blasphemisch anmuten, Mensch, Tier und unbelebtes Objekt als Betrachtungsgegenstände in einen Topf zu werfen. Was Infografiken angeht, ist die Bündelung allerdings naheliegend. Denn zumindest zweierlei primär „Visuelles" weisen Politiker und Mixmaschine, Dackel und Farnkraut, Bahnhofsskulptur und Formationstänzer gleichermaßen, wenn auch jeweils auf ihre ganz eigene Art und Weise auf:

• eine mehr oder minder charakteristische Silhouette und Oberfläche
• ein „Innenleben", also eine individuelle organische oder (bei Maschinen und anderem technischen Gerät) eine Konstruktions-Struktur beziehungsweise (bei Gebäuden und anderen Bauwerken) eine architektonische Anlage.

Moderne optische Krücken erlauben inzwischen sogar An- und Einblicke, die sich der unmittelbaren menschlichen Wahrnehmung entziehen: Lupe, Mikroskop und Mini-Kamera lassen Dinge betrachten, die zwar von dieser Welt sind, aber eher wie vom andern Stern ge-

Abbildung 233 – Menschen, Tieren und unbelebten Objekten ist gemeinsam, daß sie – jeder für sich – eine einigermaßen verallgemeinerbare äußere Silhouette sowie eine interne Struktur aufweisen.

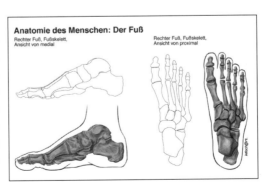

Anatomie des Menschen: Der Fuß

Rechter Fuß, Fußskelett, Ansicht von medial

Rechter Fuß, Fußskelett, Ansicht von proximal

kommen wirken. Wir haben heute Einblicke in Welten, die teilweise noch vor hundert Jahren niemandem zugänglich waren: Mikroben und Viren, feinste Strukturen und Faserungen, Muskelstränge und Meniskus sind mit dem wissenschaftlichen Fortschritt ins menschliche Blick-Feld geraten.

All diese Eigenheiten sind also prinzipiell beobachtbar, sichtbar. Werden sie zum Gegenstand journalistischen Interesses, drängt sich daher eine visuelle Analyse geradezu auf – zunächst ist dabei unerheblich, ob diese Analyse nun fotografisch oder infografisch ausfällt.

Doch Mensch, Tier und Gegenstand zeichnen sich darüber hinaus noch in einer dritten Hinsicht durch eine Gemeinsamkeit aus:

- Sie alle „funktionieren" irgendwie. Auch diese Formulierung mag zunächst etwas despektierlich anmuten, immerhin ist hier unter anderem von der selbsterkorenen „Krone der Schöpfung" die Rede. Tatsache ist allerdings: Auch der kulturell verfeinerte Mensch verdankt seine Sinneswahrnehmungen biologischen Funktionen, er schmeckt, weil seine Zunge ihren komplexen Dienst versieht, er „hört" Schallwellen, weil ihm einst ein Trommelfell wuchs, er geht aufrecht, weil die Evolution seinen Körper samt Rückgrat entsprechend formte. Doch Mensch wie Tier „funktionieren" auch gesellschaftlich: durch charakteristische Verhaltensmuster, Gesten und Handlungsweisen, seien sie natürlich-zwanglos (gehen), gesellschaftlich normiert (Krawatte binden) oder antrainiert (Speerwurftechnik) – beziehungsweise, in bezug auf Tiere: andressiert („Mach Männchen"). Daß schließlich technisches Gerät (und sei es nur ein Kugelschreiber, vgl. Abbildung 234) „funktioniert", ist in diesem Zusammenhang weniger begründungsbedürftig: Hier ist die Funktion Daseinszweck.

Funktionsdarstellung kann eine der gewaltigsten und spannendsten Herausforderungen infografischer Arbeit sein. Denn sehr viele, aber längst nicht alle Funktionsweisen in dieser Welt erschließen sich rein visuell, durch bloße Beobachtung. Vieles spielt sich auf Ebenen ab, die nicht nur für menschliche Augen „unsichtbar", sondern auch keinem anderen der menschlichen Sinne unmittelbar zugänglich sind. Die phantastische Akustik in einem Konzertsaal beispielsweise erklärt sich aus der filigranen Lenkung und Brechung von – nicht sichtbaren – Schallwellen mit Hilfe architektonischer Kunstgriffe, Satelliten fun-

ken – unsichtbare – Daten durch Himmel und All. Und daß unsere
Füße jene ominösen „Reflexzonen" aufweisen, die, gezielt betastet,
auf den gesamten Körper ausstrahlen, ist zwar erwiesen, aber ebenfalls nicht sichtbar.

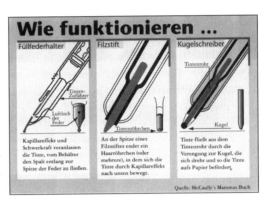

*Abbildung 234 – Der Ti-
tel dieser Grafik ist Programm: Wie funktionie-
ren Füller, Buntstift und
Kugelschreiber? Eine sehr
prägnante, dabei eingän-
gige Funktionsgrafik.*

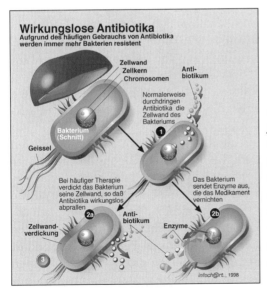

*Abbildung 235 – Und so
funktioniert der Mensch
als solcher, wenn ihn be-
stimmte Virenarten at-
tackieren: Auch die Krone
der Schöpfung muß sich
damit abfinden, daß die
Grundlage allen Daseins
die Gesundheit ist, also
die bloße Funktionstüch-
tigkeit des Körpers.*

Aussehen, Struktur, Funktion

Fassen wir zusammen: Mensch, Tier und Gegenstand sind in ihrer äußeren und in ihrer inneren Struktur sowie in ihren Funktionsweisen interessant. Diese Aspekte erschließen sich zu einem Teil durch analytische Beobachtung – die recht einfach visuell umsetzbar ist –, zum Teil aber entziehen sie sich der unmittelbaren optischen Wahrnehmung.

Exemplarisch oder am konkreten Objekt?

Wer Mensch, Tier oder Gegenstand darstellen will in Aussehen, Struktur oder Funktion, kann dies auf zwei Arten tun: exemplarisch-verallgemeinernd oder am konkreten Objekt.

Die meisten Grafik-Autoren entscheiden sich in der Regel fürs verallgemeinernde Prinzip, fürs Exemplarische, für den beispielhaften Fall. Sie dokumentieren zwar Existentes, nicht aber im engeren Sinne „Reales". Zeigt also eine Grafik die organische Struktur von „BSE"-Rindern in einer Schnittzeichnung auf, so geschieht das anhand eines „Beispiel-Tieres", nicht durch Abzeichnen der Kuh Erna vom Bauern

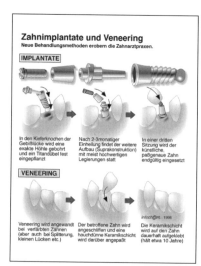

Abbildung 236 – Exemplarisch: So funktionieren Zahnimplantate, und zwar bei jedem Patienten.

Abbildung 237 – Am konkreten Objekt: So funktioniert der Tunnelschacht im einzelnen.

nebenan. Wie ein leichtathletischer Hammer korrekt in den Sektor zu befördern ist, demonstriert in der Grafik ein Beispiel-Athlet, nicht Heinz Weis, und Operationsmethoden werden an stilisierten, nicht realen „Patienten" erläutert.

Gelegentlich allerdings ist Verallgemeinerung fehl am Platze. Hier kommt es auf markante und einzigartige Sachverhalte an, aufs Individuelle. Das zeichnerische Porträt eines gesuchten Triebtäters etwa muß so konkret und erkenntlich wie möglich die gesuchte Person zeigen, Architekturskizzen erklären das geplante Aussehen nicht einer exemplarischen, sondern einer ganz bestimmten Einkaufspassage. Gleiches gilt für so gut wie alle Unfälle: Der vergessene Haken in der Fahrspur der Wuppertaler Schwebebahn, der 1999 zum Absturz führte, war eben nicht der Normalfall, sondern die tragisch konkrete und bis zu diesem Zeitpunkt einzigartige Konstellation.

Zeichnerische Technik und Detailtiefe

So breit gefächert die Themenstruktur, so unterschiedlich die thematische Stoßrichtung sein kann, so verschieden kann die zeichnerische Ausgestaltung der Grafiken ausfallen.

Abbildung 238 – Eine eher schlichte Funktionszeichnung; die zeichnerische Detailtiefe ist gering, aber genau diese Beschränkung auf das Notwendige macht den hohen instruktiven Charakter dieser Grafik aus.

Abbildung 239 – Auf die Schrittfolge kommt es an, nicht beispielsweise auf die Abendgarderobe oder die Mimik beim Walzertanz. Die zeichnerische Tiefe dieser Grafik trägt der Thematik Rechnung.

Das Grundprinzip von Grafiken, die einen „sichtbaren" Sachverhalt zum Gegenstand haben, ist einfach: Es ist ein „kopistisches". Der sichtbare Sachverhalt wird „abgemalt", von Foto, Skizze oder realem Objekt, es wird ein zeichnerisches Analogon geschaffen. Detailtreue, -tiefe und -reichtum der Abbildungen variieren stark, je nach künstlerischem Anspruch von Ersteller und Auftraggeber. Vor allem aber ist der Grad der Ausgefeiltheit abhängig von der angestrebten Aussage. So muß beispielsweise die Querschnittszeichnung des umstrittenen Castor-Behälters sicherlich recht detailreich ausfallen, wenn Ziel der Abbildung ist, die Diskussion über die Strahlungsdichte und Sicherheit der Container zu bereichern. Dagegen reicht es, zur Darstellung der Hammerwurftechnik, vollkommen aus, die grobe Silhouette eines Werfers nachzuzeichnen und lediglich die charakteristischen Gesten und Haltungen herauszustellen; Haarfarbe, Kleidung, Gesichtszüge spielen in diesem Kontext eine untergeordnete Rolle und bedürfen nicht der zeichnerischen Ausgestaltung. Die Reduktion aufs Wesentliche kann sogar noch weiter gehen: Um etwa die Schrittfolgen eines lateinamerikanischen Tanzes abzubilden, genügen als grafische Anhaltspunkte bereits gezielt angeordnete, symbolische „Fußabdrücke". Wie die stolzen Argentinier darüber aussehen, kann zwar auch ganz interessant sein, ist im thematischen Kontext als visuelle Information aber prinzipiell verzichtbar – lenkt im schlimmsten Falle sogar ab. Die größte Detailtiefe aber erfordern jene Abbildungen ganz konkreter, einzigartiger Sachverhalte – wie eben das Phantombild des Gesuchten oder die Gebäudeskizze.

2.1 Aussehen und Struktur

Was sichtbar, beobachtbar ist, kann auch fotografiert werden. Allerdings oft nur im Prinzip. Denn gelegentlich ist es ganz einfach so, daß sich ein eigentlich sichtbarer Sachverhalt der Kamera verschließt – weil er längst der Vergangheit angehört oder erst geplant wird. Doch verschollen oder projektiert: Beides – Historie wie Zukunft – ist oft Gegenstand journalistischer Berichterstattung. Und damit potentiell einer der Infografik.

Prinzipiell ist es auch möglich, einen Castor-Behälter in der Mitte durchzusägen und dann zu „knipsen". Redaktionen, die die Kosten für derlei Aufwand tragen, können auf solche Fotografien zurückgreifen. Alle anderen geben besser eine Infografik in Auftrag.

Schließlich bergen Infografiken einen letzten, aber entscheidenden Vorteil gegenüber der Fotografie: sie ermöglichen die Hervorhebung, die Betonung von bildlichen Details. Unwichtige Elemente können, anders als bei der Fotografie, gezielt weggelassen, andere herausgestellt werden. Es können Schwerpunkte gesetzt werden, ein Verfahren, das sich oft auch der versiertesten digitalen Nachbearbeitung von Fotos entzieht.

Abbildung 240 – Strukturskizze der ICE-Fahrwerkskonstruktion, erstellt nach dem Eschede-Unglück.

Einfache Zeichnungen

Zeichnungen ohne besondere grafische Gimmicks, ohne freistellerischen Schnickschnack, einfach schematisch saubere und informative Kopien des potentiell oder tatsächlich Sichtbaren – sie werden hier als „einfache Abbildungen" eingruppiert. Die Herstellung und Thematik freilich ist gelegentlich so simpel nicht, wie die Benennung vermuten ließe. Die deutschen Euro-Münzen in ein Bild wie das untenstehende zu übersetzen, ist sicherlich noch eine der leichteren Übungen. Wer sich aber an Schulzeit und entsprechende Biologiestunden entsinnt, wird noch im Gedächtnis haben, daß selbst das schematisch korrekte Abzeichnen eines einfachen Eichenblatts, das Herstellen einer Mikroskop-Skizze weniger mit kindlicher Malkunst als harter Dokumentationsarbeit zu tun hat. Wichtiges – zum Beispiel die Blattaderstruktur – ist farblich, durch Linienstärkevariationen oder Rahmung, herauszuarbeiten, anderes – Unregelmäßigkeiten in der Kontur – gezielt wegzulassen. Am Objekt ist stets ein Prinzip zu analysieren, das angemessen in die Zeichnung übertragen werden muß.

Diese Notwendigkeit, nämlich ein zeichnerisch „einfrierbares" Prinzip in die Zeichnung zu integrieren, besteht allgemein: Auch wer die Pose des Schiedsrichterassistenten zum Tatbestand „Abseits!" abbilden möchte, oder die militärische „Grundstellung", muß prägnante, verallgemeinerbare Gesetzmäßigkeiten identifizieren.

Abbildung 241 – Eine informative Skizze der deutschen Euro-Münzen; da die „Coins" noch nicht im Alltags-Verkehr sind, ist an brauchbare Fotografien unter Umständen nur schwer heranzukommen.

Abbildung 242 – Eine Fotografie des „Leopard"-Panzers hätte die hier sehr prägnant herausgearbeiteten äußeren Strukturen höchstwahrscheinlich nicht in dieser Klarheit vermittelt.

Porträts

Gerade der Einsatz von Porträts drängt sich auf, wenn sich das Objekt der Berichterstattung der Foto-Linse entzieht – aus welchem Grunde auch immer.

Viele Strafprozesse beispielsweise finden hierzulande zwar nicht unter Ausschluß der Öffentlichkeit, wohl aber der Kamera statt. Zeichnen dagegen ist im Verhandlungssaal nicht untersagt. So kann der gewandte und vor allem schnelle Gerichtszeichner zum unersetzbaren bildlichen Chronisten aufsteigen.

Auch polizeiliche Fahndungsbilder, Phantomzeichnungen also, können deutlich mehr Fleisch an die ursprünglich textliche Information setzen. Anschaulicher als die textliche Note, der Gesuchte sei „südländischen Typs" mit „auffällig dichten Brauen" und „hervorstechender Wangenknochenpartie", ist allemale eine noch so dürftige oder auf vagen Zeugenaussagen beruhende Skizze des mutmaßlichen Täters.

Abbildung 243 – Tag für Tag auf Seite eins im HAMBURGER ABENDBLATT: *Die menschelnde Kolumne „Menschlich gesehen", die stets illustriert ist mit einem gezeichneten Porträt.*

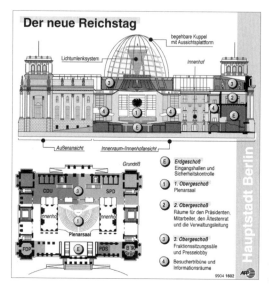

Abbildung 244 – Eine Architekturskizze des neugestalteten Berliner Reichstags in zwei Perspektiven.

Architekturskizzen

Zeichnungen von Gebäuden oder anderen Bauwerken wie Brücken, Bahnhöfen oder Denkmälern machen vor allem unter zwei Voraussetzungen Sinn. Zum einen, wenn sich das Konstrukt erst in der Planung oder im Bau befindet – dann ist eine Skizze hilfreich, um bereits im Vorfeld einen Eindruck davon zu vermitteln, wie das Objekt einmal wirken könnte, aus sich selbst heraus und im Kontext seines Umfelds. Gerade größere Bauvorhaben sind mit Hilfe solcher Zeichnungen weit besser abschätzbar – im besten Falle kann eine Skizze gerade im Lokalblatt eine geradezu basisdemokratische Initialzündung auslösen, eine Diskussion über Sinn und Aussehen eines geplanten Gebäudes, an der sich weit mehr Bürgerinnen und Bürger beteiligen als nur die Entscheidungsträger und die fachlich beschlagenen.

Prinzipiell erfordern gerade Architekturskizzen, gehen sie über den schlichten Grundrißplan hinaus, viel Zeit und sorgfältige Arbeit. Vor allem Lokalredaktionen werden sich in den seltensten Fällen den Luxus aufwendiger Zeichnungen leisten können. Glücklicherweise gehört es zumindest in etablierten Architekturbüros längst zum Standard, nicht nur Baumodelle eines Projektes vorzustellen, sondern auch virtuell erzeugte Bilder. Die erreichen inzwischen, wie gezeigt, gerade in fotografischen Arrangements oft eine geradezu fotografisch echte Qualität, so daß die Bezeichnung „Skizze" fast euphemistisch wirkt.

Ein zweiter Einsatzmoment für die Architekturskizze ist gekommen, wenn ein bestehendes Bauwerk aus einer Perspektive gezeigt werden soll, die fotografisch, auch mit dem besten Weitwinkelobjektiv, nicht zu erzeugen ist.

Schnittzeichnungen

Schnittzeichnungen geben den Blick hinter die Fassade frei, sie entblättern die innere Struktur. Bei Menschen und Tieren ist das der physiognomische Aufbau des Körpers, die Anordnung und Lage der Organe, Nerven- und Muskelstränge. Es mag rein pathologisch möglich sein, derlei Ansichten zurechtzupräparieren – besonders häufig aber sind sie nicht, und in der Regel schon gar nicht verfügbar, wenn sie redaktionell benötigt werden. Hinzu kommt, daß empfindsamere Na-

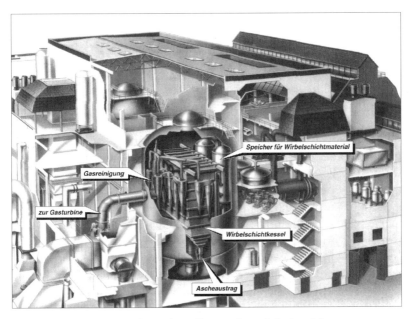

Abbildung 245 – Eine sehr aufwendig gestaltete Schnittzeichnung.

turen derlei realistische Einblicke leicht als abstoßend empfinden könnten; eine saubere infografische Zeichnung vermittelt die Information in aller Regel dezenter.

Das Prinzip ist simpel: Es wird die „Hülle", die Haut, die Maschinenummantelung virtuell abgezogen, damit das Innere „freigelegt" und sichtbar. So wird der Motor von Schumis Flitzer oder dem Elektroauto-Modell eines Konzerns nachrichtlich bebilderbar, der Magen BSE-befallener Rinder ist zu sehen, der Platinensalat im Digitaltelefon oder das Interieur des Kühlaggregats im neuen Öko-Eisschrank.

Das Spektrum der Schnittzeichnung ist tatsächlich nahezu unbegrenzt: Selbst in die winzige molekulare Struktur unseres Daseins kann diese Darstellungsvariante eindringen. Sogar prinzipiell sehr abstrakte wissenschaftliche Sachverhalte sind in Schnittzeichnungen, wenn sie gut geplant, sinnvoll reduziert und umgesetzt sind, auch für Laien sehr verständlich und nachvollziehbar umsetzbar.

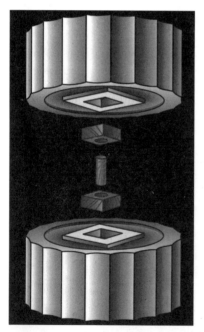

Abbildung 246 – Eine Explosionszeichnung.

Explosionszeichnungen

In ihrer gedanklichen Zielsetzung haben Explosionszeichnungen viel mit Schnittbildern gemein. In der Regel sind es jedoch ausschließlich Maschinen, technische Geräte, die nach diesem Prinzip „zerlegt" werden. Das Prinzip ergibt sich aus der Benennung: Man lasse eine virtuelle Bombe im Innern des betrachteten Objekts detonieren, eine Bombe, die den Einzelteilen an sich nichts antut, und friere den Moment kurz nach der „Explosion" ein. Die einzelnen Konstruktionsteile liegen frei, sind individuell analysierbar. Am besten verweisen Linien und Pfeile auf die eigentliche Position des jeweiligen Einzelteils.

2.2 Funktionszeichnungen

Funktionszeichnungen sind zweifellos eine der „Königsdisziplinen"
der Infografik. Und das Feld potentieller Themen ist nahezu uner-
schöpflich. Ganz grob unterteilt sind drei Themenbereiche zu unterscheiden:
• biologische Funktionen von Mensch, Flora und Fauna
• normierte Verhaltensweisen von Mensch und Tier
• Funktionen von technischem Gerät und Bauwerken.
Die Art und Weise der grafischen Umsetzung ist naturgemäß sehr abhängig vom konkreten Objekt. Vor allem normierte Verhaltensweisen
von Mensch und Tier – von der IKEA-Bastelanleitung bis hin zur mi-
litärischen Grundstellung, von der korrekten Haltung und Handhabung des Ping-Pong-Schlägers bis zur bandscheibenschonenden He-
betechnik – sind großenteils rein kopistisch, „abzeichnend" darstellbar. Auch viele „biologische" Funktionen erschließen sich unmittelbar visuell: Wie beispielsweise Pferde im Galopp ihre Beine bewegen,
kann Gegenstand einer kopistisch angelegten Infografik sein. Andere
„biologische" Sachverhalte dagegen entziehen sich der visuellen
Wahrnehmung und bedürfen zeichnerischer Hilfssymbolik. Wie beispielsweise ein Lichtsignal im Auge verarbeitet und im Hirn in eine
Sinneswahrnehmung verarbeitet wird, kann nur mit Hilfe stilisierter

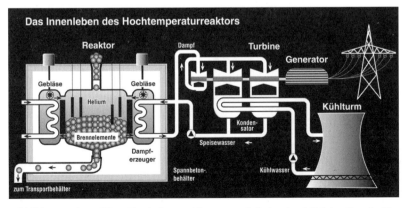

Abbildung 247 – Eine Funktionszeichnung mit betont schlichter Symbolik.

Abbildung 248 – Normiertes Verhalten: die Schiedsrichter-Gesten.

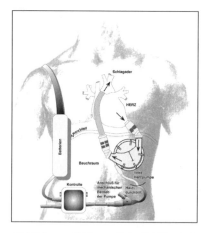

Abbildung 249 – Schnitt-Funktionszeichnung: Technik unterstützt menschliche biologische Funktionen.

„Strahlen" und schematisierter Icons grafisch verdeutlicht werden.

Auch technische Funktionen sind oft kopistisch analysierbar: Das Prinzip des Spinnrads etwa erschließt sich wohl bereits durch zeichnerische Kopie des Arbeitsgeräts und einiger Zusatzerläuterungen. Die komplizierten und zum Großteil unsichtbaren Prozesse dagegen, die der Datenverschickung via Satellit zugrundeliegen, kommen in der infografischen Ausgestaltung sicher nicht ohne zeichnerische Symbolik aus.

Grundlagen und Text

Grundlage der meisten Funktionszeichnungen sind die Bildtypen, die im ersten Teil dieses Kapitels vorgestellt wurden. Da es hier jedoch weniger um das Aussehen als eben um die Funktion geht, ist der Abstraktionsgrad in Funktionszeichnungen oft größer als beispielsweise in klassischen Schnittzeichnungen. Wer den Aufbau einer Satelliten-Anlage mit Hilfe einer Explosionszeichnung verdeutlichen will, kann und sollte detailreich zeichnen; wer dagegen „nur" das Prinzip der Datenversendung via Satellit verdeutlichen will, muß nicht die letzte kleine

Schraube, die exakte Position jeder Platine einarbeiten ins Bild. In diesem Fall reicht unter Umständen eine einfach gezeichnete „Schüssel". Wie aber ist jenes „Unsichtbare" in zeichnerische Form zu bringen, das vor allem Funktionsskizzen ihren informativen Charakter verlei-

Abbildung 250 – Wie stellt man unsichtbare Funkstrahlen dar? In dieser Grafik ist das Problem recht anschaulich gelöst.

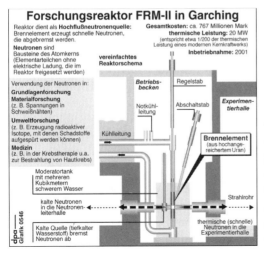

Abbildung 251 – Fasse Dich kurz; dieses Motto gilt prinzipiell auch für Funktionszeichnungen. Gelegentlich allerdings lassen sich auch aufwendigere Textstrecken nicht vermeiden.

hen kann? Wie sind Gammastrahlen, Schallwellen, ionische Ströme im Kabelnetz, Funksignale oder eben Reflexzonen visualisierbar? Hier ist nichts aus der Realität „kopierbar", die Sachverhalte müssen symbolisiert werden.

In aller Regel hilft schon ein kurzer Blick in die entsprechende Fachliteratur weiter. Die meisten abstrakten Funktionszusammenhänge sind längst wissenschaftlich erfaßt oder zumindest interpretiert – und fast immer sind in diesen akademischen Lagern auch bereits sinnvolle Visualisierungsvarianten entwickelt worden, die in journalistischen Infografiken zwar nicht unbedingt ungefiltert übernommen werden müssen, aber durchaus sinnvolle Anregungen bilden können.

Dynamische Abbildungen

Nicht alle, aber die allermeisten Funktionen und Verhaltensweisen sind Sachverhalte mit zeitlicher Ausdehnung – sie sind dynamischer Natur. Diese Dynamik ist in Funktionszeichnungen auf zwei Weisen grafisch umsetzbar:

• als Bildfolge: Bei genauerer Analyse offenbaren sich in jeder zeitlichen Entwicklung markante, prägende Einzelmomente, die den gesamten Verlauf entscheidend beeinflussen. In Bildfolgen werden genau diese markanten Detail-Szenen visuell „eingefroren" und die sich ergebenden Einzelbilder in eine logische Reihenfolge gebracht. Sind die Momentaufnahmen richtig gewählt – und natürlich eingängig abgebildet – können sich Betrachter auch die Entwicklungsstufen erschließen, die zeitlich zwischen den „Etappen-Bildern" liegen. Sie sind in der Lage, sich einen „inneren Film" zu erstellen.

Die Chronologie einer Bildfolge sollte sich möglichst von selbst erschließen. Das ist in der Regel der Fall, wenn die klassische, kon-

Abbildung 252 – Eine numerierte Bildfolge.

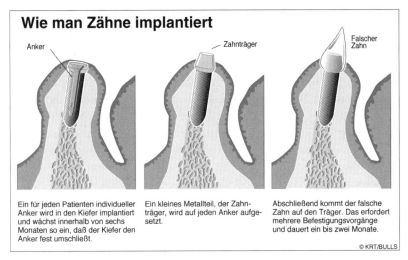

Wie man Zähne implantiert

Anker

Zahnträger

Falscher Zahn

Ein für jeden Patienten individueller Anker wird in den Kiefer implantiert und wächst innerhalb von sechs Monaten so ein, daß der Kiefer den Anker fest umschließt.

Ein kleines Metallteil, der Zahnträger, wird auf jeden Anker aufgesetzt.

Abschließend kommt der falsche Zahn auf den Träger. Das erfordert mehrere Befestigungsvorgänge und dauert ein bis zwei Monate.

© KRT/BULLS

Abbildung 253 – Links-Rechts-Leserichtung: Unnumerierte Bildfolge.

ventionalisierte „Links-Rechts/Oben-Unten"-Richtung beibehalten wird. Dieser Grundsatz gilt meistens auch für Grafiken, in denen die einzelnen Momentaufnahmen nicht durch Linien oder Einkastung getrennt, sondern in einem einzigen Bild versammelt sind.

Die Chronologie kann aber auch durch unterstützende Elemente verdeutlicht werden. Zum einen durch den „Klassiker" Pfeil, der von der einen zur folgenden Momentaufnahme führt, zum anderen durch eine Ziffern-Numerierung. Textliche Erklärungen können ein übriges leisten, durch die Bildabfolge zu führen.

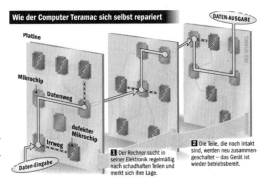

Wie der Computer Teramac sich selbst repariert

DATEN-AUSGABE

Platine

Mikrochip

Datenweg

defekter Mikrochip

Irrweg

Daten-Eingabe

1 Der Rechner sucht in seiner Elektronik regelmäßig nach schadhaften Teilen und merkt sich ihre Lage.

2 Die Teile, die noch intakt sind, werden neu zusammengeschaltet – das Gerät ist wieder betriebsbereit.

Abbildung 254 – Einzelbild mit integrierter Abfolge-Symbolik.

- als Einzelbild mit dynamischer Symbolik. Wiederum ist es meist der Pfeil, der in solchen Grafiken die zeitliche Abfolge symbolisiert. Wie beispielsweise der Kraftstoff im Rallye-Fahrzeug vom Tank in den Motor eingespritzt wird, erschließt sich bereits durch eine Schnittzeichnung, in der der Weg des Benzins per Pfeil oder ähnlicher Symbolik verzeichnet ist.

3. Mensch, Tier, Gegenstand + Raum

Das vorige Kapitel betrachtete Mensch, Tier und Gegenstand als isolierte Objekte, plazierte sie in virtuellen, bestenfalls exemplarischen, aber eben nicht realen geographischen Räumen.

Dabei sind Mensch und Tier ihrer Natur nach mobil, und sie beziehen Gegenstände in diese Mobilität ein. Sie wählen Standorte, an denen sie wohnen, andere, an denen sie arbeiten, sie legen mehr oder minder zeitintensive Wege von A nach B zurück; Mannschaftssportler werden vom Trainer an bestimmte Positionen beordert, Tiere wandern, ziehen sich zurück, siedeln neu; Frachten, Autos und Flugzeuge werden bewegt. An und für sich banale Feststellungen – wenn allerdings diese Mobilität nicht zum gewünschten Resultat führt, oder wenn die Ortswahl an sich schon außergewöhnlich ist, wird sie in der Regel zum publizistisch relevanten, zeit- und raumbezogenen Ereignis. Dann lohnt es, Mensch, Tier und Gegenstand in einen konkreten „geographischen" Zusammenhang zu stellen.

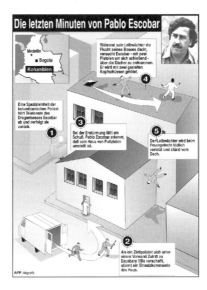

Abbildung 255 – Darstellungen von Mensch, Tier oder Gegenstand im räumlichen Zusammenhang besitzen in aller Regel eine dynamische Komponente.

Abbildung 256 – Eines der eher selteneren Exemplare statischer Darstellung in diesem Themenbereich: die vom Trainer festgesetzte Aufstellung von Spielern auf dem Fußballfeld ...

Statik und Dynamik

Bereits die einleitenden Beispiele zeigen: Es ist meist die Dynamik, die Bewegung im Raum, die Themen dieser Kategorie ins infografische Interesse hebt.

Menschen setzen sich mit einem Fahrtziel ans Steuer, preschen los – und kommen nicht an. Die tragische Fahrt der Prinzessin von Wales im Spätsommer 1997 durch Paris wäre wohl keiner Agentur, nicht einmal der Yellow Press auch nur eine Zeile, geschweige denn eine Grafik wert gewesen, hätte sie wie geplant geendet. Doch der Unfall im Tunnel geschah, und die Gazetten waren über Wochen voll mit In-

Abbildung 257 – ... und die dynamische Umsetzung: hier ein gelungener Spielzug, der zum Tor führt.

fografiken, die Raum und Zeit vereinten, Abläufe nachzeichneten.

Hunderttausende von Hutu machten sich 1994 auf den Weg nach Westen. Nicht auf dem Weg zum Arbeitsplatz, was sicherlich in keinem Organ der Welt verlautbart worden wäre, sondern auf der Flucht vor Terror und Tod. In räumlicher und zeitlicher Bewegung sind auch Jets, die abstürzen, Truppen, die Frontstellungen beziehen, Marschflugkörper, die ihren computergesteuerten Weg zum bedauernswerten Ziel nehmen, oder

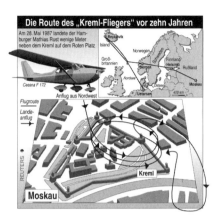

Abbildung 258 – Dynamisch gleich auf mehreren Ebenen: Der Flug des Matthias Rust von Deutschland in die Sowjetunion, dort sein Kreiselflug über dem Roten Platz.

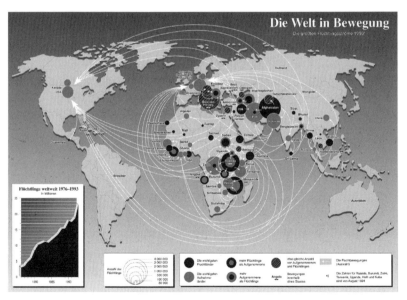

Abbildung 259 – Sehr detaillierte, dabei übersichtliche Grafik zu den Migrationsströmen in aller Welt.

Kicker, die eine wunderschöne Kombination mit einem herrlichen Tor
krönen. Manche Entwicklungen vollziehen sich in Sekunden, andere
dagegen über Monate, Jahre, gar ganze Jahrzehnte hinweg.

3.1 Umsetzung

Grundlage der meisten Grafiken dieses Typs sind Karten oder kar-
tenverwandte Darstellungen, wie sie in Kapitel 1 dieses dritten Teils
beschrieben wurden. Mensch, Tier und Objekt werden, je nach Maß-
stabsgröße, mehr oder minder detailreich gezeichnet und an die entsprechende Kartenposition gesetzt – oder, bei großräumigeren Ansichten, symbolisch benannt, meist in Form von Punkten, als textli-
ches Beschriftungselement oder als stilisiertes Logo.
Deutlich detailreicher können (und sollten meist auch) Ereignisse
nachgezeichnet werden, die sich in vergleichsweise kleinen Arealen

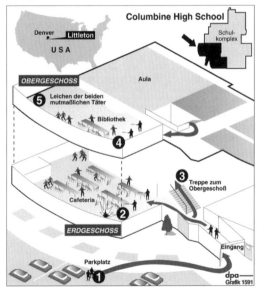

*Abbildung 260 – Das
Drama von Littleton im
chronologischen Ablauf.
Pfeile und Numerierun-
gen dokumentieren an-
schaulich den verhängnis-
vollen Weg der Attentä-
ter.*

abgespielt haben. Der Unfall an der Straßenecke, die Kidnapping-Ak-
tion am Reisebus oder die Positionierung der Scharfschützen gegenüber der besetzten Bankfiliale gerät unmittelbarer und lebensech-
ter in der grafischen Darstellung, wenn nicht die herkömmliche Umfeldkarte als Grundlage dient, sondern eine echte zeichnerische Kopie
des Umfelds. Diese Zeichnung kann gerne auch in einer Schrägansicht konstruiert sein, mit deren Hilfe eine dokumentarische Nähe
suggeriert werden kann, die ansonsten nur Fotos herstellen können.

3.2 Darstellung von Dynamik

Wie gezeigt, spielt das dynamische, das Zeit-Element, vor allem in
Grafiken dieses Typs eine gewichtige Rolle. Diese Dynamik kann mit
Hilfe verschiedener visueller Strategien ins Bild eingearbeitet wer-
den.

Variante 1: der Pfeil
Weit vor allen Varianten rangiert dabei wieder einmal der ewige
Klassiker: der Pfeil. Dianas Unfallfahrt, der Absturz der Tupolew, der

Abbildung 261 – Fünf schlichte Pfeile reichen in dieser Grafik aus, um in groben Zügen die Pla- nungen der NATO zu veranschaulichen.

Flüchtlingsstrom in Ruanda: die Bewegung von Auto, Jet, Karren oder Schusters Rappen wurde in 90 Prozent aller Fälle mit Hilfe von Pfeilen symbolisiert. Pfeile sprechen eine eindeutige Sprache, sie erlauben die Darstellung zeitlich auseinanderliegender Momente in ein und demselben Bild und haben, aus gestalterischer Sicht, zusätzlich den Vorteil, daß sie die dem Ereignis innewohnende Dynamik auch visuell transportieren. '

Variante 2: Numerierung

Gelegentlich sorgen Pfeile allerdings für mehr Verwirrung, als sie an Klarheit stiften. Komplexe Bewegungen auf engem Raum können dafür sorgen, daß sich Wege schneiden, Pfeile überschneiden. Eine spektakuläre Geiselbefreiung etwa, mit Polizeibeamten an allen erdenklichen Poitionen, Gerenne, Flucht und damit zahlreichen Akteuren und Ortswechseln, entziehen sich oft einer verständlichen pfeilbasierten Visualisierung.

In solcherlei Fällen bietet sich an, die einzelnen Akteure und zeitlich aufeinanderfolgende Aktionen zwar in einem Bild zu vereinen, den Ablauf aber numerisch zu verdeutlichen. Derlei Grafiken sind zwar in der Entschlüsselung gelegentlich etwas komplizierter als schlichte „Pfeilgrafiken", erfordern also ein tendenziell intensiveres „Lesen", werden aber der Fülle der Handlungen und Personen eher gerecht und können, wie Abbildung 262 zeigt, durchaus gelingen.

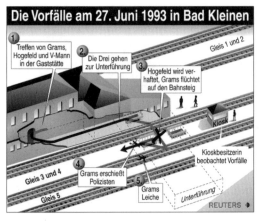

Abbildung 262 – Dynamik durch Numerierung im Bild: Was in Bad Kleinen wirklich vorfiel, wird wohl für immer im Dunkeln bleiben. Wenn es so war wie in dieser Grafik, ist es allerdings sehr nachvollziehbar dargestellt.

Abbildung 263 – Die Reihenfolge der Numerierung in dieser Grafik von „Altmeister" Sullivan läßt bereits vermuten, daß eine Darstellung der Abläufe mit Hilfe von Pfeilen relativ verwirrend geraten wäre.

Variante 3: Bildgeschichte

Wie bei der Funktionszeichnung bietet sich auch für komplexere Raum-Zeit-Grafiken die Technik der Bildgeschichte an. Markante Szenen werden visuell „eingefroren", in eine logische Reihenfolge gebracht (Leserichtung wiederum: von links nach rechts und von oben nach unten). Die visualisierten Momente sollten so gewählt sein, daß sich die Abläufe zwischen ihnen leicht erschließen.

Abbildung 264 – Eine kleine Abfolge von zwei Bildern in Nahansicht, ergänzt durch textliche Hinweise, kann eine größere dokumentarische Nähe zum Geschehen schaffen.

4. Statistik

Schöne neue Daten-Welt: Wohl nie zuvor wurde so viel gezählt, gewogen, gemessen, befragt, abgestimmt, verglichen und quotiert wie zum Fin de Siècle. Meinungs- und Marktforschungsinstitute boomen, keine Woche vergeht ohne Sonntagsfrage, Bruttoninlandsprodukte, Wachstumsquoten, Bevölkerungsdaten. Gefragt wird nach der Häufigkeit des Geschlechtsverkehrs, gemessen der Intelligenzquotient und die Größe der Bundeswehrrekruten 1959 und heute, verglichen wird der Anteil deutscher PC-Eigentümer an der Gesamtbevölkerung mit dem entsprechenden US-Wert.

Was reizt daran, Daten zu sammeln, zu gewichten, ins Verhältnis zu setzen? Wohl vor allem, daß man inzwischen weiß, daß die eigene, kleine Erfahrungswelt in den allermeisten Fällen nicht mehr der Spiegel eines großen Ganzen ist – das nämlich vermag beim besten Willen niemand mehr zu übersehen. Man frage nur einmal im engsten Freundeskreis nach der politischen Präferenz: Deckungsgleich mit den tatsächlichen Kräfteverhältnissen der Parteien im Lande wird diese „Umfrage" in den seltensten Fällen ausfallen. Eine überwältigend grüne Wahlpräferenz in der Bekanntschaft ist erwiesenermaßen nicht deckungsgleich mit dem Wahlverhalten der bundesdeutschen Wahlbürger insgesamt.

Also „erheben" wir, was wir nicht mehr unmittelbar erfahren können. Die Statistik stellt Methoden bereit, den verlorengegangenen Überblick mit dem Anspruch einer gewissen Objektivität wiederherzustellen. Die Techniken sind dabei unterschiedlich. So ist vieles durch schlichtes Zählen quantifizierbar: Wir zählen die Wahlzettel, auf denen die CDU angekreuzt wurde, wir zählen Aids-Infizierte oder zugelassene Personenkraftwagen. Dieses Nachzählen ist auf den

Abbildung 265 – Hier wurde in klassischer Manier gezählt: die Habilitationen an deutschen Universitäten pro Jahr.

ersten Blick eine einfache Technik; sie setzt allerdings voraus, daß Einigkeit darüber herrscht, was genau zu zählen ist. Solange es beispielsweise keine wirklich allgemein anerkannte Definition der „Infografik" gibt, wird auch die gründlichste Zählung der täglich veröffentlichten Infografiken in der deutschen Presse ein Näherungswert, ein „subjektives" Zählen bleiben. Und solange Deutschland und England Menschen nach unterschiedlichen Kriterien als „arbeitslos" einstufen, sind die Daten im Grunde unvergleichbar.

Ausprägungen

Betrachten wir dagegen nicht die schlichte Anzahl, sondern die Ausprägung eines Sachverhalts, ziehen wir Hilfsgrößen, Kunstmaße heran, um sie in ihrer Mächtigkeit benennen zu können. Wir messen das Gewicht von Sondermüll in Tonnen, die Temperatur in der Sauna in Grad Celsius, den Wert eines Abendkleids in Deutscher Mark, die Höhe eines Gebäudes in Meter, die Zeit zwischen Startschuß und Zieleinlauf in Sekunden, den Intellekt eines Kindes in IQ, die Qualität eines Kinofilms in Anzahl Sternchen, Smileys oder gar Qualitäts-„Prozenten", wie es die Münchner TZ praktiziert. Mag sein, daß eines Tages gar die Tiefe der empfundenen Liebe für einen Menschen meßbar ist, in welcher Einheit auch immer, oder das Ausmaß der Depression, die einen Menschen quält. Lügendetektoren immerhin gibt es schon, auch wenn sie nicht mehr als gerichtsfeste Instrumente der Beweisführung zum Einsatz kommen.

Abbildung 266 – Kilowattstunden: die Einheit zur Bezeichnung einer Ausprägung, die nicht „zählbar" ist.

Absolute und relative Daten

Statistische Daten können wiederum, einmal erhoben, mit anderen in Relation gesetzt werden: Es werden Quotienten gebildet, Anteile. Das kann häufig mehr Aufschluß geben als das nackte Datum an sich: Daß die SPD bei der Bundestagswahl 1998 insgesamt 24,2 Millionen Stimmen erhalten hat, ist für sich keine brisante Information; daß das einem Anteil von 40,5 Prozent der Urnengänger entsprach, sagt mehr. Auch die Anzahl der Computerbesitzer in Deutschland ist keine sonderlich verwertbare Größe. Wenn man diese Angabe ins Verhältnis zur gesamten Bevölkerung setzt und dabei herausfindet, daß jeder

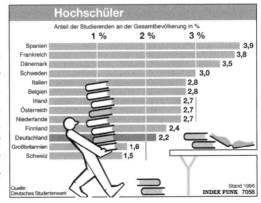

Abbildung 267 – Relative Daten: das Verhältnis der Studierenden zur Gesamtbevölkerung. Sinnvoller wäre allerdings gewesen, nach dem Anteil in der „studiertypischen" Altersgruppe zwischen 18 und 35 zu fragen.

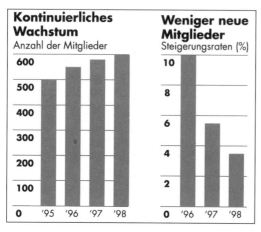

Abbildung 268 und 269 – Zweimal derselbe Basis-Datensatz; einmal umgesetzt in absolute und einmal in relative Werte. Ergebnis: Die Absolut-Darstellung verzeichnet ein Wachstum, wo die relative einen Rückgang dokumentiert.

Siebte einen eigenen PC besitzt, ist schon mehr damit anzufangen. Zumal, wenn man den Quotienten in Relation setzt zum Anteil der Rechnerbesitzer in den Vereinigten Staaten.

Freilich bergen derlei „relative Daten", meist in Form von „Prozenten" ausgedrückt, auch allerlei Verschleierungspotential. Denn das Relative allein sagt oft wenig aus oder verzerrt gar die Wahrnehmung, wenn die absoluten Daten dahinter unerwähnt bleiben. Das gilt gerade für relative Steigerungsraten. Wer nur noch ein Ei in seinem Kühlschrank vorfindet, im Supermarkt daraufhin ein 10er-Pack frische ersteht, hat seinen Eibestand schlagartig um satte 1000 Prozent erhöht. Klingt doch phantastisch, nicht? Und wenn der Frauenanteil

Abbildung 270 – Ganz richtig: Das Wachstum hat sich abgekühlt. Daß die Wirtschaft trotzdem insgesamt gewachsen ist – mit Ausnahme der Jahres 1993 und 1996 – kann in diesem Zusammenhang leicht übersehen werden.

in einem 50köpfigen Gremium von eins auf zwei steigt, ist das eine Steigerung von 100 Prozent. 100 Prozent – das klingt nach Explosion, Vollständigkeit, Perfektion. Es verschleiert aber, daß der weibliche Anteil an sich immer noch mehr als mager ist.

Gelegentlich können Absolut- und Relativdarstellungen sogar völlig gegenläufige Schlüsse nahelegen, selbst wenn sie prinzipiell auf denselben Daten beruhen. Ein Beispiel: Ein Verein führt im Jahre 1995 insgesamt 500 Mitglieder in seiner Kartei, 1996 bereits 550, 1997 schon 580 und im Folgejahr 600. In dieser Absolutdarstellung ergäbe das in der Darstellung eines Liniendiagramms eine schön ansteigende Kurve. Die suggerierte Aussage lautet: Der Verein ist auf Wachstumskurs. Betrachtet man allerdings die jährlichen Wachstumsraten der Mitgliederzahlen, ergibt sich ein erstaunlich gegenläufiges Bild. Der Zuwachs von 1995 auf 1996 nämlich belief sich auf 10 Prozent, der im folgenden Jahr betrug „nur noch" 5,5 und im letzten Jahr 3,5 Prozent. Aussagetendenz hier: Die Anziehungskraft des Klubs schwindet.

Was in diesem Beispiel noch recht harmlos anmutet, kann sich zur ernsten Polit-Debatte auswachsen. Denn wenn die Regierung das stetige Wachstum des Bruttoinlandsprodukts herausstreicht, die Opposition aber die fallenden Wachstumsraten, haben im Grunde beide recht – ziehen aber völlig andere Schlüsse und Konsequenzen aus denselben Daten.

Statik und Dynamik

Auch in statistischen Grafiken spielt der Faktor Zeit eine wichtige Rolle. Verglichen werden entweder – statisch – Einzeldaten, die zu einem bestimmten Zeitpunkt oder innerhalb eines abgeschlossenen Zeitraumes erhoben oder festgesetzt wurden, oder – dynamisch – die Ausprägung eines Phänomens zu verschiedenen Zeitpunkten oder in voneinander eindeutig abgegrenzten Zeiträumen.

Statisch ist also eine Grafik, die die Relationen verschiedener Posten eines für ein Jahr geltenden Haushaltsplans visualisiert – ein Balkendiagramm also, das Bildungsetat, Wehrausgaben, Sozialleistungen und andere Einzeletats in Relation setzt. Dynamisch ist dagegen ein Säulendiagramm, das die einzelnen Bundeswehretats in den Haushaltsplänen verschiedener, aufeinanderfolgender Jahre in Bezug setzt.

Abbildung 271 – Ein statischer Datensatz: Verglichen werden Werte, die sich jeweils auf einen begrenzten, in sich geschlossenen Zeitraum beziehen.

Abbildung 272 – Ein dynamischer Datensatz: Verglichen werden Werte unterschiedlicher Zeiträume.

Fehleranfälligkeit

Es ist nicht Aufgabe dieses Buches, den journalistischen oder gar gesellschaftlichen Nährwert verschiedenster statistischer Untersuchungen umfassend zu bewerten. Tatsache ist allerdings, daß es statistisch erhobene Daten gibt, die großen Einfluß nehmen auf das tägliche Leben – zumindest die „Datenerhebung" Bundestagswahl dürfte in ihrer Bedeutung relativ unumstritten sein. Statistik dieser Art ist zweifellos bedeutsam auch und gerade für politische Willensbildung und Entscheidung – und damit ein wichtiger und gewünschter Gegenstand der Presse-Berichterstattung. Hinzu kommt, daß statistische Daten sich in den Medien – glaubt man einigen vorliegenden Erhebungen – großer Beliebtheit im Publikum erfreuen.

Nicht geklärt ist allerdings, inwiefern gerade Meinungsumfragen das Stimmungsbild nicht nur spiegeln, sondern auch beeinflussen – inwiefern sich also die Demoskopie auch ihre eigenen Trends „züchtet". Wer also Leser Woche für Woche mit Wahlprognosen beglückt, muß sich kaum wundern, wenn die Antwort auf die Frage „Wer gewinnt die Wahl?" ganz im Sinne der Prognose selbst ausfällt. Ungeklärt ist auch, wie ausgeprägt sich Menschen beispielsweise in ihrer eigenen Wahlpräferenz von Erhebungen beeinflussen lassen. Wer einer Grafik entnimmt, die Klein-Partei, die man doch wählen wollte, schaffe die Fünf-Prozent-Hürde ohnehin nicht, macht sein Kreuzchen womöglich woanders. Aus solchen Überlegung heraus sind beispielsweise in der Türkei Vorwahl-Erhebungen untersagt.

Die grafische Datendarstellung

Zur Darstellung von quantitativen Daten gibt es bis heute prinzipiell keine Alternative zu einem unangefochtenen Klassiker: der Ziffer.

Denn selbst die ausgefeilteste statistische Infografik kann niemals vereinzelte Daten an sich darstellen – für den singulären Wert „2000" etwa konnte bis heute niemand eine grafische Darstellungsart ersinnen. Grafisch darstellbar ist immer nur das relative *Verhältnis* von zwei oder mehr Daten zueinander.

Für den grafischen Vergleich allerdings, wenn er möglich ist, spricht einiges. Der Statistiker Herbert Koberstein erklärt das damit, daß der Mensch kein „Organ" besitze, mittels dessen er Ziffern und Zahlenreihen unmittelbar erfassen könnte. In der Tat erfordert jeder Datenvergleich via Ziffer Rechenoperationen, die mehr oder minder mühsam sind. Daß 108 mehr ist als 36, ergibt sich zwar in Maßen, aber un-

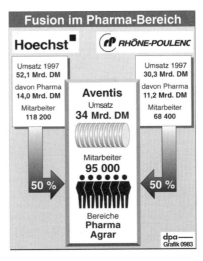

Abbildung 273 – Grafisch darstellbar sind immer nur die Relationen unterschiedlicher Daten zueinander, nicht jedoch vereinzelte Zahlen. Auch wenn dieses Schaubild vorgaukelt, Umsatz und Mitarbeiteranzahl seien „visualisiert".

detailliert aus der Anzahl der Ziffern, aus denen die beiden Zahlen bestehen. Daß aber 108 das Dreifache oder 300 Prozent von 36 ist, erschließt sich erst durch mathematische Kalkulation, zu der Viele entweder nicht in der Lage, meist aber schlichtweg nicht bereit sind.

Natürlich kann man derlei Relationen auch in einem erläuternden Text analysieren. Jede einzelne Relationen acht verschiedener Werte aber zu erläutern ist platzintensiv und in sich selbst bereits wieder eine numerische Liste. Ein Balkendiagramm präsentiert alle acht Werte auf einen Blick – und ihre Größenrelation gleich dazu.

Hinzu tritt: Bei einer verbalen Analyse der Daten ist immer noch fraglich, ob die Analyse an sich richtig verstanden wird. Walter Krämer berichtet von einer Umfrage unter englischen Bankkunden, von denen die Hälfte auf die Frage: „Wieviel sind 40 Prozent?" antwortete, dies sei „einer von vierzig" oder „ein Viertel". Vielleicht mehr Legende als Fakt, in jedem Falle aber schlagend aussagekräftig in diesem Zusammenhang ist auch die Aussage eines ehemaligen BVB-Kickers, der im Gehaltspoker verkündet haben soll, für ein Drittel mehr Lohn trete er nicht vor die „Kirsche"; er fordere ein Viertel Aufstockung. Ein erklärendes Säulendiagramm hätte den Kicker womöglich vor dieser unbedachten Aussage bewahrt. Denn daß ein Drittel mehr ist als ein Viertel, wäre daraus deutlich hervorgegangen.

Die Bildung ist vorhanden

Es wird auf absehbare Zeit Experten vorbehalten bleiben, Dreiecksdiagramme, Punktewolken oder logaritmische Darstellungen zu entschlüsseln. Die „Standard"-Aufbereitungen – Balken- und Säulendiagramm, Fieberkurve und Torte – dürften aber der ganz überwiegenden Mehrheit der Bevölkerung der westlichen Hemisphäre geläufig sein. Das heißt: Statistische Grafiken, die nach den konventionalisierten Methoden angefertigt sind, denen die Grammatik der Konvention zugrunde liegt, sind den meisten Rezipienten heute ohne große „Entschlüsselung" verständlich und nachvollziehbar. Das Lesen von Diagrammen ist vielleicht noch nicht vollständig Wissens-Besitzstand erwachsener Leserinnen und Leser, aber den meisten eine vertraute Betätigung. Das Prinzip, nach dem ein Diagramm angefertigt wird, muß nicht mehr, wie zu William Playfairs Zeiten, erst mühsam erklärt werden. Es erschließt sich durch die Aufbereitungsform an sich.

Und aus dieser Feststellung ist, im Sinne des Gesetzes der Konvention, zumindest eine grobe Faustregel ableitbar: Sobald die Leseprinzipien eines statistischen Diagramms erklärt werden müssen, sollte nicht nur auf die Erläuterung verzichtet werden, sondern am besten gleich auf die gesamte Darstellungsmethodik. In diesem Falle tut's ein nach herkömmlichen Prinzipien komponiertes Schaubild höchstwahrscheinlich besser und effizienter.

Künstliche Skalen

Nicht jeder Zahlenwert ist ein wirklich quantitativer Wert und als solcher aussagekräftig: Es existieren viele Skalen, die mit Datenwerten hantieren, die nicht notwendigerweise eine klassisch quantitative Ausprägung widerspiegeln. Schulnoten sind ein gutes Beispiel: Eine Klausur, die mit der Note „5" gewürdigt wird, ist nicht zwangsläufig *fünfmal schlechter* als eine Arbeit, die mit „1" bewertet wird. Genauso müssen drei „Qualitäts"-Sternchen unter einer Spielfilmankündigung in der Programmzeitschrift nicht aussagen (und beanpruchen es meist auch nicht), daß der betreffende Hollywood-Erfolg *dreimal besser* ist als der B-Film, der parallel auf dem Konkurrenz-Kanal ausgestrahlt wird und im Urteil der Redakteure nur einen Stern wert ist.
Doch selbst altvertraute Werte geraten im Lichte dieser Überlegungen ins Wanken. Daß zum Beispiel null Grad Celsius exakt an dem Punkt erreicht sind, da Wasser zu Eis gefriert – es ist eine zweifellos brauchbare, aber willkürliche Setzung. Diese Willkürlichkeit aber führt zu ei-

Abbildung 274 – Die Celsius-Skala ist eine künstliche: Obwohl sie auf Zahlenwerten basiert, verbieten sich prozentuale Berechnungen. Darstellungen wie diese dagegen sind möglich und auch sinnvoll.

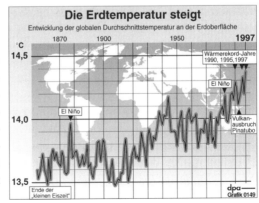

ner vielleicht banalen, aber wenig bewußten Erkenntnis: 30 Grad
Sommerhitze sind nicht „doppelt so heiß" wie 15 Grad Frühlingsan-
bahnung. Im Fahrenheit-Verfahren ausgedrückt, beträgt nämlich die
Differenz zwischen denselben Temperaturen ungefähr 32:88 Grad,
das heißt, in dieser Maßskala „steigt" die Temperatur nicht um das
„Doppelte" sondern fast um das Dreifache. Ganz anders wiederum in
der Welt des Kelvin'schen Meßverfahrens: In dieser Skala beträgt derselbe Anstieg – von 273,15 °K auf 303,15 °K – gerade einmal elf Prozent.

Damit ist Sinn und Wert dieser Meß- und Bewertungsmethoden keineswegs in Frage gestellt – allerdings ihre Verwertbarkeit für statistische Berechnungen. So ist durchaus zulässig zu behaupten (und grafisch umzusetzen), daß die mittlere Jahrestemperatur in den vergangenen hundert Jahren um 1,2 Grad Celsius gestiegen sei. Daß es damit aber 2,6 *Prozent* wärmer geworden ist, ist ein falscher Rückschluß.

4.1 Die Sache mit der Redlichkeit

Selbst wenn die Daten an sich stimmen, und auch wenn die grafische
Umsetzung in Ordnung ist: Nicht jede Grafik ist redlich.

Das beginnt bereits bei der Auswahl der Daten, die später grafisch zu
übersetzen sind. Vordergründig aussagekräftig, suggerieren viele Datensätze oft überraschend „falsche" Eindrücke – bei genauer Analyse
häufig sogar schon lange, bevor sie überhaupt zum statistischen
Schaubild werden. Viele Unredlichkeiten entstehen erst mit der grafischen Umsetzung – beziehungsweise: Sie entstehen nicht, sie werden
konstruiert.

Das ist die Crux mit der Statistik: Sie arbeitet mit Zahlen, vermeintlich exakter Mathematik, und vermittelt damit aus sich selbst heraus
oft den Anschein der Unumstößlichkeit, ein Anschein, der allzu oft
nichts zu tun hat mit den erschreckend mangelhaften Erhebungsme-
thoden, unzulässigen Fortschreibungen oder schlichtweg falschen Interpretationen von Daten in Grafiken.

Abbildung 275 – Die Lebenshaltungskosten in der Bundesrepublik Deutschland haben sich in den vergangenen dreißig Jahren nahezu verdreifacht.

Es herrscht kein Mangel an entsprechender Fachliteratur, die sich mit den Tricks und Finten der Datensammler auseinandersetzt. Deshalb werden in diesem Kapitel lediglich in aller Kürze die wichtigsten Fehler (beziehungsweise auch Manipulationen) vermeintlich kommagenauer Statistik aufgelistet.

Die vermeintliche Kostenexplosion

Zum Ende des Jahrtausends hin hat sich das geflügelte Wort etwas relativiert: Alles wird teurer. In der Tat aber galt das gerade für die sechziger, siebziger und achtziger Jahre, und zwar mehr oder minder weltumspannend: Es gab Inflationsraten von bis zu sieben Prozent jährlich und mehr. Lohnsteigerungen von sechs Prozent bedeuteten damals also keineswegs ein Mehr im Portemonnaie, sondern einen realen Einkommensverlust.

Gleichermaßen kann man – vordergründig korrekt – die Wohltaten einer Regierung mit dem Hinweis darauf belegen, daß diese den Sozialetat in zehn Jahren um zehn Prozent aufgestockt hat. Wenn allerdings die Preissteigerungsrate im selben Zeitraum zwölf Prozent betragen hat, müßte man die Zahlen eigentlich eher andersherum interpretieren.

Die Inflation ist ein potentieller Verfälschungsfaktor in der Statistik allgemein und in statistischen Schaubildern im Besonderen: Man prüfe daher jede vermeintliche „Kostenexplosion" im Lichte dieser volkswirtschaftlichen Rechnungsgröße.

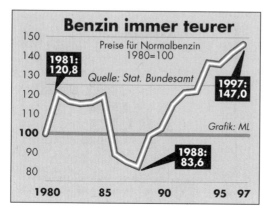

Abbildung 276 – Die pessimistische Sicht: In der Tat prangen heute an den Tankstellen höhere Preisangaben als im Jahre 1980.

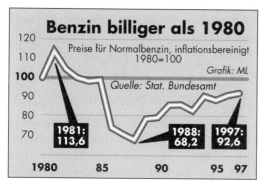

Abbildung 277 – Die realistische Betrachtung: Inflationsbereinigt ist Benzin heute billiger als vor knapp zwanzig Jahren.

Fortschreibung und Prognose

Der Blick nach vorne ist ebenso spannend wie unwägbar. Ungezählte moderne Auguren wagen immer wieder Prognosen und verwechseln dabei, absichtsvoll oder nicht, vergangene Trends mit den Entwicklungen der Zukunft. Die Entwicklung der Vergangenheit wird einfach fortgeschrieben – ohne zu berücksichtigen, daß noch auf jeden Boom eine Baisse folgte, und daß vieles auf dieser Welt „Sättigungsgrenzen" kennt, die nicht mehr oder nur noch marginal zu übertreffen sind.

Ein Virus breitet sich rasant aus – wieviele Menschen wird er in zehn Jahren ereilt haben? Seriös berechnet, ist davon auszugehen, daß eine Verzehnfachung der Patientenzahl, wie sie zu Beginn der Epidemie zu verzeichnen war, künftig nicht mehr auftreten wird. Sonst wäre nach zwanzig Jahren das ganze Volk tot.

Wer sich dennoch in Prognosen versucht – und es sei zugestanden, daß Voraussagen gelegentlich in erstaunlicher Richtigkeit eintreffen – sollte sie in jedem Falle als Vermutung ausweisen. Und zwar textlich und grafisch.

Umfragen

Meinungserhebung, oder genauer gesagt: empirische Sozialforschung ist ein kompliziertes Werk. Selten wird der Aufwand einer echten Abstimmung, einer Parlamentswahl getrieben: Die meisten Daten gehen aus sogenannten repräsentativen Meinungsumfragen hervor. Ein Teil der Betroffenen wird befragt, aus

Abbildung 278 – Sauber getrennt in dieser Grafik: Fakt und Prognose.

ihren Antworten wird die Meinung des Volkes oder einer Gruppe im Gesamt abgeleitet. Im Detail wird Vieles immer das Geheimnis der Forscher bleiben. Fragen aber sollte man durchaus nach Einigem:

• der Anzahl der Befragten: Je weniger Menschen befragt werden, desto größer ist die Wahrscheinlichkeit, daß die Hochrechnung Fehler birgt, die reale Stimmungslage verzerrt oder falsch interpretiert. Diese Unsicherheitsmarge ist meistens sogar recht exakt benennbar. Inzwischen bürgert sich dankenswerterweise zunehmend ein, die Fehlerbandbreite mit den Daten aufzuführen. Es wird also nicht mehr anhand der „Sonntagsfrage" prognostiziert, die CDU käme auf 40 Prozent, wenn jetzt Wahlen anstünden. Stattdessen wird, korrekterweise, erklärt, ihr Anteil bewege sich „zwischen 36 und 44 Prozent". Oder, alternativ: Die Union liege bei 40 Prozent plus / minus 4 Prozent.

• der demographischen Struktur der Befragten: Wurden wirklich diejenigen befragt, die zum Thema begründeterweise Stellung nehmen sollten und die Ergebnisse damit halbwegs verläßlich geraten lassen? Eine Wahlprognose auf Grundlage von 1000 Befragten im Alter zwischen 30 und 45 wird aller Voraussicht nach ein überproportionales Ergebnis für Bündnis 90/Die Grünen zeitigen, weil sich in dieser Altersgruppe die meisten Anhänger der Partei versammeln. Zum Beispiel wählen aber auch Landwirte im allgemeinen anders als Arbeiter, Selbständige anders als Beamte. Auch zwischen den Geschlechtern gibt's teilweise deutliche Unterschiede.

Welche Menschen befragt werden (können), hängt auch sehr stark von der Befragungsmethode ab. Menschen mit zwei Telefonanschlüssen (oft Großfamilien) haben größere Chancen, angerufen und befragt zu werden, Menschen ohne Anschluß (häufig alternativ denkende Menschen) haben gar keine. Menschen, die oft zu Hause sind (zum Beispiel Hausfrauen), werden eher befragt als andere, die viel unterwegs sind (also etwa Geschäftsreisende mit hohem Einkommen). Im direkten, persönlichen Interview erzählen viele Menschen traditionell anders als an der Strippe oder beim anonymen Ausfüllen eines Fragebogens.

• der Formulierung der Fragen und den bereitsgehaltenen Antwortmöglichkeiten: Es besteht ein Unterschied dazwischen, ob gefragt wird, ob der „Menschenschlächter Hussein" seine „gerechte Strafe" erfahren soll (mögliche Antworten: ja und nein), oder ob man sich neutral nach den richtigen Schritten in Sachen Irak erkundigt – und als mögliche Antwort auch beispielsweise auch den versöhnlichen Schritt der „Aufhebung der Sanktionen" anbietet.

Auch lohnt sich immer ein Nachhaken, ob die Kategorie „weiß nicht" existiert. Denn auch die Verbalisierung von Unsicherheit oder schlichtem Nichtwissen ist durchaus eine Form der Meinungsäußerung, die „ja" oder „nein" in ihrer Bedeutung nicht nachsteht.

Abbildung 279 – Der „Klassiker" unter den Umfragen: die „Sonntagsfrage".

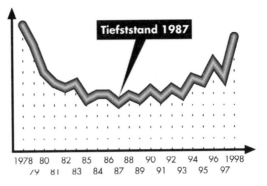

Abbildung 280 und 281 –
Zweimal derselbe Daten-
satz: einmal vollständig
aufgeboten (oben), einmal
ganz gezielt ausgedünnt
(unten).

Datenauswahl

Die grafische Umsetzung von Daten
setzt oft voraus, daß vor Gestaltungsbe-
ginn in klassisch journalistischer Manier
selektiert, aussortiert werden muß. Oft
sind die Datenmengen so groß, daß an
einer Auswahl nicht vorbeizukommen
ist: Zeigen wir Jahresdurchschnitts- oder
doch im Detail alle Monatswerte? Sind
Kategorien zusammenfaßbar, zum Beispiel in der beliebten Rubrik „Sonstige“,

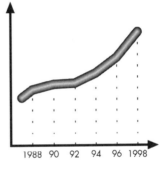

um die Übersichtlichkeit zu erhöhen? In welchem Jahr beginnt die
Zeitreihe?

Weglassen und Auswählen hat immer etwas Willkürliches, basiert auf
subjektiven Einschätzungen. Prinzipiell sollte das Material stets und
ehrlich auf seine Tendenzen geprüft werden, auf Ausreißer, auf markante Details – die nämlich sollten in jedem Falle in der grafischen
Umsetzung deutlich werden. Mehr noch: Sie machen den informativen „Nährwert“ der Grafik an sich aus.

Gelegentlich allerdings erfolgt die Datenselektion eben nicht mit jour-
nalistisch-hehrer, sondern manipulatorischer Absicht, indem gezielt
bestimmte Daten herangezogen, andere unterschlagen werden. Da
spiegelt zum Beispiel eine Zeitreihe den Anstieg einer Umsatzsumme
um 25 Prozent in den Jahren zwischen 1988 und 1998, am besten noch
unter einer Überschrift der Qualität „Stetig bergauf“. Unter Umständen aber verschweigt die Grafik, daß das Geschäft zwischen 1978 und

1988 alles andere als gut lief und in dieser Zeit Umsatzverluste von insgesamt 50 Prozent eingefahren wurden. Damit fiele die wichtige Tatsache unter den Tisch, daß das „expandierende Unternehmen" auch 1998 sich noch nicht von der Schwächephase der frühen achtziger Jahre erholt hat.

Vielleicht hatte eben dieser boomende Konzern auch in den Jahren 1991 und 1993 noch einmal Schwächephasen zu verzeichnen, die im jeweiligen Folgejahr kompensiert werden konnten. Um diese Berg- und Talfahrt als Durchmarsch hinzustellen, reicht es aus, nur noch die Werte der geraden Jahre auszuweisen.

Fazit: Fehlen in einer Grafik einzelne Daten, ohne daß diese Abwesenheit irgendwie in der Datenstruktur begründet sein könnte, liegt der Verdacht nahe, daß unterschlagen, verdeckt werden soll.

Exaktheit vs. Tendenz

Viele statistische Grafiken in der nichtwissenschaftlichen Presse sind schlichtweg falsch. Die Säulen, Balken und Linien repräsentieren, aus streng statistischer Sicht, einfach nicht jene Daten, die ihnen angeblich zugrunde liegen. Nicht nur Daten an sich sind manipulierbar, sondern auch ihre grafische Umsetzung. Welche kruden Gestaltungstechniken diesen aus akademischer Sicht halbseidenen Schaubildern zugrunde liegen, wird in diesem Kapitel ebenfalls erklärt – nicht als Leitfaden fürs Falschmachen, sondern als Blick- und Bewußtseinsschärfung.

Abbildung 282 – Die Tendenz ist klar: Die Sozialdemokraten sind für potentielle Mitglieder attraktiver als die Bündnisgrünen. Wäre die rechte SPD-Säule allerdings unbeschnitten, käme diese Tendenz noch deutlicher zum Vorschein.

Prinzipiell allerdings stellt sich die Frage: Warum wird überhaupt herumgedoktert? Hakt man bei den Bildautoren nach, kommen – mutig ausgesprochen oder verschämt eingestanden – verschiedene Motive ans Licht.

Gelegentlich hält als Begründung her, die Grafik sei „zu langweilig"
ausgefallen, wäre man korrekt verfahren. Aus journalistischer Sicht
sollten derlei Ausreden allerdings nicht als stichhaltig durchgehen:
Künstliche „Kicks" einzubauen, ist journalistisch nicht zu rechtfertigen.
Ernstzunehmender ist eher schon eine zweite, häufig angeführte Erklärung. So meinen viele Kollegen, Sinn und Zweck vieler statistischer Grafiken sei eben nicht Exaktheit bis auf die dritte Dezimalstel-
le (womit sie recht haben, denn für exakte Zahlen eignen sich Tabellen besser), sondern das Aufzeigen journalistisch interessanter *Tendenzen*. Dies rechtfertige Vereinfachungen und Zuspitzungen. Wichtiger sei, so sagen diese Kollegen, *daß* die Kurve steil und nicht etwa
seicht ansteige oder gar falle, nicht in welchem Maße sie es tue.
Daß diese Meinung durchaus von hehren Idealen geleitet ist, sei an
dieser Stelle unbestritten. Tatsache ist allerdings, daß auch auf Infografiken durchaus der Kodex des Deutschen Presserates anzuwenden
ist, und der beinhaltet einen ganz wesentlichen Imperativ: die Ver-
pflichtung der journalistisch Tätigen auf Sorgfalt. Und die hat mit
dem „Tendenz-Argument" relativ wenig gemeinsam.

4.2 Auszeichnung und Beschriftung

Kaum eine statistische Grafik kommt ohne Ziffern aus – zur Konkre-
tisierung, Erläuterung, Ergänzung der zeichnerischen Umsetzung der
Daten. Nicht immer allerdings werden alle Daten sowohl grafisch als
auch numerisch ausgezeichnet. Ob wirklich alle oder nur einige ausgesuchte Daten in Ziffern angegeben werden, hängt wiederum vom
Produkt ab, in dem die Grafik erscheint, und von den Ansprüchen
und Erwartungen der Leserschaft. Ein Finanzfachblatt wird Kursent-
wicklungen erschöpfend grafisch und numerisch aufbieten; ein regio-
nales Organ dagegen mit durchschnittlich gebildeter und eher in die
Breite interessierter Leserschaft dagegen wird sich mit markanten
Werten begnügen; höchstem und niedrigstem Wert also, ergänzt un-

ter Umständen durch einige statistische „Ausreißerwerte".
Prinzipiell gilt auch für die Datenauszeichnung das Gesetz der Nähe:
Die Werte sollten möglichst nahe an die Datenzeichnung plaziert
werden, also direkt neben die Säulen und Balken oder Linienpunkte
– oder, noch besser, direkt hinein. Aber auch das Gesetz der Einheitlichkeit ist nach Möglichkeit zu beachten: Wird der numerische Datenwert für die größte Ausprägung direkt im Balken plaziert, sollte
dieses Prinzip auch für alle übrigen Balken gelten. Passen die Ziffern
des kleinsten numerischen Werts nicht mehr in den Balken (oder die
Säule), stelle man nicht nur diesen neben den Balken, sondern auch
alle übrigen (vgl. Abbildungen 283).

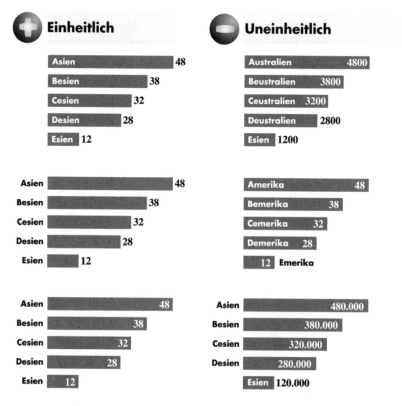

Abbildung 283 – Die Datenbeschriftung sollte einheitlich ausfallen.

4.3 Daten als Distanz

Die meistgenutzte Technik, Datenrelationen grafisch aufzubereiten, besteht darin, dem größten der darzustellenden Werte eine bestimmte visuelle Distanz zuzuordnen und diese Größe für die anderen Werte proportional in dem Maße zu verringern, in dem sich auch die darzustellenden Werte reduzieren. Ein Datenwert von 100 wird nach diesem Prinzip also beispielsweise in die Distanz „10 Zentimeter" überführt, ein zweiter von 50 in die proportional entsprechende Distanz „5 Zentimeter".

In welche grafische Form diese Distanzen letztlich überführt werden, ist meistens eine eher stilistische als statistische Frage. Am gebräuchlichsten ist, die Distanzen zu „Säulen" (vgl. Abbil-

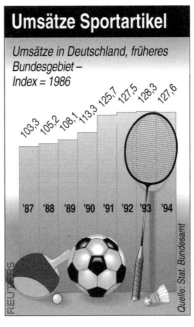

Abbildung 284 – Daten als Distanz, vertikal orientiert: Ein Säulendiagramm,.

Abbildung 285 – Daten als Distanz, diesmal horizontal orientiert: ein Balkendiagramm.

Wie sozial sind die Europäer?
Sozialleistungen je Einwohner in DM pro Jahr

Luxemburg	16.593
Dänemark	13.728
Schweden	13.019
Deutschland	12.452
Niederlande	12.377
Österreich	12.177
Belgien	12.050
Frankreich	11.866
Finnland	10.819
Großbritannien	9.758
Italien	9.647
Irland	6.798
Spanien	6.259
Portugal	4.968
Griechenland	4.906

Basis: Kaufkraftparitäten, Stand 1999
Quellen: IW, Eurostat   99 03 133

Abbildung 286 – Auch in dieser Grafik sind die Daten in Distanzen umgesetzt, auch diese Grafik ist horizontal orientiert: die Abwesenheit von Balken allerdings macht dieses Schaubild zu einem horizontalen Stabdiagramm.

nicht mehr als zwölf bis vierzehn Einzel-Daten verarbeitet werden sollten. Liniendiagramme haben im allgemeinen ein etwas größeres „Fassungsvermögen"; wenn Einzelwerte ausgezeichnet werden wie in Abbildung 287, sollten wiederum nicht mehr als zwölf bis vierzehn in ein und derselben Fieberkurve untergebracht werden – sonst wird es unübersichtlich.

dung 284) oder „Balken" (vgl. Abbildung 285) aufzufüllen, als „Stäbe" zu organisieren (vgl. Abbildung 286) – oder in eine „Fieberkurve" umzusetzen, die die Entwicklung von Daten in einem zeitlichen Verlauf darstellt (vgl. Abbildung 287).
Je nach Darstellungstyp existieren allerdings Unter- und Sättigungsgrenzen an Einzeldaten, die sinnvollerweise umgesetzt werden sollten. So darf als Faustregel gelten, daß in Balken- und Säulendiagrammen nicht weniger als vier und am besten

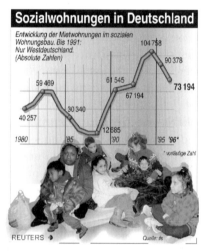

Sozialwohnungen in Deutschland
Entwicklung der Mietwohnungen im sozialen Wohnungsbau. Bis 1991: Nur Westdeutschland. (Absolute Zahlen)
104 758
90 378
73 194
67 194
59 469
61 545
40 257
30 340
12 885
1980   '85   '90   '95 '96*
* vorläufige Zahl
REUTERS ◆   Quelle: ts

Abbildung 287 – Daten als Distanz, lediglich per Linie miteinander verbunden: Ein Liniendiagramm, auch bezeichnet als „Fieberkurve" oder „Kurvendiagramm".

Achsen

Balken-, Säulen- und Liniendiagramme sind Entlehnungen aus der Welt der Differentialrechnung – jenem Zweig der Mathematik, den der Franzose Descartes im 17. Jahrhundert entwickelte. Nach ihm ist auch das kartesische Koordinatensystem benannt, das sich optisch vor allem durch zwei Basiselemente auszeichnet: die x- und die y-Achse, die Datenleisten.

Gerade diese beiden Grundelemente aber fehlen in den meisten „Distanz"-Grafiken, oder sie sind zum Ansatz verstümmelt. Linien schweben dann im freien Raum, Balken wachsen ohne echten Ausgangsbezug nach rechts, Säulen türmen sich nebeneinander, ohne daß ein echter Sockel, ein Nullpunkt vorhanden wäre.

Prinzipiell ist gegen das Weglassen – aus journalistischer, wohl weniger aus mathematischer Sicht – wenig einzuwenden. Das Weglassen der Achsen kann eine Grafik sogar optisch sinnvoll „ausdünnen", und damit den Blick aufs Wesentliche, die Datendarstellung erleichtern.

Das gilt allerdings ausschließlich für Diagramme, die linear-proportional eingerichtet sind. Das ist zwar in schätzungsweise 95 Prozent aller Beispiele der Fall. Manchmal aber ist der Achsenrhythmus eben nicht streng linear strukturiert. Sondern logarithmisch oder – was viel schlimmer ist – nach irdendeinem kruden Prinzip, das mit sauberer Datenaufbereitung gar nichts mehr gemein hat.

Nicht-lineare Diagramme

Jede Achse eines Diagramms – ob sie nun explizit grafisch dargestellt oder weggelassen ist – hat ihren eigenen Rhythmus. Dieser Rhythmus ist in aller Regel linear: Da entspricht beispielsweise ein halber Zentimeter auf der Ordinate, der y-Achse, jeweils einer Tonne (Kohlendioxid, Stahl, Restmüll oder was auch immer).

Es spricht vieles dafür, von diesem linearen Prinzip möglichst nicht abzuweichen. Selbst wenn die Variation mathematisch korrekt vor sich geht und von der Datenstruktur her sogar naheliegend ist: Um etwa in einem einzigen Diagramm sowohl den Dow-Jones-Wert 41 von 1896 darzustellen als auch den 1999er-Index von 10.080, bietet sich zunächst weniger eine lineare als eine logarithmische Anlage der Achse an. Das ist vor allem eine platzsparende Variante: Die unter-

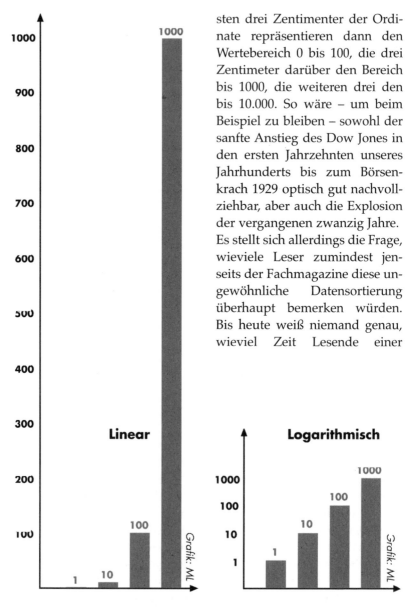

sten drei Zentimenter der Ordinate repräsentieren dann den Wertebereich 0 bis 100, die drei Zentimeter darüber den Bereich bis 1000, die weiteren drei den bis 10.000. So wäre – um beim Beispiel zu bleiben – sowohl der sanfte Anstieg des Dow Jones in den ersten Jahrzehnten unseres Jahrhunderts bis zum Börsenkrach 1929 optisch gut nachvollziehbar, aber auch die Explosion der vergangenen zwanzig Jahre. Es stellt sich allerdings die Frage, wieviele Leser zumindest jenseits der Fachmagazine diese ungewöhnliche Datensortierung überhaupt bemerken würden. Bis heute weiß niemand genau, wieviel Zeit Lesende einer

Abbildung 288 – Zweimal derselbe Datensatz, einmal (links) linear umgesetzt, einmal (rechts) logarithmisch.

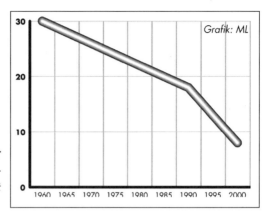

Abbildung 289 – Der Achsenrhythmus ist regelmäßig, die Kurve fällt gegen Ende stark ab.

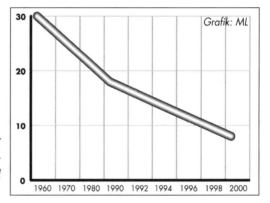

Abbildung 290 – Der Kurvenrhythmus ist manipuliert, der Verfall wird optisch „abgebremst".

durchschnittlichen Regionalzeitung auf eine Grafik verwenden – daß allerdings die sorgfältige Prüfung der Achsenanlage zur Standardverrichtung beim Betrachten einer statistischen Grafik zählt, darf bezweifelt werden. Eher liegt die Vermutung nahe, daß die logarithmischen Daten als lineare fehlinterpretiert werden.

Selbiges dürfte auch für Grafiken gelten, deren Achsenrhythmus ohne jegliche mathematische Rechtfertigung gebrochen wird. Dem optischen Effekt eines Diagramms insgesamt kann das zwar zugute kommen – es suggeriert aber Entwicklungen und Proportionen, die mit der Wirklichkeit wenig gemein haben (vgl. Abbildungen 289 und 290).

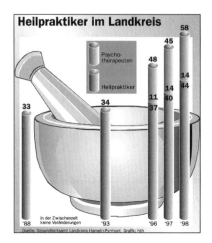

Heilpraktiker im Landkreis

Abbildung 291 – Vorbildlich: Der Rhythmus der (nicht eingezeichneten) Achse ist berücksicht, obwohl eine unregelmäßige Datenauswahl getroffen wurde.

Achsen ohne Nullpunkt

Das Prinzip ist eindeutig: Jede Datenachse benötigt einen Nullpunkt. Einen „Ursprung". Denn nur wenn das der Fall ist, spiegeln Säulen, Balken und Fierberkurven in ihren Ausprägungsverhältnissen auch wirklich die Daten wieder, die ihnen zugrunde liegen.

Dazu wiederum ein Beispiel: Die Personalausgaben einer städtischen Kämmerei betragen im ersten Jahr 60.000 Mark, im Folgejahr 70.000, dann 80.000. Werden diese Daten in ein Säulendiagramm überführt, dessen Datenachse nicht mit dem Wert Null beginnt, sondern dem Wert 50.000, ergeben sich drei Säulen, von denen die zweite doppelt so hoch ist wie die erste, die dritte sogar dreimal so hoch. Ergebnis: Die grafische Umsetzung legt nahe, daß sich die Ausgaben innerhalb dreier Jahre verdreifacht haben, auf 300 Prozent des Ausgangswertes geklettert sind. Dabei liegt der dritte Wert tatsächlich nur bei 125 Prozent im Vergleich zum ersten.

Zumindest handwerklich korrekt sind Grafiken, in denen dieser „Achsenbeschnitt" deutlich ausgewiesen ist und die Daten auch numerisch verzeichnet sind. Es ist aber, wie bereits beschrieben, nicht davon auszugehen, daß sämtliche Leser sich der kritischen Analyse von Ziffern und Achse widmen möchten. Daß sie also die Mär von der Verdreifachung „schlucken".

Fehlen allerdings beide Hinweise, ist also gar keine Achse verzeichnet und kein Datenwert verbal ausgeführt, und ist die Grafik am Ende noch mit der Schlagzeile „Explosion der Personalkosten" überschrieben, steckt in aller Regel manipulatorische Motivation dahinter. Freilich muß nicht in jedem Falle üble Absicht hinter dem Nullpunkt-Verzicht stecken. Nicht selten sind es schlichte Erwägungen der

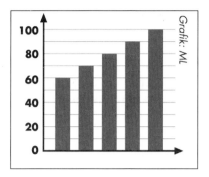

Abbildung 292 – Die Original-Grafik mit korrekten Proportionen.

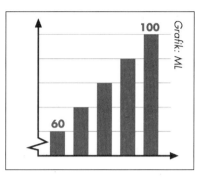

Abbildung 293 – Zumindest ehrlich: Der Beschnitt ist ausgewiesen.

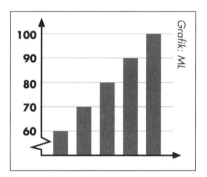

Abbildung 294 – Hier ist schon konzentrierteres Hineindenken gefragt.

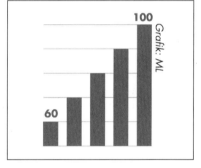

Abbildung 295 – Heikel: Der Beschnitt ist nicht mehr bezeichnet.

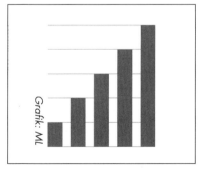

Abbildung 296 – Manipulation!

Platzökonomie, die Grafiker zur „Beschneidung" bewegen. Kleinere
Veränderungen auf hohem Werteniveau provozieren häufiger dazu.
Aktien-Indizes etwa bewegen sich in der Regel – je nach Börsenplatz
– in mehr oder minder hohen Tausender-Bereichen, die Tages-
schwankungen dagegen oft nur in Bereichen von vielleicht einem
Dutzend Punkten. Will man nun sowohl den Gesamtwert darstellen
als auch die Tages-Schwankungen verständlich herausarbeiten, müßte die Grafik wohl auch die mächtigsten Zeitungsformate der Republik sprengen. Wer also nicht gezwungen sein will, jeder Ausgabe eine Lupe zur Entschlüsselung der Datenspitzen beizulegen, muß sich
wohl oder übel für die wichtigere Information entscheiden: die
Schwankungen ganz oben. Und die sind grafisch eben nur deutlich
herausstellbar, wenn „beschnitten" wird.

Statistisches Lupenprinzip

Allerdings gibt es eine weitaus elegantere und sauberere Lösung: die
Ausschnitt-Menge analog zum kartographischen „Lupen-Prinzip"
ins Ganze einzuarbeiten. Das heißt: In einem kleinen Diagramm wird
die Gesamt-Entwicklung der Werte präsentiert, im selben Diagramm
eine Ausschnitt-Menge definiert, die in einem zweiten Teilbild detaillierter dargestellt wird.

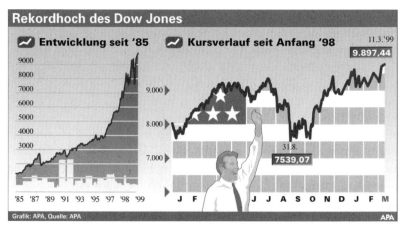

*Abbildung 297 – Lupenprinzip: Lang- und kurzfristige Entwicklung des
Dow-Jones-Index.*

Abbildung 298 – Das Lupenprinzip funktioniert auch mit Kreisdiagrammen, die später noch eingehender behandelt werden: Auch hier wird die Ausschnittsmenge in einem Extra-Diagramm detaillierter verzeichnet.

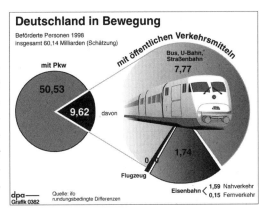

Balken- und Säulendiagramme im Vergleich

Nicht überall wird die feine Unterscheidung zwischen den Gattungen Säulen- und Balkendiagramm angestellt. Die US-Amerikaner etwa sprechen bezüglich beider Varianten schlicht vom „bar chart". Das entbehrt nicht einer gewissen Logik, ist doch die eine im Grunde nur die „gestürzte" Variante der jeweils anderen.

Kleinere Unterschiede gibt es trotzdem. Der wichtigste: Säulen bieten sich aufgrund ihrer vertikalen Orientierung sowohl für statische wie für dynamische Datensätze an, Balkendiagramme dagegen nur für quantitative Relationen ohne zeitliche Ausdehnung.

Unterschiede gibt es jedoch auch in der optischen Wirkung: Säulendiagramme nämlich vermitteln Datenunterschiede in der Regel anschaulicher als Balken. Differenzen zwischen unterschiedlich hohen Säulen wirken – einem bislang nicht entschlüsselten Gesetz optischer Wahrnehmung folgend – ausgeprägter als die zwischen Balken. Zusätzlich entsprechen Säulendiagramme in ihrer vertikal orientierten Form rein optisch eher dem landläufigen Verständnis von „hohen" und „niedrigen" Datenwerten. Aus rein blattästhetischer Sicht ist außerdem interessant, daß Säulen-Grafiken meistens ein Hochkant-Bild hervorbringen, das die Seitenoptik insgesamt beleben kann – denn auch die Agenturfotografie hält bis heute unangenehm zäh am Prinzip des querformatigen Bildes fest.

Für das Balkendiagramm sprechen dagegen vor allem rein praktischgestalterische Erwägungen. Erläuternde Textpassagen und Ziffern können bequem in die Balken integriert werden, die Beschriftung von Säulen dagegen ist oft schwierig: Da müssen Erläuterungen schräg gestellt oder gleich um 90 Grad gedreht werden. Es steht allerdings zu vermuten, daß die wenigsten Lesenden große Freude beim „Schräglesen" oder gar Drehen ihres Blattes empfinden. Schon gar nicht, wenn das Produkt im bombastischen nordischen Format einherschreitet, jener Blattgröße also, die beispielsweise die Hamburger ZEIT bis heute ihren Lesern „zumutet".

Darstellung negativer Werte

Es kann nicht immer aufwärts gehen: Sozialprodukte schrumpfen, Konzerne schreiben Verluste, und sogar Preisdeflationen sollen nach Auskunft versierter Nationalökonomen bereits vorgekommen sein.

Derlei „Negativ-Werte" werden in Säulen- und Balkendiagrammen normalerweise umgesetzt, indem die konventionelle Richtung der Datenträger umgekehrt wird: Säulen wachsen dann vom Nullpunkt nach unten statt nach oben, Balken nach links statt nach rechts (vgl. Abbildung 299).

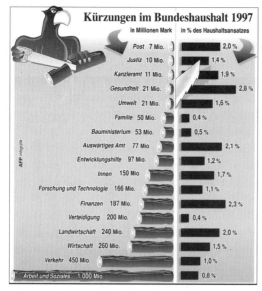

Abbildung 299 – Die negativen Werte sind gezielt gegen die Prinzipien des Gesetzes der Richtung orientiert: nämlich nach links.

Gruppierte Säulen und Balken

Die wirtschaftliche Lage von fünf Firmen soll verglichen werden. Einander gegenübergestellt werden sollen dabei jeweils Beschäftigtenanzahl, Umsatz und Gewinn. Zunächst bietet sich an, drei Säulen- oder Balkendiagramme anzufertigen, in denen die fünf Unternehmen jeweils unter einem der Aspekte beleuchtet werden. Doch die Werte sind genausogut – und platzsparender! – in einem einzigen Diagramm zusammenfaßbar: einem gruppierten.

Dabei wird jeder Firma ein „Paket" von jeweils drei Balken oder Säulen zugeordnet, die einzeln Arbeitnehmerzahl, Umsatz und Gewinn spiegeln. Die einzelnen Pakete werden räumlich klar voneinander abgegrenzt, differenzierte Einfärbungen, Raster oder Muster verdeutlichen, welche Säulen oder Balken direkt miteinander verglichen werden sollten.

Gruppierte Diagramme sind prinzipiell recht sinnvolle Alternativen für differenziertere Datensätze. Sie bergen nur einen kleinen Nachteil: Die einzelnen Säulen oder Balken werden räumlich auseinandergezogen und sind daher nicht mehr so unmittelbar abzugleichen wie in schlichteren Varianten. Das ist allerdings verschmerzbar, sofern die Anzahl der dargestellten Daten nicht ausufert, und vor lauter Balken oder Säulen die Übersichtlichkeit über den Jordan geht. In Abbildung 300 ist diese Gefahr allerdings durch sorgfältige Datenauswahl gebannt worden.

Abbildung 300 – Ein Beispiel für gruppierte Säulen.

Gestapelte Säulen und Balken

Ein weiteres Beispiel: Ein Säulendiagramm soll die quantitative Entwicklung der Bundeshaushalte 1995 bis 2000 wiederspiegeln. Doch nicht nur das jeweilige Gesamtvolumen ist zu zeigen, sondern zusätzlich, welchen Anteil die einzelnen Ressorts daran hatten.

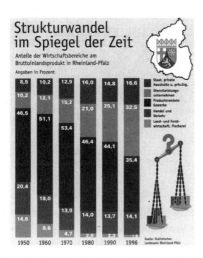

In diesem Falle bietet sich an zu „stapeln". Einzelne Säulen – die für Sozialetat, Verteidigungsausgaben und andere – summieren sich dann zu einer „segmentierten" Gesamtsäule, die wiederum den Gesamtetat spiegelt.

Das Problem besteht allerdings darin, daß in dieser Variante lediglich die Gesamthöhen der Säulen sowie die jeweils untersten Segmente unmittelbar in ihrer Ausprägung vergleichbar sind. Alle anderen Segmente gehen nicht von einem einheitlichen Ursprung aus und sind deswegen in ihrer Relation nicht mehr unmittelbar analysierbar.

Abbildung 301 – Ein gestapeltes Säulendiagramm.

Liniendiagramme

Liniendiagramme stellen fast ausschließlich zeitliche Entwicklungen von Daten dar – allerdings tun sie dies niemals erschöpfend. Jede Fieberkurve ist, genau betrachtet, nicht mehr als eine künstliche Verbindung einzelner Stichproben-Werte.

Beispiel: Die Temperaturen am Ort werden alle zehn Minuten gemessen, die Werte in ein Diagramm überführt und mittels Linien verbunden. Wenn aber um 16.20 Uhr eine Temperatur von 12 Grad Celsius gemessen wurde, um 16.30 Uhr eine von 13 Grad, so ist keineswegs klar, daß die Temperatur um 16.25 Uhr 12,5 Grad Celsius betrug, wie ein Liniendiagramm vermuten ließe. Vielleicht lag die Temperatur sogar – was unwahrscheinlich ist – zu eben diesem Zeitpunkt gerade bei 6 Grad, um in den folgenden fünf Minuten auf 13 zu steigen.

Praktisch jedes Liniendiagramm suggeriert also Kontinuität, die prinzipiell anzweifelbar ist. Und potentiell gefährlich: Denn Gewiefte unter den Lesenden könnten der Grafik „Zwischenwerte" entnehmen, die gar nicht existieren. Angenommen, eine Firma zahlt Frührentnern mit bis zu 4000 Mark Bruttoverdienst 50.000 Mark Abfindung beim Ausscheiden, solchen mit 5000 Mark Einkommen oder mehr aber 70.000. Wer derlei Angaben in einem Liniendiagramm verarbeitet, läuft Gefahr, den Eindruck zu erwecken, 4.500 Mark Lohn zögen, rechnerisch korrekt, 60.000 Mark Abfindung nach sich. Tatsächlich aber ist bei dieser erfundenen Firma die Abfindung gestaffelt, nicht linear ansteigend. Hier weckt ein Liniendiagramm potentiell Erwartun-

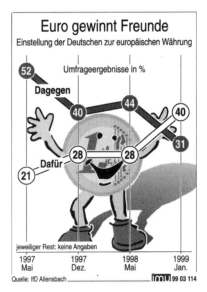

Abbildung 302 – Die eindeutige Auszeichnung der Einzelwerte verhindert, daß Betrachter beispielsweise einen nicht existenten „Zwischenwert" für den Februar 1998 errechnen.

gen, die nicht mit der Realität in Einklang zu bringen sind.
Nicht immer freilich ist das Risiko so groß, daß Fieberkurven unzulässige Zwischenwerte entnommen werden könnten. Oft ist die Verbindung von Einzelwerten nicht nur sinnvoll zur Darstellung einer Kontinuität, es liegt meist auch die Vermutung nahe, daß die Zwischenwerte die reale Entwicklung tatsächlich einigermaßen exakt spiegeln. Wenn allerdings die Stichproben zu weit auseinander liegen, sollte möglichen Mißverständnissen von vornherein entgegengewirkt werden.
Die zweitbeste Variante, derlei Fehlinterpretationen vorzubeugen, besteht darin, die tatsächlich erhobenen, bekannten Datenpunkte ausdrücklich kenntlich zu machen – sie auszuzeichnen in Form von Punkten oder Rechtecken, die anzeigen: Dieser Wert ist bekannt, und

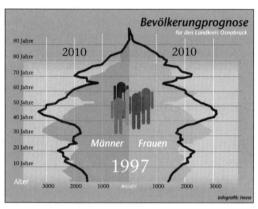

Abbildung 303 – Kein Liniendiagramm im klassischen Sinne: Es wird kein zeitlicher Verlauf dargestellt. Prinzipiell wäre hier eher ein Balkendiagramm angebracht, doch die darzustellenden Werte liegen so nah beieinander, daß die Einzel-Balken keine sichtbare Breite mehr aufgewiesen hätten. Deshalb ist die Umsetzung als Linie akzeptabel.

er ist nur verbunden mit dem vorhergehenden und dem folgenden – die Linie an sich aber ist Spekulation.

Die beste Variante allerdings besteht immer nach darin, an die Stelle des Liniendiagramms ein Säulendiagramm zu plazieren. Denn Säulen repräsentieren aus sich selbst heraus abgeschlossene Datensätze. Der Versuchung der Leserschaft, Mittelwerte zu errechnen, dürfte in diesem Fall weitestgehend vorgebeugt sein.

Spaghetti-Grafiken

Analog zum gruppierten Säulen- oder Balkendiagramm ist es möglich, mehrere Fieberkurven in einem einzigen Bild zu bündeln – vorausgesetzt, sie basieren auf derselben Werteskala (siehe dazu auch Seite 326).

Allerdings können sich, wenn die Einzeldaten der kombinierten Kurven allzu nahe beieinander liegen, mehrere Linien rasch zu einem unübersichtlichen Knäuel verknoten, zu einer „Spaghetti-Grafik", die weder in ihrer Gesamtheit sonderlich aussagekräftig ist noch die Analyse einzelner Verläufe zuläßt. Teilweise läßt sich dieser Verwirrung vorbeugen, färbt man die unterschiedlichen Teil-Linien kontrastiv ein, strichelt oder punktiert man einzelne Verläufe oder wählt unterschiedliche Strichstärken. Doch auch diese Behelfstechniken stoßen oft sehr rasch an Grenzen. Faustregel daher: Mehr als zwei, höchstens

drei einander berührende Fieberkurven sollten nicht in einem einzigen Diagrammbild vereinigt
werden. Wenn die Linien einander zu sehr überschneiden, empfiehlt es sich, mehrere Einzeldia-
gramme zu fertigen und sie übersichtlich neben- oder übereinander zu stellen.

Flächendiagramme

Daten sind, wie auf Seite 329 zu
zeigen sein wird, auch als Fläche
darstellbar; der Darstellungstyp
aber, der gemeinhin als „Flächendiagramm" firmiert, hat trotz seines Namens weniger mit den
flächigen Darstellungsprinzipien
gemein als mit dem Liniendiagramm. Im eigentlichen Sinne
nämlich ist das „Flächendiagramm" nichts weiter als ein Liniendiagramm, in dem der
Raum zwischen Achse und Kur-

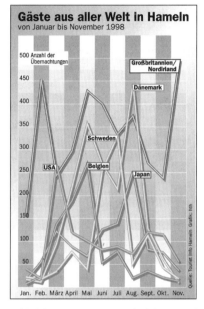

Abbildung 304 – Ein bißchen viel
auf einmal: Die Linien verknäueln
sich in dieser „Spaghetti-Grafik",
Einzelverläufe sind nur schwer
nachvollziehbar; auch eine Gesamt-
tendenz ist kaum auszumachen.

Abbildung 305 – Ein
Flächendiagramm: Die
heller eingefärbte Fläche
baut auf der dunkleren
auf. Es besteht die Gefahr,
daß das Diagramm „per-
spektivisch" interpretiert
und die obere Fläche nicht
als „Aufsatz" der unteren
verstanden wird, sondern
als dahinterliegend.

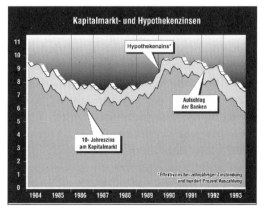

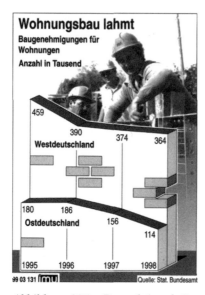

Wohnungsbau lahmt
Baugenehmigungen für
Wohnungen
Anzahl in Tausend

459
390   374   364
Westdeutschland

180   186
Ostdeutschland   156
                        114

1995   1996   1997   1998
99 03 131   Quelle: Stat. Bundesamt

Abbildung 306 – Perspektive als Le-
sehilfe: Daß der hintere Wert nicht
auf dem vorderen aufbaut, wird in
dieser Schrägansicht deutlich.

ve farbig oder mit Mustern gefüllt ist.

Auch ein Ensemble übereinan-
dergestapelter Liniendiagramme
wird als „Flächendiagramm" bezeichnet. Dabei bildet der Wert
des jeweils unteren, eigenständigen Liniendiagramms – analog
zum gestapelten Balkendiagramm – den Nullpunkt des darüberliegenden Wertes; kumuliert
bilden alle übereinanderliegen-
den Einzel-Grafiken damit die
Gesamtheit des darzustellenden
Gesamtwerts ab. Diese Darstellungsmethode ist platzsparend
und informationsreich zugleich –
sie ist allerdings genauso fehlin-
terpretierbar. Es ist eine Aufbe-
reitungsvariante, die in nichtwissenschaftlichen Publikationen
fast immer der Erläuterung be-
darf – was wiederum bedeutet, daß die Grammatik des Flächendia-
gramms nicht weithin bekannt ist wie die des Balken- oder Säulendiagramms. Dies spricht tendenziell gegen die Verwendung dieser
Variante.

Das gefährlichste Mißverständnis: Die Liniendiagramme, die das
Flächendiagramm ausbilden, werden nicht als „gestapelt" wahrgenommen, sondern als perspektivisch hintereinander angeordnet.
Wird aber eine Grafik so verstanden, erscheinen alle „gestapelten"
Werte im Auge des „verblendeten" Betrachters um ein Vielfaches
höher, als sie tatsächlich sind. Und daß die Spitze der kumulierten Linien den Gesamtwert ausmacht, ist unter dieser Voraussetzung ebenfalls nicht mehr zu erkennen.

Hinzu tritt, daß naturgemäß nur die jeweils untersten Werte von einem einheitlichen Sockel ausgehen und damit unmittelbar vergleichbar sind. Alle anderen, darüber angeordneten Werte dagegen sind in

ihrem Ausprägungsverhältnis nur mit Fingermaß oder Lineal halbwegs analysierbar.

Flächendiagramme sind also, so ist zu vermuten, keine Varianten
quantitativer Datenumsetzung, die „grammatisch" von den meisten
Rezipienten ohne weiteres zu entschlüsseln sind. Im Zweifel sollte also lieber ein gruppiertes Balken- oder Säulendiagramm her.

Das Verhältnis von x und y in Zeitreihen

Flache Kurven sind langweilig. Auch zehn Säulen mit fast identischer
Höhe entbehren jeden Pepps: Sie vermitteln Statik, Stillstand, Einge-
fahrenheit. Und den Eindruck, daß hier eine Nicht-Nachricht zur Grafik geadelt wurde.

Umgekehrt sind steile Anstiege oft ebenso unerwünscht: Keine Re-
gierungspartei wird die Anzahl der Obdachlosen im Staate gerne
nach oben schnellen sehen, schon gar nicht dokumentiert in der Grafik, die der Oppositionsführer in der Hand hält.

Zeitliche Entwicklungen sind ein spannender Gegenstand grafischer

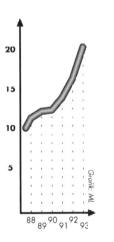

Umsetzung – allerdings auch ein manipu-
lierbarer. Gerne behelfen sich Grafiker nämlich bei allzu rasch (oder seicht) ansteigen-
dem Material einer gestalterischen Finte,
die sich zu allem Unglück auch noch dadurch auszeichnet, daß den Urhebern die
Mutwilligkeit des chirurgischen Eingriffs
objektiv praktisch nicht nachweisbar ist: Da
werden einfach die Abstände zwischen einzelnen Werteeinheiten vergrößert oder verringert, x- und y-Achse also gestaucht oder
gestreckt – eine ebenso einfache wie effiziente Kosmetik, wie die Abbildungen 307
und 308 anschaulich zeigen.

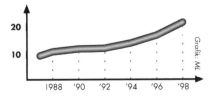

*Abbildung 307 und 308 – Zweimal
derselbe Datensatz, einmal mit gestreckter Abszisse und einmal mit
gestreckter Ordinate. Die Ergebnisse fallen völlig unterschiedlich aus.*

Grafik: MI

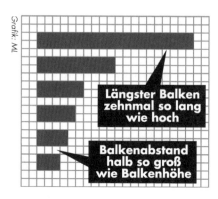

Grafik: MI

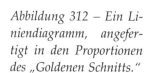

Grafik: ML

Abbildung 309 bis 311 – Eric Meyers Richtwerte für Balken- und Säulendiagramme, erweitert um eine Empfehlung zur Gestaltung von Liniendiagrammen mit Datenpunkten.

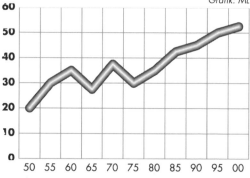

Grafik: ML

Abbildung 312 – Ein Liniendiagramm, angefertigt in den Proportionen des „Goldenen Schnitts."

Richtwerte

Auch im Stauch- und Streckfall muß nicht immer üble Absicht dahinterstecken. Es ist nun einmal leider so, daß bis heute niemand ein gültiges Prinzip hat ersinnen können, in welchen Proportionen Vergleichsgrößen unterschiedlicher Natur ins gegenseitige grafische Größenverhältnis zu setzen sind. Niemand kann dogmatisch festlegen, in welchen Abstandsproportionen Automobile gegen Jahreszahlen abzutragen sind oder Umsatzzahlen gegen Quartale.

Der amerikanische Infografiker Eric Meyer hat dieser Unsicherheit zwar grobe, insgesamt aber sinnvolle Proportions-Richtwerte für Balken- und Säulendiagramme entgegengesetzt. Leicht modifiziert und übertragen auf Liniendiagramme (aber nur solche mit gekennzeichneten und ausreichend weit voneinander entfernten Einzeldatenpunkten!) sollen sie hier als Faustregeln weiterempfohlen werden – als Orientierungswerte, die aber für jede Grafik neu auf ihre Tauglichkeit überprüft werden sollten.

- Liniendiagramme: Der Datenpunkt mit der größten Ausprägung sollte etwa fünfmal weiter von der x-Achse entfernt sein, als der horizontale Abstand zwischen den einzelnen Datenpunkten beträgt.
- Balkendiagramme: Der längste Balken im Diagramm sollte etwa zehnmal so lang sein, wie er hoch ist. Die Balken sollten doppelt so „dick" sein wie der Zwischenraum zwischen ihnen.
- Säulendiagramme: Die höchste Säule sollte etwa zehnmal so lang sein, wie sie breit ist. Die Säulen sollten doppelt so breit sein wie der Zwischenraum zwischen ihnen.

Eine andere Rechnung macht Walter Krämer auf: Er propagiert das „Goldener-Schnitt"-Dogma „senkrechte Achse zu waagerechter Achse = waagerechte Achse zu senkrechter und waagerechter Achse zusammen". Heißt also beispielsweise: Ein zehn Zentimeter hohes Diagramm (y=10) fordert die Breite von 16,18 Zentimetern (die Wurzel aus 100 + 10 Mal eben diese Breite). Daß in dieser Rechnung die bloße Datenmenge im Horizontalen unberücksichtigt bleibt, scheint Krämer nicht weiter zu bekümmern.

Zeitreihen mit unterschiedliche Zähleinheiten

Recht erhellend können Vergleiche mehrerer in sich geschlossener Zeitreihen-Datensätze ausfallen. Da wird beispielsweise die zeitliche

Entwicklung der Anzahl verkaufter Kondome gegen die zeitliche Entwicklung registrierter HIV-Infektionen gehalten, wird die Verteuerung der Lebenshaltung allgemein mit den kommunalen Abgaben abgeglichen oder der CO_2-Ausstoß verschiedener Jahre in der Bundesrepublik mit der Anzahl zugelassener Pkw gemessen.

Scheinkorrelationen

Wobei stets darauf geachtet werden muß, daß nicht sogenannte Scheinkorrelationen konstruiert werden. Das klassische Beispiel: Eine Untersuchung ergibt, daß die Geburtenrate in Regionen mit hoher Storchenpopulation überprpoportional hoch ist – ist das ein Nachweis, daß die Vögel tatsächlich die Bälger bringen? Nein, es belegt vermutlich nur, daß die Gebärfreudigkeit in tradionell konservativeren ländlichen Regionen, in denen eben auch bessere Lebensbedingungen für Störche herrschen, ausgeprägter ist als in städtischem Umfeld.

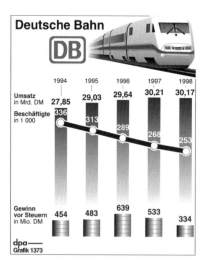

Abbildung 313 – Hier liegen gleich drei Ordinatenwerte übereinander: der Umsatz in Milliarden DM, der Gewinn in Millionen DM und die Beschäftigtenzahl in Tausend. Der Rückschluß ist klar: In ein bis zwei Jahren wird es bei der Deutschen Bahn AG nur noch halb soviele Beschäftigte wie Umsatz geben ...

Der Vergleich

Liegt keine Scheinkorrelation vor, ergibt sich das entscheidende Umsetzungs-Problem all der oben angeführten Beispiele: Auf welcher Zähleinheit wird verglichen? Die Zeitangaben (etwa die Jahreszahlen) sind allen Datensätzen gemein. Wie aber vergleicht man Tonnen von Schadstoffen mit der Anzahl Neuwagen? Wie läßt sich der Wert des „Warenkorbs" gegen den Preis pro Kilowattstunde Strom aufrechnen?

Die eine, aber schlechte Variante besteht darin, den ursprünglich

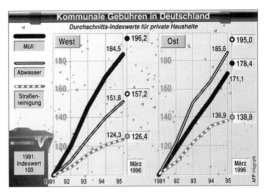

Abbildung 314 – Die Lösung: Die zu vergleichenden Werte werden auf einen gemeinsamen Indexwert zu einem bestimmten Zeitpunkt gebracht, auf Grundlage dieses Wertes die weitere Entwicklung berechnet und dargestellt.

zwei Achsen eine dritte hinzuzufügen. Auf einer der beiden Werteachsen aber wird der „Nullpunkt" und der Werteabstand auf der Achse selbst zwangsläufig willkürlich gewählt werden müssen – das Ergebnis mag auf den ersten Blick schlüssig erscheinen, auf den zweiten Blick schlimmstenfalls lächerlich – wie etwa in Abbildung 313, die die zweifelhafte Neuigkeit suggeriert, in absehbarer Zeit sei damit zu rechnen, daß es bei der Deutschen Bahn bald nur noch halb soviele Mitarbeiter wie Umsatz gebe.

Die bessere (und auch wissenschaftlich haltbare) Variante besteht darin, den ersten Wert jeder Zeitreihe auf den Wert „100" umzurechnen und die zeitliche Entwicklung beider Datensätze auf diesem gemeinsamen Basiswert aufzubauen. Auf diese Weise lassen sich Vergleiche seriös und schnell erfaßbar anstellen.

Varianten

Grafiker sind kreative Köpfe, und gelegentlich geht deswegen auch bei der Fertigung von Balken-, Säulen- und Liniendiagrammen manch ein Gaul zuviel durch mit dem Schöpfer. Manch eine Variante gerät dann zwar überraschend anders, eben hochkreativ – aber kaum noch lesbar. So sollte vor allem nicht am Prinzip der Bündigkeit gerührt werden. Distanz-Diagramme sollten sich immer an einer Ausgangsachse orientieren – ob diese nun eingezeichnet ist oder nicht. Wenn nämlich beispielsweise die Balken plötzlich auf einer imaginären Mittelachse zentriert daherkommen, ist das zwar interessant, ein Nachweis grafischer Kreativität und „mal was anderes", erschwert aber das Vergleichen: Wo bei der herkömmlichen Variante nur die jeweils rechten Enden der Balken gegenübergestellt werden müssen, sind bei der mittelachsigen Variante die Differenzen weit komplizierter nachvollziehbar.

Grids

Hilfreich beim Entschlüsseln einer statistischen Grafik sind häufig sogenannte „Grid-Raster" oder schlicht „Grids". Das sind Linien, durchgehende, gestrichelte oder punktierte, die, von den Achsenpunkten ausgehend (falls Achsen dargestellt sind, ansonsten von ihren virtuellen Positionen), vertikale und / oder horizontale Orientierungen bieten.

Grids können gerade bei größeren Datensätzen den Vergleich erleichtern. Das Auge hat einen Bezugswert, mit dessen Hilfe auch zwei weiter voneinander entfernte Säulen, Balken oder Datenpunkte in ihren Ausprägungen verglichen werden können. Allzu viele dieser Referenzlinien sollten aber nicht ins Diagramm, sonst „verheddert" sich der Betrachter am Ende am aufdringlichen Muster jener Striche, die ihm doch ursprünglich die Abschätzung erleichtern sollte. Hinzu kommt, als weiterer wichtiger Aspekt: Grids sollten prinzipiell im Hintergrund plaziert und in ihrer Helligkeit deutlich zurückgenom-

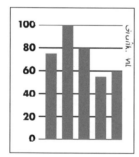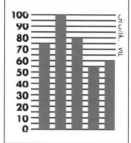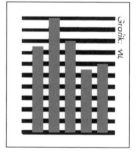

Abbildung 315 bis 317 – Horizontale Grids. Am nützlichsten sind diese Hilfslinien, wenn sie gezielt und eher sparsam eingerichtet werden (links) und nicht selbst zum optischen Ereignis werden, indem sie in Anzahl, Stärke und Tonwert den Balken, Säulen oder Linien visuelle Konkurrenz machen (Mitte und rechts).

men sein im Verhältnis zu den informationstragenden Säulen, Balken und Kurven. Grids sind schließlich dienende grafische Krücken, nicht das Ereignis an sich!

4.4 Daten als Fläche

Auch „flächig" sind Datensätze darstellbar – eine Variante, die in aller Regel platzsparender ist als die „Distanz-Variante" und sich deshalb vor allem dann anbietet, wenn sehr unterschiedlich große Daten in Vergleich gesetzt werden.

Kreisdiagramme

Kreisdiagramme (auch Torten- oder Kuchendiagramm genannt) sind im weitesten Sinne zur Gruppe der Flächendiagramme zu zählen. Zwar ist nicht eindeutig geklärt, ob Betrachter die Informationen aus Kreisdiagrammen in erster Linie aus den Flächengrößen der einzelnen Sektoren beziehen oder eher aus den Zentralwinkeln in der Mitte oder sogar den unterschiedlichen Bogenlängen – Tatsache ist aber: Kreisdiagramme können nicht nur durch ihre Teilstücke, ihre Seg-

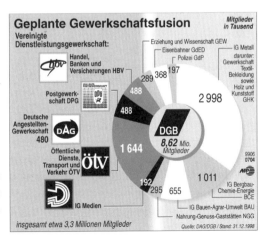

Abbildung 318 – Daten als „Kuchenstücke": ein Kreis-, Torten- oder Kuchendiagramm.

Abbildung 319 – Sinnvoller Einsatz von Kreisdiagrammen: Die Flächen repräsentieren die entsprechenden Gesamtwerte, die Segmente die Teildaten.

mente informieren, sondern auch durch ihre Gesamtfläche. Da repräsentieren etwa zwei verschiedene Kreisdiagramme in ihrer Gesamtfläche das Verhältnis der Bevölkerungszahlen zweier Staaten, und jedes für sich in seinen einzelnen Segmenten die ethnische Struktur des jeweiligen Landes.

Unter Wissenschaftlern sind Kreisdiagramme eher verpönt, allerhöchstens belächelte Varianten – auch wenn man nicht so weit gehen muß wie Edward Tufte, der die Ansicht vertritt, noch schlimmer als ein Kreisdiagramm seien nur „mehrere davon". Tatsächlich sind Kreisdiagramme tendenziell die „künstlerischste", verspielteste Diagramm-Variante, und vieles deutet darauf hin, daß sie längst nicht so bequem rezipierbar sind wie Balken, Säulen und Kurven. Denn um die einzelnen Stücke eines Tortendiagramms zu vergleichen, muß man sie im Kopf „drehen", ein gedanklicher Kraftakt, der sich bei „Distanz-Diagrammen" erübrigt.

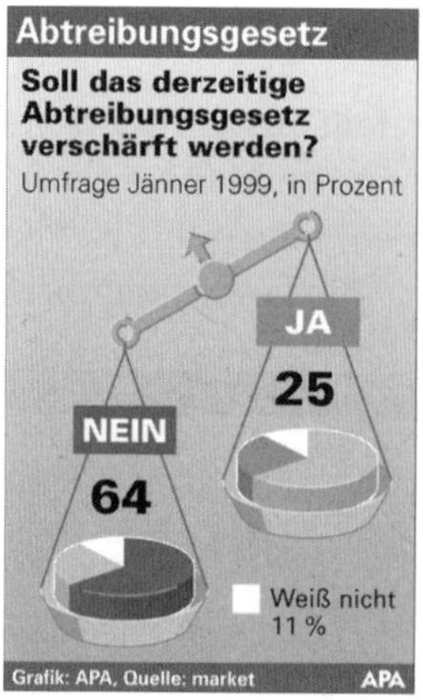

Kreisdiagramme stellen als Ganzes immer ein „Gesamt" dar, immer 100 Prozent eines Sachverhalts, der in seine Segmente unterteilt ist. Wer also nicht *alle* Etatposten des

Abbildung 320 – Ein Kreisdiagramm hätte es in diesem Falle wahrscheinlich auch getan.

Bundeshaushalts zu vergleichen trachtet, sondern nur Sozial- und Verteidigungsposten unter Mißachtung aller anderen, tue dies nicht via Kreisdiagramm – er wähle Säule oder Balken.

Allzu viele Kuchen-„Stückchen" sollten es allerdings nicht sein. Die Empfehlungen aus der Praxis schwanken zwischen sechs bis acht Segmenten als Obergrenze des bequem „lesbaren". Der größte Wert sollte zentriert oben im Diagramm beim „12-Uhr-Wert" angesiedelt sein, der kleinste zentriert unten; die mittleren Werte sind möglichst gleichmäßig verteilt von oben nach unten (Leserichtung) wechselseitig links und rechts davon anzusiedeln – es sei denn, die Anordnung der Segmente ergibt sich aus irgend einem Grunde von selbst. Das ist beispielsweise der Fall, wenn Wahlergebnisse zu visualisieren sind: Konservative Parteien gehören (Gesetz der Konvention!) ganz einfach nach „rechts", sozialistische nach „links".

Kreisvarianten

Generationen von Ästheten huldigten dem Kreis als vollkommenster aller geometrischen Formen – was allerdings manche Grafiker nicht davon abhält, das zeichnerische Messer anzusetzen. Gelegentlich kommen dabei zwar akzeptable, teilweise sogar recht sinnvolle Lösungen heraus. Manche Formkorrektur allerdings ist schlichtweg ins Reich der verzichtbaren Spielerei zu weisen.

Eine durchaus akzeptable Variante ist das Rondell. Davon wird gesprochen, wenn aus dem Urspungsdiagramm eine runde Innenfläche ausgestanzt wird. Heraus kommt eine sogar recht elegante Erscheinung, von der begründet anzunehmen ist, daß sie die Lesbarkeit nicht sonderlich beeinträchtigt.

Vergleichbares gilt für das Halbkreisdiagramm, bei dessen Erstellung der Kreis mittig getrennt und alle Daten auf die eine Hälfte verteilt sind. Manchmal geht die Beschneidung auch noch ein paar Winkelgrade weiter. Bekannt ist dieses Prinzip vor allem aus der Wahlberichterstattung: Halbkreise lehnen sich dabei

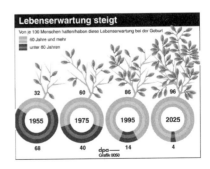

Abbildung 321 – Rondelle.

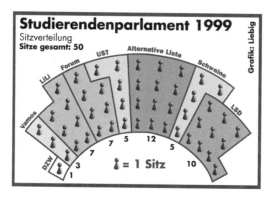

Abbildung 322 – Besonders bewährt zur Aufbereitung von Wahlergebnissen: Halbkreis- oder noch weiter „beschnittene" Diagramme.

sinnvollerweise an die Sitzstrukturen der meisten Parlamente an. In derlei Diagrammen gewinnt im übrigen das Gesetz der Richtung eine zusätzliche Dimension: Immerhin werden verschiedene politische Standpunkte traditionell mit bestimmten „Richtungen" assoziiert (rechte Konservative, linke Sozialisten), die unabhängig von der quantitativen Ausprägung in Wahl-Grafiken berücksichtigt werden sollte. In diesen Fällen darf also auch die kleine „Mittel"-Partei im Zentrum des (Halb-)Kreises stehen, an dem üblicherweise die größte Ausprägung zu finden sein sollte.

Recht abenteuerlich muten dagegen die meisten jener grafischen Experimente an, in denen der Kreisumriß durch eine völlig andere Kontur ersetzt wird (vgl. Abbildung 323). Solange die Kreisform nur leicht zum Oval verkrümmt wird, ist das Ergebnis in der Regel noch akzeptabel. Heikel gerät das Ganze, wenn die Diagrammform an sich zum symbolhaften Clip-Art erhoben wird: Da gerät dann das Kuchen- zum Herzdiagramm, die Torte zur asymmetrischen Geldbörse. Dadurch entstehen natürlich Verzerrungen zwischen den Vergleichsflächen, die nur mit Hilfe schwieriger mathematischer

Grafik: ML

Abbildung 323 – Eine recht untaugliche Kreis-Variante: Der Umriß des Diagramms wird zur Herzform stilisiert, was dazu führt, daß die Segmente nicht mehr die Relation der Ursprungsdaten repräsentieren.

Rechnungen grafisch zu korrigieren wären – deswegen unterlassen es die meisten Grafiker gleich.Eine amerikanische Studie kam zu dem wenig verwertbaren Resultat, daß diese Verzerrung das Verständnis verfälschen kann, aber nicht immer muß. Was die Empfehlung nahelegt, auf derlei Experimente am besten ganz zu verzichten.

Andere Flächenvarianten

Neben dem klassischen Kreisdiagramm bieten sich eine Reihe weiterer Flächendiagramm-Varianten an – zwar selten genutzt, aber häufig mit durchaus reizvollen Resultaten.

So verfiel beispielsweise INDEX FUNK (heute DPA GRAFIK) auf die eigentlich naheliegende, aber doch ungewöhnliche Idee, die Haushaltslöcher im Bundesetat in Form von grafischen „Löchern" aufzubieten. Die Loch-„Flächen" boten sich aber nicht nur wegen ihrer thematischen Nähe zum Thema an, sie erlaubten auch, sehr unterschiedlich große Werte in ein und derselben Grafik unterzubringen.

Recht beliebt zur Darstellung von Geldkursentwicklungen ist beispielsweise, Scheine einer Währung in ihrer Fläche analog zur Wertentwicklung zu modifizieren. Dasselbe wäre prinzipiell auch mit Münzen möglich – die Berechnung der Werte für die grafische Umsetzung kann bei einem solchen Vorhaben aber durchaus kompliziert geraten.

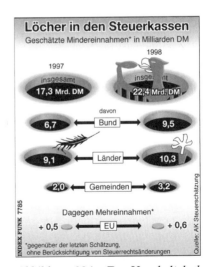

Insgesamt gilt: Das „Flächen"-Verfahren bietet sich häufiger an, als es praktiziert wird. Daß es so selten zum Einsatz kommt, erklärt sich vielleicht daraus, daß die korrekte Umsetzung der Werte in Flächen komplizierter und fehleranfälliger ist als andere Varianten.

Werteberechnung

Die Größe einer rechteckigen Fläche ergibt sich aus Länge und

Abbildung 324 – Das Haushaltsloch als Loch: Eine gute Flächenvariante.

Breite – bei der Datenumsetzung bekommt man es also mit zwei Dimensionen zu tun, die beide in die Umrechnung miteinbezogen werden müssen.

Wer also beispielsweise die Werte „100" und „50" korrekt in zwei Quadrate übersetzt, erhält eben nicht zwei Quadrate, von denen das eine halb so hoch ist wie das andere – in diesem Falle wäre nämlich nur eine Dimension, die Höhe, berücksichtigt worden. Das zweite Quadrat ist in der korrekten Flächen-Umsetzung deutlich höher: Der Wert „100" etwa wäre darzustellen als Quadrat mit der Seitenlänge „10" (10 mal 10=100), der Wert „50" als Quadrat mit der Seitenlänge 7,07 (7,07 mal 7,07=50).

Noch einen Tick schwieriger wird es, sollen Kreise (beispielsweise eben Münzen) in ihrer Fläche wertegerecht modifiziert werden. In diesen Fällen kommt jene ominöse Zahl Pi (π) ins Spiel, deren unendliche Ziffernfolge meist auf den Näherungswert 3,142 reduziert wird. Die Fläche eines Kreises berechnet sich nach der Formel πr^2 (r entspricht dem Kreisradius, also dem halben Kreisdurchmesser) – wer also, um beim obigen Beispiel zu bleiben, die Werte 100 und 50 in zwei Kreisen darstellen möchte, zeichne eben nicht einen Kreis mit dem Durchmesser 50 und einen mit dem Durchmesser 100, sondern einen mit dem Durchmesser 11,28 Zentimeter und einen zweiten mit dem Durchmesser 7,98 Zentimeter. Dann stimmen die Proportionen.

Grafik: ML

100%   **50%**   **25%**

Abbildung 325 – Die Scheine sind flächenproportional gewichtet.

4.5 Daten als „Körper"

Noch komplizierter wird es mit der Werteberechnung in der dritten Dimension. Eine recht beliebte, dabei allerdings auch „riskante" Darstellungsvariante für Daten besteht nämlich darin, Werte in gezeichnete „Körper" zu übersetzen. Aus rein gestalterischer, ästhetischer Perspektive ist das Prinzip tatsächlich reizvoll: Wenn es, wie in der nebenstehenden Grafik, um das Giftmüll-Aufkommen geht, ist es nicht nur thematisch gelungen, sondern auch optisch ansprechend, die Werte in unterschiedlich bau-

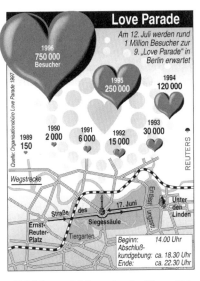

Abbildung 326 – Auch diese 3D-Herzen repräsentieren in ihrem „Gehalt" nicht die Ursprungsdaten.

Abbildung 327 – Die „Volumina" der Tonnen entsprechen nicht den darzustellenden Werten.

chige Tonnen zu übersetzen. Daß die Deutschen immer weniger Milch trinken, kann recht amüsant wirken in Form von vier kontinuierlich schrumpfenden Tetra-Paks.

Dennoch ist Vorsicht geboten im Umgang mit „Dreidimensionalem" auf der zweidimensionalen Fläche von Bildschirm und Papier. Bislang konnte nämlich nicht eindeutig geklärt werden, ob gezeichnete „Körper" eher als die Fläche wahrgenommen wer-

Abbildung 328 – Auch hier werden „Inhalte" dargestellt, die mit den zu repräsentierenden Daten nicht übereinstimmen.

den, die sie auf Papier und Bildschirm einnehmen, oder in ihrem virtuellen „Volumen" rezipiert werden – oder auch nur in ihrer Höhe.

Doch selbst, wenn erwiesen wäre, daß skizzierte „Körper" tatsächlich in ihrem „Volumen" betrachtet werden, ergeben sich häufig Berechnungsprobleme bei der Umsetzung: Es ist bisweilen eine echte geometrische Herausforderung, den „Inhalt" eines komplexeren gezeichneten Körpers so exakt zu berechnen, wie es eine ernstzunehmende Grafik eigentlich erfordert. Man versuche beispielsweise einmal, die nebenstehende Baumskizze in ihrem „Volumen" zu bestimmen – inklusive der Stammverjüngung und der wuchernden Blattkrone! Erst, wenn dieses Exempel berechnet ist, könnte die Zeichnung guten Gewissens und statistisch korrekt in dem Maße vergrößert werden, wie die Anzahl geschädigter Bäume in der Republik gewachsen ist.

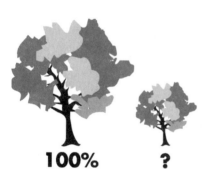

Abbildung 329 – Die „Volumina" dieser beiden Bäume zu berechnen, wäre ein geometrisches Meisterstück. Nur auf diese Weise wären sie aber auch zur Datendarstellung geeignet.

Doch diese Mühe machen sich die wenigsten. Viele behelfen sich damit, daß sie den Körper, einmal gezeichnet, einfach in ihrer Flächenausdehnung verändern oder – noch schlimmer –

nur in einer Dimension, zum Beispiel der Höhe. Beides verzerrt die Wahrnehmung potentiell beträchtlich.

Auch hierzu wieder ein kleines Rechenexempel. Eine gezeichnete zylindrische Tonne, zehn Zentimeter hoch und ausgestattet mit einem „Radius" von zwei Zentimetern, verliert bei einer Verkleinerung um 20 Prozent zwei Zentimeter an Höhe, aber 3,6 Zentimeter an Fläche – und 4,9 Zentimeter an „zeichnerischem" Inhalt.

Daten als Körper – prinzipiell ist das also eine meistens ganz hübsch anzuschauende Variante, in der Praxis aber meist nicht so exakt praktikabel, wie es die journalistische Sorgfaltspflicht gebietet.

4.6 Das isotype-Prinzip

Ein ausgefeiltes, dabei methodisch sehr strenges Prinzip grafischer Datendarstellung entwickelte der Wiener Pädagoge Otto Neurath in den zwanziger und dreißiger Jahren dieses Jahrhunderts. Neurath schuf in dieser Zeit die „Wiener Schule der Bildpädagogik", die internationale Bildsprache „isotype".

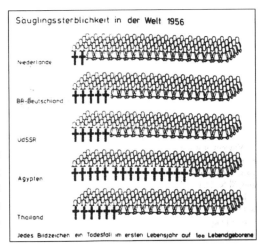

Abbildung 330 – Die Säuglingssterblichkeit in der Welt, dargestellt nach dem System „Isotype" des Wiener Pädagogen Otto Neurath.

Abbildung 331 – Neurath einmal anders: AFP stapelte die Barren der braunen Machthaber.

Neurath wies einer Unzahl von Gegenständen, Lebewesen oder Phänomenen feste piktografische Symbole zu. Um nun eine Ausprägung, eine Anzahl also, ein Gewicht oder ähnliches, grafisch darzustellen, ordnete Neurath in jedem Schaubild dem entsprechenden Symbol einen Basiswert zu, dividierte dann den darzustellenden Wert durch den Basiswert und trug das entsprechende Symbol in der Anzahl des Resultates dieser Kalkulation auf. Dieses Prinzip wird gelegentlich auch als „Zählrahmenmethode" oder „Werteinheitssignatur-Auszeichnung" bezeichnet.

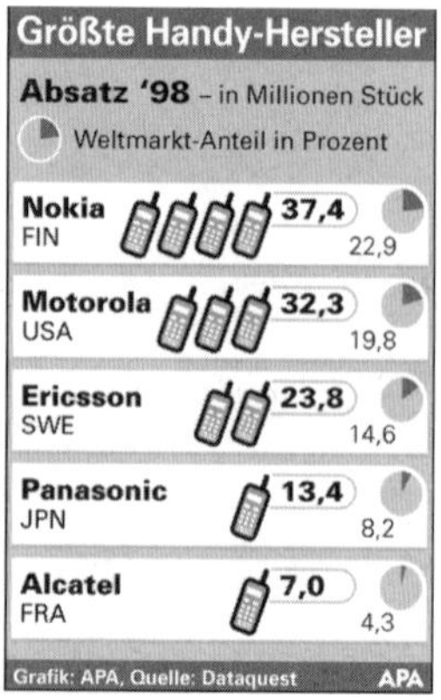

Dazu ein letztes Rechenexempel: Wer die Werte „100", „50" und „25" darstellen möchte, könnte beispielsweise nach Neurath die schlichte Zeichnung eines Eis mit dem Wert „25" belegen. Der erste Wert würde in diesem Falle repräsentiert durch vier, der zweite durch zwei und der dritte durch ein Ei-Symbol.

Niemand ist genötigt, Neuraths teilweise arg schmucklose Piktogramme zu übernehmen – das gedankliche Prinzip von „isotype" aber hat bis heute nichts an Reiz und Wirksamkeit verloren und kann mit ausgefeilteren, illustrativeren Datensymbolen die Basis gelungener statistischer Infografiken sein.

Abbildung 332 – Kleine feine APA-Grafik, erstellt nach dem Isotype-Gedanken.

4.7 Perspektive und 3-D

In den allermeisten Fällen gibt es nur ein nachvollziehbares Motiv dafür, statistische Grafiken in die „Tiefe" zu verlängern: die Ästhetik. Tatsächlich boomen (statistische) Grafiken, denen mit Hilfe von Schattierungen und isometrischen Projektionen virtuelle Dreidimensionalität auf dem flachen Papier verliehen wird.

Dabei ist 3-D an und für sich nicht allzu gefahrenträchtig, sofern der Datensatz an sich korrekt ist, auf ein und derselben virtuellen Ebene liegt und lediglich nach hinten „schattiert" oder verstärkt wird. Puristen werden an derlei Varianten höchstens aussetzen können, daß der Schatten überflüssiges, das Auge störendes Beiwerk ist, das auch weggelassen werden kann. Probleme gibt's darüberhinaus höchstens noch bei der Einrichtung eines Grids (Kapitel 4.3), das nicht mehr eindeutig den Säulen zugewiesen werden kann.

Wirklich heikel allerdings gerät

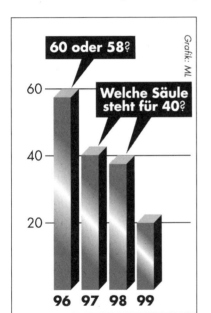

Abbildung 333 – Gegen die Verstärkung von Säulen zu Quadern ist prinzipiell wenig ins Feld zu führen. Der Nutzen von Grids allerdings tendiert gen Null im „3D-Modus".

Abbildung 334 – Perspektivische Verzerrung von Kreisen kann die Datenwahrnehmung stark beeinträchtigen und – wie in diesem Fall – auf völlig falsche Fährten führen.

das perspektivische Zeichnen, wenn die Einzel-Daten selbst auf verschiedene Ebenen verteilt werden. Auch wenn man diese Technik nicht gleich so schroff bannen muß wie der Statistiker Walter Krämer, der in Perspektive an sich eine „Beulenpest" erblickt: Datenvergleiche geraten komplizierter, wenn ein Wert „ganz vorne", andere schrittweise versetzt „dahinter" stehen. Interessierte Betrachter sind gezwungen, die weiter hinten liegenden Datendarstellungen (oder auch Kreissegmente eines Kuchendiagramms, vgl. Abbildung 334) unter Einbeziehung der „Grafiktiefe" gedanklich rückzuvergrößern – ihnen wird ein ein unbequemes und zudem fehlerträchtiges Verfahren aufgezwungen. Noch schlimmer freilich, dabei aber keineswegs ausgeschlossen ist, daß Leser die Perspektive schlichtweg nicht als solche identifizieren und die Daten „lesen", als stünden sie auf einer Ebene (vgl. Abbildung 335).

Also: 3-D und perspektivische Tiefe ist durchaus eine Option – allerdings nur, wenn die Daten auf einer virtuellen Ebene stehen.

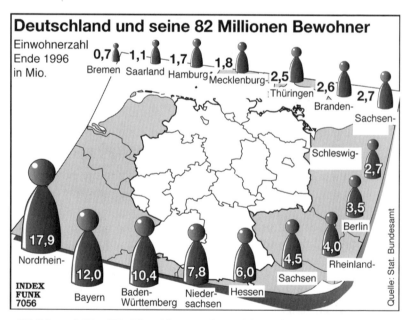

Abbildung 335 – Die Einzeldaten stehen nicht auf einer virtuellen Ebene;
sind sie also perspektivisch verkleinert oder lediglich im Kreis gruppiert?

5. Statistik + Raum

Thema Arbeitslosigkeit: Das Bundesland Sachsen-Anhalt ist betroffen wie keine andere Region in Deutschland. Auf den ersten Blick eine klare Angelegenheit des Statistikers im Infografiker: Ein Diagramm muß her.

Wer aber – in guter journalistischer Manier – tiefer gräbt, stellt fest: Der Mittelstaat liegt ganz vorne im bundesweiten Vergleich, aber er ist mit seiner traurigen Quote dicht gefolgt von fast allen der übrigen neuen Bundesländer. Es existiert ein West-Ost-Gefälle in Sachen Erwerbslosigkeit. Und damit kommt die geographische Komponente der Statistik ins Spiel.

Statistische Karten – oder Kartogramme, wie es Experten nennen – leisten aber mehr, als nur geographische und numerische Informationen zusammenzuwerfen. Sie verknüpfen sie zu einer gänzlich neuen Sicht der Dinge.

Absolutwerte und Relativwerte

Eine wichtige Entscheidung steht vor der Anfertigung eines jeden Kartogramms: Werden quantitative Absolut- oder Relativwerte verwandt?

Absolutwerte, das zeigte bereits das vorangegangene Kapitel, bilden zweifellos die „direktere" Aussage. Gerade in Kartogrammen aber ist diese Aussage oft nur von begrenztem Wert, weil die geographischen Bezugsregionen in der Regel verschiedene Flächengrößen aufweisen – und das kann die Aussage der Grafik insgesamt erheblich verzerren. Wer also beispielsweise die Anzahl der als erwerbslos gemeldeten Personen in den verschiedenen Bundesländern als Absolutwert darstellt, wird in den großen Flächenstaaten zwangsläufig auf höhere

Werte stoßen als in den kleineren Ländern – weil die Einwohnerzahlen insgesamt differieren. Der Stadtstaat Bremen etwa, wiewohl mit einem hohen Anteil an Arbeitslosen geschlagen, wird in einer Absolutdarstellung weit hinter dem eigentlich deutlich „beschäftigungsreicheren" Baden-Württemberg liegen.

In aller Regel eignen sich in solchen Fällen Relativdarstellungen weitaus besser – oder, akademisch ausgedrückt: die Flächendichte- oder Choropletenkarte. Es werden also nicht absolute Zahlen angeboten, sondern quantitative Verhältnisse: das Verhältnis der Arbeitsfähigen zu den Arbeitslosen etwa – eben die „Quote", der Quotient aus zwei absoluten Zahlen.

5.1 Die klassische Methode

Grundlage von Kartogrammen – ob sie nun Absolut- oder Relativwerte abbilden – sind in der Regel stark vereinfachte, auf wesentliche geographische Züge reduzierte Karten. Die quantitativen Ausprägungen werden nach den in Kapitel 4 beschriebenen Methoden, meistens in Form von Balken, Säulen oder Kurven, grafisch umgesetzt und möglichst exakt auf den Kartenbereich gesetzt, in dem die entsprechende Ausprägung festgestellt wurde.

Der entscheidende Nachteil dieser geographischen Verteilung von Säulen und Balken: Um die Werte zu vergleichen, muß das betrachtende Auge springen. Es existiert kein einheitlicher Nullpunkt mehr, an dem sich Lesende orientieren könnten. Schlimmstenfalls muß ein Zollstock her, der erst direkte Abgleichungen der Längenausprägungen und damit der quantitativen Werte möglich macht.

An dieser Stelle kommt überraschend wieder die „ungeliebte" Variante, das Flächendiagramm im allgemeinen und das Kreisdiagramm im besondern, ins Spiel. Flächendiagramme sind, wie gezeigt, nicht auf einen „Nullpunkt" angewiesen, sprechen also eher eine eigenständige Sprache als Säulen, Balken und Kurven. Sie erleichtern damit auch tendenziell den Vergleich über verschiedene Stellen eines

Kartogramms hinweg. Hinzu kommt, als ein weiterer, ganz entscheidender Vorteil von Kreisdiagrammen in statistischen Karten: Sie entheben als einzige Variante von der Entscheidung, ob Absolut- oder Relativwerte zu zeigen sind. Denn mit Hilfe von Kreisen, dies wur-

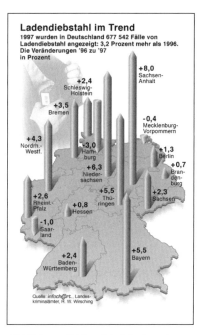

Abbildung 336 – Die Merkmalsausprägungen sind in dieser Darstellung aufgrund des fehlenden einheitlichen Nullpunkts nur sehr schwer vergleichbar.

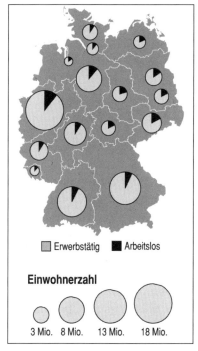

Abbildung 337 – Statistisch ist diese Karte durchaus korrekt gestaltet. Insgesamt wirkt sie aber recht „akademisch", kleinteilig, und die Erwerbslosenanteile erschließen sich erst bei genauem Hinsehen.

de in Kapitel 4.4 gezeigt, lassen sich sowohl absolute als auch Anteilswerte darstellen. Um im Beispiel der Erwerbslosigkeit zu bleiben: Die Flächengröße könnte dabei die Anzahl der Erwerbspersonen insgesamt repräsentieren, je ein Kreissegment den Anteil der Arbeitslosen im Lande. Leider bergen auch derlei Darstellungen ihre Gefahren – weniger inhaltliche als gestalterische.

Abbildung 338 – In dieser Variante sind die Arbeitslosenquoten figürlich dargestellt, flächenproportional entsprechend des jeweiligen Länderanteils.

Abbildung 339 – Eine Flächendichtekarte. Die unterschiedlichen Ausprägungen werden mit Hilfe von definierten Farbabstufungen repräsentiert.

5.2 Flächendichtekarten

„Klassische" Kartogramme, auch und gerade solche mit Flächen und Kreisdiagrammen als Repräsentanten der quantitativen Daten, geraten schnell überfrachtet, unübersichtlich, kleinteilig. Die Informationsmenge gerät abschreckend groß. Eine schlichtere Alternativ-Variante erfreut sich daher wachsenden Zuspruchs: An die Stelle der Säulen, Balken und Flächen rücken Punktmuster, Farbtöne oder Farbtonraster, denen unterschiedliche quantitative Werte oder Wertebereiche zugeordnet werden. Die entsprechenden Regionen auf der Karte werden nach diesen Vorgaben gefüllt. Ganz unproblematisch ist diese Technik allerdings nicht, unumstritten ohnehin keineswegs. Zumal

sie wiederum zur Entscheidung
zwischen Absolut- und Relativ-
werten nötigt.

Das beginnt bereits bei der Auswahl und Zuordnung der Farb-
oder Mustersymbolik zu bestimmten Werten und Wertebe-
reichen. Es kam bereits in Kapitel
6.5 im zweiten Teil dieses Buches
zur Sprache: Farbtöne weisen
untereinander prinzipiell keine
feste Hierarchie auf. Bittet man
auch nur zehn verschiedene Personen, die Primär- und Sekundärfarben in eine logische Reihenfolge zu bringen, wird man
aller Voraussicht nach mindestens fünf verschiedene Skalen
vorgelegt bekommen. Kein Farbton repräsentiert im gemeinen
Verständnis aus sich selbst heraus „Viel" oder „Wenig". Jedes
Kartogramm, das verschiedenen
Farbtönen Werte zuordnet, muß
diese Zuordnung also deutlich

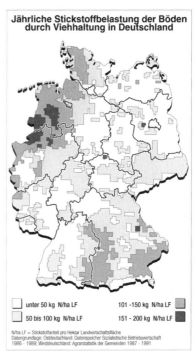

Abbildung 340 – Regionale „Ausreißer" erschließen sich in Flächendichtekarten sehr rasch.

machen – mit Hilfe einer Legende. Diese Legende aber nötigt wiederum zum visuellen „Springen" zwischen Erläuterung und Karte.

Weitaus sinnvoller – wenn auch nicht so bunt – ist es, nicht unterschiedliche Farbtöne zur Datendarstellung zu verwenden, sondern einen einzelnen Farbton in unterschiedlichen Rastervarianten einzusetzen, also Töne mit abnehmendem Weißanteil. Dies betont zum einen
die Tatsache, daß die dargestellten Werte eine gemeinsame Erhe-
bungsbasis aufweisen, also überhaupt vergleichbar sind. Zum anderen kann die Legende insgesamt kleiner ausfallen, denn die Zuordnungen sind im Prinzip Konsens: dunkler eingefärbte Flächen weisen
hohe, Flächen mit stark aufgerastertem Ton geringe Datenwerte auf.
Dieses Hell-Dunkel-Prinzip läßt sich auch auf Muster anwenden.

„Dichte" Muster, die folgerichtig einen geringen Weißanteil aufweisen, werden in aller Regel mit großen Datenwerten assoziiert, grobmaschigere dagegen mit niedrigen. Klassische Musterungsmethode ist die Punktrasterung. Je mehr Punkte an einem geographischen Ort plaziert werden, desto höher sind die quantitativen Werte, die dort festgestellt wurden.

Damit aber sind der Aussagekraft der Grafik bereits aus drucktechnischen und wahrnehmungspsychologischen Gründen Grenzen gesetzt. Mehr als fünf, allerhöchstens sechs Muster oder auch unterschiedliche Rasterstufen eines Farbtons sind für durchschnittlich trainierte Menschen nicht mehr zu unterscheiden. Schlechtes Papier oder mangelhafte Druckqualität trägt im schlimmsten Falle noch das ihre dazu bei, daß aus sechs Schwarzrastertönen (100 Prozent, 80, 60, 40, 20 Prozent und Weiß) rasch vier bis fünf undefinierbare Melangen werden, daß etwa der 80prozentige und der Vollton gänzlich ineinander „versuppen". Wer drucktechnisch und wahrnehmungspsychologisch auf Nummer sicher gehen will, definiert am besten Rastertöne, die mindestens um 30 Prozent differieren (also beispielsweise 90, 60, 30 und null Prozent, also Weiß) – das bedeutet aber auch, daß mehr als vier Wertebereiche nicht mehr definierbar sind.

Womit ein inhaltliches Problem ansteht. Mit der Farben- oder Musterwahl ist nämlich erst das kleinere Problem bewältigt: Jetzt geht es daran, den Farbtönen, Rastern oder Mustern quantitative Werte zuzuordnen. In der Regel werden das nicht einzelne Daten sein, sondern Wertebereiche. Diese Auswahl aber kann das Resultat, das fertige Karto-

Arbeitslose in den Ländern

⬜ 0–5 %   ▨ 10,1–15 %
◩ 5,1–10 %   ◪ 15,1–20 %   ■ 20,1–25 %

Abbildung 341 – Quantitative Ausprägungen können durch Muster mit unterschiedlich dichter Strich- oder auch Punktsetzung repräsentiert werden.

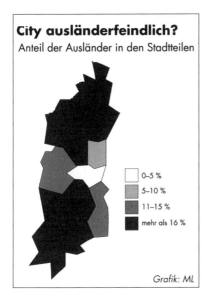

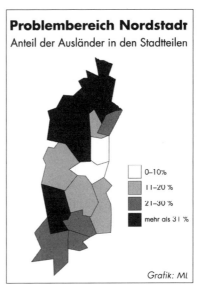

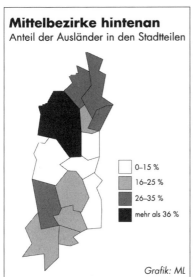

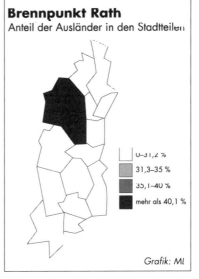

Abbildung 342 bis 345 – Viermal derselbe Datensatz, umgesetzt in ein Kartogramm. Viermal wurden die Wertebereiche anders definiert, und viermal läßt das Resultat eine andere Schlußfolgerung zu.

gramm, in seiner Aussage grundlegend beeinflussen.

Viele Grafiker „biegen" die Werteskalen in teilweise atemberaubender Beliebigkeit, um das gewünschte Resultat zu erzielen. Da werden etwa die vier Bereiche definiert „von 0 bis 5%", „6 bis 27%", „28 bis 35%" und „35 bis 71%" – was am Ende rein farblich auf dem Kartogramm nett aussehen mag, dem Werk aber auch einen unangenehmen Ruch der Beliebigkeit anheftet.

Zunächst vermitteln „runde" Eckwerte prinzipiell einen seriöseren Eindruck als krumme. Das mag viel mit statistischem Wunderglauben und unfundierter Zahlenmagie zu tun haben, doch vermitteln 5er- und 10er-Werte definitiv einen „saubereren" Anschein als alle anderen der Menge N.

Zusätzlich sind „rhythmisch", also linear eingeteilte Datenbereiche unregelmäßigen vorzuziehen. Sie decken sich zudem mit den meist ebenfalls linear eingerichteten Rasterabstufungen.

Das empfehlenswerte Prozedere: Man nehme den größten darzustellenden Wert (beispielsweise 42), dividiere ihn durch die geplante Anzahl Wertebereiche (zum Beispiel 5, das ergibt eine Bereichsweite von 8,4), runde diesen Wert auf die nächste 5er-Stelle (also in unserem Falle 10) und richte darauf die Bereiche ein (im Beispiel also die Bereiche „0 bis 9", „10 bis 19", „20 bis 29", „30 bis 39" und „40 bis 49").

Nicht immer werden nach dieser Verfahrensweise die „gewünschten" Resultate herauskommen. Unter Umständen rutscht ein geographischer Bereich mit seinen Werten gerade eben in die nächsthöhere Kategorie und verdirbt damit die angestrebte Aussage. Korrekter und vor allem glaubwürdiger wird die Grafik durch Umbauten und Manipulationen der Wertebereichsgrenzen aber wahrscheinlich nicht.

5.3 Symbolische Größenbenennung

Es kam bereits in Kapitel 1.10 dieses Abschnitts zur Sprache: Gerade zur Benennung von Ortschaftsgrößen bedient sich die Kartographie auch und gerne einer eigenständigen Symbolik, die mit klassisch sta-

Die größten deutschen Städte

Hannover
Hamburg
Bremen
Essen
Duisburg
Düsseldorf
Köln
Dortmund
Berlin
Frankfurt
München
Stuttgart

Grafik: ML

■ mehr als 2 Mio. Einwohner □ mehr als 1 Mio. Einwohner ○ mehr als 500.000 Einwohner

Abbildung 346 – Symbolische Größenbenennung: Die Bündelung einwohnerreiche Städte im deutschen Westen wird auch in dieser recht schlichten Aufbereitung schnell ersichtlich.

tistischen Darstellungsvarianten recht wenig gemein hat. Ausprägungen werden dabei mit einer mehr oder minder willkürlichen Symbolik belegt. Da werden also in einer Lagekarte beispielsweise Städte mit mehr als einer Million Einwohner durch ein Quadrat bezeichnet, das mit einem kleineren Quadrat „gefüllt" ist, Städte mit 500.000 bis einer Million Einwohner mit einem ungefüllten Quadrat, kleinere Orte mit einem Kreis. Eine weitere Variante besteht darin, schlichtweg den Schriftzug der zu bezeichnenden Ortschaft im Schriftgrad entsprechend des darzustellenden Wertes zu variieren, die Typografie also zur Datenrepräsentation einzusetzen.

Diese Bezeichnungsvarianten haben sich vor allem in Schulatlanten weitgehend durchgesetzt und dürften im allgemeinen von den meisten Lesern nachvollzogen werden können.

Abbildung 347 – Die Herstellung einer Anamorphose muß nicht zum komplizierten Unterfangen ausarten. Varianten wie dieses Beispiel sind recht einfach und schnell herstellbar und verfehlen trotzdem nicht ihre Wirkung.

5.3 Die Anamorphose

Die dritte Variante des Kartogramms kann, muß aber nicht immer die zeitaufwendigste in der Gestaltung sein. In jedem Falle ist sie, weil immer noch recht wenig verwendet, meist angenehm überraschend und damit augenfällig, dabei aber in der Regel auch noch gut verständlich.

Abbildung 348 – Eine interessante Variante: Die Flächen der Bundesländer sind proportional zu ihrer Wirtschaftskraft verzerrt, die Silhouette der Bundesrepublik bleibt erhalten.

In Anamorphosen werden die Daten nicht mehr nach den Prinzipien der klassischen Statistik repräsentiert, auch nicht durch Farben oder Muster: Die kartographischen Symbole und Umrisse selbst werden datenkonform manipuliert.

Das heißt: Auf einer Karte zur Verkehrsstatistik wird beispielsweise die von 130.000 Fahrzeugen täglich frequentierte Landstraße mit einer Linienstärke von 13 Punkt eingezeichnet, der kaum benutzte Autobahnabschnitt dagegen bekommt, weil nur 20.000 Wagen gezählt werden, entsprechende 2 Punkt Dicke. Eine statistisch korrekte, dabei auch noch einigermaßen amüsante und gleichzeitig aufschlußreiche Umkehrung der Straßenhierarchie, die planerische Fehlleistungen prägnant verdeutlichen kann.

Eine ebenso erheiternde wie schlüssige Grafik veröffentlichte die ZEIT 1996: Im Lichte der Wirtschaftskraft der einzelnen deutschen Bundesländer wurden deren tatsächliche Flächenproportionen verzerrt, kartographische Prinzipien also statistisch auf den Kopf gestellt. Einerseits allerdings erfordern Konstruktionen dieser Art intensive Planung – andererseits setzen sie potentiell das Gesetz der Konvention außer Kraft: Es darf zumindest bezweifelt werden, ob sich die Leseprinzipien der Grafik den meisten Betrachtern unmittelbar erschließen werden.

5.4 Dynamische Varianten

Natürlich können sich auch raumbezogene statistische Daten mit der Zeit ändern – die Erwerbslosendaten allein werden monatlich erhoben und aktualisiert. In Infografiken ist diese Dynamik im Prinzip auf zwei Arten darstellbar.

• „Klassisch": An die kartographisch dokumentierten Orte des Auftretens werden nicht einzelne Werte, sondern gleich ganze in sich geschlossene Säulen- oder Liniendiagramme gesetzt. Diese Variante birgt aber, genau wie die Kreisdiagramm-Darstellung, die Gefahr, daß das Bild insgesamt sehr kleinteilig und damit – im schlimmsten

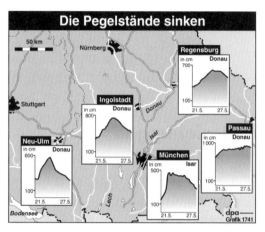

Abbildung 349 – Linien-diagramme auf dem entsprechenden Kartenteil verschaffen diesem Kartogramm eine dynamische Dimension.

Falle – für viele Leser abschreckend wirkt (in Abbildung 349 allerdings ist das Problem recht anschaulich gelöst!).

• Bildfolge: Jeweils verschiedene Zeitpunkte werden in jeweils einem Kartogramm festgehalten. Die Bilder in ihrer Reihung erzeugen den „dynamischen" Effekt.

6. Beziehungen

Moderne Gesellschaften sind voller „Beziehungskisten": natürlichen und vor allem abstrakt normierten. Fast alle Beziehungen heutzutage sind geregelt, definiert, verfaßt.

Familiäre Beziehungen

Unentrinnbar und die ursprünglichste Form der Beziehung ist die biologische Verwandtschaft – natürliche Beziehungen sind das im

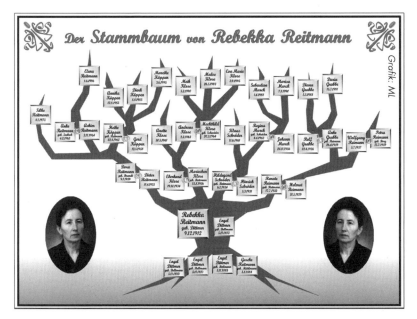

Abbildung 350 – Die natürlichste aller Beziehungen: die Familienbande.

wahrsten Sinne des Wortes jener Heranwachsenden, die stoßseufzen, daß man sich seine Eltern nun mal nicht aussuchen könne. Allerdings sind derlei Beziehungsgeflechte aus journalistischer Sicht eher in Ausnahmefällen von Interesse – in der Regel geht es dann um die Generationenfolge jener „großen" Familien vom Schlage Siemens oder Krupp. Auch die Familie Ewing aus der Serie „Dallas", dargestellt in einem detaillierten Stammbaum, wäre wohl zumindest in der Blütephase der Soap Opera in den Achtzigern ein gern rezipiertes Grafik-Thema gewesen.

Normierte Beziehungen

Variantenreicher und journalistisch meist auch reizvoller ist allerdings das weite Feld normierter Beziehungen. Das sind jene gedanklich begründeten, von Menschen erschaffenen theoretischen Beziehungskonstrukte, von denen allein der Alltag reichlich Beispiele bereithält: Organisiert sind Beziehungen zwischen Arbeitskollegen, Gremien, Vertragspartnern, zwistigen Bürgern, und jede „Elefantenhochzeit" in der Welt der Wirtschaft basiert darauf, daß eine Beziehung neu definiert wird. Normiert ist oft auch die Art und Weise der Interaktion zwischen Partnern – die Zuständigkeiten und Weisungsbefugnisse im Betrieb, Untergebenenverhältnisse in der Armee, die Arbeitsteilung zwischen legislativen und exekutiven Staatsorganen.

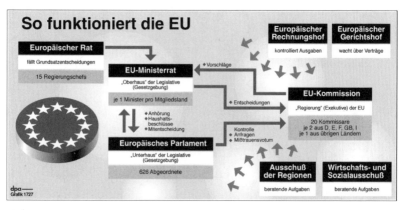

Abbildung 351 – Normierte Beziehungsstrukturen sind oft komplizierte Geflechte, deren Erklärung sich dem rein Verbalen weitgehend verschließt.

Gedankliche Beziehungen

Wer Beziehungen regelt, grenzt auch ab. Gerade in der akademischen Welt wimmelt es daher geradezu von „Beziehungen", gedanklichen Konstrukten, die zuordnen und trennen. So wurde in diesem Buch beispielsweise die übergeordnete Kategorie der „Presse-Grafik" konstruiert, der wiederum einzelne Varianten – unter anderem die Infografik – untergeordnet wurden. Die biologische Vielfalt der Tierwelt ist hierarchisch in Familien, Gattungen und Arten kategorisiert. Das „magische Viereck" der Wirtschaftspolitik (vgl. Abbildung 352) ist ein weiteres Beispiel für eine gedankliche Beziehung.

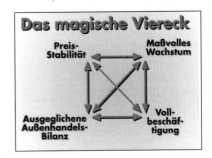

Abbildung 352 – Gedankliche Netzwerke (hier das „magische Viereck" der Wirtschaftspolitik) entspringen dem Wunsch, abstrakte Zusammenhänge faßbar zu gestalten.

Mischformen

Und dann sind da auch noch jene monarchischen Grauzonen, in denen natürliche, familiäre Beziehungen, leicht variiert, wiederum normierte Verhältnisse begründen: Prinz William von England beispiels-

Abbildung 353 – Familiäre und normierte Beziehungen in einem: das britische Königshaus Windsor.

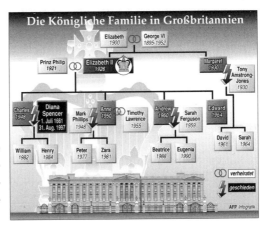

weise steht zwar zunächst nur in einer ganz natürlichen Verwandt-
schaftsbeziehung zu seinem Vater Charles; diese natürliche Beziehung aber begründet wiederum eine normierte, nämlich den Platz
der beiden in der Thronfolge des britischen Herrscherhauses. Und
wäre William weiblichen Geschlechts, wäre er zwar immer noch erst-
geboren, aber viel weiter hinten in der Kronfolge. Es sind dies normierte Beziehungen, die in den vergangenen Jahren sogar der Regen-
bogen-Presse die Infografik schmackhaft gemacht haben.

Bedeutung von Netzwerken

Viele Beziehungsgeflechte, seien sie nun „natürlich" oder abstrakt
konstruiert, nehmen ganz erheblichen Einfluß aufs tägliche Leben. Jede Firmenfusion, jede Parlamentsweisung an die Regierung, jedes
Mietverhältnis steuert das Dasein mit. Das macht Beziehungen zu
wichtigen journalistischen Betrachtungsgegenständen – und zwar zu
solchen, die mit Hilfe von Infografiken oft besser, anschaulicher, eingängiger erklärbar sind als ausschließlich mit Worten oder gar fotografisch.

Denn häufig verlaufen Beziehungs-Strukturen alles andere als linear.
Zuständigkeiten sind verteilt, Aktienbeteiligungen gestreut, Gremien
„zwischengeschaltet" oder ausgelagert. Nur selten lassen sich Beziehungen in eine vergleichbar simple Formel fassen wie „Der Präsident
wird vom Volke gewählt". Schon jenseits des großen Teiches, in den
Vereinigten Staaten, bestimmen die wahlberechtigten Bürger zunächst eine festgesetzte Anzahl von Wahlmännern ihres Bundesstaa-
tes, die dann in Washington das Staatsoberhaupt küren, dessen zweiter Stellvertreter wiederum der Sprecher des Senats ist, über dessen
Zusammensetzung aber wieder nach anderen Abstimmungsprinzipi-
en befunden wird. Dritter Vertreter des US-Präsidenten schließlich ist
der Vorsitzende des Obersten Gerichtshofes, bei dessen Besetzung
wiederum der Kongreß mitwirkt – der sich nochmals in die beiden
Kammern Senat und Repräsentantenhaus gliedert.

Daß mit diesen Worten das amerikanische Prinzip der „checks and
balances" nicht einmal ansatzweise erklärt ist, unterstreicht die beschränkte Macht des Wortes zur Beschreibung komplexerer Beziehungen. Und fotografieren läßt sich dieses wirre, aber doch durch-
dachte Konstrukt auch nicht.

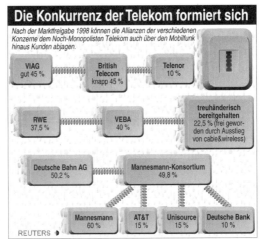

Abbildung 354 – Die oberen beiden Beziehungsgeflechte in dieser Grafik sind egal organisiert. Das Mannesmann-Konsortium dagegen ist hier auch in seine hierarchische Tiefe ausgeführt.

Hierarchisch oder egal?

Die meisten Netzwerkstrukturen, die sich für eine grafische Umsetzung anbieten, sind hierarchisch organisiert. Sie konstruieren vertikal abgegrenzte Ebenen, es existiert ein „Oben" und ein „Unten", ein „Älter" und „Jünger", Kopf und Körper.

Eher selten stößt man dagegen auf egale Netzwerke, Beziehungen ohne erkennbare Ebenenstruktur. Wie Abbildung 354 beweist, können aber auch derlei nicht-hierarchische Strukturen durchaus von journalistischem Interesse sein.

Statisch oder dynamisch?

Beziehungsgrafiken zeigen zunächst einmal nur ein statisches Über- und Nebeneinander. Das ist ihr Grundaufbau, ihre informative Basis. Auf dieser Basis aber kann auf zweierlei Weise auch der dynamische Aspekt ins Bild einziehen:

- wenn ein überkommenes Netzwerk mit einem zeitlich später entwickelten verglichen wird, von dem es abgelöst wurde
- wenn Art und Weise der wechselseitigen Interaktion zwischen den einzelnen Beziehungspartnern visualisiert wird.

Die erste Variante findet sich eher selten in der Presse; die zweite dagegen ist eine der beliebtesten Darstellungsalternativen.

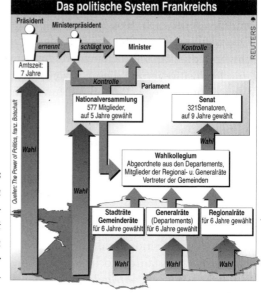

Abbildung 355 – Das Entscheidende in den meisten Beziehungs-Grafiken ist nicht unbedingt die Hierarchie, sondern wie die Interaktion der einzelnen Parteien organisiert ist.

6.1 Umsetzung

Es klingt relativ simpel. Eigentlich nämlich sind in Netzwerkdarstellungen – oder auch: Organigrammen – nur zwei wesentliche gestalterische Schritte auszuführen:
- Ausgestaltung und hierarchische Positionierung der einzelnen Parteien
- sinngemäße Verknüpfung der Parteien.

In der Praxis freilich kann man sich an jedem der beiden Punkte ausgezeichnet aufhalten. Gerade die Darstellung komplexerer Geflechte mit zahlreichen Parteien und vielschichtigen Wechselbeziehungen geht selten vonstatten, ohne daß der virtuelle Computer-Papierkorb oder auch die reale „Ablage P" reihenweise verworfene Skizzen zu schlucken hätte. Das schlichte Verwandtschaftsbild, der klassische Familien-Stammbaum also, ist da noch die einfachste Variante – aber wehe, es kommt zu Scheidungen, Neuverheiratungen, Adoptionen: Dann entfernt sich der Sachverhalt schnell von der klassischen „Oben-Unten"-Linearität, es entstehen Seitenzweige, die oft nur schwer in die Darstellung eingearbeitet werden können. Dabei ist die logische Positionierung dieser „Zweige" nur der erste Teil der Übung: Wenn es an die logische Verknüpfung geht, entstehen schlimmstenfalls noch größere Schwierigkeiten.

Die Darstellung der Parteien

Von schlicht bis bombastisch reicht das Spektrum der Varianten, mit denen die Einzel-Parteien eines Netzwerkes darstellbar sind. Grundsätzlich reicht der schlichte, ausgeschriebene Name zur Markierung aus, womöglich ergänzt durch relevante Angaben wie Geburtsdatum, Todestag, Funktion oder Rang – diese textlichen Angaben allerdings sind wiederum in beliebig fleißintensiven Ausschmückungsverfahren noch per Kastenlinie „rahmbar", hinterlegbar mit Farbflächen, diese wiederum weiter ausgestaltbar zu virtuellen „Schildchen" oder gar thematisch passenden Symbolen; warum sollten beispielsweise die Parteien einer Computerfirmen-Fusion nicht auf gezeichnete „Monitore" plaziert werden?

An die Stelle des Namens kann natürlich auch ein Symbol treten, ein Firmenlogo beispielsweise, oder ein Familien-Wappen – solange das

Abbildung 356 – Die Symbolik dieses Organigramms ist, abgesehen von der Illustration, sehr schlicht gehalten.

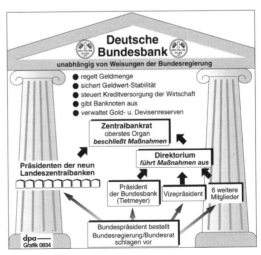

Symbol in sich selbst aussagekräftig genug ist und mit hoher Wahrscheinlichkeit von den meisten Betrachtern mit der darzustellenden
Partei assoziiert wird. Dem Phantasiereichtum sind prinzipiell nur
Grenzen gesetzt durch den Platz, der der Grafik zur Verfügung steht,
und der Notwendigkeit, verschiedene Parteien optisch voneinander
erkenntlich abgegrenzt zu halten.

Anordnung der Parteien

Besonders für Netzwerkdarstellungen gilt das Gesetz der Richtung in
besonderem Maße. Hierarchische Beziehungsgeflechte sollten, entsprechend der darzustellenden Macht- oder Altersverhältnisse, von
oben nach unten strukturiert sein, egale Beziehungen horizontal und
– gemäß der „Lese"-Richtung – von links nach rechts.

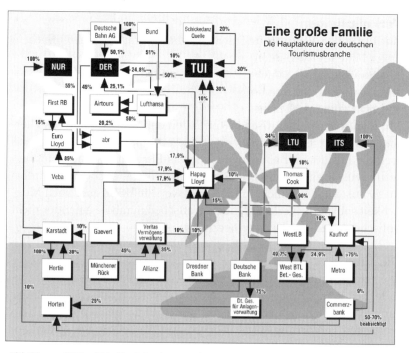

*Abbildung 357 – Die Positionierung der Parteien ist mitentscheidend für die
Lesbarkeit einer Beziehungsgrafik. Manchmal allerdings sind die Relationen
derart kompliziert, daß es einfach nicht übersichtlicher geht als hier.*

Wer also den politischen Aufbau der Bundesrepublik Deutschland in einem Netzwerk umsetzen will, sollte das Staatsoberhaupt – den Bundespräsidenten – ganz oben plazieren, den Kanzler darunter, darunter wiederum die Ministerriege; letztere allerdings, da unter den Ministern prinzipiell gleiche Befugnisse gelten, horizontal orientiert.

Allerdings kommt auch diese Regel nicht ganz ohne Ausnahme aus. Der klassische Familienstammbaum nämlich rechtfertigt aus seiner gestalterischen Tradition heraus auch eine Umkehrung der Richtung: Die Ältesten sind dann im unteren Bildabschnitt plaziert, die nachfolgenden Generationen bauen sich darüber auf. Schließlich wächst ein Baum auch von unten nach oben – in dem Sinne ist es also zu rechtfertigen, die Familien-„Wurzeln" ausnahmsweise am Fuß des Organigramms zu plazieren.

Verknüpfungen

Zur optischen Verknüpfung der Beziehungs-Parteien bieten sich in erster Linie drei Varianten an:

• Verknüpfung per Linie
• Verknüpfung per Symbol
• Verknüpfung per Fläche.

Mit dem schlichten grafischen Verbinden der Einzel-Teile ist es allerdings, wie bereits angedeutet, meist nicht getan. Gelegentlich ensteht, weil die Position der einzelnen Geflechts-Elemente unvorteilhaft gewählt wurde, ein Linien- und Symbolsalat, der alles andere als informativ ausfällt. Es ist nicht immer zu bewerkstelligen, aber nach Möglichkeit sollten die verknüpfenden grafischen Symbole einander nicht optisch schneiden oder überlagern.

Die Linie

Die gerade, sauber durchgezogene Linie ist das schlichteste und – gerade bei komplexeren Strukturen – dasjenige grafische Verknüpfungs-Werkzeug, das eben wegen seiner Einfachheit potentiell am wenigsten Verwirrung stiftet. Kurven und Abknickungen sollten auf ein notwendiges Minimum reduziert bleiben. Um Beziehungen unterschiedlicher Natur herauszuarbeiten – zum Beispiel Verschwägerung auf der einen, Verwandtschaft auf der anderen Seite – können die Linien auch in Strichstärke oder Farbe variiert werden.

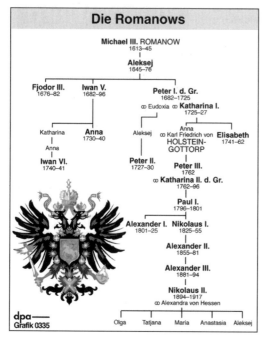

Abbildung 358 – Die Verknüpfung der einzelnen Familienmitglieder in dieser Abbildung erfolgt durch eine schlichte, klare Linie.

Symbole

Falls das darzustellende Beziehungsgeflecht nicht allzu komplex ausfällt, ist auch in Organigrammen Platz für illustrative Symbolik zur Verknüpfung. Einige dieser Symbole sind in ihrem Gebrauch weitgehend konventionalisiert: Der Ehebund etwa wird gerne und seit jeher durch den „Doppelring" verzeichnet, Pädagogen bringen auf Sitzungsprotokollen Scheidungen durch einen „Blitz" grafisch zum Ausdruck.

Prinzipiell können also auch in Netzwerkdarstellungen sehr themenbezogen-illustrativ ausfallen. Das heißt nicht nur, daß der Familien-Stammbaum, wie oft und gerne praktiziert, in eine dekorative „Natur"-Skizze umgewandelt werden kann. Themenbezogene Illustration bietet sich auch in zunächst weniger naheliegenden Fällen an: Wenn also Fernwärmekonzern A mit Firma B kooperiert, kann die Verknüpfung beispielsweise auch mit Hilfe stilisierter Rohre grafisch umgesetzt werden.

Verknüpfung per Fläche

Wenn einzelne Parteien eines Geflechts den Teil eines übergeordneten bilden, kann diese Beziehung auch mit Hilfe grafischer Flächen visualisiert werden. Das nebenstehende Beispiel verdeutlicht das: Zum Kollektiv „Kabinett" gehören Kanzler, Minister und Staatssekretäre, die wiederum einzelnen Ministerien zugeordnet sind. Die differenzierte Rasterung der Flächen bringt diese Zuordnungen zum Ausdruck, ohne eine einzige Linie oder ein anderes Symbol einzubinden.

Abbildung 359 – Ohne Linie, ohne Pfeil: Hier werden die Beziehungen durch gezielte Flächengebung dargestellt.

Der dynamische Aspekt: Die Interaktion

Die bloße Hierarchie von Beziehungspartnern sagt oft nur wenig über das tatsächliche Verhältnis der Parteien aus. Daß der Bundespräsident in der Rangordnung über dem Kanzler steht, verschleiert tendenziell die Tatsache, daß die eigentliche politische Machtfülle beim Regierungschef liegt und nicht beim Staatsoberhaupt.

Um also Beziehungen nicht nur formell, sondern in ihrer tatsächlichen Bedeutung darzustellen, muß auch die Interaktion, die dynamische Ausgestaltung eines Neben- und Übereinander verdeutlicht werden.

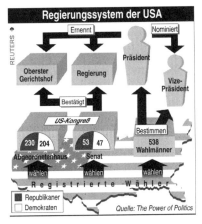

Abbildung 360 – Unschlagbar zur Darstellung dynamischer Interaktion auch in Organigrammen: der Pfeil.

Daß also der Bundespräsident zwar in der „Hackordnung" über dem Kanzler steht, allerdings in der „echten" Tagespolitik kaum mehr Befugnisse besitzt als die Ernennung und Entlassung des Kabinetts und die (nur aus formellen Bedenken zu verweigernde) Gegenzeichnung parlamentarisch beschlossener Gesetze, bedarf einer erweiterten Darstellung.

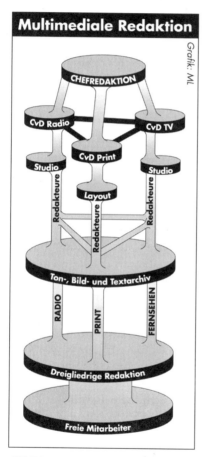

Zur Darstellung dieser Interaktion ist wiederum der Klassiker Pfeil nahezu konkurrenzlos als grafisches Vehikel. Er verdeutlicht die Richtung, in der die Kommunikation zwischen verschiedenen Parteien eines Beziehungsgeflechts verläuft. In aller Regel bedarf es aber gerade zur Darstellung der Interaktion in Organigrammen auch textlicher Erläuterungen.

3D-Netzwerke

Eher selten sind „körperliche", dreidimensionale Netzwerkdarstellungen. Sie bieten sich an, wenn – wie in Abbildung 361 – Querschnitts-Verknüpfungen ins Beziehungsgeflecht eintreten, die in zweidimensionalen Umsetzungen eher als trennendes denn als zwischengeschaltetes Element wahrgenommen würden.

Abbildung 361 – Ein Organigramm in 3D. Der Perspektivwechsel bietet sich gelegentlich an, wenn zuviele Ebenen gleichzeitig über- und nebeneinander rangieren.

6.2 Beziehungen + Raum

Zum Wort des Jahres hat es der Begriff bislang nicht gebracht, in aller Munde ist er dennoch: Globalisierung. Konzerne verbünden sich über nationale Grenzen hinweg, gehen Beziehungen ein, feiern „Elefantenhochzeiten". Auch der europäische Adel ist nicht nur bis heute verwandtschaftlich verquickt – inzwischen hat offenkundig jedes Haus, das etwas auf sich hält, einen Sproß im Schoß einer Monarchenfamilien anderer Nation untergebracht.

Die grafische Kombination von Beziehungsgeflechten und räumlichen Aspekten kann also durchaus von Interesse sein. Allerdings entziehen sich Netzwerke von allen „ikonischen" Themenkomplexen am ehesten einer Kombination mit dem Faktor „Karte". Denn während Beziehungsstrukturen in ihrer grafischen Umsetzung darauf basieren, daß die Beziehungsparteien an künstlich bestimmten bildlichen Koordinaten plaziert und verknüpft werden, geben geographische Darstellungen die – räumlichen – Koordinaten bereits aus sich selbst heraus vor. Das heißt beispielsweise: Befindet sich der Sitz einer Firma in Italien, der Standort dreier Tochterfirmen aber in Skandinavien, so gibt die kartographische Norm eine eindeutige Nord-Süd-Richtung vor, die netzwerkspezifische dagegen eine hierarchische Süd-Nord-Richtung. Diese beiden Koordinatensysteme sinnvoll zu vereinen, erweist sich meist als schwierig, oft als ausgeschlossen. Es dürfte kein Zufall sein, daß auch nach umfangreichen Recherchen für dieses Buch kein Beispiel der Kategorie „Beziehung + Raum" aufzufinden war.

7. Klima und Wetter

Copy-Tests und Leserschafts-Befragungen bringen es regelmäßig an den Tag, und die meisten zumindest der tagesaktuellen Periodika haben reagiert: Das Wetter ist nicht nur jenes Thema, von dem angeblich alle reden – es wird auch gerne „gelesen".

Ganz unverständlich ist das nicht: Wetter strukturiert unseren Alltag. Für Landwirte und Winzer bedingt die Witterung unternehmerische Entscheidungen, für Bauarbeiter sind Temperaturprognosen gleichzeitig Prognosen darüber, ob Maloche ansteht oder Schlechtwettergeld, für Reiselustige zählt die „Sonnenwahrscheinlichkeit". Die Landpartie mit Grill und Bier hängt am Wetter, genauso wie die Entscheidung, ob es mit dem Fahrrad zur Fete geht oder per Taxi.

Doch auch und besonders die Unbill der Witterung, Stürme und Hur-

Abbildung 362 – Die Wetterteile in den Tageszeitungen gewinnen zunehmend an Bedeutung. Dieses Beispiel ist noch harmlos: Ganzseiten-Abhandlungen zum Thema finden sich inzwischen auch.

Abbildung 363 – Thema Naturkatatrophe: Gefräßige Stürme, Regenfluten, Schneemassen oder eben Hochwasser sind „dankbare" Gegenstände journalistischer Berichterstattung.

ricanes, Regenfluten samt Überschwemmung, Waldbrand-Smog und menschenverursachtes Ungemach wie das Ozonloch fanden und finden Interesse

So haben sich in den vergangenen Jahren Graupel, Fronten und Wolkenbrüche in der Presse immer breiter gemacht, mit immer neuen Sparten und inhaltlichen Winkelzügen: Es gibt das Reisewetter, das Bio-Wetter, die Niederschlagswahrscheinlichkeit, und eben jene „schaurig-schönen" Katastrophenbilder. Was vor knapp zwei Jahrzehnten bei USA TODAY mit einer Mischung aus Befremden, Heiterkeit und abfälliger Ablehnung quittiert wurde, ist heute längst Standard bei gar nicht wenigen Produkten: der ganzseitige Bericht über die Kapriolen des Wetters – mit Temperaturtabellen, Karten, symbolhaften Rückblicken und Prognosen.

Es ist diese offenkundig besondere Bedeutung von Wetter und Klima, die das Thema in diesem Buch zum Gegenstand eines eigenständigen Kapitels erhob. Bei genauer Betrachtung nämlich bedient sich die grafische meteorologische Berichterstattung diverser Techniken, die bereits in den vorigen Kapiteln vorgestellt wurden. Allerdings in einer ganz eigenständigen „Interpretation" und Anwendung.

7.1 Das Wetter

Wetter-Symbolbilder

Mini-Bild statt Mega-Karte: Der allgemeine Wetter-Trend kommt in immer mehr Produkten als bis aufs Letzte vereinfachtes Wetter-Symbolbild daher, sozusagen als „Meteorologie light" mit bewußtem Kartenverzicht. In professioneller Reduzierung aufs Wesentliche erstreckt sich Symbolik wie Nachricht in diesen Grafiken auf die kleinsten Nenner, auf das schlichte Ja-Nein-Schema: Es gibt Sonne oder nicht, Wolken oder nicht, Regen oder nicht, Schnee oder nicht, Glatteis oder nicht. Jedes dieser Phänomene bekommt ein Zeichen zugeteilt und ist Teil der „Vorhersage", wenn die entsprechende Witterung zu erwarten steht. Wenn nicht, fehlt es. Manchmal ist auch eine numerische Temperaturangabe Teil der Grafik, oder ein stilisiertes Thermometer mit einer virtuellen Quecksilbersäule am prognostizierten Wert – oder beides.

Freilich ist die Palette der Einzelsymbole auch ausweitbar, das Wetter-Symbolbild wird damit exakter. Da gehört dann eben nicht nur „die" eine Wolke für verhangenen Himmel allgemein zum Repertoire, sondern eine dunkelgraue für wirklich matte Tage und eine kleine weiße für die freundliche Schäfchenwolke. Variieren kann auch die Größe des Sonnensymbols – von winzig-bescheiden für zaghaften Frühling bis riesig und lachend für Bruthitze.

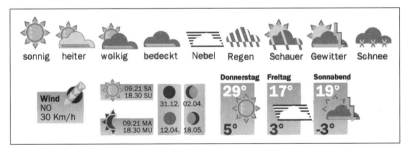

Abbildung 364 – Symbolik rund ums Wetter, ergänzt durch ebenfall gern publizierte Sonnenaufgangstermine und Mondphasen. Mit dieser Palette arbeitet die DEISTER- UND WESER-ZEITUNG *in Hameln; sonderlich anders sehen die Symbole in anderen Blättern aber auch nicht aus.*

Auf ausdrückliche Angaben zur Region oder ähnliches wird dabei meistens verzichtet. Oft erübrigt sich die Information tatsächlich, denn großer Beliebtheit erfreuen sich Wetter-Symbolbilder vor allem auf den Titelseiten der regionalen Tagespresse, deren Verbreitungsgebiet begrenzt und bekannt ist. Wetter-Symbolbilder beanspruchen wenig Platz und liefern verläßlich und knapp genau die Prognose, die vielen Lesern schon ausreichen dürfte: Wie wird's, das Wetter, ganz grob. Wetter-Symbolbilder sind Hingucker, Schaufenster-Optik von genau der Qualität, die auf Titelseiten der Tagespresse gewünscht ist. Gelegentlich begleitet noch ein kurzer Text das Bild, womöglich versehen mit Hinweisen auf den ausführlichen Wetterbericht im Blattinnern – denn die Erfahrung bestätigt, daß die wenigsten Blätter auf Wetter-Symbolbilder zurückgreifen, um auf einen ganz ausführlichen Bericht an anderer Stelle zu verzichten.

Freilich können Wetter-Symbolbilder in ihrer Schlichtheit auch Trends anzeigen, die tatsächlich viel exakter nicht zu fassen wären. Die BILD AM SONNTAG etwa wagt sich Woche für Woche mit einer Sieben-Tage-Vorschau nach vorn, die – zumindest was die Freitags- und Samstags-Prognose angeht – nicht viel mehr als eine grobe Richtungs-Angabe sein kann. Das Wetter-Symbolbild aber suggeriert allein durch die schlichte Gestalt: Hier geht es um eine Tendenz, nicht um eine exakte Vorhersage.

So dünn die eigentlichen Inhalte, so einheitlich wirken die Symbole in Wetter-Symbolbildern, und zwar quer durch die Presselandschaft – egal, ob man Boulevard- oder Qualitätsmedium bemüht. Die „Kinder-Sonne" steht fast allenthalben in der deutschen Presselandschaft

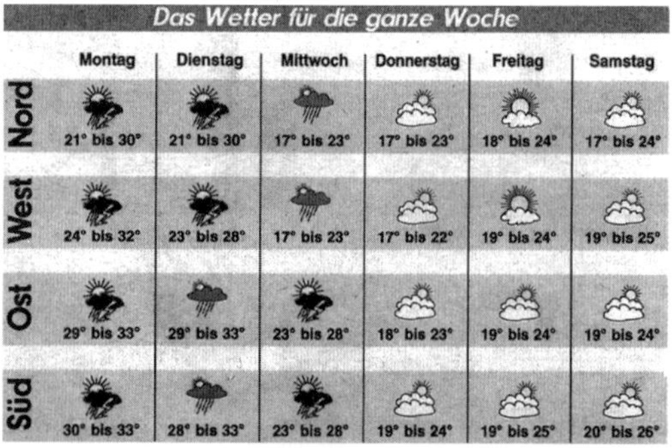

Abbildung 365 – Der Wochenausblick der BILD AM SONNTAG, gestaltet mit eingängiger Symbolik.

Abbildung 366 – Der Wetter-Anreißer auf der Titelseite der Essener WAZ, ergänzt durch ein Symbolbild.

DAS WETTER IM RUHRGEBIET

Heute: Im Verlauf des Vormittags verschafft sich die Sonne immer mehr Platz zwischen den Wolken. Es soll trocken bleiben - und mit 24° bis 26° angenehm warm werden.
Morgen: Schwül bei 31°, Schauer möglich.

für reinen Himmel und Gunst des Zentralgestirns, die Wolke fürs Bedeckte, wenn unterbrochene Linien heraustaken, winkt Niederschlag. Kristallsternchen symbolisieren Schneefall, Blitze kündigen Gewitter an. Zwar löst gelegentlich die Sonnenbrille den Planeten ab, oder ein Schirm die Regenstreifen – insgesamt aber sprechen die Symbolbilder eine sehr ähnliche, höchstens in der grafischen Ausgestaltung etwas divergierende Sprache. Was nur einer völlig richtigen Anpassung an das Gesetz der Konvention entspricht.

Überhaupt offenbart sich gerade in Wetterbildern, wieviel es modernen Lesern offenbar schon ins grafische Fleisch und Blut übergegangen ist: So werden beispielsweise häufig Tages- und Nachttemperatur in Symbolbildern und Wetterkarten ausgezeichnet, indem die Nachtwerte auf dunklerem, die Tagesprognose auf hellem oder weißem Grund aufgeboten wird – ohne daß dieses Prinzip, wie hier, irgendwo erläutert wäre. Daß eine Welle von Verständnisfragen zu dieser Aufbereitung eingegangen sei bei irgendeinem Blatt, ist nicht überliefert.

Der Faktor Raum: Die Wetterkarte

In ihrer Basis-Symbolik unterscheiden sich Wetterkarten wenig von den Symbolbildern. Auch hier dominieren Wolken, Regenfäden und Sonnen, und natürlich Ziffern. Hinzu tritt allerdings die explizit geographische Komponente, die Wettersymbolbilder nur erahnen lassen: die Kartengrundlage. Das bezeichnete Gebiet ist kartographisch dokumentiert, meistens – und richtigerweise – in Form einer auf ganz wenige Grundaussagen reduzierten „Unterlage", die die natürlichen oder administrativen Grenzen des Gebiets bezeichnet, vielleicht noch einige Städtelagen, Flußläufe oder Seen als Orientierungspunkte anbietet.

Offenbar unverzichtbarer Bestandteil von schätzungsweise neunzig

Abbildung 367 – Ganz entgegen ihrer sonst praktizierten Detail-Akribie gibt sich die Frankfurter Allgemeine *in der Wetterkarte eher minimalistisch.*

Prozent aller Wetterkarten sind außerdem jene Symbole und Buchstaben H und T, die Hoch- und Tiefausläufer markieren, Warm- und Kaltfronten, jedes in ihrer Position und ihrem Verlauf, zusätzlich gerne auch noch numerische Angaben zu den zugehörigen Luftdruckwerten. Auch Angaben zur Windstärke und der Himmelsrichtung, aus der es bläst, sind häufig.

Es ist allerdings nicht unumstritten, ob diese Angaben, zumindest jenseits der Special-Interest-Presse, einen wirklich informativen Nährwert aufweisen. Immerhin liegt die Vermutung nahe, daß die wenigsten Betrachter Wetterkarten konsultieren, um die „Frontenverläufe" zu studieren – sie wollen wohl eher wissen, „wie's wird". Meistens jedenfalls dementieren die Produzenten von Wetterkarten nur halbherzig, unterstellt man ihnen, daß sie die Ausläufer vor allem in Wetterkarten integrieren, weil diese dem gesamten Bild einen wissenschaftlichen, damit seriöseren Anstrich verleihen.

Komplexität und Datenfülle

Prinzipiell gilt für die Wetterberichterstattung dasselbe wie für alle übrigen „grafikträchtigen" Themen: die bildliche Aufbereitung sollte in ihrer Informationsfülle auf die (am besten erhobenen) Wünsche der Leserschaft abgestimmt sein. Was Wetterkarten angeht, so hat eine Umfrage 199X ergeben, daß Grafiken mittlerer Komplexität sich des größten Zuspruchs erfreuten. Wobei dieser Begriff, diese Vorgabe der „mittleren Komplexität" wohl wiederum relativ zu sehen ist – wie detailreich und grafisch ausgefeilt eine Wetterkarte ausfallen sollte, hängt wohl auch sehr von der Leserschaft ab und wird in landwirtschaftlich geprägten Regionen andere Resultate zeitigen als im groß-

Abbildung 368 – Diese Wetterkarte in „mittlerer Komplexität" aus der Münchener TZ fand in der Umfrage von Dr. Thomas Knieper den meisten Zuspruch, knapp gefolgt von einer sehr schlichten Karte aus der BILD und einer der ebenfalls nicht allzu detailreichen aus der Münchener AZ.

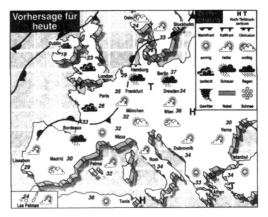

städtischen Raum. Es gilt also, einen Weg zu finden, der den Erwartungen der Leserschaft am ehesten entgegenkommt. Ein Copy-Test kann in dieser Hinsicht weiterhelfen.

7.2 Naturphänomene

Daß der Mensch die Natur nur in Grenzen zu zügeln, gar zu beherrschen weiß, wird ihm in regelmäßiger Folge vor Augen geführt. Ozonloch, Treibhauseffekt, Orkane und Luftverschmutzung durch Waldbrände: Die Eigenwilligkeit des Weltklimas beschäftigt die Presse, weil sie offenkundig auch viele Leser bewegt. Nicht umsonst hatte sich der Amerikaner Al Ninho monatelang erzürnter Anrufer zu erwehren, die wohl weniger ihn als seinen zerstörerisch agierenden Namensvetter El Ninho zum Maßhalten zu bewegen trachteten.

Nun erscheint es vermessen, derlei Phänomene aus Luftbewegung, Wärmekontrasten und chemischen Schichtungen als „Gegenstände" abzuqualifizieren; in der infografischen Gestaltung allerdings gelten im wesentlichen für Naturphänomene dieselben Richtlinien, die in Kapitel 2 formuliert wurden. Die Beispiele geben einen Eindruck von der Richtung, in der „Klima-Grafiken" angegangen werden sollten.

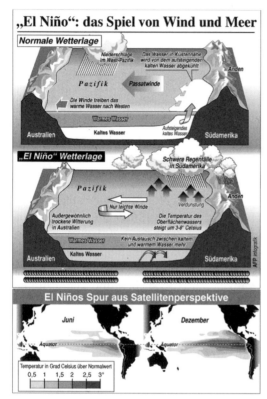

Abbildung 369 – Das Thema „Naturkatastrophe" läßt sich, wie diese Abbildung verdeutlicht, vor allem mit Hilfe der in diesem Buch bereits besprochenen Techniken der kartographischen Bildgeschichte und mit Elementen des Kartogramms umsetzen.

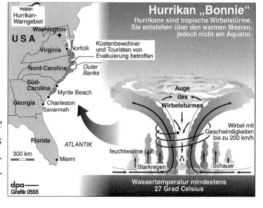

Abbildung 370 – Diese Abbildung des Hurrikans „Bonnie" enthält Elemente der Schnitt- und der Funktionszeichnung.

VIERTER TEIL: Praxis

Letztlich zählt das Resultat. Es gibt sie bis heute nicht, die Verhaltensmaßregeln, die zwangsläufig zur „gelungenen" Grafik führen. Weder existiert eine todsichere gestalterische Strategie noch ein perfektes DTP-Programm, und auch keine Zeichenschule ist bekannt, die geeignet wäre, den einen Weg zum vollkommenen Schaubild zu planieren.

Jeder Gestalter, jeder Infografiker muß ihn suchen und kennt ihn irgendwann: seinen eigenen Weg zum erstrebten Ergebnis. Können erwächst aus Praxis, und diese Praxis ist unterschiedlich von Pressehaus zu Pressehaus, von Agentur zu Agentur. Gerade die wichtige Zusammenarbeit mit Zulieferern, Textern und Fotografen variiert sehr. Deshalb sind viele Leitprinzipien, die in diesem Kapitel beschrieben sind, alles andere als letztgültige Dogmen. Doch viele dieser Prinzipien haben sich in der Praxis bewährt, und als Leitlinien, auch zur Überprüfung eigener Arbeitsabläufe, lohnen sie allemal.

Routine und Offenheit

Genau wie im schreibenden und fotografierenden Journalismus hilft zweierlei besonders weiter beim beruflichen Fortkommen in der Infografiker-Zunft: Routine zum einen – und vor allem und insbesondere Offenheit und Neugierde für die Werke der Kollegenschaft. Es empfiehlt sich immer, im Zweifel eine Zeitung, eine Zeitschrift zuviel zu kaufen und diese auf gelungene oder abschreckende Infografik-Beispiele zu inspizieren. Es schadet nicht, Blätter allein zum inspirierenden „Ansehen" zu abonnieren.

Besonders anregend geraten solche Expeditionen ins Konkurrenzprodukt, wenn nicht nur das reine Handwerk begutachtet wird, sondern auch der grafisch-ästhetische Stil der Kollegen. Denn für die Grafik gilt wie für die Schriftsprache: Die Beherrschung der Grammatik garantiert noch lange keinen guten Stil. Manche Kollegen setzen zum Beispiel Farbe möglicherweise in einer Art und Weise ein, an die man selbst gar nicht gedacht hätte.

1. Die Entstehung einer Infografik

Es spielt keine Rolle, wieviele Kollegen am Ende mitgewirkt haben: Von der Idee bis zur Publikation sind Infografiken Resultat eines journalistischen Produktionsprozesses. Infografiken sind immer Ergebnis eines klassisch journalistischen Vorgehens, nämlich
• Themenerkennung
• Recherche
• Selektion
• Konzeption
• Umsetzung
• Einbindung ins Layout.
Für die meisten Zeitungs- und Zeitschriftenredakteure ist diese Unterscheidung akademisch – sie erledigen ohnehin jeden der sechs Schritte selbst (den letzten vielleicht einmal ausgenommen), sie sind Informations-Besorger und -Umsetzer in einem. Für viele, wenn nicht die meisten Praktiker (und da sind sich Texter und Grafiker oft überraschend einig) beginnt die infografische Arbeit allerdings erst mit dem vierten Schritt, der konzeptionellen Skizze, und mündet in der fertigen Reinzeichnung. Die Daten-Recherche und das Ordnen und Sortieren der Informationen ist im Verständnis der meisten Infografiker und Schreiber Sache der „richtigen Journalisten".
Sind Infografiker also keine Journalisten? Tatsächlich: Wenige Infografiker betrachten sich selbst als Redakteure, als Grafik-Journalisten. Nicht wenige definieren ihren Job dahingehend, daß sie „schönzumachen" hätten, was die schreibende Zunft an Rohmaterial anfüttert. Das erspart im besten Falle „Reingerede" der Redaktion: Wer wider-

spruchslos Daten weiterverarbeitet, kann am besten den Anspruch durchsetzen, daß wenigstens in Sachen Gestaltung die Weichen in Eigenregie gestellt werden können.

Die unangenehme Konsequenz dieser Arbeitsteilung kann aber auch sein, daß Grafiker Daten umsetzen, deren Hintergründe sie nicht oder kaum durchschauen (oder einfach nicht durchschauen wollen). Sie verarbeiten kalte Materie mit „Scheuklappe". Warum die Grafik überhaupt journalistisch gewünscht sein könnte, interessiert viel zu oft nicht oder höchstens am Rande. Andererseits achten wenige Rechercheure darauf, was Grafiker aus den angelieferten Daten machen, wie die Umsetzung im Detail ausfällt – Hauptsache es passiert überhaupt. Kurz: In vielen Redaktionen interessiert man sich schlichtweg nicht füreinander.

Doch Infografiker vermitteln journalistische Inhalte, also müssen sie zumindest grundsätzlich bereit sein, auch in journalistischen Kategorien zu denken, am besten sogar selbst journalistisch tätig zu werden. Natürlich ist nicht immer Zeit und Geld vorhanden, derlei hehre Ideale auch umzusetzen. Für die meisten Infografiker dürften Zeitbudget und Spesenpolster eines Peter Sullivan schier utopisch anmuten, das dem „Grandseigneur" der Infografik beispielsweise 1986 gestattete, nach der Katastrophe im Brüsseler Heysel-Stadion persönlich vor Ort zu reisen und dort die Stätte des Unglücks zu inspizieren. Mit sauberer Eigen-Recherche im Rücken kehrte Sullivan damals an seinen Redaktionsschreibtisch der Londoner TIMES zurück und entwarf eine detaillierte, vielbeachtete Grafik des Unglückshergangs.

Um die Ressourcen aber geht es weniger, sondern um die „Denke", die Mentalität. Infografiker sollten sich selbst und ihre Arbeit zumindest als wichtigen Teil eines journalistischen Produktionsprozesses begreifen, nicht nur als „Umsetzer". Sie sollten das so weitgehend tun, wie es der tägliche Arbeitsablauf gestattet. Das sollte zumindest heißen, vorliegende Daten stets kritisch zu hinterfragen, auch inhaltliche Vorschläge anzubringen. Denn selbst, wenn die Datenrecherche von anderen erledigt wurde – Presse-Grafiker operieren notwenigerweise immer auf zwei Ebenen gleichzeitig: der inhaltlichen und der visuell-umsetzenden. Sie machen Aussagen, indem sie gestalten, sie konzipieren Inhalt und Aufbereitung in einem, in ineinandergreifenden und deshalb eben untrennbaren Arbeitsschritten: Die Aussage

entsteht erst durch die Aufbereitung, das Visuelle bedingt die inhaltliche Wirkung – und umgekehrt. Zum „Was" tritt beim Grafiker immer auch das „Wie". Gefordert ist also thematische wie gestalterische
Kompetenz: Eine mangelhafte optische Umsetzung richtiger Inhalte
nämlich weiht eine Grafik genauso dem Papierkorb wie die ästhe-
tischste Aufbereitung fehlerlastiger Inhalte.

Das unterscheidet Grafiker vor allem vom klassischen Schreiber. Ob
der nämlich seine Worte handschriftlich zu Papier bringt, an der guten alten Schreibmaschine oder direkt am Computer – die Umsetzung
im Blatt, die Spaltigkeit, der Zeilenfall, die Schriftgröße und -art, in
der das Geschriebene später im Produkt endet, muß ihn nicht inter-
essieren beim Texten. Er schreibt einfach; auf den Inhalt kommt es an,
nicht aufs Aussehen, nicht auf die visuelle Umsetzung.

Eine gewisse „Nähe" zu den Fakten, die einer Infografik zugrundeliegen, kann also nicht nur die Umsetzung sehr erleichtern; es ist in
Maßen geradezu Bedingung für eine gelungene Arbeit. Selbst der
journalistisch desinteressierteste Infografiker (von denen es hoffentlich immer weniger geben wird) ist allein durch sein Berufsprofil ein
bißchen Journalist; und so sollte er auch handeln. Daß künstlerisch
begabte Menschen keineswegs nur zeichnen können, belegt übrigens
die Agentur REUTERS seit einigen Jahren: Dort recherchieren die Infografiker die Themen und Daten ihrer Schaubilder selbst, bevor sie sie
ins Bild setzen.

Letztlich liegt es wahrscheinlich auch und vor allem am beruflichen
Gebaren und Engagement der Praktiker in den Infografik-Redaktio-
nen der Zeitungen und Zeitschriften, ob sich redaktionsintern eher
der Eindruck des „Künstler-Kollegen" oder eher der des „Grafik-
Journalisten" durchsetzt. Ein Bewußtsein dafür, daß Grafiker auch
Journalisten sein können, entsteht eben gerade bei den Kollegen nur
durch persönlichen Einsatz.

Die sechs Schritte zur Infografik

Themenerkennung, Recherche, Selektion, Konzeptionsskizze, Reinzeichnung, Einbindung ins Layout: Prinzipiell sollten diese sechs
Schritte in genau dieser Reihenfolge in Redaktionen getan werden,
die über eine eigene Grafik-Abteilung verfügen. Natürlich geht manches ineinander über, manche Idee zur Umsetzung reift bereits im Zu-

ge der Themenfindung und Recherche. Dennoch sollte möglichst kein Schritt vor dem zeitlich eigentlich davorliegenden abgeschlossen sein. Gefährlich ist es beispielsweise, ohne Kenntnis der Daten und vor allem ihrer gestalterischen Silhouette „schon mal" einige illustrative Entwürfe aufs Papier zu zaubern. Wer eine informative Grafik auf eine noch so brilliante, aber eben „vorsorglich" entwickelte Illustrationsidee aufzubauen versucht, wird in den meisten Fällen feststellen, daß die Grafik unausgewogen gerät, daß Informationstragendes und Dekoratives nicht recht zueinander passen will. Da lockt im schlimmsten Falle die Versuchung, die informationstragenden Teile illustrationsgerecht zu „frisieren", statt, journalistisch korrekt, den umgekehrten Weg einzuschlagen: die Illustration auf die Daten abzustimmen.

Die folgende Ablaufskizze spiegelt natürlich einen Idealzustand, der im hektischen Alltagsgeschäft selten in dieser Reinform vorzufinden sein wird. Oft ist die Reinzeichnung fast schon fertig, wenn irgendjemand entdeckt, daß die umgesetzten Zahlen gar nicht die des Vorjahres sind, sondern sechs Jahre alt. Manchmal schrumpft der Platz im Blatt unversehens von drei auf eine Spaltenbreite; manchmal wird die mit dem Redakteur abgestimmte Gestaltungsvariante von höchster Stelle kurz vor der Deadline gekippt. Wie im Journalismus allgemein gilt es in der infografischen Praxis vor allem, Chaos zu organisieren. Diese Richtschnur kann dabei helfen, zumindest eigenproduziertes Durcheinander zu reduzieren.

1.1 Themenerkennung

Die Karriere eines Ereignisses vom Geschehen bis zur Würdigung als Thema in Zeitung und Zeitschrift ist komplex und soll hier nicht bis ins Detail gezeichnet werden. Tatsache ist aber, daß jede halbwegs organisierte Redaktion Zuständige und Entscheidungsbefugte kennt, die darüber entscheiden, was ins Blatt kommt und was nicht: Ressort-Redakteure vor allem, CvDs, Chefredaktion.

Infografiker sind in dieser Hierarchie nach wie vor selten eindeutig plaziert. Dabei liegt die Vermutung nahe, daß Grafiker als Experten ihres Fachs unter Umständen Themen oder auch Themenaspekte als „grafikträchtig" identifizieren, die den textgewohnten Kollegen schlichtweg durchgehen. Daß Infografiker womöglich auch in der Lage sind, eingefahrene Schemata aufzubrechen, neue grafische Aspekte zu entdecken, die weiter reichen als Kurzschlüsse der Qualität: „Hier geht's um Arbeitslosigkeit, also machen wir'n Diagramm". Womöglich wurde nämlich im Zusammenhang mit den neuen Zahlen massiv die Arbeitsvermittlung der Ämter kritisiert – warum also das immer gleiche Zahlenbild, wenn auch mal die Struktur der Arbeitsämter organigrammatisch dargestellt werden könnte?

Schon im Prozeß der Themenerkennung sollten sich Infografiker also einbringen. Man informiere sich über die Nachrichten des Tages, der Woche, man stöbere im Ticker und warte eben nicht nur auf unaufgeforderte Datenlieferung – und man sei präsent in jenen Momenten, da Themen gefunden und zur Bearbeitung vergeben werden: in der Regel zur Konferenz.

Nur wer das grafische Denken immer wieder in Gegenwart der Kollegen vorexerziert, in der Besprechung einer aktuellen Ausgabe auf versäumte visuelle Umsetzungen hinweist, wird seine Position im Haus festigen und auf Dauer bestenfalls auch bei Schreibern und Fotografen ein grafisches Verständnis „erziehen". Im übrigen verschafft die Konferenz in der Regel bereits einen groben Überblick darüber, in welchen thematischen Überbau eine Grafik überhaupt eingebettet werden soll, ob sie eine Reportage begleitet oder Agenturnachrichten, oder ob Fotos geplant sind.

Die vierte Gewalt: Das Layout

Bislang wurde in diesem Buch vor allem auf die Zusammenarbeit zwischen Text-, Foto- und Grafikressort eingegangen. Für ein gutes journalistisches Produkt zeichnet aber immer auch eine „vierte Gewalt" verantwortlich: das Layout, die Produktionsabteilung.

Das beste Zusammenspiel von Text-, Foto- und Grafikressort ist vergebens, wenn die Einzelprodukte am Ende nicht in einem funktionalen und harmonischen Layout sinnvoll kombiniert und gewichtet werden. Was nutzt die beste Text-Grafik-Abstimmung, wenn sie nicht als eben diese Einheit ins Blatt übersetzt wird?

Oft freilich, gerade in kleineren Redaktionshäusern, ist die „vierte Gewalt" identisch mit erster, zweiter oder dritter, wirken die Redaktionslayouter eher im Nebenjob als solche denn als eigenständige Institution. Oft agieren gerade Infografiker in Personalunion als Blattgestalter, in Ein- oder Zwei-Personen-Redaktionen in Kleinstadt oder dörflichem Kreis fertigt der schreibende Redakteur gleichzeitig die Blattoptik.

Wenn allerdings tatsächlich eine eigenständige Umbruch-Sektion im Hause existiert, braucht auch diese Abteilung ihre Planungssicherheit – damit nicht am Ende eine Grafik, von der niemand etwas wußte, noch unter Qualen und Kürzen im Nachhinein ins Blatt gepfropft werden muß, mit einem Layout-Resultat, das niemanden zufriedenstellt. Die Layout-Abteilung sollte also so früh wie möglich, am besten gleich nach der Themenfindung, darüber informiert werden, welche Darstellungsmittel vermutlich die Nachricht tragen werden, und wieviel Platz in etwa benötigt wird (daß es am Ende meistens weniger Raum ist, der zur Verfügung steht, ist traurige Routine). Und sie sollte auch in den folgenden Stunden immer auf dem Laufenden gehalten werden, vor allem, wenn Änderungen des Ursprungskonzeptes anstehen, das Grafik-Format angesichts neuer Fakten ungeahnte Modifikationen durchmacht, eine Infobox dazukommt oder zum seitentragenden Foto noch ein briefmarkengroßes Porträt treten soll.

1.2 Recherche

Wer nach Entscheidung für ein Thema die eigentliche Datenrecherche vornimmt, ist weniger wichtig. Entscheidend ist eher, daß die „Story", die grobe Richtung, die Aussage der geplanten Grafik vor der Datensammlung feststeht – abgesehen davon, daß sich auf Grundlage dieser Festlegung auch viel gezielter recherchieren läßt. Diese Richtung sollte der Grafiker in Abstimmung mit den Textern, mit Produktionsredakteuren und eventuell Fotografen gemeinsam festlegen. Nur auf diese Weise entsteht später Berichterstattung aus einem Guß.

1.3 Selektion

Der entscheidende Arbeitsschritt steht noch vor der ersten Skizze der Grafik: die Entscheidung darüber, wieviele und im Detail welche der recherchierten Daten im Schaubild umzusetzen sind. Das informative „Gerippe" der Grafik ist festzuzurren. Leifrage sollte dabei weniger sein, wieviele Einzelheiten in der projektierten Grafik rein platzmäßig unterbringbar sind – über die Größe wird am besten erst im Anschluß an die Selektion entschieden. Entscheidend ist: Welche separaten Informationen, grafische wie textliche, werden unbedingt benötigt, um ein informierendes Bild zu schaffen, das die von den Autoren als wichtig erachteten Sachverhalte wiederspiegelt?

Das setzt natürlich voraus, daß klar ist, welche „Stoßrichtung" die Grafik insgesamt nehmen soll: Geht es um den groben Aktientrend oder im Detail um die einzelne Notierung? Geht es darum, welche Stadtteile die neue Umgehungsstraße im wesentlichen erschließen soll, oder im Einzelnen um die Lage der Feuchtbiotope, die sie zu durchschneiden droht? Geht es nur um die Schrittfolge eines Tanzpaares oder um die Körperhaltung insgesamt? Wichtig auch: Steht die Grafik für sich, wird also ein umfangreicherer einführender Text benötigt, oder ist sie als Teil eines Text-Grafik-Komplexes vorgesehen?

Wie umfangreich das Informations-Gerippe ausfällt, ist auch eine Frage redaktioneller Philosophie und Detailversessenheit, die von Pressehaus zu Pressehaus unterschiedlichen Leitbildern folgt. Börsenfachblätter werden mehr Wert auf detaillierte Bezifferungen in ihren statistischen Grafiken legen als regionale Familienzeitungen, in denen eher die Tendenz die Nachricht ist als die zweite Kommastelle.

Prinzipiell jedoch lohnt, zumindest in dieser Phase, zunächst die Beschränkung auf die wirklich unverzichtbaren Daten: Erfahrene Journalisten wissen, daß es bedeutend leichter ist, im Nachhinein noch etwas hinzuzufügen, als sich schmerzlich von Informationen zu trennen. Fleisch kann immer noch ans Gerippe. Wenn also der Schauplatz einer Massenkarambolage am Kamener Kreuz zu kartieren ist, genügt an Informativem der grobe Verlauf der Autobahnen 1 und 2, vielleicht noch die Anzahl der Fahrspuren auf beiden Schnellstraßen, ergänzt um die ungefähre Lage der Anliegerstädte Dortmund, Hamm und Kamen. Soll die Grafik auch in Regionen jenseits des Ruhrgebiets erscheinen, empfiehlt sich außerdem, den Knotenpunkt in einer kleinen separaten Deutschland-Karte zu markieren.

Auch statistische Infografiken müssen nicht bersten an Details. Der Höhenflug der Umsätze offenbart sich ausreichend in einer steil steigenden Fieberkurve. Aber nicht jede Ausprägung muß noch eigens einer Ziffer gewürdigt werden; höchster, niedrigster und Mittelwert als ergänzende textliche Information tun es auch.

1.4 Konzeptionsskizze

Recht untauglich ist meistens der Versuch, die Phasen der Konzeptionsskizzierung und der Reinzeichnung zu einem Schritt zu verschlanken. Erst das Papier, dann der Rechner: Zweifellos verheißt Kollege Computer zunächst nicht nur Ökonomisierung der Arbeit, sondern auch raschere Erfolgserlebnisse: Selbst in die gröbste, rasch hingezeichnete Kontur läßt sich ohne nennenswerten Aufwand ein Verlauf einbauen, die Grafik wirkt trügerisch früh „fast fertig". Gerade in der Entwurfsphase aber, bei der ersten Anlage einer zumindest etwas ausgefeilteren Grafik, geht nach wie vor nichts über einen Klassiker: den Bleistift. Auch der versierteste Grafiker wird am Computer niemals die Zeichengeschwindigkeit, damit aber auch die kreative Flexibilität erreichen, die der Stift bietet – und auch nicht die nötige Unabhängigkeit von digitalen „Werkzeugen". Mit dem Bleistift kann praktisch jede Strichstärke konstruiert werden, jede Flächenschattierung, in Maßen auch jeder Farbverlauf. Jede Zeichnung kann erneuert, in wenigen Minuten den verantwortlichen Redakteuren neu vorgelegt werden, bis ein Konsens über die Gestalt der Grafik hergestellt ist. Der Bleistift ist deshalb der Gehilfe bei der Skizze. Der Rechner ist das Arbeitsinstrument für die Reinzeichnung.

Man greife also zu Bleistift und Karo-Papier (das Kästchen-Raster erleichtert vor allem statistisches und geographisches Zeichnen, sorgt aber auch für Symmetrie und gerade Linien). Und man beginne die Skizze: mit dem Informationsgerippe, also den informationstragenden Elementen der Grafik: den Diagramm-Balken, Säulen oder Linien, den kartographischen Umrissen des darzustellenden Staates, der zeichnerischen Silhouette des geplanten Gebäudes. Perfektionismus ist in dieser Phase nicht unbedingt nötig; es reicht vorläufig, wenn die groben Formen und Strukturen der informationstragenden Teile ersichtlich werden.

Bereits in dieser ersten Phase sollte auf keinen Fall vergessen werden, zumindest längere Textstrecken einzuplanen – und wieviel Raum diese ungefähr beanspruchen werden. Dazu liefert ein Typometer erste verwertbare Anhaltspunkte.

Übrigens sollte sich auch der Infografiker nicht zu schade sein, Skizzen schreibender Kollegen auf ihre Tauglichkeit zu prüfen, und, wenn diese gut sind, auch auf diese Anregungen einzugehen und eigene Entwürfe dem Altpapier zu überantworten. Denn auch in der Grafikabteilung schadet Kirchturmdenken: Gute Ideen müssen kein Privileg des Ausgebildeten sein. Denn auch Texter oder Fotografen sind im allgemeinen weniger Buchhalter als kreative und phantasiebegabte Menschen, eben nur mit anderem Schwerpunkt.

So wird aus dem Informationsgerippe das zeichnerische Gerippe der späteren Grafik; wenn das steht, ist meistens relativ klar, wie groß die Grafik insgesamt ausfallen sollte. Diese Information sollte wiederum rasch an die Produktionsabteilung gehen – und selbige sollten eben diese Information auch berücksichtigen und nötigenfalls das Layout umbauen. Denn eine Grafik, die in eine „unpassende" Raumvorgabe hineingearbeitet werden muß, wirkt selten in sich geschlossen und logisch konzipiert. Kommt das O.K. aus dem Layout, kann die feinere Ausgestaltung der Skizze beginnen.

Jetzt kann an die Skizze, aber wenn möglich wirklich erst jetzt, nach Gusto und Hausphilosophie mehr oder minder dekoratives „Fleisch" angesetzt werden: Bahn frei fürs Beiwerk! Wer gestalterische Freiräume nutzen und ein paar Illustrationsideen ausprobieren möchte, macht sich am besten ein paar Kopien der Basisskizze und experimentiert auf dieser Grundlage ein wenig. In dieser Phase ist viel Rückkopplung gefragt. Die fertige(n) Skizze(n) sollte(n) zumindest einmal auch Texter und Fotografen sowie dem CvD vorliegen. Erst, wenn das Prinzip abgestimmt ist, geht es an die Reinzeichnung.

1.5 Die Reinzeichnung

Die Reinzeichnung einer Infografik vollzieht sich heute fast immer am Computer. Welche Software sich zur Erstellung anbietet, und wie das Zeichnen am Rechner funktioniert, ist Thema des nächsten Kapitels.

Empfehlenswert: die inhaltliche Absicherung

Ist eine Grafik „blattfertig" gestaltet, bestenfalls von redaktionsinterner verantwortlicher Stelle abgesegnet, schadet es nicht, das Produkt noch einmal in die Gegenrecherche zu geben. Es lohnt, sich abzusichern, inhaltlich wie gestalterisch.

Bleibt also noch ausreichend Zeit bis zur Deadline, empfiehlt es sich in jedem Falle, sachkundige Augen über das Bild gleiten zu lassen – am allerbesten einen nicht-journalistischen Experten des Fachs. Das kann beispielsweise (und empfehlenswerterweise) der- oder diejenige sein, der oder die als „Quelle" jene Daten und Informationen ausgegeben hat, auf denen die Grafik beruht. Kurz auf das Faxgerät gelegt, nach einer halben Stunde telefonisch nach der Meinung und nötigen Korrekturen gefragt – diese Strategie erspart im besten Falle peinliche Leserbriefe und vor allem die zornigen Anrufe der notorisch „mißverstandener" oder sogar „falsch interpretierter" Auskunftgeber.

1.6 Einbindung ins Layout

Feste Regeln für die Einbindung von Infografiken in Layouts gibt es nicht. Zu viele Faktoren spielen in die Entscheidung hinein: Wie eine fertige Grafik letztlich ins Blatt gerückt wird, an welcher Stelle der Seite, in welcher Größe und Dominanz, hängt natürlich vor allem vom Nachrichtenwert des dargestellten Sachverhalts ab, aber eben auch von der Qualität der grafischen Aufbereitung, der illustrativen und ästhetischen Wirkung, und davon, ob die Grafik ein tragendes Element im Seitenkomplex bildet. Ebenfalls eine gewichtige Rolle bei der Layouteinbindung spielt, ob die Grafik als eigenständig informierendes Modul konzipiert ist oder im „Konzert" mit Text und vielleicht noch Foto zum selben Themenkomplex wirken soll – in diesem Falle nämlich sollte die Zusammengehörigkeit auch im Layout dokumentiert sein.

Nicht zuletzt verfolgen unterschiedliche Blätter durchaus unterschiedliche Gestaltungsphilosophien – manche bevorzugen das riesige, seitentragende Foto und ordnen dem alle anderen Seitenbestandteile auch in der Dimensionierung unter, andernorts wird ein kontrolliertes Chaos-Layout gepflegt, wo wieder an anderer Stelle ein konsequent „blockiges" Umbruchmuster vorgeschrieben ist im Stilbuch. Infografiken können daher bescheidene Ergänzung genauso sein wie seitentragendes, informatives und illustratives Element.

So bleibt leider kaum mehr festzustellen als dies: Gutes Layout berücksichtigt die kontextuale inhaltliche Bedeutung, den illustrativen Wert und die Zusammengehörigkeit von textlichen Elementen, Fotos und eben Infografiken – und übersetzt diese Bedeutung in entsprechende Dimensionierungen und Anordnungen.

2. Der Arbeitsplatz

Was benötigen Infografiker, um ihrem Job zur allgemeinen Zufriedenheit, schnell und korrekt nachgehen zu können? Welche Rechercheutensilien, Nachschlagewerke sollten bereitstehen, wie sind geeignete Archive einzurichten und zu pflegen, und welche „Werkzeuge" benötigt man zur Grafikerstellung? Dieses Kapitel umreißt die wichtigsten Arbeitsmaterialien und Unterlagen, auf die eine Infografik-Redaktion zurückgreifen können sollte.

Daß im Büro die gängigen Arbeitsgeräte und -unterlagen vorhanden sind, wird im folgenden unterstellt und nicht eigens erwähnt: ein angemessen großer Raum sollte also zur Verfügung stehen (mit Tür, denn konzentriertes Arbeiten erfordert ein gewisses Maß an Ruhe), ausreichend Regalstauraum, ein eigener Telefonanschluß, ein Faxzugang, Filz-, Bunt- und Bleistifte, Kugelschreiber, Lineal und Bogenlineal sowie Papier.

2.1 Recherchequellen

Vorausgesetzt, ein Infografiker versteht sich eben nicht als bloßer Umsetzer vorgesetzten Rohmaterials, sondern als Journalist, gehören geeignete Recherchematerialien und -zugänge in die Grafik-Redaktion. Doch selbst, wenn die Daten ursprünglich von „außen", vor allem aus der Textredaktion stammen, ist oft eine Nachrecherche notwendig – Texter sind eben keine Grafiker, wissen oft nicht genau und unterschätzen auch gerne, wieviele Detailinformationen zur Erstellung eines guten Schaubildes vonnöten sind. Oft bleiben Fragen offen, die Grafiker, gerade im Zeitdruck kurz vor der Deadline, auch selbst zu klären haben.

Es ist letztlich gleichgültig, ob diese Recherchequellen unmittelbar in den Grafik-Räumen bereitstehen oder in anderen Abteilungen – man denke an die berüchtigte Sektion „Dokumentation" des SPIEGEL – angesiedelt sind. Hauptsache, sie sind den Mitarbeitern der Grafik bequem und ohne allzu lange Wege und Wartezeiten zugänglich.

„Recherchequelle" Texter

Nach wie vor geht ein Großteil der Informationsgrafiken in Zeitung und Zeitschrift auf die Initiative von schreibenden Redakteuren und Reportern zurück. Oft ergeben sich in Verlaufe der Recherchen von Text-Kollegen Daten, Fakten und Sachverhalte, die auch der versierteste Grafikjournalist nicht hinter dem Thema vermutet hätte – kartographische Ansichten, statistische Sachverhalte, Strukturen und erklärungsbedürftige visuelle Zusammenhänge.

Eine erstklassige Recherchequelle ist daher zunächst der Kollege Texter selbst. Er ist bestenfalls informiert über weitergehende Zusammenhänge, kann den potentiellen Wert und den Nutzen einer Grafik einschätzen – und er kennt zumindest ein oder zwei Quellen, die anzuzapfen sind, wenn weiteres Material zum Thema benötigt wird.

Nicht nur diese Erkenntnis legt den Schluß und die Empfehlung nahe, Grafik-Redaktionen auch räumlich nicht allzu weit von den „klassischen" Redaktionsstuben anzusiedeln. Das vorige Kapitel hat gezeigt, daß eine ständige aktive Rückkopplung der Grafik mit den anderen Ressorts wichtig und fruchtbar ist. Kurze Wege erleichtern diese Interaktion erheblich.

Internetanschluß

Immer wieder geben Internet-Angebote den Kritikern dieses neuen Mediums Nahrung. Das „Hauptsache-im-Netz"-Prinzip zeigt seine böse Fratze gerade im World Wide Web (www) immer noch allzu häufig: Viele Firmen investieren nach wie vor beträchtliche Summen in „Homepages", die, zurückhaltend eingeschätzt, in ihrem Gebrauchswert nicht weit über dem Niveau elektronischer Plakatwände oder digitaler Kataloge liegen. Doch mit ein wenig Geduld und Strategie sind aus dem Internet eine Reihe nützlicher Informationen zu beziehen. Auch für Infografiker.

Grob unterteilt bietet das Internet vier sehr unterschiedliche und vor allem unterschiedlich ergiebige Recherchepotentiale:

- das World Wide Web (www): Spätestens, seit die Seitenbeschreibungssprache HTML die Einbindung von Grafiken in die ursprünglich sehr textdominierten Web-Pages erlaubt, explodiert das Medium. Kaum eine Firma, ein Verband, eine staatliche Institution, die nicht mit einem Angebot vertreten wäre. Mögliche Ansprechpartner und erste grobe Informationen zum recherchierten Sachverhalt ergeben sich aus den meisten halbwegs ordentlich gestalteten Auftritten. Manche Seiten bieten gar gleich ganze Sätze verwertbaren Materials: Statistische Daten, geographische Informationen, Strukturbeschreibungen und Skizzen – manchmal sogar richtig gute Anregungen für eine grafische Umsetzung. Nicht zuletzt bietet das Netz inzwischen auch einige Gelegenheiten zur kollegialen Kontaktpflege und fachlichen Diskussion in Sachen Infografik: So existiert seit einigen Jahren die „Infografik-Homepage" unter der Adresse http://www.isotype.com. Sie wird unterhalten und gepflegt von REUTERS-Grafikchef Hanno Sprissler und offeriert Neuigkeiten aus der Branche, Praxistips und Kontaktadressen.

- E-Mail: Die virtuelle Post ist schnell, relativ kostengünstig und vor allem unkompliziert. Präzise Anfragen und Nachrecherchen – wenn Daten fehlen, unleserlich aus dem Faxgerät falzten oder schlicht gegengeprüft werden sollen – werden im besten Falle nach wenigen Minuten beantwortet.

- Mailinglisten: Sie funktionieren nach simplem Prinzip: sämtliche eingehenden E-Briefe werden von einer Verteilerstelle automatisch an alle angemeldeten Mitglieder weitergeleitet. Die meisten Mailinglisten stehen unter einem thematischen Motto.

- Newsgroups: Diie schwarzen Bretter im Internet. Ähnlich wie die Mailinglisten stehen sie meist unter bestimmten thematischen Leitlinien. Eine Zentralredaktion veröffentlicht eingehende Post, Bilder und Anmerkungen zum Fachgebiet auf entsprechenden World Wide Web-Homepages, sammelt sie also zentral auf einer Site, anstatt die Beiträge an alle Angeschlossenen zu versenden.

- E-Verteiler: Redaktionen senden Informationen per E-Mail an Interessierte aus, die sich in eine spezielle, thematisch definierte Verteilerliste haben aufnehmen lassen.

Nachschlagewerke

Nachschlagewerke sind unschätzbar und unüberschaubar in Thematik und Qualität. Die wichtigsten sind aber die folgenden:

- Lexika: Mindestens eine, am besten zwei der gängigen und etablierten Enzyklopädien sollten jedem Grafiker zur Verfügung stehen. Lexika liefern – zumindest im Selbstverständnis – knappe Einstiege in so ziemlich alles Dokumentier- und Erklärbare des menschlichen Erfahrungskosmos (auch wenn der Begriff „Infografik" in den meisten noch fehlt). Die Sprache ist in der Regel recht verständlich und knapp gehalten, was gute Anregungen liefern kann für die Grafikbeschriftung. Vieles ist illustriert und kann als Grundlage von infografischen Zeichnungen verwendet werden. Gute Lexika verweisen außerdem regelmäßig auf weiterführende Literatur und verkürzen den Rechercheaufwand damit erheblich.

- Adreßverzeichnisse: Wir leben in einer Welt der Lobbies, Interessengemeinschaften und Verbände. Einzelhandel, Elektrosmog oder Snowboarding: Es ist davon auszugehen, daß sich fast jedem Problem irgendeine Institution, ein Verein widmet. Adreßverzeichnisse helfen, sie ausfindig und damit zur Recherchequelle zu machen. Als Standardwerk darf dabei der „Oeckl" gelten, der stetig aktualisiert wird und bislang nur wenige Journalisten wirklich im Stich gelassen hat. Auf kommunaler Ebene erscheinen die lokalen Adreßbücher der Gemeinden, Behörden führen in der Regel ein gebundenes Durchwahl- und Sitzverzeichnis.

- Wörterbücher: Wer nicht nur zeichnet, sondern auch Grafik-Texte selbst entwirft, braucht jetzt, nach dem Rechtschreib-Reförmchen, zwar nicht mehr unbedingt den Duden. Aber zumindest irgendein verläßliches Rechtschreibungs-Werk.

- Sachbücher und Fachenzyklopädien: Besonders interessant ist Spezial-Literatur für Grafikabteilungen, die es regelmäßig mit wiederkehrenden Themenbereichen zu tun bekommen – was gerade in den stetig in Anzahl und Personalstärke anwachsenden Special-Interest-Redaktionen der Fall ist. Sportgrafiker sollten Abhandlungen über möglichst viele Formen der Leibesertüchtigung griffbereit halten, regelmäßige Mitarbeiter von Anglermagazinen entsprechende Spezialbücher, Gesundheitszeichner medizinische Basiswerke.

• Statistische Sammlungen: In thematisch gefächerteren Redaktionen sollte eine vollständige Sammlung statistischer Jahrbücher, Wahlanalysen, regionaler Bevölkerungserhebungen und Verkehrszählungen Standard sein.

2.2 Archive

Gut geführte Archive sind, das ist unbestritten, durchaus zeit- und arbeitsaufwendig in Unterhalt und Pflege und deshalb oft lästig – der Aufwand lohnt allerdings, denn geordnete, sinnvoll gegliederte Ablagen können die werktägliche Arbeit ungemein erleichtern. Archive ersparen viele überflüssige oder gar doppelte Rechercheanstrengungen und enthalten bestenfalls grafische und inhaltliche Unterlagen – früher erschienene Diagramme, Clip-Arts, Fotos, Basiskarten, Farbtableaus –, auf denen sich auch im Streß einer verbleibenden Stunde bis zur Deadline noch halbwegs brauchbare Produkte aufbauen lassen. Grundsätzlich empfiehlt sich eine „zweifache Doppelarchivierung". Das heißt: Jedes Bild, jede Grafik, jedes Symbol sollte zum einen nach zeitlichen Kriterien, also dem Erstell- oder Erscheinungsdatum, abgelegt werden, zum anderen nach einem inhaltlichen Index. Doppelt archiviert werden alle Produkte – ebenfalls chronologisch und thematisch – am besten auch in technischer Hinsicht: nämlich einmal digital, in einer eigenen Computerdatenbank, und zum anderen analog, also als Fotografieabzug, Ausdruck oder Scheren-Ausschnitt.

Dokumentationsarchiv
Ins Dokumentationsarchiv gehört alles Publizierte – also sämtliche veröffentlichten Infografiken, und zwar am besten nicht als isolierte Abbildung, sondern im Seitenkontext abgelegt, auch wenn sich das betreffende Werk im Nachhinein als wenig gelungen oder gar inhalt-

lich falsch erwiesen hat. Eine Notiz zum Fauxpas, knapp angefügt nach dem Rüffel aus der Chefredaktion, erspart Wiederholung nach ähnlich mißlungenem beziehungsweise unerwünschtem Muster.

Auch lassen sich bereits erstellte Grafiken immer wieder einmal effizient „plündern". Das Diagramm vom Vorjahr etwa kann mit wenig Aufwand aufgerufen, unter neuem Namen gespeichert und gestalterisch fortgeschrieben werden. Und eine gelungene Illustration von vor zwei Jahren ist recycelbar, wenn zum Neuzeichnen einmal wirklich die Zeit fehlt.

Symbolarchiv

Eine ganze Reihe journalistischer Themen ist geradezu aufdringlich „latent". Mehr noch: Viele dieser Themen sind sogar datengenau prognostizierbar und damit infografisch vorbereitbar, sozusagen prophylaktisch archivierbar. Zumindest in ihrer Symbolik.

Arbeitslosenquoten etwa werden zuverlässig in den ersten Tages eines jeden Monats publiziert, und sie werden richtigerweise meistens infografisch umgesetzt. Wenn nicht schlichte Diagramme ohne Zusatz gewünscht sind, bietet sich beispielsweise das markante, grafisch verbrämte „A" der Arbeitsämter als informationsstützendes Element an – das deswegen zum Fundus eines jeden Infografik-Archivs gehören sollte.

Auch Karten, vor allem grafische Wetterberichte, basieren in der Regel auf einem großen Pool immer wiederkehrender Symbolik (zumindest, wenn es so etwas wie einen hauseigenen Stil gibt – was zu hoffen ist). Straßenmarkierungen, Waldsymbole, U-Bahn-Signets und Gewässermarken, Wolken- und Glatteis-Symbole sind in ihrem visuellen Stil umfassend planbar und können in einer speziellen Datei versammelt werden, aus der sich bequem bedienen läßt. Aufgenommen werden ins Symbolarchiv sollten auch typische und wiederkehrende Schmuckelemente wie Schattenfälle, Rahmungen und Farbgrundierungen. Falls perspektivische Darstellungen in Infografiken in ihrem Ansichtswinkel standardisiert sind, sollte auch hierzu eine Beispieldatei geführt werden.

Besonders wichtig ist die Symbol-Archivierung beim Aufbau und der Pflege eines regionalen oder sogar kommunalen Infografik-Archivs. Jede Stadt, jeder Landkreis hegt und pflegt inzwischen individuelle

Wappen oder zumindest Fahnenfarben – wenn nicht beides. Größere Städte erkaufen sich professionell konzipierte Logos und markante Schriftzüge von (oft teuren) Agenturen, die meist auch kommunale Töchtergesellschaften, Stadtwerke und Elektizitätswerke bedienen. Doch auch die gemeinnützigen und freien Vereine und Verbände der Landstriche und Städte verwenden – je nach Region mehr oder minder ausgeprägt – ihre eigene Symbolik: Karnevalsvereine, Schützenbruderschaften, Einzelhandelsverbände, Jugendorganisationen, Seniorenclubs, Kulturgruppen, Bildungszentren, Stadtringe und andere Interessenzusammenschlüsse arbeiten unter dem Dogma unterschiedlicher Symbolik, die in Infografiken aufgenommen werden kann.

Derlei ortstypische Signets sollten nicht nur in der Infografik-Abteilung verfügbar sein, sondern auch konsequent und im Zweifel lieber einmal zu häufig als zu selten verwendet werden. Denn durch nichts läßt sich kommunale Nähe der Berichterstattung besser dokumentieren als durch regionale Symbolik.

Kartenarchiv

Daß Kartenklau illegal ist, wurde bereits angesprochen (Kapitel 1 im dritten Teil dieses Buches) und soll an dieser Stelle nicht noch einmal breitgetreten werden. Karten werden gezeichnet, dieses Faktum steht, und es ist gut so. Also braucht jede Grafikredaktion kartographische Grundlagen, die ohne allzu viel Aufwand auf die speziellen Erfordernisse von Thema und Corporate Design zuschneidbar sind.

Das Kartenarchiv sollte möglichst viele Maßstabsvarianten einschließen: Von der Weltkarte bis zur lokalen Katasteransicht ist zu sammeln, was in die Finger zu bekommen ist. Einige gute und vor allem aktuelle Atlanten mit einer brauchbaren Bandbreite von topographischen und thematischen Abbildungen sollten zum Archiv gehören sowie Stadtpläne und Planungskarten. Vor allem Straßen- und Schienennetzverbindungen sind penibel genau auf aktuellem Stand zu halten, denn nichts ist ärgerlicher, als eine Bundesautobahn infografisch zu verzeichnen, über die nie ein Auto glitt – weil sich vor Ort noch Ratsvertreter mit Naturschutzverbänden und Anliegern um die genaue Trassenführung, prinzipiellen Sinn, Zweck und Nutzen des Abschnitts zanken.

Inzwischen gibt es, neben den arrivierten Papiervorlagen, bereits einige Kartensammlungen auf CD-ROM, deren Material gelegentlich sogar lizenzfrei verwendbar ist. Die Dateien sind meist im *FreeHand*- oder *Illustrator*-Format abgelegt.

In der Regel – weil sonst der potentielle Markt allzusehr schrumpfen würde – decken diese Sammlungen allerdings nur relativ große Bereiche ab, und diese meist nur sehr grob. Allerdings haben bereits einige Landes- und sogar viele kommunale Katasterämter mit der Digitalisierung ihrer Kartenwerke begonnen. Nachfragen lohnt sich in jedem Falle: Bringt man etwas Verhandlungsgeschick mit, stellen die Behörden ihr Material im Dienste einer ordentlichen Berichterstattung oft für wenig oder, bestenfalls, gar kein Geld zur Verfügung.

Fotoarchiv

Fotos sind unverzichtbares Rohmaterial jeder Grafik-Sektion. Nicht nur als Basis von Fotografiken oder als Schmuckelemente eignen sich Ablichtungen ausgezeichnet, nicht nur als Vorlagen für dekorierende oder informationstragende Zeichnungen – sie sind oft auch hervorragende Dokumente der Gegenrecherche und Datenabsicherung. Liegt beispielsweise nicht nur eine Karte vor, sondern auch eine Luftbildaufnahme des zu zeigenden Bereichs, fallen unter Umständen auf dem Foto markante Ortszüge auf, die die Karte nicht verzeichnete, die aber Lesern zur Orientierung dienen können. Im „besten" Falle offenbart das Bild auch, daß ein Gebäude gar nicht mehr steht, oder eben, um das Beispiel oben aufzugreifen, statt einer Straße nur ein Bauacker prangt, wo laut Karte Umgehungsverkehr strömt.

Und steht nicht nur die Konstruktionsskizze der neuen Walzstraße zur Verfügung, sondern ein Prospekt mit Foto des Ungetüms, wird die Grafik farbechter, realitätsnäher und, vielleicht, sogar technisch korrekter und eingängiger ausfallen, als selbst die Konstrukteure dies in der Konstruktionsphase für möglich hielten.

Bereits seit einigen Jahren treten immer wieder neue Fotoagenturen auf den Markt, die ihre Produkte auf CD-ROM oder auch im Internet vorstellen. In den seltensten Fällen allerdings ist die Verwertung der Bilder kostenlos; CDs und Web-Seiten enthalten nur grob aufgelöste Vorlagen für die Layouterstellung. Die eigentlichen Dateien gibt es nur auf Anfrage und gegen Gebühr.

Von Jägern und Sammlern

Prinzipiell kann ein Archiv gar nicht umfangreich genug sein. Wer für möglichst viele infografische Eventualitäten gerüstet sein will, geriert sich als Jäger und Sammler: Jede Kartenvorlage, jede halbwegs nützlich erscheinende Statistik, jede gelungene Fotografie, jedes Vereinsemblem, dessen man habhaft werden kann, sollte ins Archiv gelegt werden. Vielleicht erweisen sich die Unterlagen irgendwann einmal als nützlich und arbeitserleichternd.

Auch in dieser Hinsicht lohnt es immer wieder, die Kollegen Schreiber und Fotografen zum Mithelfen zu motivieren. Gerade Texter, die häufig vor Ort stehen, im direkten Kontakt mit Informanten, sollten sich selbst darauf trainieren, jedes auch nur potentiell nutzbringende Informationsschnipselchen mitzubringen von Pressekonferenz oder Vier-Augen-Gespräch. Wenn also während eines Pressegesprächs beim Oberstadtdirektor über die caritativen Aktivitäten der Kommune mehr durch Zufall eine Karte an der Bürowand hängt, die die jüngsten Verkehrsstatistiken veranschaulicht, versuche man, ihrer habhaft zu werden. Wer mehr unverhofft als gezielt Firmenbroschüren in die Finger bekommt, Jahresberichte oder Skizzen jeder Art, bitte um eine Ablichtung oder gar das Original, und lege es gezielt im Infografik-Archiv ab.

2.3 Die Computer-Hardware

Die Revolution war kurz, aber heftig. Innerhalb von zwei Jahrzehnten hat der Computer die Zeitungs- und Zeitschriftenproduktion von Grund auf verändert. Der Bleisatz ist tot, der rechnergestützte Umbruch ist auch in den kleinsten Häusern längst Standard.

Auch Informationsgrafiken werden heute, von ganz wenigen auffälligen Ausnahmen abgesehen, am Bildschirm erstellt – und nach wie vor ganz überwiegend an Apple-Macintosh-Computern, die sich seit den frühen achtziger Jahren als „Rechner der Kreativen" eine Nische erobert haben.

Alle folgenden Beschreibungen, die die Hard- und Software betreffen, sind weder mit Preisangaben noch Versionsnummern oder näheren Details, zum Beispiel empfehlenswerten Prozessortypen, gespickt. Nicht ohne Grund, denn die Entwicklung im Bereich Rechner vollzieht sich zu schnell, als daß derlei Angaben wirklich Bestand über das Erscheinungsdatum dieses Buches hinaus haben könnten.

Die leidige Frage: Mac oder PC?

Viele lange Jahre war die Grenze gezogen zwischen Apple und PC. Mit dem Siegeszug des Internet beginnt sie zwar aufzuweichen, gilt aber im Prinzip immer noch: Macs gelten als die Profi-Rechner, die Agentur-Computer, die Werkzeuge der „wirklich" Kreativen, der (Werbe-)Agenturen – kurz derjenigen, die mit den Geräten arbeiten, und nicht das Erscheinen actiongeladener „Baller-Spiele" zum Kaufanlaß nehmen. PCs dagegen, „DOSen", gelten eher als die digitalen Spielzeuge für den Heimbedarf, als Discount-Ware im Vergleich zu den immer noch recht teuren Macs. Fast alle Infografik-Agenturen erstellen ihre Werke bis heute am Mac.

Dabei lag das Problem eigentlich niemals wirklich in den Bauarten der beiden Konkurrenten begründet, sondern in den Betriebssystemen, den „Seelen", auf deren Basis die Rechner funktionierten. Während Apple schon sehr früh sehr stabile Betriebssysteme mit anschaulichen und benutzerfreundlichen grafischen „Oberflächen", virtuellem Papierkorb und anderen Symbolen kombinierte, basierten PCs bis vor wenigen Jahren zu mehr als 90 Prozent auf dem recht kryptischen „Disc Operating System" (DOS) der Firma *Microsoft*, auf das irgendwann die mehr oder minder störungsanfällige Oberfläche „Windows" gepfropft wurde. Mit „Windows 95" hat zwar inzwischen auch der Weltriese *Microsoft* nachgezogen und System und Oberfläche verschmolzen (und den „Papierkorb" eingeführt). Die Systeme von Mac und Standard-PC aber sprechen bis heute in vieler Hinsicht unterschiedliche „Sprachen", und viele Macintosh-Dokumente sind nach wie vor auf PCs nicht zu öffnen – andersrum funktioniert es schon eher. Doch, wie angedeutet, die Grenzen weichen allmählich auf.

Ein wichtiges, wenn nicht das entscheidende Argument für den Apple war lange Zeit, daß die „guten" Publishing-Programme grundsätzlich im Mac-Format verfaßt wurden, professioneller Schriftsatz nur in diesem Format möglich war (weil die entsprechenden Schriftsätze nur Mac-tauglich lieferbar waren) – und Programme wie Typos in der Regel erst lange Zeit später (oft auch gar nicht) in „IBM-kompatiblem" Format auf den Markt gelangten. Heute erscheinen auch „Profi-Programme" wie *FreeHand* oder *Photoshop* meist zeitgleich Mac- und PC-tauglich in den Regalen und Prospekten.

Das Internet schließt zudem weitere Lücken. Die Web-Sprache HTML gilt ohnehin für Mac wie PC gleichermaßen. Zusätzlich existieren inzwischen digitale Bildformate wie EPS, GIF oder JPEG, die in Programmen beider Systeme einsetzbar, teilweise auch bearbeitbar sind. Nicht zuletzt deshalb ist die ehedem heißblütig geführte Debatte „Mac oder PC" inzwischen etwas abgekühlt. Viele Redaktionen nutzen inzwischen PCs, weil sie wissen, daß ihre freien Schreiberlinge Texte zu Hause an der „DOSe" schreiben, und weil sie diese Texte per Diskette oder ISDN möglichst problemlos ins Redaktionssystem einbinden möchten. Da bietet es sich an, auch das Grafik-Ressort mit einem kompatiblen System auszustatten.

Andererseits ist die Mac-Vorliebe der Grafiker bis heute ungebrochen – sei sie nun traditionalistisch oder wirklich begründet. Dieses Buch etwa wurde an einem Mac verfaßt. Weil die Beispielgrafiken ganz problemlos einzubinden waren. Und weil der Autor die Bedienungsfreundlichkeit der Mac-Oberflächen bis heute schätzt.

Peripheriegeräte

Ein Muß an jedem Infografik-Arbeitsplatz ist – neben dem Rechner – ein Scanner. Viele Schaubilder beziehen sich auf Fotografien, bildliche Ausgangspunkte, die per Scanner bequem ins System übertragen und dort mit entsprechender Software weiterbearbeitet werden können.

Falls nicht schon in den Rechner integriert, sollte auf jeden Fall ein Speichermedium wie beispielsweise ein ZIP-, JAZZ- oder SyQuest-Laufwerk zur Verfügung stehen. Auch ein CD-Brenner ist inzwischen keine ausufernde Investition mehr und erlaubt die Archivierung großer Datenmengen.

2.4 Die Computer-Software

Es herrscht wahrlich kein Mangel an geeigneter Software, die jeweils ganz speziell auf die Erstellung von Diagrammen, Karten, Schnittzeichnungen oder Wetterbildern ausgelegt sind. Standard aber sind im Bereich der journalistischen Infografik nur einige wenige, fast universell einsetzbare Zeichen- und Bildbearbeitungsprogramme. Programme, die entweder auf dem Vektorisierungsprinzip beruhen oder auf dem Pixel-Prinzip.

Unter den „Top Ten" der Programme stellen die Vektorisierungsprogramme die Mehrzahl. Dies nicht ohne Grund: Im Vergleich zu den Pixel-Programmen sind vektorisierte Bilder weit bequemer veränderbar, in der Größe fast beliebig variierbar und fast immer auch erheblich weniger speicherintensiv.

Vektorisierungsprogramme

Vektorisierungsprogramme basieren im Kern auf geometrischen Prinzipien. Der Kerngedanke ist, daß jede Fläche durch die Linien, die sie umschließen, zu definieren ist; jede Linie wiederum ist zu definieren durch einen Anfangs- und einen Endpunkt; jede Linienkrümmung ist zu definieren durch eine Tangente, die an die Endpunkte der Linie angelegt wird. Vektorisierungsprogramme registrieren und sichern lediglich diese Kerninformationen, also die geometrischen Positionen, die Koordinaten der Punkte, der Tangenten (genannt Bezier-Kurven) und den farblichen Inhalt der umschlossenen Fläche. Das läßt vektorisierte Bilder sehr speicherökonomisch geraten; zudem kann jede Punkt- oder Tangentenposition immer wieder sehr leicht verändert werden, das Bild bleibt also bis zum Schluß rasch variierbar, was gerade im oft hektischen redaktionellen Alltag sehr wichtig sein kann.

So läßt sich beispielsweise ein schlichter Tropfen durch nicht mehr als drei Punkte und eine angelegte Tangente beschreiben und rasch dehnen und stauchen. Abbildung 376 wurde mit Hilfe von *Macromedia FreeHand* erstellt; der Tropfen erfordert im DIN A4-Format einen Speicherplatz von gerade einmal 31 Kilobyte. Übersetzt man den fertigen Tropfen in ein Pixel-Programm (in diesem Falle *Adobe Photoshop*), schnellt die Bildgröße auf 6.832 Kilobyte – also das 220fache.

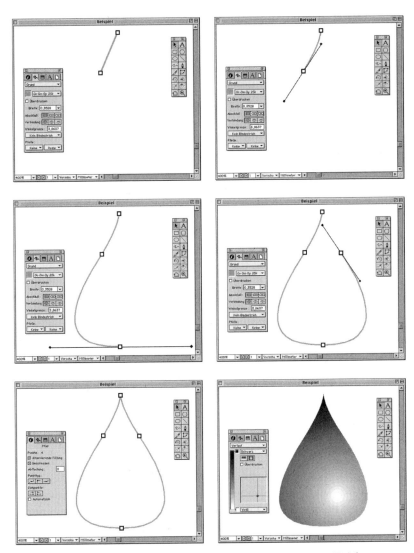

Abbildung 371 bis 376 – Das Prinzip des vektorgestützten Zeichnens am Computer. Das Bild wird definiert durch die geometrischen Positionen der Einzelpunkte, an die eventuell sogenannte „Bézier"-Tangenten angelegt werden, die geschwungene Übergänge ermöglichen. Spezielle Füllungsfunktionen ermöglichen die Herstellung dreidimensionaler Effekte.

Der Allrounder (I): Macromedia FreeHand

Zumindest im deutschsprachigen Raum hat sich das Zeichenprogramm *FreeHand* der Firma *Macromedia* (eingeführt wurde es von *Aldus*) eine nahezu unanfechtbare Position erarbeitet. Die führenden Grafik-Agenturen verwenden es, die meisten Redaktionen haben inzwischen nachgezogen.

Seit Ende der achtziger Jahre entwickelten die Software-Tüftler das Programm teilweise in echten Quantensprüngen fort. Mittlerweile ist ein recht hohes Niveau erreicht; es gibt kaum noch allgemeine zeichnerische Variationen, die mit *FreeHand* nicht mehr umzusetzen wären. Inzwischen hat *FreeHand* auch das letzte große Defizit gegenüber dem großen Konkurrenten *Illustrator* aus dem Hause *Adobe* wettgemacht: Die jüngeren Versionen enthalten eine Chart-Funktion, die eingegebene quantitative Daten automatisch in Diagramme umsetzt – die anschließend wiederum beliebig bearbeitbar sind.

Ansonsten bringen die Neuauflagen des Programms insgesamt nur noch recht marginale Fortschritte, meist in den Bedienerfunktionen oder in der Verträglichkeit mit anderen Programmen. Neben *Adobe Illustrator* ist *FreeHand* in jedem Falle das empfehlenswerteste Zeichenprogramm, das sich zur Zeit auf dem Markt befindet.

Der Allrounder (II): Adobe Illustrator

Im angelsächsischen Raum ist das Programm *Illustrator* aus dem Hause *Adobe* ein härterer *FreeHand*-Konkurrent als in deutschsprachigen Ländern. Ausschlaggebende Vor- oder Nachteile in Bedienungskomfort oder Zeichenpotential sind gegenüber dem Konkurrenzprodukt kaum noch auszumachen; zwar hat jeder Grafiker eine Vorliebe für das eine oder andere Produkt, doch die Differenzen sind in jeder Hinsicht weitaus marginaler, als Expertendiskussionen bisweilen vermuten lassen.

Entscheidendes Argument für *Illustrator* ist, daß das Programm besser mit *Photoshop* aus dem selben Hause harmoniert. Entscheidendes Defizit ist eben jene geringe Verbreitung im Vergleich zu *FreeHand*: Wer externe Auftraggeber mit Grafiken bedient, setzt sich der Gefahr aus, daß in deren Hause die Grafik sich nicht ohne weiteres öffnen und nachbearbeiten läßt.

Der Allrounder (III): CorelDraw!

Im Gegensatz zu *Illustrator* und *FreeHand*, die als klassische Macintosh-Programme gelten (aber inzwischen in ihren Upgrades, anders als früher, meist sofort nach Erscheinen auch IBM-kompatibel erhältlich sind) ist *CorelDraw!* das klassische PC-Zeichenprogramm. Es galt lange Zeit – und nicht zu unrecht – in Komfort und Funktionsreichtum als eher billiger Abklatsch der beiden „Großen", hatte in der Tat viele Geburtsfehler und Kinderkrankheiten. Zusätzlich rümpfen wohl viele Grafiker bis heute die Nase über das Programm, weil *CorelDraw!* gerade auf Heim-Rechnern sehr verbreitet ist und sehr viele Standardvarianten und Clip-Arts vorhält, die auf Amateur-Geburtstagseinladungen eine geradezu inflationäre Verbreitung finden. *CorelDraw!* haftet damit in den Augen vieler Profis der Ruch des Semiprofessionellen an: Kein echtes kreatives Zeichenprogramm, sondern eine Spielwiese für Hobby-Maler, heißt es.

Die jüngsten Versionen allerdings haben mächtig Boden gut gemacht in Sachen Potential und Bedienbarkeit, und, nicht zuletzt: Verglichen mit *FreeHand* und *Illustrator* ist *CorelDraw!* konkurrenzlos günstig im Erwerb geblieben.

Insgesamt darf *CorelDraw!* also heute durchaus als Alternative zu den beiden „Arrivierten" gelten. Letztlich entscheidet weniger das Programm, als das, was man daraus macht!

3D-Programme: Adobe Dimensions und Infini-D

Wer infografisch in die „dritte Dimension" abtauchen will, kann sich dieser beiden Hilfsprogramme bedienen. Allerdings bieten die „großen" Programme, *FreeHand* und *Illustrator*, inzwischen ebenfalls einige 3D-Funktionen an, die *Dimensions* und *Infini-D* zunehmend überflüssig geraten lassen.

Pixel-Programme

Pixel-Programme eignen sich vor allem zur Nachbearbeitung von Bildern, weniger zur Erstellung eigener Zeichnungen. In Pixel-Programmen sind Bilder in eine bestimmte Anzahl von Farb-Quadraten (Pixel) aufgelöst. Jedes einzelne Quadrat wird bei der Speicherung als Einzel-Information abgespeichert.

Ein sauberer Bildeindruck verlangt eine relativ hohe Auflösung, das

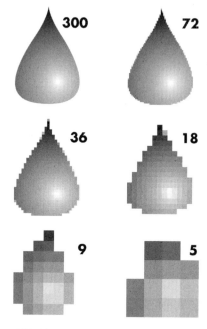

Abbildung 377 – In Pixel aufgelöste Bilder können, im Gegensatz zu vektorisierten, nicht beliebig vergrößert werden. Je nach Anzahl der Bildquadrate (hier Auflösungen zwischen 300 und 5 Pixel pro Inch) entsteht bei Skalierung nach oben ein häßlich grobkörniger Eindruck.

Bild muß also in eine möglichst hohe Zahl von Quadraten aufgelöst werden. Mit wachsender Bildgröße nimmt deswegen die Zahl der Bildquadrate zu, damit aber auch der notwendige Speicherplatz auf der Festplatte. Das entscheidende Problem aber: Wird ein vorhandenes Pixel-Bild aufs Doppelte vergrößert, steigt nicht die Anzahl der Bild-Quadrate, sondern lediglich die Größe jedes einzelnen Quadrats. Die Folge ist: Das Bild wird umso grobkörniger, je stärker es vergrößert wird.

Wer in einem Pixel-Programm zeichnet, muß daher – rein theoretisch – jedes einzelne Bildquadrat so definieren, daß am Ende ein ganzheitlicher, sauberer Eindruck entsteht. Zwar bieten einige Pixel-Programme inzwischen auch Vektorisierungsfunktionen an, die beim Zeichnen helfen können – letztlich aber wird jedes Bild aber doch wieder in Pixel umgesetzt, und es ist in diesem Zustand weitaus schwieriger nachträglich zu bearbeiten und vor allem nach wie vor nicht ohne Qualitätseinbuße zu vergrößern.

In den meisten Grafik-Redaktionen werden Pixel-Programme daher nicht zur eigentlichen Grafik-Erstellung verwandt, sondern höchstens, um Fotovorlagen (für Fotografiken oder als informationsstützendes Element) zur Druckreife zu bearbeiten – oder um abgescannte Zeichen- und Kartenvorlagen für die zeichnerische Umsetzung vorzubereiten.

Schließlich bietet vor allem das Programm *Photoshop* eine Reihe sogenannter „Filter" an, mit deren Hilfe optische Effekte in Bilder einzuarbeiten sind, deren Herstellung in Vektorisierungsprogrammen kaum möglich oder zumindest mit deutlich größerem Aufwand verbunden wäre: So sind unter anderem Lichteffekte generierbar, grobkörnige Rasterungen und Störeffekte übers Bild zu legen, Aquarell-Illusionen und „weichgezeichnete" Schleier erzeugbar.

Adobe Photoshop

Weltweit führend unter den Pixel-Programmen ist *Photoshop* der Firma *Adobe*. Das Programm ist inzwischen weitestgehend kompatibel mit den wichtigsten Vektorisierungsprogrammen *FreeHand* und *Illustrator*, und zwar in beiden Richtungen. Das heißt: *Photoshop*-Bilder sind relativ problemlos auch in Vektorisierungsdateien einzuarbeiten, umgekehrt sind Vektor-Zeichnungen in *Photoshop* (per Hand allerdings) in Pixel-Bilder umzubauen.

Der Vermittler: Adobe Streamline

Ein Informant hat zugesagt, ein „digitalisiertes Logo" seiner Firma fürs Symbolarchiv zur Verfügung zu stellen. Das Dokument entpuppt sich als speicherintensive Pixel-Datei, die in dieser Form kaum verwendbar ist.
In solchen Fällen muß meistens nachgezeichnet, das Pixel-Bild in eine Vektor-Grafik überführt werden. Wenn das Bild allerdings nicht zu kleinteilig, „ziselig" und detailreich ist, kann der „Vermittler" helfen: *Adobe Streamline*. Dieses Programm übersetzt Pixel-Strukturen in Vektoren, die nachträglich in *FreeHand* oder *Illustrator* verfeinert werden können.
Ähnliche Funktionen bietet zwar beispielsweise auch *FreeHand* auf. Die Resultate sind allerdings hier meistens noch dürftiger als in *Streamline*, mit dem, wie gesagt, viele Umsetzungen auch nicht befriedigend ausfallen. In derlei Fällen bleibt nur das gute, alte Handzeichnen.

Layout-Programme (I): QuarkXPress

Ursprünglich war *QuarkXPress* weniger als Zeichen- denn als Layout-Programm konzipiert – und wird wohl auch langfristig eher zu diesem Zweck eingesetzt werden. Gerade etablierte Zeitschriften werden heute ganz überwiegend mit *QuarkXPress* gestaltet.

Zumindest schlichtere, „kastige" Zeichnungen und Grafiken lassen sich aber auch in diesem Programm recht komfortabel umsetzen. In den jüngeren Versionen von *QuarkXPress* steht nun auch die Bezier-Funktion zur Verfügung, so daß mittelmäßig aufwendige Grafiken durchaus auch hier anzufertigen sind, und zwar mit weit weniger „eckigem" Profil, als das bisherigen *Quark*-Grafiken zu eigen war. Der entscheidende Vorteil: Wer eine Grafik für ein bestimmtes Print-Produkt erstellt, muß nicht mehr zwischen Layout- und Zeichenprogrammen herumspringen, sondern kann direkt alles in *Quark* erledigen. Für aufwendigere Zeichnungen und Grafiken aber wird sich *QuarkXPress* aber wohl noch steigern müssen, bis es die Vektorisierungsprogramme überflüssig geraten läßt.

Layout-Programme (II): Adobe PageMaker

Im Bereich der Layout-Programme war *PageMaker* lange Zeit in jener nahezu unangefochtenen Marktführer-Position, wie sie heute *QuarkXPress* innehat. Dann allerdings ließen vernünftige Updates allzu lange auf sich warten, und die Pole Position war dahin.

Aus dieser Pleite hat man gelernt. In der Benutzerfreundlichkeit steht *PageMaker QuarkXPress* inzwischen kaum noch nach. Das Problem ist nur: *Quark* ist Quasi-Standard, auf vielen Rechnern befindet sich schlicht und einfach keine *PageMaker*-Lizenz mehr. Damit aber ist auch die schönste *PageMaker*-Kreation wertlos – weil nicht „aufmachbar".

Charting-Programme (I): DeltaGraph

Statistische Schaubilder „freihand" zu zeichnen, erfordert nicht nur Geschick, sondern auch ein wenig mathematisches Grundlagenwissen. Wie sind Datenrelationen in Säulenlängen umzurechnen? Welchen Winkel macht ein Anteil von 27 Prozent in einem Kreisdiagramm aus? Und wie bekomme ich eine 3D-Ansicht hin, ohne daß mein schönes Grundbild vor die Hunde geht?

Charting-Programme – das gängige ist *DeltaGraph* – nehmen Nutzern diese und viele andere Kalkulationen ab. In spezielle Masken gibt man stattdessen einfach die umzusetzenden Werte ein, „plottet" sie – und erhält ein fertiges Bild. Natürlich hat dieser Komfort auch einen

Preis: den nämlich, daß die Darstellung zwar statistisch korrekt, ästhetisch aber schlimmstenfalls eine Katastrophe ist. Da wabern dann Datenziffern an unpassender Stelle, die Farbgebung ist willkürlich, die Integration von ergänzenden Elementen funktioniert kaum. Um ein ansehnliches Ergebnis zu erzielen, müssen die Datenbilder meist nochmal in die bewährten Zeichenprogramme eingeladen und dort überarbeitet werden. Was sich meistens erübrigt, denn zumindest *FreeHand* und *Illustrator* bieten inzwischen Charting-Funktionen auf, die zwar nicht ganz die Fülle der Möglichkeiten von *DeltaGraph* erreichen, aber in 95 Prozent aller Erfordernisse genauso effektiv sind.

Charting-Programme (II): Microsoft Excel

Die gängige PC-Variante des Chartings, Excel von der Firma *Microsoft*, bietet umfangreiche Kalkulationsfunktionen. Vor- und Nachteile halten sich im Vergleich zu *DeltaGraph* die Waage, die Resultate allerdings sind aus professioneller Infografiker-Sicht ähnlich unverwertbar wie die des Konkurrenzproduktes.

3. Juristisches

Einige juristische Klippen der infografischen Arbeit kamen an verschiedenen Stellen dieses Buches bereits zur Sprache. Dabei ging es vor allem um die allzu sorglose Verwendung visueller Vorlagen aus hausfremder Quelle – Karten aus Atlanten, Fotos aus dem Internet, Clips aus anderer Feder als der eigenen.

Gerade im Kapitel „Statistik" allerdings war ebenfalls oft von „Manipulation", „Verfälschung", „Verdrehung" oder auch nur von den Gefahren der „Mißverständlichkeit" die Rede. Es wurde angesprochen, daß verschiedene kartographische Projektionstechniken die erdräumlichen Verhältnisse durchaus krasser verzerren als andere, und daß diese Werke damit auch divergierende Schlüsse beim Betrachter auslösen können. An dieser Stelle lohnt also zumindest eine kurze Übersicht über die juristischen Hintergründe der Informationsvermittlung via Grafik: Sind schlechte, falsche oder sogar manipulative Infografiken, falls überhaupt als solche identifizierbar, justitiabel? Können Infografiker mit allzu waghalsiger Umsetzungsphantasie oder schlicht durch die Verarbeitung zweifelhafter Information vor dem Kadi landen? Keine Sorge: So schlimm ist's in der Regel nicht. Freilich ersetzt dieses Kapitel keinen Hausjuristen – die Angaben erfolgen weitestgehend ohne Gewähr!

Die (Sonder)-Rechte von (Grafik-)Journalisten
Grundsätzlich liegt es nahe, Infografiken als Mittel journalistischer Berichterstattung denselben ethischen und eben vor allem juristischen Kriterien zu unterwerfen wie andere Beiträge auch.

Das heißt zunächst, daß grundsätzlich auch die Ersteller grafischer Information das Grundrecht der Meinungsfreiheit genießen. Dies umfaßt die journalistischen (Sonder-)Rechte – Zeugnisverweigerungsrecht also, Beschlagnahme- und Durchsuchungsverbote – sowie den Anspruch gegenüber staatlichen Behörden auf Auskunft. Es zieht aber auch Pflichten und gewisse Auflagen nach sich.

Die Sorgfaltspflicht und andere Schutzklauseln

So gilt für Grafik-Journalisten wie für alle Kollegen Berichterstatter das Gebot der Sorgfalt, die Sorgfaltspflicht, die in fast allen Landespressegesetzen der Bundesrepublik Deutschland festgeschrieben ist. Nun ist dies tendenziell ein „Gummi-Paragraph" – wann ist schon jener schimären „Sorgfalt" im Einzelfall Genüge getan? –, der aber durchaus schon zu gerichtlichen Auseinandersetzungen geführt hat, die an und für sich bereits unerfreulich sind. Zu den journalistischen Pflichten zählt darüberhinaus das Gebot, die Persönlichkeitsrechte des einzelnen zu schützen und den Unternehmensschutz zu respektieren.

Vor allem das vermeintlich „öffentliche" Interesse an Sachverhalten wird immer noch häufiger als zulässig als Recht der Berichterstattung über so gut wie alles fehlinterpretiert. Die Umsetzung geheimer Firmendaten in statistische Bilder aber kann zur heiklen Angelegenheit werden, wenn eine besondere Relevanz der Daten nicht gegeben ist – wenn also beispielsweise ein Firmenmitarbeiter als Informant die Zahlen nur herausgeschmuggelt hat, um dem Boß zu schaden, nicht aber, weil die Firma in irgendeiner Weise gegen allgemeine gesellschaftliche Interessen verstößt oder verstoßen hat. Und Privates über einen vermeintlichen „Promi" zu verbreiten, nur weil er im Rampenlicht steht, ist auch nur in äußerst wenigen begründeten Ausnahmefällen mit der herrschenden Rechtsmeinung in Einklang zu bringen.

Tatsachenbehauptung und Werturteil

Anfechtbar ist vor allem die Verbreitung falscher Tatsachenbehauptungen. Hier könnten Betroffene auf Verleumdung oder üble Nachrede klagen – und das kann teuer werden, wenn der öffentliche Ruf des Betroffenen durch die fehlerhafte Behauptung herabgesetzt wurde. Während sich aber Tatsachenbehauptungen zumindest potentiell objektiv nachprüfen lassen, ist die Meinungsäußerung, das Werturteil, nur dann anfechtbar, wenn es sich um eine herabsetzende „Schmähkritik" handelt. Gerne bemüht wird in diesem Zusammenhang das Kraftwort der „Schmeißfliege", das, wie es so schön im Advokaten-jargon heißt, „die elementaren menschlichen Eigenschaften eines ein-zelnen bestreitet".

Die Tatsachenbehauptung ist also die hervorstechend „gefährliche" Form der journalistischen Äußerung. Abwehransprüche könnten natürliche und juristische Personen zweifellos geltend machen, wenn in einer Grafik falsche Tatsachenbehauptungen über sie aufgestellt werden – so ein Fall könnte zum Beispiel vorliegen, wenn Bilanzda-ten eines Unternehmens explizit unrichtig wiedergegeben werden oder verfälscht; wenn etwa die Aktiva eines Jahres den Passiva eines anderen gegenübergestellt werden und im Gefolge der Eindruck ent-steht, der Pleitegeier kreise über der Firma, und das seit langem, wird ein objektiv unrichtiger Zusammenhang konstruiert. Ein unzulässi-ges Werturteil, immer noch in diesem Beispiel, könnte sich zusätzlich zur falschen Behauptung in der Überschrift finden, wenn diese ver-kündet, es handele sich bei der Führungsetage der Firma um ein „Management der Hirnlosen".

Weniger Aussicht auf Erfolg dagegen hätten wohl juristische Einwän-de gegen geschickter lancierte Aussagen in Grafiken, etwa von dieser Qualität: In einem Schaubild würde unter dem Titel „Landesvater der Pleite" der absolute Schuldenstand im Lande des niedersächsischen Ministerpräsidenten den geringeren Defiziten des deutlich kleineren und bevölkerungsärmeren Schleswig-Holstein gegenübergestellt. Daß der Vergleich offensichtlich hinkt, dürfte keinen Abwehran-spruch begründen – wenn die Zahlen sämtlich stimmen, wäre die Grafik wohl gedeckt durch die Freiheit journalistischer Berichterstat-tung.

Die Wahl der grafischen Mittel

Was aber, wenn zwar die Daten stimmen, aber beispielsweise – wie auf Seite 312 beschrieben – die Achsen „beschnitten" sind, also etwa ein Balkendiagramm die Ausprägungen nicht abstandsproportional korrekt wiederspiegelt? Hier dürften juristische Instrumente kaum greifen, denn die Freiheit der Berichterstattung erstreckt sich prinzi-piell auch auf die Wahl der Mittel, mit deren Hilfe die Nachricht for-muliert wird. Sofern also die korrekten Ziffern im Diagramm mitgeliefert sind, dürfte eine Klage wegen Ehrverletzung oder Verbreitung falscher Tatsachenbehauptungen scheitern.

Der Kodex des Deutschen Presserats

Immerhin existiert in Deutschland nicht nur eine streng juristische, sondern auch eine „ethische" Meßlatte, die auch an infografische Berichterstattung angelegt werden kann und sollte: den Kodex des Deutschen Presserats, der unter anderem auch nicht streng justitiable „Vergehen" wie zweifelhafte Recherchestrategien oder inhaltlich-ethisch schlicht zweifelhafte Beiträge aufspürt und gegebenenfalls rügt. Echte Sanktionsmöglichkeiten hat dieses von den meisten Medien Deutschlands getragene Organ „freiwilliger Selbstkontrolle" zwar nicht. Es liefert aber nicht selten interessante Anstöße und Beiträge zur öffentlichen Diskussion.

Dieses Verständnis allerdings hat sich in bezug auf Infografik entweder noch nicht durchgesetzt – oder, was näher liegt, Infografiken genießen nach wie vor nicht dasselbe kritische Augenmerk wie Text-Beiträge. Bis Ende 1998 jedenfalls war beim Deutschen Presserat nach meinen Recherchen noch keine Beschwerde eingegangen, die sich auf grafische Darstellungen in journalistischen Produkten bezogen. Es ist relativ unwahrscheinlich, daß sich diese Tatsache durch die durchgängig brillante Qualität von Grafiken in der deutschen Presselandschaft erklärt.

Fotos und Abbildungsschutz

Fotografien spielen in der Welt der Infografik eine wichtige Rolle. Sei es als bloße Zeichenvorlage, als Illustrationsbeigabe oder eben als prägendes Informationselement einer Fotografik: Geknipste Bilder sind Bestandteil der modernen Infografik. Und auch wenn Fotos in jedem dieser drei Zusammenhänge nicht solitär stehen, sondern eben nur Teil eines größeren Ganzen sind, erstrecken sich die juristischen Auflagen der Bildberichterstattung auch auf sie.

Das gilt zum einen für die wenigen gesetzlichen Fotografierverbote, die sich im wesentlichen auf militärische Anlagen, Pornografisches und Gerichtsverhandlungen beziehen. Es gilt aber auch für die Abbildung von Personen und deren Recht am eigenen Bild, das zumindest in deren Intim- und Privatsphäre praktisch unantastbar ist.

Es sei nochmals auf ein bereits angesprochenes Beispiel von Seite 125 verwiesen: Das Persönlichkeitsrecht greift auch, wenn das Foto eines Menschen, der seine Einwilligung gegeben hat, fotografiert zu werden, in „konstruiertem" thematischen Zusammenhang, also zum Beispiel in einem Diagramm als Schmuckelement verwendet wird. Läßt sich also ein Anwalt in Robe ablichten, weil er davon ausgeht, daß dies der Illustration eines Prozeßberichts dient, und ziert dieses Foto stattdessen später eine Grafik zur „Korruption unter Winkeladvokaten", kann der Abgebildete mit großer Wahrscheinlichkeit erfolgreich Abwehransprüche geltend machen.

Im übrigen, und dies ist für Infografiker nicht unerheblich, beschränkt sich das Recht am eigenen Bild ausdrücklich nicht auf Fotos, sondern auch auf „Bildnisse" allgemein – damit auch auf (computererstellte) Zeichnungen und Grafiken. Wer sich also schlau wähnt und Grafiken prinzipiell ganz aus eigener Feder schöpft, kann es trotzdem mit Ansprüchen einzelner zu tun bekommen.

Urheberschutz und Verwertungsrechte

Wer eine Infografik erstellt, schafft im juristischen Sinne in aller Regel ein „Werk". Diese Tatsache steht weitgehend unabhängig von der Qualität des Produkts: Ein Werk liegt prinzipiell dann vor, wenn „ein geistiger Inhalt in einer bestimmten Form individuellen Ausdruck gefunden hat". Karten fallen ebenfalls unter diese Klausel, auch wenn ein bloßer räumlicher Zustand an sich natürlich nichts „Schützenswertes" darstellt – in der Regel jedoch bedingt die Herstellung einer Karte Farbwahl, Form- und Liniengestaltung, und auch wenn das Maß an eigenschöpferischer Formgestaltung gerade in schlichteren Karten gering ist, ist juristisch herrschende Meinung, daß sie in aller Regel „Werkschutz" genießen.

Verbunden mit dem Werkcharakter einer Schöpfung ist das Urheberrecht, das sich wiederum auch auf das Werk Fotografie erstreckt. Wer also fremderstellte Karten zur Grundlage einer Grafik nimmt und dabei nachvollziehbare Wesenszüge der Vorlage adaptiert (das können auch Fehler sein), muß mit Problemen rechnen. Dasselbe gilt für Fotos, die als Grundlage von Nachzeichnungen verwendet werden: Sofern sich das Original aus der Umarbeitung erschließt, dürfte der Hersteller der Vorlage Ansprüche geltend machen dürfen. Dies freilich hat wiederum nichts damit zu tun, daß die Umarbeitung, die Nachzeichnung an sich wiederum den Charakter eines schützenswerten Werks genießt. Das damit wiederum auch urheberrechtlich geschützt ist.

4. Die Agenturen

Die meisten Grafiken, die in der Tagespresse zu begutachten sind, stammen von spezialisierten Agenturen. Die Zeitschriftenhäuser greifen ebenfalls, wenn auch nicht im selben Umfang, auf die Angebote dieser Grafikdienste zurück.

Die meisten Agenturen sind als Abteilungen größerer Anlieferer, der etablierten Nachrichtendienste also, organisiert. Allerdings gibt es inzwischen auch zaghafte Versuche einzelner Verwegener, kleinere, oft sogar lokal oder zumindest regional operierende Angebote auf die Beine zu stellen. Die folgende Auflistung erhebt daher nicht den Anspruch auf Vollständigkeit, deckt aber zumindest die größten Anbieter im deutschsprachigen Raum ab.

Praktisch alle der hier vorgestellten Agenturen bieten ihre Grafiken als „offene", nachbearbeitbare Dateien an; meistens handelt es sich dabei um *FreeHand*-Formate. Farben, Schriften und Strichstärken sämtlicher hier vorgesetellter Anbieter sind also relativ problemlos auf hauseigenen Stil zu trimmen.

AFP INFOGRAFIK

Vier Vollzeitbeschäftigte und eine Halbtagskraft in der deutschen Grafik-Abteilung der AGENCE FRANCE-PRESS (AFP) bieten ihren Kunden etwa 25 Infografiken pro Woche an. Angeschlossen an AFP INFO-GRAFIK ist seit 1999 die Grafik-Abteilung des SPORTINFORMATIONSDIEN-STES (SID, siehe weiter unten).

Etwa ein Drittel der Grafiken stammt aus der französischen AFP-Zentrale in Paris; sie werden „eingedeutscht". Die übrigen zwei Drittel werden von den Grafikern selbst recherchiert und gestaltet, teilweise arbeitet der AFP-Textdienst thematisch zu. Inhaltliche Schwerpunkte setzt AFP INFOGRAFIK seit dem Start 1991 in der tagesaktuellen Politik, dem Wirtschafts- und allgemeinen Weltgeschehen; Hintergrundstücke, Service-, Verbraucher- und wissenschaftliche Themen runden das Spektrum ab, mit dem vor allem Tageszeitungen und Zeitschriften bedient werden. Im Einzelverkauf werden darüberhinaus Infografiken an Schulbuchverlage, Branchenblätter und die Fachpresse abgesetzt. Einzelanfertigungen hat AFP allerdings nicht im Programm.

Sämtliche AFP-Grafiken werden in Farbe und schwarzweiß angefertigt. Angekündigt werden die Schaubilder täglich gegen 11.30 Uhr via Fax, Satellit oder über den AFP-Textdienst. Versandt werden die fertigen Grafiken kontinuierlich in der Zeit zwischen 12 und 17 Uhr über Satellit. Zusätzlich sind sämtliche Exemplare über eine spezielle Datenbank abrufbar.

Kontakt: Karl-Hans Sattler +49 30–3 08 76–410
              Infografik@afp.de
Adressen: AFP INFOGRAFIK
              Friedrichstraße 108–109
              D–10117 Berlin
              +49 30–3 08 76–0
              www.afp.de

AP Grafik

Etwa 25 Grafiken pro Woche führt die Frankfurter Zentrale von ASSOCIATED PRESS (AP) seit 1995 im Angebot. Erhältlich in farbiger und in Schwarzweiß-Ausführung, illustrieren die Bilder aktuelle Geschehnisse aus Politik und Wirtschaft, den Bereichen „Vermischtes" und Sport – die inhaltlichen Schwerpunkte variieren je nach täglichem Geschehen. Die Recherche der Daten wird hausintern vorgenommen, die eigentliche Grafikerstellung übernehmen die AP-Fotoredaktion, das Textressort und die internationalen Grafikabteilungen von AP in Kooperation. Gelegentlich steuert eine befreundete Bonner Agentur weitere Schaubilder bei. Sämtliche Infografiken sind laut AP speziell „auf unseren deutschsprachigen Kundenkreis ausgerichtet", der sich aus Zeitungen, Magazinen und Fernsehsendern rekrutiert. Einzelanfertigungen nach Kundenwunsch sind bei AP allerdings nicht vorgesehen.

Das Tagesangebot wird täglich gegen 11 Uhr in einer Vorschau angekündigt, und zwar über „alle gängigen Kontaktmöglichkeiten". Gegen Nachmittag werden die fertigen Produkte meist per Satellit, im Einzelfall auch via ISDN, Internet oder Fax übermittelt.

Kontakt: A. Rippinger 069–27230–145
                 Al_Rippinger@ap.org
Adressen: AP GRAFIK
                 Moselstrasse 27
                 D–60329 Frankfurt
                 +49 69––2 72 30–0
                 www.ap.org *und* www.ap.org.de

APA GRAFIK

Drei Angestellte, ein freier Vollzeit-Mitarbeiter sowie ein wöchentlich eingesetzter freier Mitarbeiter erstellen bei der AUSTRIA PRESSE-AGENTUR (APA) 30-40 Grafiken pro Woche. Alle Grafiken sind „100% Eigenbau", sind in Schwarzweiß wie in Farbe lieferbar und beanspruchen, die wichtigsten Aspekte der aktuellen politischen und wirtschaftlichen Nachrichtenlage aufzugreifen.

Kunden der APA, die seit 1990 ihre „infografischen" Dienste anbietet, sind sämtliche österreichischen Tageszeitungen sowie Unternehmen, Interessensvereinigungen, Zeitschriften, Verlage und andere Institutionen, für die die Abteilung auf Anfrage auch Einzelanfertigungen erstellt.

Die tägliche Angebotsausgabe erfolgt bei der APA via Internet zwischen 10 und 12 Uhr, gegen 13 Uhr erscheint eine Übersicht mit der Tagesproduktion. Meist gegen 14 Uhr werden die Grafiken, ebenfalls online, an die Kunden versendet. Dateiformat ist bei APA in aller Regel *FreeHand*, das heißt, die Grafiken sind auch redaktionell nachbearbeitbar.

Kontakt: Martin Hirsch +43–1–3 60 60 12 00
                 grafik@apa.at
Adressen: APA GRAFIK
                 Gunoldstraße 14
                 A-1199 Wien
                 +43–1–3 60 60 12 00
                 www.apa.at

BULLS PRESS

BULLS PRESS mit Sitz in Frankfurt am Main ist seit 1990 Grafik-Anbieter für den deutschen Markt. In erster Linie sind Werke im Angebot, die ursprünglich aus den Federn der etwa 50 Grafiker des amerikanischen KNIGHT RIDDER TRIBUNE-Konzerns (KRT) in Washington stammen und in Frankfurt „eingedeutscht" werden. Des weiteren werden englischsprachige Originale aus der dänischen KRT-Dependence in Aarhus übernommen und übersetzt. Ergänzt wird das Angebot gelegentlich durch Grafiken im KRT-Stil, die ein deutscher freier Mitarbeiter recherchiert und gestaltet.

Auf diese Weise kommt BULLS PRESS auf einen wöchentlichen „Ausstoß" von 25 bis 30 Grafiken, die überwiegend tagesaktuell die Schwerpunkte Wirtschaft, Politik, Features, Sport, Technik, Wissenschaft, Natur und Umwelt abdecken. Mit diesem Angebot sollen vor allem Tageszeitungen, aber auch Zeitschriften im deutschsprachigen Raum angesprochen werden. Alle Grafiken sind farbig, lediglich ältere Archiv-Produkte gibt es noch in schwarzweiß. Je nach Erstelldatum sind die Grafiken in den Formaten *FreeHand* oder *Illustrator* abgelegt.

BULLS PRESS bietet seine Grafiken auf einem ISDN- und einem Modem-Server an, auf den sich Kunden via Telefinder-Software einwählen können – einmal angelangt im System, können die Interessenten im BULLS Press-Archiv stöbern, das aktuelle Angebot studieren und gewünschte Produkte direkt herunterladen. Auf Wunsch wird auch per ISDN-Leonardo übertragen oder ein ZIP oder eine CD-ROM versandt.

Kontakt: BULLS PRESS Kundenbetreuer +49 69–9 59 27–151
                service@bullspress.de
                sales@bullspress.de

Adressen: BULLS PRESS
                Eysseneckstraße 50
                D–60322 Frankfurt
                +49 69–9 59 27–0
                www.bullspress.de

DPA GRAFIK (INDEX FUNK) und GLOBUS INFOGRAFIK

Die führende deutsche Nachrichtenagentur, die Deutsche Presse-Agentur (DPA), kam über Umwege zu ihrem eigenen Grafik-Dienst. Erst seit 1988 ist der GLOBUS-KARTENDIENST 100prozentige Tochtergesellschaft der DPA. Er wurde aber bereits 1946 begründet und stellte in der Anfangszeit ausschließlich Presse-Karten zur Verfügung, unter anderem für den SPIEGEL. Inzwischen hat sich das Schwergewicht von GLOBUS (offiziell seit 1998: GLOBUS INFOGRAFIK) auf statistische Grafiken verlagert, aber auch Karten bilden nach wie vor einen Teil des Angebots. GLOBUS bietet einmal wöchentlich etwa 14 Grafiken an, und zwar über den DPA-Bildfunk, den DPA-Basisdienst und eine eigene Online-Datenbank. Ausgeliefert werden die fertigen Produkte über den Bildfunk, die Datenbank oder per Post. Nicht nur Zeitungen und Zeitschriften bilden die GLOBUS-Kundschaft, sondern auch Verbände, Firmen und Schulen. Einzelanfertigungen nach Kundenwünschen werden auf Anfrage übernommen.

Bereits 1972 entstand INDEX FUNK als Tochtergesellschaft der DPA. Seit 1998 firmiert das Unternehmen als DPA GRAFIK, was allerdings an Ausstoß und Firmenprinzip nichts geändert hat. DPA GRAFIK bietet täglich 25 bis 30 Grafiken zum „aktuellen Tagesgeschehen" an. Dabei ist DPA GRAFIK, anders als GLOBUS, speziell auf die Belieferung der tagesaktuellen Presse ausgelegt. Täglich gegen 11 Uhr werden die geplanten Themen an die Redaktionen ausgegeben. Die Ausgabe erfolgt online im Verlaufe des Tages.

Die insgesamt 24 Mitarbeiter von GLOBUS und DPA-GRAFIK (ein Teil Grafiker, ein Teil Rechercheure) bieten sämtliche ihrer Produkte in Farbe und schwarzweiß an. Alle Grafiken werden im *FreeHand*-Format erstellt.

Kontakt: Dr. Andreas Birken +49 40–41 47 86–0
            glokadi@t-online.de

Adressen: DPA GRAFIK / GLOBUS INFOGRAFIK
            Mittelweg 143
            Postfach 13 03 93
            D–20148 Hamburg
            +49 40–41 47 86–0
            www.de / globus

IMU INFOGRAFIK

IMU INFOGRAFIK ist ein relativ junges Unternehmen. Hervorgegangen aus der Firma IMU BILDINFO, recherchieren und erstellen sechs Festangestellte seit Dezember 1998 etwa 16 bis 20 Grafiken pro Woche, mit denen man den gesamten deutschsprachigen Print-Markt abdecken möchte. Die Bilder sind jeweils in schwarzweiß und in Farbe erhältlich und gehen den regelmäßigen Kunden der Firma jeweils mittwochs als reprofähige Vorlage per Post zu; auf Wunsch erfolgt die themenbezogene Information auch per Fax. Entscheidet sich ein Kunde für den Abdruck einer Grafik, werden die Dateien (überwiegend abgelegt im Macintosh-*FreeHand*-Format) per ISDN oder als E-Mail-Attachment versandt. Die Themen von IMU INFOGRAFIK ergeben sich aus dem „aktuellen gesellschaftspolitischen und wirtschaftlichen Geschehen". Schwerpunkt ist die Hintergrundberichterstattung; lediglich Katastrophen finden zumindest in den IMU-Grafiken nicht statt. Auf Anfrage erstellt IMU Infografik auch Einzelanfertigungen nach Kundenwunsch – gerne auch zu „exotischen Themen", wie die Redaktion betont.

Kontakt: Ruth Neese 0201/840 30–11
                 imu.infografik@gmx.net
Adressen: IMU INFOGRAFIK
                 Brosweg 6
                 D–45239 Essen
                 +49 2 01–8 40 30–11
                 Fax: +49 2 01–8 40 30–12

INFOCHART

Die erste „reine" Online-Agentur für Infografiken, INFOCHART, besteht seit Herbst 1998. Zwei Inhaber und regelmäßige freie Mitarbeiter erstellen auf der Grundlage von Eigenrecherche in eher unregelmäßigen Abständen ein bis zwei Grafiken pro Woche, die im World Wide Web zu Ankauf und Nutzung angeboten werden. Das www ist auch der vornehmliche Kontakt- und Verkaufsraum.

Tatsächlich ist der „Ausstoß" von INFOCHART allerdings deutlich größer: Die Agentur hat sich über die Internet-zugänglichen Werke hinaus vor allem auf Auftragsarbeiten spezialisiert. Einzelanforderungen, vor allem von deutschsprachigen Zeitschriften und Buchverlagen, bilden den Schwerpunkt der Arbeit: „individuelle Kundenaufträge" werden in erster Linie bedient, was den Vorteil bietet, daß INFOCHART-Produkte sich nicht nur streng an den inhaltlichen Vorgaben und Wünschen der Auftragggeber orientieren, sondern auch nach dem Corporate Design der Besteller gefertigt sind. Es sind „Grafiken nach Maß".

INFOCHART versteht sich selbst nicht als tagesaktuelle Agentur. Die umgesetzten Themen sind tendenziell zeitlos und sind in fünf Kategorien gegliedert, nämlich „Technik, Forschung, Medizin", „Politik, Wirtschaft, Soziales", „Kultur, Freizeit, Sport", „Umwelt, Ökologie, Natur" und „Vermischtes". Alle Grafiken von INFOCHART sind in Farbe und schwarzweiß erhältlich. Auch individuelle Wünsche (Hausfarben, Sonderfarben etc.) können auf Wunsch bei der Gestaltung berücksichtigt werden. INFOCHART plant darüberhinaus, „verstärkt in die animierte Infografik vorzustoßen, also auch den Bereich Screen (TV, Internet, CD-Rom) zu beliefern".

INFOCHART verwendet zur Grafikerstellung Apple-Macintosh-Rechnern, hauptsächlich mit den Programmen *Macromedia FreeHand* und *Adobe Photoshop*. Darüber hinaus nutzt man beispielsweise die Programme *Strata Studio Pro* oder *Painter* für bestimmte Zwecke wie 3-D-Konstruktion oder Illustration. Versendet werden die Dokumente in der Regel per ISDN, e-mail-Anhang oder Datenträger (Zip 100, 250; SyQuest; Diskette), und „selten per Post".

Kontakt: Peter Diehl
            Christoph Sieverding
            e-mail: kontakt@infochart.de
Adressen: INFOCHART
            Eduard-Schmidt-Straße 4
            D–81541 München
            +49 1 73-9 32 63 24 oder +49 1 73-9 32 63 23
            www.infochart.de

ISOTYPE.COM / REUTERS Grafikdienst

Die Nachrichtenagentur REUTERS bietet seit 1990 aus ihrem Londoner Büro tagesaktuelle Infografiken an; kurz darauf entstand der französischsprachige Dienst in Paris. Seit 1995 gibt es auch eine echte deutsche Sektion: Drei Mitarbeiter erstellen wöchentlich zwischen 30 und

40 Grafiken für den deutschen Markt – inzwischen nicht mehr in den
Räumlichkeiten der Agentur selbst, sondern als exklusiver Anlieferer
ISOTYPE.COM. An der Zielgruppe hat das „Outsourcing" nichts geändert: Bedient wird vor allem der Markt der tagesaktuellen Presse,
doch auch für Online-Medien und TV ist REUTERS GRAFIK tätig.
Der traditionelle wirtschaftspolitische Schwerpunkt der Agentur
schlägt sich auch im Grafik-Angebot nieder: Unter anderem bilden
die tägliche „Märkte-Grafik" und die Dollar- und Dow-Jones-Indizes
feste Größen des Angebots. Darüberhinaus beansprucht REUTERS
GRAFIK allerdings, daß man gleichfalls „alle Top-Themen des Tages"
im Angebot habe.
Stehen weltpolitische Themen auf der Tagesordnung, werden gelegentlich auch Grafiken aus den ausländischen Büros auf deutsche An-
forderungen „übersetzt" – 95 Prozent der Themen werden allerdings
von den Grafikredakteuren eigenständig recherchiert und nach
„deutschen" Anforderungsprofilen grafisch umgesetzt: „Wer Grafiken erstellt, weiß am besten, welche Daten er benötigt", heißt es dazu
aus der Redaktion.
Nach der täglichen hausinternen Konferenz (ISOTYPE.COM nimmt daran teil) werden die geplanten Grafik-Themen skizziert und – meist
gegen 11 Uhr – per Fax oder Bilderdienst an die Redaktionen versandt. Die Versendung einer detaillierten Grafik erfolgt meistens gegen 13 Uhr über Satellit und ISDN, laut Redaktion „in Kürze" auch
über eine eigens recherchierbare Internet-Datenbank. Jede REUTERS-
Grafik ist in Farbe und Schwarzweiß erhältlich.

Kontakt: Marie-Therese Leopold +49 30–2 88 85–112
                 Heinz Wagener +49 2 28–2 61 97–70
                 media@reuters.de
Adressen: Schiffbauerdamm 22
                 D–10117 Berlin
                 +49 30–2 88 85–000
                 Fax: +49 30–2 88 85–118
                 www.reuters.de

Der REUTERS-Anlieferer ISOTYPE.COM bietet über das „Tagesgeschäft"
hinaus weitere infografische Dienstleistungen an. So übernimmt man
auch Einzelanfertigungen für PR- und andere Publikumsmedien, ist
aktiv im Web-Design und im Schulungsbereich. Besonders erwäh-

nenswert ist darüberhinaus vor allem die Rubrik „News" auf der Homepage von ISOTYPE.COM: Hier finden Infografiker und Fachinteressierte regelmäßig Neuigkeiten aus der Welt der Infografik, Beispiele, Recherche-Links und praktische Tips, Aufsätze und Termine.

Kontakt: Hanno Sprissler +49 2 21–1 60 74–60
                Sprissler@isotype.com
Adressen: Domstraße 34
                D–50668 Köln
                +49 2 21–1 60 74–60
                Fax: +49 2 21–1 60 74–66
                www.isotype.com

SGN

SWISS GRAPHIC NEWS (SGN), eine Tochter der SCHWEIZERISCHEN DEPE-SCHENAGENTUR (SDA), bietet seit 1990 pro Woche eine Palette von 15 bis 30 Infografiken an. Zielgruppe sind vor allem Tageszeitungen, grundsätzlich ist man allerdings auch offen für Anfragen aus der Welt der (Fach-)Zeitschriften. Aufgrund eigener Recherchen der drei Mitarbeiter und auf der Basis von Daten der Schweizerischen Depeschenagentur, an die SGN angeschlossen ist, entstehen Schaubilder, deren Themen laut Eigenaussage „ca. 30 % nationale, 30 % internationale, 20 % wirtschaftliche" Sachverhalte sind; der Rest verteilt sich auf die Ressorts „Aktualitäten", „Sport" sowie „Verschiedenes". Die SGN-Infografiken sind zu überwiegendem Anteil in Schwarzweiß erhältlich, größere Leistungen (z.B. Olympia-Pakete) werden auch unter Farbeinsatz erstellt. Einzelanfertigungen („SGN à la Carte") sind möglich. Die SGN-Grafikthemen werden täglich gegen Mittag im Textdienst der SDA angekündigt, das Programm mit Zeit- und Größenangabe geht etwa um 14 Uhr raus. Die eigentliche Lieferung erfolgt laufend bis etwa 17.30 Uhr über Online-Dienst, gelegentlich auch per Post.

Kontakt: Therese Hirsbrunner
                e-mail: jk@sda-ats.ch
Adressen: SGN
                Längass-Strasse 7
                CH-3001 Bern
                +41 31–309 33–70
                elias.sda-ats.ch (nur für Kunden mit Passwort)

SID-GRAFIK

Die beiden Mitarbeiter der Grafikabteilung des SPORTINFORMATIONS-
DIENSTES (SID) in Neuss bieten seit Februar 1996 wöchentlich zehn bis
fünfzehn Grafiken zum aktuellen Sportgeschehen in aller Welt an. Inzwischen ist der SID-Grafikdienst an die Redaktion von AFP INFOGRA-
FIK angegliedert.

Die *FreeHand*-Dateien sind jeweils in Farbe und Schwarzweiß erhältlich und sind abgestimmt auf den Bedarf von Tages- und Wochenpresse sowie für Internetauftritte. Gelegentlich sind SID-Grafiken auch
im Fernsehen zu bewundern. Angekündigt werden die Grafiken jeweils morgens gegen 10.30 Uhr via ISDN und Satellitenübertragung.
Die fertigen Grafiken werden gegen Nachmittag über ISDN über-
spielt.

Kontakt: Wolfgang Griese
                  wolfgang.griese@sid.de
Adressen: Hammfelddamm 10
                  D–41460 Neuss
                  +40 1 73-9 32 63–24 oder +49 1 73-9 32 63–23
                  www.sid.de

5. Aus- und Fortbildung

Wer Infografiker werden will, hat es nicht leicht. Denn den einen, den einzigen (Ausbildungs-)Weg zum Ziel gibt es nicht. Weder existiert die einschlägige handwerkliche Lehre noch die fachspezifische Berufsschule. Meisterklassen gibt schon gar nicht und noch weniger Voll- oder Aufbaustudiengänge, die einzig die Ganzheit der journalistischen Grafik zu vermitteln trachten. Es gibt einzig und allein Lehrgänge und Fortbildungsangebote, deren Dauer allein zwischen drei Tagen und einem Jahr schwankt, und die zum ganz überwiegenden Teil eine fachliche Vorbildung – meist eine journalistische – zur Teilnahmebedingung machen. Die zeitliche Bandbreite der Kurse spricht nicht dafür, daß Klarheit herrscht über den notwenigen Wissensumfang des Infografikers als solchen.

5.1 Was lernen?

Welche Erst-Ausbildung sollte anstreben, wer Infografiker werden will? Eine Umfrage der Münchner Thomas Knieper und Wolfgang Eichhorn unter 78 deutschsprachigen Zeitungsredaktionen im Jahre 1992 ergab ein überraschend klares Bild: Obwohl Mehrfachnennungen möglich waren, wünschte sich nicht einmal jede sechste Redaktion eine „fundierte journalistische Ausbildung" von ihren Infografikern, nicht mal jede siebte verlangte „kartographische Ausbildung", nur rund jede zehnte eine „statistische Ausbildung". Dagegen erwar-

teten über sechzig Prozent der Redaktionen „grafisches Geschick",
die „Beherrschung von Hard- und Software", gut die Hälfte „Phantasie" und 42 Prozent eine „Grafikausbildung". Weniger inhaltlich als
grafisch motiviert waren auch die Wünsche nach „Einfühlungsver-
mögen in das Corporate Design" (37,2 Prozent) und „individuellen
Stil" (18 Prozent).
Geht man nach diesen Aussagen, empfiehlt sich also nach wie vor eine grafische Ausbildung am ehesten für angehende Infografiker, in
erster Linie also das Studium des Grafik-Designs beziehungsweise
des Kommunikationsdesigns. Es darf allerdings nicht unerwähnt
bleiben, daß einer der „Hauptausbilder" für den deutschen Infografi-
ker-Markt, das Deutsche Institut für publizistische Bildungsarbeit in
Hagen/Westfalen, in der einjährigen Unterweisung viel Zeit darauf
verwendet, seinen Lernenden zumindest die wichtigsten Grundzüge
journalistischen Arbeitens in Theorie und über eine Hospitanz auch
in der Praxis nahezubringen. Grundfalsch kann auch diese Methode
nicht sein, denn die Vermittlungsquoten der Fortbildungsstätte sind
nach wie vor recht gut.

5.2 Autodidaktik

Es gibt inzwischen ausreichend Beispiele versierter Infografiker, die
sich ihr Handwerk mehr oder minder im Selbststudium angeeignet
haben. Ein wenig grafisches Talent sollte natürlich vorhanden sein –
prinzipiell aber sind weder grafische Gestaltung noch Journalismus
„Berufungen" in dem Sinne, daß sie nicht mit ein wenig Fleiß und Engagement erlernbar seien.
Der Infografik-„Pionier" der VORALBERGER NACHRICHTEN etwa, Rudolf Zündel, ist gelernter Schriftsetzer, arbeitete später als Fotograf,
und eignete sich die infografische Technik in Eigenregie Ende der
achtziger Jahre an. Viele Zeitungen gerade in Österreich und der
Schweiz ziehen sich ihren Nachwuchs bis heute nach dem Prinzip
„Learning by doing" heran. Dabei spielt in der Regel keine Rolle, ob

es sich bei den Zöglingen um journalistisch interessierte Grafiker oder zeichnerisch beschlagene Journalisten handelt. Wer Energie aufs Aneignen verwendet, dürfte nach einiger Zeit durchaus mithalten können mit den „ausgebildeten" Infografikern.

5.3 Fortbildung Haus Busch

In der Bundesrepublik existieren zwei jeweils einjährige Lehrgänge, die mehr oder minder ausgeprägt die Heranbildung journalistischer Infografiker zum Ziel haben. In Österreich und der Schweiz dagegen fehlen Institute, die sich in ähnlich umfangreichem Maße der „Lehre" von der Infografik widmen. Interessenten aus diesen beiden Ländern müssen wohl oder übel mit Kurzzeit-Seminaren zum Thema vorlieb nehmen, von denen allerdings immer mehr angeboten werden.

Haus Busch – Infografiker-Lehrgang

Das DEUTSCHE INSTITUT FÜR PUBLIZISTISCHE BILDUNGSARBEIT – kurz Journalistenzentrum Haus Busch – im westfälischen Hagen wurde 1960 gegründet und versammelt laut Eigenwerbung „die publizistisch relevanten Organisationen und Gruppen in Deutschland". Im Programm sind Volontärschulungen, Fortbildungen und Kurzseminare für Redakteure genauso wie längerfristig angelegte Angebote wie der „PR-Lehrgang" und eben, seit 1991, die Infografik-Ausbildung.
Haus Busch will im Selbstverständnis keine Künstler, keine bloßen Umsetzer heranbilden, sondern grafisch arbeitende Journalisten. Seit einiger Zeit widmet sich der Kurs neben der Print-Infografik auch der Erstellung von Grafiken für Online-Medien, vor allem also das Internet, aber auch für die Gestaltung von CD-ROM-Produktionen.

Zielgruppe

Wer den Infografik-Lehrgang in Haus Busch besuchen möchte, muß eine abgeschlossene Berufsausbildung vorzuweisen haben. Der Lehrgang wendet sich in erster Linie an erwerbslose Akademiker, die

- über einen Abschluß in Grafik, Design, Kunst oder Ähnliches verfügen und Interesse an Printmedien mitbringen.
- eine geistes-, wirtschafts- oder naturwissenschaftliche Ausbildung hinter sich haben und grafisch und journalistisch interessiert sind.
- grafisch interessierte und talentierte Journalisten.

Computerkenntnisse sind nicht gefordert; die Veranstalter erwarten allerdings „Interesse, sich dieser Technik zu bedienen".

Kursablauf

Der Kurs gliedert sich in eine neunmonatige Lehr- und Trainingsphase (acht Stunden werktäglich) und zwei Praktikumsabschnitte über insgesamt drei Monate.

Die Lehr- und Trainingsphase soll fit machen im Umgang mit Computern, Software und Peripheriegeräten wie Scanner, Modem und Drucker. Hinzu tritt eine Einführung ins journalistische Arbeiten und in den Umgang mit allen wichtigen journalistischen Darstellungsformen sowie Vermittlung von Fachwissen in den Bereichen Presserecht und Mediennutzung. Ein vierwöchiges journalistisches Praktikum in einem Medienbetrieb rundet diesen Abschnitt ab.

Den größten Anteil am Trainingsprogramm nimmt die Einführung in gestalterische Arbeitstechniken und die grafische Umsetzung von Inhalten ein. Die Teilnehmer sollen sich in Typographie und Drucktechnik genauso auskennen, wie sie in die Lage versetzt werden sollen, Computer-Layouts herzustellen, Illustrationen und Diagramme anzufertigen. Den Abschluß des Kurses bildet ein infografisches Praktikum in einer Agentur oder einem Pressehaus. Dieses Praktikum wird – wie die journalistische Hospitanz – von Haus Busch vermittelt und betreut.

Dozenten des Lehrgangs sind neben den Kursleitern Günter Gleim (Journalismus) und Sabine Spieckermann (Grafik) Experten und Praktiker aus allen erdenklichen Bereichen. Die Berufsaussichten der Absolventen sind übrigens, glaubt man einer hauseigenen Studie, nicht mehr ganz so brillant wie Anfang der neunziger Jahre, aber nach wie vor nicht schlecht: Viele finden sogar immer noch den nahtlosen Übergang ins Berufsleben. Sogar einige „Promis" hat der Lehrgang hervorgebracht: Hanno Sprissler etwa, Absolvent des ersten Kurses, ist inzwischen Leiter der REUTERS-Grafiksektion.

Kontakt: Sabine Spieckermann
Günther Gleim
haus.busch@publ.ha.shuttle.de
Adressen: Haus Busch, Abteilung Infografik
58099 Hagen
0 23 31 / 3 65–600
Fax: 0 23 31 / 3 65–699
www.hausbusch.de

Lehrinhalte	**Stunden**
Grafische Ausbildung	*300*

Komposition und Grundlagen der Gestaltung,
Typografie, Layout, Farbgestaltung, Fotografie,
Perspektive, Bildidee

Journalistische Ausbildung — *300*

Journalistische Darstellungsformen, Texte in der
Infografik, Presserecht, Medienverflechtung und
Pressekonzentration, Recherche und Interview,
Redaktionstraining

Infografisches Training — *500*

Infografische Übungen, Berufsbild und Arbeits-
alltag, Infografikdienste und Agenturen, Statistik,
Grundformen der Diagrammgrafik

Online-Grafik — *200*

Technische Ausbildung — *300*

Layoutprogramme – *QuarkXPress, PageMaker*
Grafikprogramme – *FreeHand, Illustrator*
3D-Programm: *Dimensions*
Vektorisierungsprogramm: *Streamline*
Chartprogramm: *DeltaGraph*
Bildbearbeitungsprogramm: *Photoshop*
Scanner und Scantechnik, Weiterverarbeitung
und Drucktechnik, Betriebssystem

5.4 Fortbildung Mediadesign Akademie

Weitaus stärker als der Fortbildungslehrgang in Haus Busch betont
das einjährige Curriculum „Informationsdesigner" der MEDIADESIGN
AKADEMIE in Berlin den ästhetisch-grafischen und vor allem den com-
puterbezogenen Aspekt der Informationsgrafik. Die Ausbildung ist
weniger zielgenau auf eine spätere journalistische Tätigkeit ausgerichtet, auch echte publizistische Inhalte fehlen fast gänzlich in der
Kursplanung – dafür deckt die MEDIADESIGN AKADEMIE in Intensität
und Breite der Programm- und Entwurfsschulung ein deutlich weiteres Feld ab als Haus Busch: Dreidimensionale und multimediale Produktion beispielsweise nimmt einen weitaus größeren – auch zeitlichen – Stellenwert ein.

Das Weiterbildungsangebot wird ergänzt durch ein aktives Bewer-
bungstraining, die Vermittlung von Plätzen für das den Kurs ab-
schließende achtwöchige Praktikum und Hilfe bei der Stellenvermitt-
lung auch über die eigentliche Kursdauer hinaus. Räume und Aus-
stattung stehen den Lernenden auch außerhalb der eigentlichen Un-
terrichtszeiten zur Verfügung.

Die Grafiker-Ausbildung an der MEDIADESIGN AKADEMIE erfolgt vor
allem durch qualifizierte Experten des Fachs mit langjähriger Praxis
im Fach. Es wird darauf geachtet, daß auf aktuelle Neuerungen im
Hard- und Softwarebereich unmittelbar reagiert wird.

Kontakt: Bildungsberatung 030/39 92 66–19 und –21
                  mda-ber@mediadesign.de
Adressen: Mediadesign Akademie GmbH
                  Alt-Moabit 59–61
                  10555 Berlin
                  030/399 266–0
                  Fax: 030/399 266–15
                  www.mediadesign.de

Lehrinhalte/Kursablauf	Stunden
Schlüsselqualifikation, Kommunikation	42
Grundlagen Apple Macintosh	42
Grafik/Grundlagen visueller Kommunikation	42
Vektorgrafik mit FreeHand	84
Bildbearbeitung mit Photoshop	168
Layoutgestaltung mit QuarkXPress	126
Druckvorstufe	42
Bewerbungstraining	42
Medienrecht	25,2
Workshop Printprojekt	168
Infotechnische Grundlagen PC Windows 95	42
DFÜ, Internet Grundlagen	42
Einführung Multimedia	42
Konzeption/Storyboard	84
Audio- und Videobearbeitung	126
2D/3D-Visualisierung und Animation 3D Studio MAX	160
Autorensystem Macromedia Director	160
Workshop Multimedia	161,8
Ergänzungsunterricht/Kursabschluß	25

5.5 Seminare

Verschiedene Institutionen in Deutschland, der Schweiz und in Österreich bieten regelmäßig Kurseminare zum Thema Informationsgrafik an. Die Kurse wenden sich meistens an Redakteure und Producer in Pressehäusern, und sie vermitteln Grundzüge der Theorie und der Umsetzungs-Praxis der Infografik. Die meisten Fachmagazine weisen Fortbildungs- und Seminar-Rubriken auf, in denen die verschiedenen Institute ihre Angebote plazieren.

FÜNFTER TEIL: Anhang

1. Literatur

Infografik in Presse und audiovisuellen Medien
Evans, Harold
Pictures on a page
London 1978

Glasgow, Dale
Information Illustration
Bonn 1994

Holmes, Nigel
Designer's Guide to creating charts & diagrams
New York 1984

Holmes, Nigel
Pictorial Maps
New York 1991

Knieper, Thomas
Infographiken
München 1995

Meyer, Eric K.
Designing Infographics
Indianapolis 1997

Purves, Bryan
Information Graphics
Cheltenham 1987

Sprissler, Hanno
Infografiken gestalten
Berlin/Heidelberg 1999

Sullivan, Peter
Zeitungsgrafiken
Darmstadt 1987

Sullivan, Peter
Informationsgrafiken in Farbe
Darmstadt 1994

Wildbur, Peter
Information Graphics
London 1988

Grafische Darstellung – Allgemeine Einführungen

Bertin, Jacques
Graphische Semiologie
Berlin, New York 1974

Bertin, Jacques
Graphische Darstellungen und die graphische Weiterverarbeitung von Information
Berlin 1982

Tufte, Edward R.
Envisioning Information
Cheshire 1990

Tufte, Edward R.
Visual Explanations
Cheshire 1997

Grafische Statistik

Abels, Heiner
Handbuch des statistischen Schaubilds
Herne 1981

Bounford, Trevor
Diagramme und Tabellen
München 1994

Brandt, Peter/Kamenz, Uwe
Präsentationsgrafik
München 1993

Cleveland, William S.
Visualizing data
Murray Hill 1993

Knieper, Thomas (Hrsg.)
Statistik
München 1993

Koberstein, Herbert
Statistik in Bildern
Stuttgart 1973

Krämer, Walter
So lügt man mit Statistik
Frankfurt/M 1991

Krämer, Walter
So überzeugt man mit Statistik
Frankfurt/M 1994

Neurath, Otto
Internationale Bildsprache
Reading 1980

Schilling, Karl-Heinz
Computergrafik und Statistik
München 1986

Tufte, Edward R.
The visual display of quantitative information
Cheshire 1985

Zelazny, Gene
Wie aus Zahlen Bilder werden
Wiesbaden 1992

Kartographie
Arnberger, Erik
Thematische Kartographie
Braunschweig 1993

Gould, Peter/White, Rodney
Mental Maps
Winchester 1986

Hake, Günther
Kartographie II
Berlin, New York 1985

Hake, Günther/Grünreich, Dietmar
Kartographie
Berlin, New York 1994

Haynes, Robin M.
Geographical Images and Mental Maps
Hanpshire, London 1981

Heissler, Prof. Dr. Viktor
Kartographie
Berlin 1968

Imhof, Eduard
Thematische Kartographie
Berlin, New York 1972

MacEachren, Alan M. (Hrsg.)
Visualization in modern cartography
Oxford 1994

Monmonier, Mark
Eins zu einer Million
Basel, Boston, Berlin 1996

Ogrissek, Rudi (Hrsg.)
ABC Kartenkunde
Thun 1983

Ogrissek, Rudi
Theoretische Kartographie
Gotha 1987

Olbrich, Gerold / Qucik, Michael / Schweihart, Jürgen
Computerkartographie
Berlin 1994

Scharfe, Wolfgang
Presse-Karten
Berlin 1994

Scharfe, Wolfgang (Hrsg.)
International conference on mass media maps
Berlin 1997

Tanner, Gotthard / Scholz, Eberhard / Jänckel, Ronald
Einführung in die Kartographie und Luftbildinterpretation
Gotha 1983

Taylor, D.R. Fraser
Graphic Communication and Design in Contemporary Cartography
Chichester, New York, Brisbane, Toronto, Singapore 1993

Witt, Werner
Thematische Kartographie
Hannover 1970

Wood, Denis / Fels, John
The power of maps
London 1993

Visuelle Kommunikation

Aicher, Otl
analog und digital
Berlin 1991

Arnheim, Rudolf
Kunst und Sehen
Berlin, New York 1978

Arnold, Lutz
Moderne Bildkommunikation
Heidelberg 1992

Barthes, Roland
Das Reich der Zeichen
Frankfurt / M 1981

Bauer / Dümotz / Golowin
Lexikon der Symbole
Wiesbaden 1993

Berger, Arthur Asa
Seeing is Believing
Mountain View 1989

Bloomer, Carolyn
Principles of visual perception
New York, Cincinetti, Toronto, London, Melbourne 1976

Braun, Gerhard
Grundlagen der visuellen Kommunikation
München 1987

Domsich, Johannes
Visualisierung – ein kulturelles Defizit?
Wien, Köln, Weimar 1991

Eco, Umberto
Semiotik
München 1987

Frutiger, Adrian
Der Mensch und seine Zeichen
Wiesbaden 1989

Gaede, Werner
Vom Wort zum Bild
München 1981

Gerritsen, Frans
**Farbe – optische Erscheinung, physikalisches Phänomen und
künstlerisches Ausrucksmittel**
Ravensburg 1972

Gombrich, Ernst H.
Wege zur Bildgestaltung. Vom Einfall zur Ausführung
Opladen 1984

Hofmann, Georg Rainer / Blum, Christof (Hrsg.)
Imaging. Bildverarbeitung und Bildkommunikation
Berlin 1993

Holmes, Nigel/DeNeve, Rose
Designing Pictorial Symbols
New York 1990

Itten, Johannes
Die Kunst der Farbe
Ravensburg 1995

Koschatzky, Walter
Die Kunst der Zeichnung
München 1981

Kroeber-Riehl, Werner
Bildkommunikation
München 1993

Kroehl, Heinz
Communication Design 2000
Zürich 1987

Paivio, Allan
Imagery and verbal processes
New York 1971

Perecman, Edward (Hrsg.)
Cognitive Processing in the Right Hemisphere
New York, London 1983

Schuster, Martin
Nonverbale Kommunikation durch Bilder
Stuttgart 1989

Stiebner, Erhard D./Urban, Dieter
Zeichen + Signets
München 1989

Weidenmann, Bernd
Psychische Prozesse beim Verstehen von Bildern
Bern 1988

Weidenmann, Bernd
Der flüchtige Blick beim stehenden Bild
In: Strittmatter, Peter (Hrsg.): Themenheft „Lernen mit Medien". In:
Unterrichtswissenschaft 3/1988. S. 43ff.

Weidenmann, Bernd (Hrsg.)
Wissenserwerb mit Bildern
Bern, Göttingen, Toronto, Seattle 1994

Zuffo, Dario
Die Grundlagen der visuellen Kommunikation
Hegnau 1993

Typografie und Layout

Aicher, Otl
Typographie
Berlin 1989

Ames, Steven E.
Elements of Newspaper Design
New York 1989

Barnhurst, Kevin G.
Seeing the Newspaper
New York 1994

Brielmaier, Peter/Wolf, Eberhard
Zeitungs- und Zeitschriftenlayout
Konstanz 1997

Finberg, Howard/Itule, Bruce D.
Visual Editing
Belmont, California 1990

Garcia, Mario R.
Contemporary Newspaper Design
Englewood Cliffs, Prentice Hall 1987

Garcia, Mario R.
Farbe in der Zeitungsgestaltung
Darmstadt 1989

Garcia, Dr. Mario R./Stark, Dr. Pegie
Eyes on the news
St. Petersburg/Florida 1991

Gerstner, Karl
Kompendium für Alphabeten
Berlin 1985

Giles, Vic/Hodgson, F.W.
Creative Newspaper Design
London 1990

Hodgson, F.W.
Modern Newspaper Editing and Design
London 1987

Hutt, Allen
Newspaper Design Today
London 1989

Meissner, Michael
Zeitungsgestaltung
München 1992

Owen, William
Magazine Design
London 1991

Plata, Werner
A study of newspaper design
Nairobi/Kenya 1974. Revised and reprinted in Germany 1977

Rehe, Rolf F.
Typographie: Wege zur besseren Lesbarkeit
Frankfurt am Main 1981

Rehe, Rolf F.
Typografie und Design für Zeitungen
Darmstadt 1986

Tinker, Miles
Bases for effective reading
Minnesota 1965

Fotografie
Beifuß, Hartmut/Ewers, Karl-Heinz/Rauch, Friedrich u.a.
Bildjournalismus
München 1994

Edwards, Mark
The complete Encyclopedia of Photography
London 1994

Gnades, Michael
Fotoschule
Düsseldorf 1979

Jäger, Gottfried
Fotoästhetik
Zur Theorie der Fotografie. München 1991

Mante, Harald
Bildaufbau – Gestaltung in der Fotografie
Ravensburg 1969

Martin, Ludwig A.
Publizistische Fotografie
Baden-Baden 1981

Sonntag, Susan
On Photography
New York 1977

Waller, Klaus
Fotografie und Zeitung – die alltägliche Manipulation
Düsseldorf 1982

Karikatur
Langemeyer, Gerhard / Unverfehrt, Gerd / Guratzsch, Herwig / Stölzl,
Christoph (Hrsg.)
Mittel und Motive der Karikatur in fünf Jahrhunderten
München 1984

Heinisch, Severin
Die Karikatur
Wien 1988

Lucie-Smith, Edward
Die Kunst der Karikatur
Weingarten 1981

Melot, Michael
Die Karikatur
Stuttgart, Berlin, Köln, Mainz 1975

Schneider, Franz
Die politische Karikatur
München 1988

Journalismus

Bentele, Günter / Hesse, Kurt (Hrsg.)
Publizistik in der Gesellschaft
Konstanz 1994

Branahl, Udo
Medienrecht
Opladen 1992

Projektteam Lokaljournalisten
ABC des Journalismus
München 1990

Schneider, Wolf / Raue, Paul-Josef
Handbuch des Journalismus
Reinbek 1996

2. Abbildungsnachweise

Abbildung 1	Entnommen aus: Zahn, Dr. Leopold: Geschichte der Kunst. Gütersloh 1963. Seite 336
Abbildung 2	Archiv der Agentur BULLS PRESS – Abdruck mit frdl. Genehmigung
Abbildung 3	Martin Liebig
Abbildung 4	Archiv der Agentur DPA GRAFIK – Abdruck mit frdl. Genehmigung
Abbildung 5	Entnommen aus den RUHR NACHRICHTEN 152/1999 (3.7.1999) Seite MT 7
Abbildung 6	Entnommen aus der Internet-Homepage http://www.bundesliga.de
Abbildung 7	Martin Liebig
Abbildung 8	Entnommen aus der WESTDEUTSCHEN ALLGEMEINEN Nr. 146/1999 (26.6.1999), Seite 5
Abbildung 9	Entnommen aus: Davis, Jim: Garfield setzt an. Frankfurt/Main 1986. Seite 61
Abbildung 10	Archiv der Agentur AFP INFOGRAFIK – Abdruck mit frdl. Genehmigung
Abbildung 11	Archiv der Agentur INFOCHART – Abdruck mit frdl. Genehmigung
Abbildung 12	Martin Liebig
Abbildung 13	Archiv der Agentur INDEX FUNK (jetzt DPA GRAFIK) – Abdruck mit frdl. Genehmigung
Abbildung 14	Archiv der Agentur SGN – Abdruck mit frdl. Genehmigung
Abbildung 15	Entnommen aus der WESTDEUTSCHEN ALLGEMEINEN 146/1999 (26.6.1999), Seite W DOS 1

Abbildung 16	Entnommen aus dem SPIEGEL 26/1999 (28.6.1999) Seite 1
Abbildung 17	Archiv der Agentur SGN – Abdruck mit frdl. Genehmigung
Abbildung 18	Nachzeichnung: Martin Liebig
Abbildung 19	Nachzeichnung: Martin Liebig
Abbildung 20	Entnommen aus der WESTDEUTSCHEN ALLGEMEINEN 88/1999 (16.4.1999), Seite 8
Abbildung 21	Entnommen aus der ZEIT Nr. 25/1999 (17.6.1999), Seite 9
Abbildung 22	Andreas Wolff
Abbildung 23	Martin Liebig/Zeitungsausschnitt entnommen aus der NEUEN OSNABRÜCKER ZEITUNG (29.4.1997), Seite 8
Abbildung 24	Entnommen aus dem FOCUS 17/1999 (26.4.1999), Seite 202
Abbildung 25	Entnommen aus dem STERN 26/1999 (24.6.1999) Seite 15
Abbildung 26	Entnommen aus dem STERN 26/1999 (24.6.1999) Seite 82
Abbildung 27	Archiv der Agentur REUTERS GRAFIK – Abdruck mit frdl. Genehmigung
Abbildung 28	Archiv der Agentur INFOCHART – Abdruck mit frdl. Genehmigung
Abbildung 29	Archiv der Agentur AFP INFOGRAFIK – Abdruck mit frdl. Genehmigung
Abbildung 30	Archiv der Agentur INDEX FUNK (jetzt DPA GRAFIK) – Abdruck mit frdl. Genehmigung
Abbildung 31	Archiv der Agentur DPA GRAFIK – Abdruck mit frdl. Genehmigung
Abbildung 32	Entnommen aus der NEUEN OSNABRÜCKER ZEITUNG 27/1998 (31.01.1998), Seite 24
Abbildung 33	Archiv der Agentur DPA GRAFIK – Abdruck mit frdl. Genehmigung
Abbildung 34	Archiv der Agentur INDEX FUNK (jetzt DPA GRAFIK) – Abdruck mit frdl. Genehmigung

Abbildung 35   Archiv der Agentur APA GRAFIK
                     – Abdruck mit frdl. Genehmigung

Abbildung 36   Archiv der Agentur AFP INFOGRAFIK
                     – Abdruck mit frdl. Genehmigung

Abbildung 37   Entnommen aus dem FOCUS 28/1998
                     (8.6.1998), Seite 41. Schattierung durch die
                     Redaktion SAGE & SCHREIBE (Hamburg)

Abbildung 38   Entnommen aus: Amt für Presse- und Öffentlich-
                     keitsarbeit der Stadt Dortmund: Poster

Abbildung 39   Entnommen aus dem FOCUS 17/1999 (26.4.1999),
                     Seite 108

Abbildung 40   Archiv der DEISTER- UND WESER-ZEITUNG
                     – Abdruck mit frdl. Genehmigung

Abbildung 41   Martin Liebig

Abbildung 42   Archiv der Agentur INFOCHART
                     – Abdruck mit frdl. Genehmigung

Abbildung 43   Archiv der Agentur AFP INFOGRAFIK
                     – Abdruck mit frdl. Genehmigung

Abbildung 44   Archiv der Agentur INDEX FUNK (jetzt DPA GRAFIK)
                     – Abdruck mit frdl. Genehmigung

Abbildung 45   Archiv der Agentur AFP INFOGRAFIK
                     – Abdruck mit frdl. Genehmigung

Abbildung 46   Archiv der Agentur REUTERS GRAFIK
                     – Abdruck mit frdl. Genehmigung

Abbildung 47   Archiv der Agentur DPA GRAFIK
                     – Abdruck mit frdl. Genehmigung

Abbildung 48   Entnommen aus USA TODAY EUROPE 12/1998
                     (16.1.1998), Seite 1

Abbildung 49   Archiv der VORALBERGER NACHRICHTEN
                     – Abdruck mit frdl. Genehmigung

Abbildung 50   Entnommen aus der RHEIN.ZEITUNG Nr. 144/1998
                     (25.6.1999), Seite 1

Abbildung 51   Archiv der Agentur INFOCHART
                     – Abdruck mit frdl. Genehmigung

Abbildung 52   Archiv der Agentur GLOBUS
                     – Abdruck mit frdl. Genehmigung

Abbildung 53   Archiv der Agentur INFOCHART
                  – Abdruck mit frdl. Genehmigung
Abbildung 54   Archiv der VORALBERGER NACHRICHTEN
                  – Abdruck mit frdl. Genehmigung
Abbildung 55   Detlef Heese (NEUE OSNABRÜCKER ZEITUNG)
                  – Abdruck mit frdl. Genehmigung
Abbildung 56   Archiv der DEISTER- UND WESER-ZEITUNG
                  – Abdruck mit frdl. Genehmigung
Abbildung 57   Martin Liebig
Abbildung 58   Entnommen aus dem SPIEGEL 28/1998 (8.6.1998),
                  Seite 48. Schattierung durch die Redaktion
                  SAGE & SCHREIBE (Hamburg)
Abbildung 59   Entnommen aus: Sullivan, Peter: Zeitungs-
                  grafiken. Darmstadt 1987. Seite 8
Abbildung 60   Entnommen aus: Sullivan, Peter: Zeitungs-
                  grafiken. Darmstadt 1987. Seite 8
Abbildung 61   Entnommen aus: Tufte, Edward R.: The visual
                  display of quantitative information. Cheshire
                  1985. Seite 28
Abbildung 62   Entnommen aus: Meyer, Eric K.: Designing
                  Infographics.Indianapolis 1997. Seite 11
Abbildung 63   Entnommen aus: Sullivan, Peter: Zeitungs-
                  grafiken. Darmstadt 1987. Seite 13
Abbildung 64   Entnommen aus: Holmes, Nigel: Designer's
                  Guide to creating charts & diagrams. New York
                  1984. Seite 19
Abbildung 65   Entnommen aus: Tufte, Edward R.: The visual
                  display of quantitative information. Cheshire
                  1985. Seite 41
Abbildung 66   Entnommen aus: Meyer, Eric K.: Designing
                  Infographics.Indianapolis 1997. Seite 15
Abbildung 67   Entnommen aus: Sullivan, Peter: Zeitungs-
                  grafiken. Darmstadt 1987. Seite 15
Abbildung 68   Entnommen aus: Sullivan, Peter: Zeitungs-
                  grafiken. Darmstadt 1987. Seite 15
Abbildung 69   Entnommen aus der PAGE 1/1996 (Januar 1996),
                  Seite 28

Abbildung 118	Martin Liebig
Abbildung 119	Martin Liebig
Abbildung 120	Martin Liebig
Abbildung 121	Martin Liebig
Abbildung 122	Martin Liebig / Grafik mit frdl. Genehmigung dem Archiv der ZEIT entnommen
Abbildung 123	Archiv des Nachrichtenmagazins DER SPIEGEL – Abdruck mit frdl. Genehmigung
Abbildung 124	Archiv der Agentur REUTERS GRAFIK – Abdruck mit frdl. Genehmigung
Abbildung 125	Archiv der Agentur AFP INFOGRAFIK – Abdruck mit frdl. Genehmigung
Abbildung 126	Archiv der Agentur APA GRAFIK – Abdruck mit frdl. Genehmigung
Abbildung 127	Martin Liebig
Abbildung 128	Martin Liebig
Abbildung 129	Archiv der Agentur AFP INFOGRAFIK – Abdruck mit frdl. Genehmigung
Abbildung 130	Martin Liebig
Abbildung 131	Martin Liebig
Abbildung 132	Martin Liebig
Abbildung 133	Martin Liebig
Abbildung 134	Martin Liebig
Abbildung 135	Martin Liebig
Abbildung 136	Martin Liebig
Abbildung 137	Martin Liebig
Abbildung 138	Martin Liebig
Abbildung 139	Martin Liebig
Abbildung 140	Archiv der Agentur INFOCHART – Abdruck mit frdl. Genehmigung
Abbildung 141	Archiv der Agentur DPA GRAFIK – Abdruck mit frdl. Genehmigung
Abbildung 142	Archiv des Nachrichtenmagazins DER SPIEGEL – Abdruck mit frdl. Genehmigung
Abbildung 143	Archiv des Nachrichtenmagazins DER SPIEGEL – Abdruck mit frdl. Genehmigung

Abbildung 165   Archiv der DEISTER- UND WESER-ZEITUNG
                – Abdruck mit frdl. Genehmigung
Abbildung 166   Martin Liebig
Abbildung 167   Archiv der Agentur REUTERS GRAFIK
                – Abdruck mit frdl. Genehmigung
Abbildung 168   Archiv der Agentur AFP INFOGRAFIK
                – Abdruck mit frdl. Genehmigung
Abbildung 169   Martin Liebig
Abbildung 170   Martin Liebig
Abbildung 171   Martin Liebig
Abbildung 172   Martin Liebig
Abbildung 173   Martin Liebig
Abbildung 174   Martin Liebig
Abbildung 175   Martin Liebig
Abbildung 176   Martin Liebig
Abbildung 177   Martin Liebig
Abbildung 178   Martin Liebig
Abbildung 179   Martin Liebig
Abbildung 180   Archiv der Agentur AFP INFOGRAFIK
                – Abdruck mit frdl. Genehmigung
Abbildung 181   Martin Liebig
Abbildung 182   Martin Liebig
Abbildung 183   Martin Liebig
Abbildung 184   Martin Liebig
Abbildung 185   Martin Liebig
Abbildung 186   Martin Liebig
Abbildung 187   Martin Liebig
Abbildung 188   Martin Liebig
Abbildung 189   Martin Liebig
Abbildung 190   Martin Liebig
Abbildung 191   Martin Liebig
Abbildung 192   Martin Liebig
Abbildung 193   Martin Liebig
Abbildung 194   Martin Liebig
Abbildung 195   Martin Liebig
Abbildung 196   Martin Liebig
Abbildung 197   Martin Liebig

Abbildung 254   Archiv des Nachrichtenmagazins Der Spiegel
                  – Abdruck mit frdl. Genehmigung
Abbildung 255   Archiv der Agentur AFP Infografik
                  – Abdruck mit frdl. Genehmigung
Abbildung 256   Archiv der Agentur SID Grafik
                  – Abdruck mit frdl. Genehmigung
Abbildung 257   Archiv der Agentur AFP Infografik
                  – Abdruck mit frdl. Genehmigung
Abbildung 258   Archiv der Agentur Reuters Grafik
                  – Abdruck mit frdl. Genehmigung
Abbildung 259   Archiv der Wochenzeitung Die Zeit
                  – Abdruck mit frdl. Genehmigung
Abbildung 260   Archiv der Agentur DPA Grafik
                  – Abdruck mit frdl. Genehmigung
Abbildung 261   Archiv der Agentur APA Grafik
                  – Abdruck mit frdl. Genehmigung
Abbildung 262   Archiv der Agentur Reuters Grafik
                  – Abdruck mit frdl. Genehmigung
Abbildung 263   Entnommen aus: Sullivan, Peter: Zeitungs-
                  grafiken. Darmstadt 1987. Seite 69
Abbildung 264   Archiv der Agentur AFP Infografik
                  – Abdruck mit frdl. Genehmigung
Abbildung 265   Archiv des Nachrichtenmagazins Der Spiegel
                  – Abdruck mit frdl. Genehmigung
Abbildung 266   Archiv der Wochenzeitung Die Zeit
                  – Abdruck mit frdl. Genehmigung
Abbildung 267   Archiv der Agentur DPA Grafik
                  – Abdruck mit frdl. Genehmigung
Abbildung 268   Martin Liebig
Abbildung 269   Martin Liebig
Abbildung 270   Archiv der Agentur IMU Infografik
                  – Abdruck mit frdl. Genehmigung
Abbildung 271   Archiv der Agentur Reuters Grafik
                  – Abdruck mit frdl. Genehmigung
Abbildung 272   Archiv der Agentur Reuters Grafik
                  – Abdruck mit frdl. Genehmigung

Abbildung 298	Archiv der Agentur DPA GRAFIK – Abdruck mit frdl. Genehmigung
Abbildung 299	Archiv der Agentur AFP INFOGRAFIK – Abdruck mit frdl. Genehmigung
Abbildung 300	Archiv der Agentur REUTERS GRAFIK – Abdruck mit frdl. Genehmigung
Abbildung 301	Entnommen aus APFEL ZETT, der Infografik- Zeitschrift des Journalistenzentrums Haus Busch, Ausgabe April 1999. Seite 34
Abbildung 302	Archiv der Agentur IMU INFOGRAFIK – Abdruck mit frdl. Genehmigung
Abbildung 303	Detlef Heese (NEUE OSNABRÜCKER ZEITUNG) – Abdruck mit frdl. Genehmigung
Abbildung 304	Archiv der DEISTER- UND WESER-ZEITUNG – Abdruck mit frdl. Genehmigung
Abbildung 305	Archiv der Wochenzeitung DIE ZEIT – Abdruck mit frdl. Genehmigung
Abbildung 306	Archiv der Agentur IMU INFOGRAFIK – Abdruck mit frdl. Genehmigung
Abbildung 307	Martin Liebig
Abbildung 308	Martin Liebig
Abbildung 309	Martin Liebig
Abbildung 310	Martin Liebig
Abbildung 311	Martin Liebig
Abbildung 312	Martin Liebig
Abbildung 313	Archiv der Agentur DPA GRAFIK – Abdruck mit frdl. Genehmigung
Abbildung 314	Archiv der Agentur AFP INFOGRAFIK – Abdruck mit frdl. Genehmigung
Abbildung 315	Martin Liebig
Abbildung 316	Martin Liebig
Abbildung 317	Martin Liebig
Abbildung 318	Archiv der Agentur AFP INFOGRAFIK – Abdruck mit frdl. Genehmigung
Abbildung 319	Archiv des Nachrichtenmagazins DER SPIEGEL – Abdruck mit frdl. Genehmigung

3. Index

Reihe Praktischer

Grundwissen

Claudia Mast (Hg.)
ABC des Journalismus
Ein Leitfaden für die
Redaktionsarbeit
8., überarbeitete Auflage 1998
594 Seiten, br.
ISBN 3-89669-239-9

Hans-Joachim Schlüter
ABC für Volontärsausbilder
Lehrbeispiele und
praktische Übungen.
Mit einem Geleitwort
von Herbert Riehl-Heyse
2. Auflage 1991
256 Seiten, br.
ISBN 3-89669-013-2

Heinz Pürer (Hg.)
**Praktischer Journalismus in
Zeitung, Radio und Fernsehen**
Mit einer Berufs- und Medienkunde für
Journalisten in Österreich, Deutschland
und der Schweiz
2., überarbeitete und erweiterte
Auflage 1996
664 Seiten, br.
ISBN 3-89669-206-2

Peter Zschunke
Agenturjournalismus
Nachrichtenschreiben
im Sekundentakt
1994, 272 Seiten, br.
ISBN 3-89669-015-9

Michael Haller
Recherchieren
Ein Handbuch für Journalisten
5., überarbeitete Auflage,
erscheint Winter 1999
ca. 300 Seiten, br.
ISBN 3-89669-232-1

Michael Haller
Das Interview
Ein Handbuch für Journalisten
2., überarbeitete Auflage 1997
458 Seiten, br.
ISBN 3-89669-009-4

Ernst Fricke
Recht für Journalisten
Grundbegriffe und Fallbeispiele
1997, 402 Seiten, br.
ISBN 3-89669-023-X

Hermann Sonderhüsken
Kleines Journalisten-Lexikon
Fachbegriffe und Berufsjargon
1991, 160 Seiten, br.
ISBN 3-89669-018-3

Journalismus

Ressorts

Josef Hackforth
Christoph Fischer (Hg.)
ABC des Sportjournalismus
1994, 360 Seiten, br.
ISBN 3-89669-014-0

Karl Roithmeier
Der Polizeireporter
Ein Leitfaden für die
journalistische Berichterstattung
1994, 224 Seiten, br.
ISBN 3-89669-021-3

Gunter Reus
Ressort: Feuilleton
Kulturjournalismus
für Massenmedien
2., überarbeitete Auflage 1999
366 Seiten, br.
ISBN 3-89669-245-3

Gottfried Aigner
Ressort: Reise
Neue Verantwortung
im Reisejournalismus
1992, 272 Seiten, br.
ISBN 3-89669-019-1

Presse

Karola Ahlke
Jutta Hinkel
Sprache und Stil
Ein Handbuch für Journalisten
1999, 174 Seiten, br.
ISBN 3-89669-242-9

Michael Haller
Die Reportage
Ein Handbuch für Journalisten
3., überarbeitete Auflage 1995
336 Seiten, br.
ISBN 3-89669-011-6

Werner Nowag
Edmund Schalkowski
Kommentar und Glosse
1998, 364 Seiten, br.
ISBN 3-89669-212-7

Peter Brielmaier
Eberhard Wolf
Zeitungs- und Zeitschriftenlayout
1997, 268 Seiten, br.
ISBN 3-89669-031-0

Martin Liebig
Die Infografik
1999, 472 Seiten, br.,
zahlreiche Farb- u. sw-Abb.
ISBN 3-89669-251-8

Reihe Praktischer

Hörfunk

Bernd-Peter Arnold
ABC des Hörfunks
1999, 342 Seiten, br.
ISBN 3-89669-261-5

Wolfgang Zehrt
Hörfunk-Nachrichten
1996, 240 Seiten, br.
ISBN 3-89669-026-4

Udo Zindel
Wolfgang Rein (Hg.)
Das Radio-Feature
Ein Werkstattbuch
inklusive CD mit Hörbeispielen
1997, 380 Seiten, br., 33 SW-Abb.
ISBN 3-89669-227-5

Robert Sturm
Jürgen Zirbik
Die Radio-Station
Ein Leitfaden für den
privaten Hörfunk
1996, 384 Seiten, br.
ISBN 3-89669-003-5

Michael H. Haas
Uwe Frigge
Gert Zimmer
Radio-Management
Ein Handbuch für Radio-Journalisten
1991, 792 Seiten, br.
ISBN 3-89669-016-7

Norbert Bakenhus
Das Lokalradio
Ein Praxis-Handbuch für den
lokalen und regionalen Hörfunk
1996, 296 Seiten, br.
ISBN 3-89669-004-3

Heinz Günter Clobes
Hans Paukens
Karl Wachtel (Hg.)
Bürgerradio und Lokalfunk
Ein Handbuch
1992, 240 Seiten, br.
ISBN 3-89669-022-1

Claudia Fischer (Hg.)
Hochschul-Radios
Initiativen - Praxis - Perspektiven
1996, 400 Seiten, br.
ISBN 3-89669-027-2

Stefan Wachtel
Sprechen und Moderieren
in Hörfunk und Fernsehen
3., überarbeitete Auflage 1998
192 Seiten, br.
ISBN 3-89669-025-6

Stefan Wachtel
Schreiben fürs Hören
Trainingstexte, Regeln und Methoden
1997, 336 Seiten, br.
ISBN 3-89669-030-2

Journalismus

Fernsehen

Ruth Blaes
Gregor Alexander Heussen (Hg.)
ABC des Fernsehens
1997, 488 Seiten, br., 25 SW-Abb.
ISBN 3-89669-029-9

Robert Sturm
Jürgen Zirbik
Die Fernseh-Station
Ein Leitfaden für das Lokal- und
Regionalfernsehen
1998, 490 Seiten, br., 20 SW-Abb.
ISBN 3-89669-210-0

Michael Steinbrecher
Martin Weiske
Die Talkshow
20 Jahre zwischen Klatsch und News.
Tips und Hintergründe
1992, 256 Seiten, br.
ISBN 3-89669-020-5

Hans Dieter Erlinger u.a. (Hg.)
Handbuch des Kinderfernsehens
2., überarbeitete und erweiterte Auflage
1998, 680 Seiten, br., 35 SW-Abb.
ISBN 3-89669-246-1

Hans-Peter Gumprecht
Ruhe bitte!
Aufnahmeleitung bei Film
und Fernsehen
1999, 266 Seiten, br.
ISBN 3-89669-262-3

Internet

Klaus Meier (Hg.)
Internet-Journalismus
Ein Leitfaden für ein neues Medium
2. überarbeitete und erweiterte Auflage
1999, 360 Seiten, br.
ISBN 3-89669-263-1

Ralf Blittkowsky
Online-Recherche für Journalisten
inklusive Diskette mit 1400 Online-Adressen
1997, 336 Seiten, br.
ISBN 3-89669-209-7

*Bitte fordern Sie unser
Gesamtverzeichnis an!*

◢ UVK Medien
Verlagsgesellschaft mbH
Schützenstr. 24
D-78462 Konstanz
Tel: (07531) 9053-0
Fax: (07531) 9053-98

UVK Medien im Internet: www.uvk.de

Textdesign

Joachim Blum, Hans-Jürgen Bucher

Die Zeitung: Ein Multimedium
Textdesign – ein Gestaltungskonzept für Text, Bild und Grafik
(Edition SAGE & SCHREIBE, Band 1)

1998, 94 Seiten, br.
ISBN 3-89669-219-4

Die Zeitung hat sich im Laufe der Pressegeschichte vom reinen Textmedium zu einem komplexen Multimedium aus Text, Bild und Grafik entwickelt – ergänzt um Ton, Film und Animation in ihrer virtuellen Form.
Für die ganzheitliche Betrachtung dieser verschiedenen Informationswege haben die Autoren den Begriff »Textdesign« geprägt. Darunter wird die Strategie verstanden, die Kluft zwischen Layout und Text, zwischen Optik und Stilistik, zwischen Seitengestaltung und Beitragsgestaltung zu schließen. Dieses integrative Konzept ermöglicht dem Leser eine selektive und interaktive Nutzung der Zeitung; aufgrund der Systematik und Übersichtlichkeit kann er seine Einlassungstiefe selbst bestimmen. Auch Online-Zeitungen können mit Hilfe dieses Konzepts nutzerfreundliche Lösungen ihrer Orientierungs- und Navigationsprobleme finden.
Das Buch vermittelt praxisorientierte redaktionelle Techniken und Regeln für den Journalistenalltag: von der leserorientierten Textgestaltung bis zum professionellen Umgang mit Fotos. Grundlegende Kenntnisse aus der Mediennutzungsforschung und aktuelle Trends der Printmediengestaltung ergänzen den handwerklichen Teil, der vom Portionieren von Texten bis zum Hypertext reicht.

»Eine neue und ganzheitliche Gestaltungslehre für Zeitungen.«
ekz-Informationsdienst

»Ein gut strukturierter und anschaulich aufbereiteter Leitfaden durch die Welt der Zeitungsgestaltung.«
medienaktuell

DRUCK-SACHE

Profile / Passagen / Positionen

Herausgegeben von Walter Hömberg

Die Leistungen einzelner Journalisten und Publizisten gehen in der Medienflut unserer Tage meist unter. Diese Buchreihe stellt profilierte Autoren verschiedener Medien mit einer Auswahl ihrer Werke vor.
Darüber hinaus bietet sie ein Forum zur Diskussion aktueller Zeitfragen.

Band 1
Herbert Riehl-Heyse
Am Rande des Kraters
Reportagen und Essays
aus drei bewegten Jahren
1993, 160 Seiten, engl. Broschur
ISBN 3-89669-034-5

Herbert Riehl-Heyse ist leitender Redakteur bei der »Süddeutschen Zeitung« in München und Träger zahlreicher journalistischer Auszeichnungen. Für den Beitrag »Man schlägt den Sack und meint den Esel« aus diesem Band erhielt er den Medienpreis des Deutschen Bundestages.

»Herbert Riehl-Heyse überläßt es der Intelligenz des Lesers, die richtigen Schlüsse zu ziehen.«
Stuttgarter Zeitung

Band 2
Jürgen Leinemann
Gespaltene Gefühle
Politische Porträts aus dem
doppelten Deutschland
1995, 256 Seiten, engl. Broschur
ISBN 3-89669-035-3

Jürgen Leinemann arbeitet seit 1971 für den »Spiegel« – von 1975 bis 1989 als Reporter in Bonn und seit dem Fall der Mauer in Berlin. Für sein Porträt von Hans-Dietrich Genscher erhielt er 1983 den Egon-Erwin-Kisch-Preis.

»Wahrscheinlich der beste psychologische Porträtist deutscher Zunge.«
Bayerischer Rundfunk

Band 3
Peter Sartorius
Seiltanz über den Fronten
Als Augenzeuge bei Krisen,
Kriegen, Katastrophen
Herausgegeben und eingeleitet
von Walter Hömberg
1997, 246 Seiten, engl. Broschur
ISBN 3-89669-035-3

Peter Sartorius arbeitet als leitender Redakteur bei der »Süddeutschen Zeitung« in München. Für seine Reportagen wurde er mit dem Theodor-Wolff-Preis und mehrfach mit dem Egon-Erwin-Kisch-Preis ausgezeichnet.

»Ein sensibles, selbstkritisches, neugieriges – ja, eben ein durchaus großartiges Buch«
Stuttgarter Zeitung

UVK Medien im Internet: www.uvk.de

UNI-PAPERS

Heinz Pürer
Einführung in die
Publizistikwissenschaft
Systematik, Fragestellungen,
Theorieansätze,
Forschungstechniken
6. Auflage 1998
208 Seiten, br.
ISBN 3-89669-042-6

Erhard Schreiber
Repetitorium
Kommunikationswissenschaft
3., überarbeitete Auflage 1990
368 5eiten, br.
ISBN 3-89669-043-4

Thomas Knieper (Hg.)
Statistik
Eine Einführung für
Kommunikationsberufe.
Mit einem Geleitwort von
Heinz Pürer
1993, 448 Seiten, br.
ISBN 3-89669-046-9

Heinz Bonfadelli
Medienwirkungsforschung
Grundlagen und theoretische
Perspektiven
1999, 276 Seiten, br.
ISBN 3-89669-273-9

Werner Früh
Inhaltsanalyse
Theorie und Praxis
4., überarbeitete Auflage 1998
260 Seiten, br.
ISBN 3-89669-243-7

Jan Tonnemacher
Kommunikationspolitik
in Deutschland
Eine Einführung
1996, 292 Seiten, br.
ISBN 3-89669-002-7

Konrad Dussel
Deutsche Rundfunkgeschichte
Eine Einführung
1999, 314 Seiten, br.
ISBN 3-89669-250-X

◢ UVK Medien
Verlagsgesellschaft mbH
Schützenstr. 24
D-78462 Konstanz
Tel: (07531) 9053-0
Fax: (07531) 9053-98

Bitte fordern Sie unser
Gesamtverzeichnis an!

UVK Medien im Internet: www.uvk.de

Studienführer

UVK
Medien

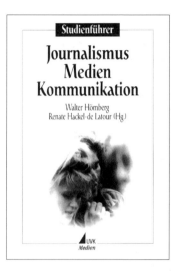

Walter Hömberg
Renate Hackel-de Latour (Hg.)

**Studienführer
Journalismus, Medien,
Kommunikation**

1996, 480 Seiten, br.
ISBN 3-89669-048-5
DM 36,-/ÖS 263/SFr 33,-

Die Situation der Aus- und Fortbildung für Kommunikationsberufe hat sich in den letzten Jahren deutlich verbessert, das Angebot an einschlägigen Hauptfach- und Nebenfach-, an Teil-, Aufbau- und Zusatzstudiengängen ist gestiegen. Dieser Studienführer gibt einen aktuellen Überblick über Zulassungsvoraussetzungen, Studienordnungen, Lehrangebote, fachliche Schwerpunkte und Prüfungsanforderungen. Die Studienbedingungen an mehr als 40 Instituten und Hochschulen werden ausführlich dargestellt.
Über 100 weitere Einrichtungen der Aus- und Fortbildung für Medienberufe werden in Kurzporträts vorgestellt.
Das Buch ist ein verläßlicher Führer durch die immer unübersichtlicher werdende Ausbildungslandschaft in Deutschland, Österreich und der Schweiz.

Prof. Dr. Walter Hömberg ist Ordinarius für Journalistik, Dr. Renate Hackel-de Latour ist Akademische Oberrätin an der Katholischen Universität Eichstätt.

»*Ein Ausbildungsführer, der sich wirklich lohnt.*«
                                        Media Spectrum

»*... Here you will get the most authoritative (of perhaps a half dozen competing titles) study guides for Germany, Austria and Switzerland.*«
                                        Communication Booknotes

Forschungsfeld Kommunikation

Herausgegeben von
Walter Hömberg, Heinz Pürer und Ulrich Saxer

Band 1
Irene Neverla
Fernseh-Zeit
Zuschauer zwischen
Zeitkalkül und Zeitvertreib.
Eine Untersuchung zur Fernsehnutzung
1992, 288 Seiten, frz. Broschur
ISBN 3-89669-166-X

Band 2
Wolfgang Flieger
Die taz
Vom Alternativblatt
zur linken Tageszeitung
1992, 344 Seiten, frz. Broschur
ISBN 3-89669-167-8

Band 3
Ulrich Saxer
Martina Märki-Koepp
Medien-Gefühlskultur
Zielgruppenspezifische Gefühlsdramaturgie
als journalistische Produktionsroutine
1992, 288 Seiten, frz. Broschur
ISBN 3-89669-168-6

Band 4
Wolfgang Pütz
**Das Italienbild in der
deutschen Presse**
Eine Untersuchung
ausgewählter Tageszeitungen
1993, 296 Seiten, frz. Broschur
ISBN 3-89669-169-4

Band 5
Heinz Bonfadelli
Die Wissenskluft-Perspektive
Massenmedien und
gesellschaftliche Information
1994, 464 Seiten, frz. Broschur
ISBN 3-89669-170-8

Band 6
Gianluca Wallisch
Journalistische Qualität
Definitionen - Modelle - Kritik
1995, 304 Seiten, frz. Broschur
ISBN 3-89669-171-6

Band 7
Christoph Neuberger
Journalismus als Problembearbeitung
Objektivität und Relevanz
in der öffentlichen Kommunikation
1996, 432 Seiten, frz. Broschur
ISBN 3-89669-172-4

Band 8
Karin Böhme-Dürr
Perspektivensuche
Das Ende des Kalten Krieges und der
Wandel des Deutschlandbildes in der
amerikanischen Presse (1976-1998)
1999, ca. 634 Seiten, frz. Broschur
ISBN 3-89669-237-2

Band 9
Stefan Wehmeier
Fernsehen im Wandel
Differenzierung und Ökonomisierung
eines Mediums
1998, 440 Seiten, frz. Broschur
ISBN 3-89669-238-0

Band 10
Lucie Hribal
**Public Relations-Kultur und
Risikokommunikation**
Organisationskommunikation als
Schadensbegrenzung
1999, 550 Seiten, frz. Broschur
ISBN 3-89669-269-0

UVK Medien im Internet: http://www.uvk.de

Antwort

UVK Medien
Verlagsgesellschaft mbH
Postfach 102051
D-78420 Konstanz

Bitte liefern Sie umseitige Bestellung mit Rechnung an:

Ort, Datum

Unterschrift

Zindel/Rein (Hg.)
Das Radio-Feature
Ein Werkstattbuch
1997, 380 Seiten, br.
DM 45,-/ÖS 329/SFr 41,50,-

Clobes/Paukens/Wachtel (Hg.)
Bürgerradio und Lokalfunk
Ein Handbuch
1992, 240 Seiten, br.
DM 19,80/ÖS 145/SFr 19,80

Claudia Fischer (Hg.)
Hochschul-Radios
Initiativen - Praxis - Perspektiven
1996, 400 Seiten, br.
DM 58,-/ÖS 424/SFr 52,50

Wolfgang Zehrt
Hörfunk-Nachrichten
1996, 240 Seiten, br.
DM 34,-/ÖS 248/SFr 34,-

Stefan Wachtel
Sprechen und Moderieren
in Hörfunk und Fernsehen
3., überarbeitete
Auflage 1998
192 Seiten, br.
DM 36,-/ÖS 263/SFr 33,-

Stefan Wachtel
Schreiben fürs Hören
Trainingstexte, Regeln und
Methoden
1997, 336 Seiten, br.
DM 42,-/ÖS 307/SFr 39,-

Fernsehen

Blaes/Heussen (Hg.)
ABC des Fernsehens
1997, 488 Seiten, br.,
25 SW-Abb.
DM 42,-/ÖS 307/SFr 39,-

Sturm/Zirbik
Die Fernseh-Station
Ein Leitfaden für das Lokal-
und Regionalfernsehen
1998, 490 Seiten, br.
DM 54,-/ÖS 394/SFr 49,-

Steinbrecher/Weiske
Die Talkshow
20 Jahre zwischen Klatsch
und News.
1992, 256 Seiten, br.
DM 36,-/ÖS 263/SFr 36,-

Hans Dieter Erlinger u.a. (Hg.
Handbuch des
Kinderfernsehens
2., überarbeitete und
erweiterte Auflage 1998
680 Seiten, br.,
35 SW-Abb.
DM 58,-/ÖS 423/SFr 52,50

Internet

Klaus Meier (Hg.)
Internet-Journalismus
Ein Leitfaden für ein
neues Medium
2., überarbeitete und erweitert
Auflage 1999,
360 Seiten, br.
DM 42,-/ÖS 307/SFr 39,-

UNI-PAPERS

Heinz Pürer
Einführung in die
Publizistikwissenschaft
Systematik, Fragestellungen,
Theorieansätze,
Forschungstechniken
6. Auflage 1998
208 Seiten, br.
DM 32,-/ÖS 234/SFr 29,-

Erhard Schreiber
Repetitorium
Kommunikationswissensch
3., überarbeitete Auflage 199
368 Seiten, br.
DM 39,-/ÖS 285/SFr 39,-

Werner Früh
Inhaltsanalyse
Theorie und Praxis
4., überarbeitete Auflage 199
260 Seiten, br.
DM 32,-/ÖS 234/SFr 29,-

Thomas Knieper (Hg.)
Statistik
Eine Einführung für
Kommunikationsberufe
1993, 448 Seiten, br.
DM 39,-/ÖS 285/SFr 39,-

Jan Tonnemacher
Kommunikationspolitik in
Deutschland
Eine Einführung
1996, 296 Seiten, br.
DM 36,-/ÖS 263/SFr 36,-

Konrad Dussel
Deutsche Rundfunkgeschi
Eine Einführung
1999, 314 Seiten, br.
DM 38,-/ÖS 277/SFr 35,-

Heinz Bonfadelli
Medienwirkungsforschung
Grundlagen und
theoretische Perspektiven
1999, 276 Seiten, br.
DM 39,80/ÖS 291/SFr 37,-

BESTELLKARTE

Bitte liefern Sie mir zzgl. Versandkosten:
(ab DM 50,- ohne Versandkosten)

Anzahl   Autor/Titel

_____ _____

_____ _____

_____ _____

_____ _____

_____ _____

_____ _____

_____ _____

_____ _____

_____ _____

_____ _____

_____ _____

_____ _____

_____ _____

_____ _____

❏ Bitte informieren Sie mich über Ihre Neuerscheinungen.

Adresse und Unterschrift bitte auf der Vorderseite eintragen.